日英対照

形容詞・副詞の意味と構文

影山太郎 編

はしがき

　本書の表題だけを見ると，形容詞と副詞に強くなるための語学上達書を想像されるかもしれない。しかし実はそうではない。本書は，狭い意味の品詞論ではなく，「外界認識と言語表現」という，言語の本質に関わる大きなテーマの下に，形容詞および副詞の性質を動詞と絡めて説明したものである。分析の観点は，2001年に出版された『日英対照　動詞の意味と構文』と同じであり，次に予定している『日英対照　名詞の意味と構文』と合わせて，事象の意味論——つまり，外界の出来事や状態がどのように言語として表現されるか——を総合的に解明することを意図している。

[特色と構成]
　《事象の意味論》に基づいて，文全体の意味と統語の相互関係を扱う。便宜上，各巻の書名は中心になる品詞で表示しているが，どの巻も動詞の意味構造が土台となり，3巻を合わせて，事象と言語表現の関係の全体像がつかめるようにしている。
　『動詞の意味と構文』（以下では『動詞編』と略称）
　『形容詞・副詞の意味と構文』（本書）
　『名詞の意味と構文』（準備中）
　すでに刊行した『動詞編』は，1．自動詞と他動詞の交替，2．移動と経路の表現，3．心理動詞と心理形容詞，4．壁塗り構文，5．二重目的語構文，6．結果構文，7．中間構文，8．難易構文，9．名詞＋動詞型の複合語，10．複雑述語の形成，の10章で構成され，1990年代初頭から欧米で爆発的に発展してきた英語動詞の研究を日本語とも対照しながらまとめたものであるが，『動詞』という表題を越えて，surprising, surprised などの心理形容詞，My boss is easy to please. のような難易形容詞も含めて考察した。
　本書も同様に，形容詞と副詞だけを切り離して扱うのではなく，あくまで事象の意味論を背景として，文における形容詞と副詞の働きを，動詞の

意味構造の観点から分析している。『名詞の意味と構文』も同様に，名詞（すなわち，主語や目的語）の意味的な性質がどのように動詞の意味と作用し合って，文全体の解釈が決まるのかを考察する予定である。

このようなアプローチは，従来の品詞別解説書には見られない画期的なものと言えるだろう。従来は，動詞は動詞，形容詞は形容詞というように，品詞を別々に取り上げるだけで，品詞間の共通性と相違，そして，文を作るときの品詞相互の連携関係といったダイナミックな側面に触れることはほとんどなかった。この3部作は，各巻で重点を置く品詞が異なるものの，あくまで文全体の意味と構文の相互関係を明らかにしようとしている。

本書は10章に分かれるが，どの章も，『動詞編』のスタイルを踏襲して次のように構成されている。

基本構文
1．なぜ？　　（その章の基本的な疑問）
2．○○とは　　（その章のテーマを簡単に整理）
3．代表例　　（当該の構文を取る典型的な動詞・形容詞の例）
4．問題点と分析　　（各テーマの問題と理論的考え方）
5．まとめ
6．さらに理解を深めるために　　（基本的な文献を紹介）

本書は解説書ではあるが，単に欧米の研究を紹介するのではなく，各章の執筆者および編者のオリジナルな研究成果を盛り込んでいる。執筆にあたっては，英語学，言語学，日本語学を勉強する学部生から大学院生，若手研究者までの読者を念頭に置いて，次の点に心がけた。
・初めての人にも分かりやすく。
・現在の研究を見渡し，問題点を整理する。
・理論言語学を知らなくても理解できるように。
・日本人が間違いやすい英語にも注意をはらう。

本書の土台となるのは関西学院大学，大阪大学，神戸大学の教員と大学院生を主たるメンバーとして1994年に始めた関西レキシコンプロジェクト

(KLP)という研究会である。この研究会は，単なる勉強会ではなく，独自の研究成果を目指すプロジェクトとしての意図を込めており，その研究活動は，基盤研究（B1）「形態・意味・統語を包括する統合的語彙理論の構築」（平成14年度〜平成16年度，研究代表者　影山太郎），基盤研究（B）「統合的レキシコン理論の開発と言語学教育への応用研究」（平成17年度〜平成20年度，研究代表者　影山太郎）などの科学研究費によって支えられている。

　本書をまとめるにあたっては，各々の担当者が原稿を準備してKLPの例会で検討するという形で進めてきたが，最終的には編者が総てのチャプターにわたって例文や説明文を細かくチェックし，内容や体裁を一貫性のあるものに整えた。また，出版にあたっては編集第二部次長の米山順一氏に格別のご配慮をいただいた。

　最後に，本書を，2007年1月に天に召された松村宏美さんに捧げたいと思う。松村さんは，KLPの初期からのメンバーであり，『動詞編』にも「心理動詞と心理形容詞」の章を執筆している。松村さんは形容詞が好きだったから，本書の出版をきっと喜んでくれているだろう。

　　　2009年3月

　　　　　　　　　　　　　　　　　　　　　　　　　　　　影山太郎

目 次

はしがき………iii

序　事象の把握と言語表現………3
 1　事象と時間／3
 2　事象と行為連鎖／4
  2.1　行為連鎖と副詞の修飾／5
  2.2　行為連鎖と事象アスペクト／6
  2.3　行為連鎖と文法的用法／6
 3　行為連鎖と動詞・形容詞・副詞／7
 4　各章の概要／11

第Ⅰ部　出来事と状態

第1章　語彙的アスペクト………14
 1　なぜ？／14
 2　語彙的アスペクトとは／15
 3　代表的な述語／22
 4　問題点と分析／24
  4.1　更なる診断テスト／24
   4.1.1　単純現在時制の解釈／25
   4.1.2　in an hour（1時間で）と共起できるか／26
   4.1.3　for an hour（1時間のあいだ）と共起できるか／27
   4.1.4　almost の2通りの解釈／29
  4.2　診断テストの問題点／29
   4.2.1　状態述語と be -ing／30

         4.2.2　in an hour の修復的解釈／31
         4.2.3　for an hour の修復的解釈／32
         4.2.4　単一相述語／33
      4.3　行為連鎖と語彙的アスペクト／34
      4.4　日本語の語彙的アスペクト／38
   5　まとめ／41
   6　さらに理解を深めるために／42

第2章　状態と属性——形容詞類の働き………43
   1　なぜ？／43
   2　状態と属性とは／44
   3　状態・属性を表す代表的な述語／49
   4　問題点と分析／51
      4.1　状態文と行為連鎖／51
      4.2　英語の状態述語と進行形／54
         4.2.1　状態に活動を加える／54
         4.2.2　状態に変化を加える／56
      4.3　日本語の状態動詞とテイル／57
      4.4　状態の統語構造／61
      4.5　一時的な状態と恒常的な属性／63
      4.6　形容詞の位置と意味／68
      4.7　状態性と品詞／72
      4.8　出来事から属性へ／74
   5　まとめ／75
   6　さらに理解を深めるために／75

第II部　動詞と形容詞
第3章　出来事を表す受身………78
   1　なぜ？／78
   2　受身文とは／79
   3　代表的な動詞／81
   4　問題点と分析／83

- 4.1 能動文と受身文の語用論的な違い／83
- 4.2 動詞の意味的条件／86
- 4.3 格下げされた動作主の性質／94
  - 4.3.1 暗黙の動作主と動作主指向の副詞／94
  - 4.3.2 暗黙の動作主と目的を表す to 不定詞／95
- 4.4 英語の受身文と名詞句移動／96
  - 4.4.1 イディオム／96
  - 4.4.2 結果述語／97
  - 4.4.3 小節構造／98
- 4.5 受身化の統語的条件／98
  - 4.5.1 目的語＋to 不定詞構文／99
  - 4.5.2 前置詞の目的語／102
- 4.6 get 受身／105
  - 4.6.1 主語の性質／106
  - 4.6.2 格下げされた動作主の性質／107
  - 4.6.3 語用論的な含意／107
  - 4.6.4 主語の受影性／108
- 4.7 日本語の直接受身と間接受身／109
  - 4.7.1 日本語受身文の基本的な特徴／109
  - 4.7.2 生成文法における直接受身と間接受身の分析／111
  - 4.7.3 直接受身文と間接受身文の主語の生成位置／115
5 まとめ／117
6 さらに理解を深めるために／118

第4章 状態・属性を表す受身と過去分詞………120

1 なぜ？／120
2 状態・属性の受身とは／121
3 形容詞的な -ed 形の代表例／123
4 問題点と分析／125
  - 4.1 形容詞的受身と動詞的受身の意味の違い／125
  - 4.2 形容詞的受身と動詞的受身の形態的な違い／126
    - 4.2.1 複合語／126

4.2.2　接頭辞・接尾辞による語形成／126
　　　4.2.3　形容詞との等位接続／128
　　　4.2.4　受身分詞に続く前置詞／128
　　4.3　形容詞的受身と動詞的受身の統語的な違い／129
　　　4.3.1　連結動詞／129
　　　4.3.2　程度副詞／130
　　　4.3.3　have 使役構文／131
　　　4.3.4　「動作主」の有無／132
　　　4.3.5　受身分詞に続く目的語／132
　　　4.3.6　受身分詞に続く前置詞補部／134
　　4.4　再帰構文に対応する形容詞的受身／135
　　4.5　形容詞的な過去分詞／136
　　4.6　形容詞的受身と形容詞的過去分詞の理論的な問題／141
　　　4.6.1　前置詞の残留／141
　　　4.6.2　形容詞的受身の形態的・統語的特異性／142
　　　4.6.3　形容詞的過去分詞／142
　　　4.6.4　「名詞＋ed」の形容詞／143
　　4.7　日本語の名詞修飾の「-た」／143
　　4.8　属性叙述の受身／145
　5　まとめ／150
　6　さらに理解を深めるために／151

第5章　補文をとる動詞と形容詞——上昇とコントロール………152
　1　なぜ？／152
　2　上昇構文とコントロール構文とは／153
　3　代表的な述語／160
　4　問題点と分析／161
　　4.1　上昇構文とコントロール構文の相違／161
　　4.2　英語の上昇構文／168
　　4.3　英語のコントロール構文／175
　　4.4　order タイプの述語／179
　　4.5　日本語の複合動詞構文／180

4.6　他動性とブルツィオの一般化／185
　　5　まとめ／189
　　6　さらに理解を深めるために／190
第 6 章　形容詞から作られた動詞………191
　　1　なぜ？／191
　　2　形容詞から作られた動詞とは／193
　　3　形容詞由来動詞の代表例／195
　　4　問題点と分析／197
　　　4.1　形容詞由来動詞の自他交替と意味構造／197
　　　　4.1.1　形容詞由来動詞の意味と用法／197
　　　　4.1.2　能格動詞の意味構造／199
　　　　4.1.3　他動詞構造の基本性／200
　　　　4.1.4　派生語と事象構造／201
　　　4.2　形容詞由来動詞の意味的特性／202
　　　　4.2.1　形容詞の意味条件／202
　　　　4.2.2　形容詞由来動詞のアスペクト特性／203
　　　　4.2.3　形容詞由来動詞の段階性と完結性／204
　　　4.3　動詞化接辞「-める」・「-まる」と使役交替／207
　　　　4.3.1　脱使役化による自動詞化／207
　　　　4.3.2　日本語の「温まる」と英語の cool の違い／209
　　　4.4　自発変化動詞と自他交替／209
　　　　4.4.1　自発変化動詞の意味の公式／209
　　　　4.4.2　自発変化動詞の他動詞化／211
　　　　4.4.3　自発変化と過程の焦点化／212
　　　　4.4.4　「-める/-まる」で作られた動詞のまとめ／213
　　　4.5　漢語接辞「-化」／214
　　　4.6　感情を表す動詞の派生／216
　　　　4.6.1　認識動詞構文との平行性／216
　　　　4.6.2　形容詞の種類／217
　　　　4.6.3　「-がる」の意味と主語の人称制限／218
　　　　4.6.4　「-がる」の自動詞用法／219

5　まとめ／220
　　6　さらに理解を深めるために／221

　第7章　名詞を含む複合形容詞………223
　　1　なぜ？／223
　　2　複合形容詞とは／224
　　　2.1　複合語の形態的・音声的な特徴／224
　　　2.2　構造的な制約／227
　　　2.3　意味の特徴／228
　　3　名詞を含む複合形容詞の代表例／229
　　4　問題点と分析／232
　　　4.1　英語の動詞由来複合形容詞の形態構造／232
　　　4.2　英語の動詞由来複合形容詞の意味機能／235
　　　4.3　日本語の形容詞的な複合名詞／237
　　　4.4　複合形容詞の項関係／246
　　　4.5　日本語の語彙的な複合語と統語的な複合語／252
　　5　まとめ／256
　　6　さらに理解を深めるために／257

第III部　形容詞と副詞

　第8章　副詞と二次述語………260
　　1　なぜ？／260
　　2　副詞と二次述語とは／261
　　　2.1　叙述的副詞／262
　　　2.2　二次述語／265
　　3　副詞と二次述語の代表例／268
　　4　問題点と分析／269
　　　4.1　-ly 副詞の位置と修飾関係／269
　　　4.2　結果述語と様態副詞／272
　　　　4.2.1　英語の -ly 副詞と結果述語／273
　　　　4.2.2　日本語の様態副詞と結果述語／274
　　　4.3　描写述語と様態副詞／277

        4.3.1　英語の描写述語と -ly 副詞／277
        4.3.2　日本語の描写述語と様態副詞／279
     4.4　結果述語と描写述語／282
     4.5　描写述語の制約／286
        4.5.1　描写述語の叙述対象／286
        4.5.2　描写述語と行為連鎖／289
        4.5.3　描写述語の語用論的制限／290
  5　まとめ／291
  6　さらに理解を深めるために／291

第9章　句動詞——動詞と小辞の組み合わせ……293
  1　なぜ？／293
  2　句動詞とは／294
  3　代表的な句動詞／297
  4　問題点と分析／300
     4.1　語順交替と談話情報／300
     4.2　句動詞は「句」か「語」か？／303
     4.3　句動詞の語彙的性質／308
        4.3.1　行為名詞形／308
        4.3.2　他動詞の自動詞化／309
        4.3.3　句動詞から名詞への転換／312
        4.3.4　派生接辞／312
     4.4　句動詞の「句」としての特性／313
     4.5　句動詞の意味構造／315
     4.6　小辞による複雑述語の形成／317
     4.7　句動詞に対応する日本語の複合動詞／320
        4.7.1　小辞と動詞の意味範囲の違い／320
        4.7.2　主語と目的語の現れ方／322
  5　まとめ／323
  6　さらに理解を深めるために／324

第10章　副詞と文の焦点………325
  1　なぜ？／325

- 2 焦点とは／326
- 3 代表的な焦点化詞／330
- 4 問題点と分析／332
  - 4.1 焦点の結びつけを決める一般原則／332
  - 4.2 also の焦点／334
  - 4.3 even の焦点／339
  - 4.4 only の焦点／344
  - 4.5 日本語の焦点化構文と作用域／350
- 5 まとめ／354
- 6 さらに理解を深めるために／356

参照文献………358

索　　引………373

日英対照
形容詞・副詞の意味と構文

序　事象の把握と言語表現

「はしがき」でも述べたように，本書は事象（世の中の出来事，活動，動作，状態など）がどのように言語として表現されるかという《事象意味論（event semantics）》の一部として**形容詞**と**副詞**の性質を検討する。事象を表現する典型的な品詞は**動詞**であるから，本書では，動詞の理解を踏まえて形容詞と副詞に論を展開することになる。

1　事象と時間

　私たちは朝起きてから夜寝るまで様々な活動をしている。いや，寝ているときも「睡眠」という活動を行っている。それらの活動のほとんどは「起床」，「歯磨き」，「食事」，「通学」……というように名前が付いている。名前がついているということは，これらの活動がカテゴリーに分類されているということである。カテゴリーというのは，「生物，無生物，ほ乳類……」といった名詞の分類を指すことが多いが，私たち人間は日常の活動や出来事もカテゴリー化して認識し，それを言語として表現している。名詞のカテゴリーは，人間なら「3人」，機械類なら「3台」というように日本語では助数詞で数えることができるが，活動や，出来事，状態は助数詞で数えることができない。しかし代わりに，「時間」で計ることができる。たとえば，「昨日は9時間寝た」とか，「3分間歯を磨きなさい」というように。

　時間の観点からすると，睡眠や歯磨きは「○時間」や「○分間」と言えるから《継続性》のある事象である。他方，「バスが到着した」や「ご飯が炊けた」といった出来事は「*そのバスは目的地に2時間到着した」や「*ご飯が40分間炊けた」のように表すことができない。なぜなら，「到着」というのは目的地にたどり着いた瞬間を，「炊ける」はご飯が食べられる状態に達した瞬間を指す事象で，継続性がないからである。これらはその瞬間に「完結」するから，「○時間で」や「○分で」という時間を限定す

る副詞を付けて,「そのバスは目的地に2時間で到着した」,「ご飯が40分で炊けた」のように表すことができる。このように,「○時間」や「○分間」が使える出来事や活動は《継続性》があり,「○時間で」や「○分で」が使える出来事は《完結性》があるということが分かる。

　動詞や形容詞に備わっているこのような時間的性質を「語彙的アスペクト」と呼ぶ（☞第1章）。動詞だけでなく,形容詞,あるいは場合によっては副詞を考える際にも,この語彙的アスペクトが基礎的な概念となる。

　しかし世の中には,「○時間（ずっと）」も「○時間で」も使えない事柄がある。たとえば「父は背が高い」や「この道は曲がりくねっている」といった文に時間副詞を付けて,「*父は8時間ずっと背が高い」や「*この道は10年間ずっと曲がりくねっている」と表現することはできない。「背が高い」や「曲がりくねっている」は主語の特性を描写するもので,時間を超越した恒常的な性質を持っている（☞第2章）。

2　事象と行為連鎖

　日常の様々な事象がどのように言語の意味として認識されるのかを見てみよう。事象の意味を扱うには様々な理論的方法があるが,本書では『動詞編』と同様に,**行為連鎖**（action chain）という簡単な意味構造を用いておく。たとえば,「父が包丁でスイカを真っ二つに切った」という状況を想像してみよう。父は,まず,スイカをまな板に載せ,包丁を手にしてスイカに当てる。包丁に力を加えると,スイカに切れ目ができ,最終的には2つに分かれる。そうすると,「父が包丁でスイカを真っ二つに切った」という文の意味は次のように分解できる。

　　(1)　行為連鎖による事象の意味構造

〈行為〉	→	〈変化〉	→	〈状態〉
父が包丁の刃をスイカに当てて力を加える		スイカに切れ目ができてくる		スイカが真っ二つの状態になる

ここでは「切る」という動作を〈行為〉→〈変化〉→〈状態〉という連鎖で捉えている。つまり,「切る」という1つの単語の中には,少なくとも3つの局面（行為,変化,（結果）状態）が含まれていることになる。

このように考えるのは，単に，「切る」という動詞の意味を嚙み砕いて分かりやすく表すためだけではない。事象を〈行為〉，〈変化〉，〈状態〉という3つの局面に分けることで，「切る」という動詞の統語的な使い方や副詞の修飾関係なども明確に説明することができる。

2.1　行為連鎖と副詞の修飾

　学校文法では，副詞は動詞を修飾すると教えられるから，先ほどの「父が包丁でスイカを真っ二つに切った」という例文では，「包丁で」と「真っ二つに」という2つの副詞が「切る」という1つの動詞を修飾することになる。しかし，それでは全く不十分である。たとえば「切る」を「たたく」に置き換えて考えてみると，「包丁でスイカをたたいた」は適格だが，「*スイカを真っ二つにたたいた」はおかしい。なぜ，「スイカを真っ二つに切った」はよいのに，「*スイカを真っ二つにたたいた」がおかしいのかを説明するためには，単に「副詞は動詞を修飾する」というだけでなく，動詞が表す意味の中身を検討しなければならない。

　(1)の意味構造を見ると，「包丁で切る」と「真っ二つに切る」では，同じ「切る」でも，2つの副詞が修飾する部分が異なることが分かる。すなわち，「包丁で」という道具を表す副詞は意味構造の左端にある〈行為〉の部分を修飾して，「包丁を使ってスイカに力を加える」という意味になり，他方，「真っ二つに」は意味構造の右端にある〈状態〉の部分を修飾して，スイカが切れたあとの結果状態を表している。

(2)　包丁でスイカを真っ二つに切る。

　　　〈行為〉　　→　〈変化〉　　→　　〈状態〉
　　　　↑　　　　　　　　　　　　　　　　↑
　　　「包丁で」　　　　　　　　　　　「真っ二つに」

「切る」と比べると，「スイカをたたく」はスイカの状態変化を意味しないから，意味構造の中で〈行為〉しか持たず，その結果，「*スイカを真っ二つにたたく」が不適格になる。

(3)　スイカをたたく。

　　　　〈行為〉----------------------------------結果状態がない
　　　　　↑　　　　　　　　　　　　　　　　↑
　　　「包丁でたたく」　　　　　　　　「*真っ二つにたたく」

「たたく」に限らず，対象物の結果状態がない動詞（たとえば「さわる」

や「擦る」)は一般に,「真っ二つに」のような結果を表す副詞となじまないという性質を持っている。

このように,動詞の意味を細かく分解することによって,副詞が動詞の意味のどの部分を修飾するのかが正確に突きとめられるのである。

2.2　行為連鎖と事象アスペクト

「父はスイカを切った」という文に時間副詞を付けてみよう。

 (4) a. 父は<u>一瞬で</u>スイカを真っ二つに切った。
    b. 父は<u>30分間</u>スイカを切った。

(4a)の「一瞬で」という時間副詞は,短い時間でその行為が終わったことを意味するから,行為連鎖に当てはめると,「一瞬で」は行為連鎖の最終点(すなわち右端の〈状態〉)に至った時間を表すと理解できる。最終点というのはスイカが切れた状態を表すから,したがって,「一瞬で」は「真っ二つに」という結果表現と共起できる。

他方,(4b)の「30分間」という副詞は動作が継続している時間を表すから,「父は30分間スイカを切った」というと,①ひとつのスイカを30分かけて切っていた(まだ最後まで切れていない)という状況か,あるいは②幾つものスイカを30分の間ずっと切り続けていたという意味にとれる。行為連鎖で言うと,①の解釈ではひとつの〈行為〉が30分間継続したという意味,②の解釈では〈行為〉→〈変化〉→〈状態〉という出来事が幾つものスイカについて30分間継続したという意味になり,出来事の完了より,継続性に重点を置いている。そのため,(4b)に「真っ二つに」という結果表現を付けて,「?父は30分間スイカを真っ二つに切った」というのは不自然になる。

2.3　行為連鎖と文法的用法

〈行為〉→〈変化〉→〈状態〉という流れ全体を表す動詞は,「切る」のように他動詞であるが,それに対応する自動詞はどうなるだろうか。たとえば,「スイカを切った」に対応して「スイカが切れた」という自動詞文ができる。この場合,〈行為〉→〈変化〉→〈状態〉という「切る」の意味構造から,動作主を含む〈行為〉の部分を取り除いて〈変化〉→〈状態〉とすると,行為者を含まない自発的な変化(つまり自動詞の「切れ

る」）になる。「湯を沸かす」というのも，水を湯に変化させることを表すから，〈行為〉→〈変化〉→〈状態〉という流れを持ち，〈行為〉の部分を取り去ると，「湯が沸いた」という自動詞文になる。従来は，自動詞と他動詞の交替は形態論の問題とされていたが，このように考えると，意味論の問題として捉え直すことができる。

　さらに，「スイカを切る」に対応して「スイカが切ってある」，「湯を沸かす」に対応して「湯が沸かしてある」と言うことができるが，このような「～が～てある」という統語的な構文の使い方も，文法の問題としてよりも意味論の問題として説明できる。すなわち，〈行為〉→〈変化〉→〈状態〉の流れの最終状態を取り立てたのが「～が～てある」構文なのである。

　このように，他動詞が自動詞になったり，他動詞が「～が～してある」構文に使われたりするのは，〈行為〉→〈変化〉→〈状態〉という意味構造を持っている動詞に限られる。逆に言うと，〈行為〉だけで，〈変化〉→〈状態〉の部分を含まない他動詞は，自動詞形や「～が～してある」構文にならないことが予想できる。対象物に対する行為を表すがその変化は意味しない他動詞というのは，たとえば「スイカをたたく」，「バットを握る」，「目を擦る」などで，これらの他動詞には対応する自動詞が欠如している。「スイカをたたく」に対する「*スイカがたたかる／たたける」のような自動詞が存在しないのは，偶然ではなく，意味的に当然の結果であると言える。また，これらは「～が～してある」構文にも適合しない。「*スイカがたたいてある」や「*バットが握ってある」と言うことはできない。ただし，「おにぎりが握ってある」というのは可能だろう。それは，ご飯を握った結果，「おにぎりができる」という変化があるからである。したがって，変化があるかどうかという判断は，動詞単独ではなく，目的語になる名詞の性質も含めて全体的に考える必要がある。

3　行為連鎖と動詞・形容詞・副詞

　行為連鎖は〈行為〉→〈変化〉→〈状態〉という事象の流れを表す意味の構造であり，意味は心の中にある抽象的なイメージであるから，それを言葉として表現するためには動詞や形容詞といった具体的な単語を当ては

める必要がある。動詞と形容詞は，行為連鎖の中の，ある部分を言葉として具現化する働きをする。たとえば，「(子供が公園で) 遊んだ」というのは，行為連鎖の中の〈行為〉がどのようなものなのかを具体的に表し，「(木の枝が) 伸びた」というのは短かった枝が長くなったことを表すから，行為連鎖の中の〈変化〉の部分がどのようなものかを表現している。また，「(本棚に辞書が) ある」というのは辞書の存在という静的な状態を表すから，行為連鎖の中の〈状態〉の部分を具現化している。このような観点から動詞を整理すると次のような分類ができる。

まず，前述の「(スイカを) 切る」のように，〈行為〉→〈変化〉→〈状態〉という流れ全体をカバーする動詞には(5)のようなものがある。

(5) 〈行為〉→〈変化〉→〈状態〉の全体を具体的に表現する動詞
  a. 目的語の状態変化を表す状態変化使役動詞
   殺す，壊す，築く，温める，冷やす，伸ばす，消す
  b. 目的語の位置変化を表す位置変化使役動詞
   置く，入れる，出す，注ぐ，掛ける，移す，運ぶ

しかし，すべての動詞が行為から結果までの全範囲をカバーするわけではない。連鎖の一部だけを切り取って表現するものもある。もっぱら〈行為〉の部分だけを表す動詞には(6)のような例がある。

(6) 〈行為〉の内容を具体的に表現する動詞
  a. 自動詞（非能格動詞）
   働く，遊ぶ，さわぐ，暴れる，泣く／しゃべる，歌う
  b. 他動詞（働きかけ他動詞）
   たたく，突く，蹴る，押す，こする，なでる／誉める，叱る

これらは，基本的に，主語（行為者）が意図的に行ったり中止したりすることができる行為や活動を表す。主語の力が続く限り継続することが可能であるから，アスペクト的に言えば〈継続的〉である。「たたく，押す，叱る」などの他動詞も同じく〈継続的〉である。

次に，〈変化〉の部分を表す動詞には，抽象的な状態の変化を表すものと，物理的な位置の変化（すなわち移動）を表すものとがある。

(7) 〈変化〉だけ，あるいは〈変化〉→〈状態〉を具体的に表す自動詞
  a. 状態変化の自動詞
   縮む，育つ，弱る，死亡する，枯れる，(にきびが) できる

b. 位置変化（移動）の自動詞

　　　流れる，ころがる，進む，さまよう，動く，入る，到着する

通常，変化は何らかの結果を伴うから，(7)に挙げた動詞の多くは，単に〈変化〉の部分だけでなく，〈変化〉→〈状態〉という流れを表している。

最後に，〈状態〉というのは特別に変更がないかぎり，いつまでも持続する静的な状態，静的な位置のことである。具体的な動詞には(8)のようなものがある。これらは，状態動詞と呼ばれるものであるが，日本語には数が少ないので，英語の例も示しておく。

(8) 〈状態〉を具体的に表す動詞

　　a. いる，ある，値する，（外国語が）できる

　　b. be, belong (to), have, differ, resemble, live, contain

英語の学習で間違いやすい動詞のひとつに wear がある。wear は「服を着ている」という状態を表し，これに対して，「身につける」という変化を表すのは put on である。日本語の「着る」は「1分で服を着た」のように着衣を表す意味と，「一週間同じ服を着た」のように継続状態を表す意味の2通りがあって曖昧であるが，英語では両者の意味がそれぞれ異なる動詞語彙で表現される。

自動詞の中で，主語が意識的に制御できる動作や活動を表す動詞は**非能格動詞**（unergative verb），主語の意図で制御できない出来事や状態を表す動詞は**非対格動詞**（unaccusative verb）と呼ばれる。たとえば，「叫ぶ，遊ぶ」などは非能格動詞であり，「縮む，育つ」のような非意図的な変化を表す動詞，および「ある，値する」のような非意図的な状態を表す動詞は非対格動詞である。なお，同じ動詞であっても，意味によって分類が異なることに注意したい。たとえば，「ガソリン代が上がった」の「上がる」は主語（ガソリン代）の制御できない非意図的変化であるから非対格動詞に属するが，「客はエレベーターで5階に上がった」という場合の「上がる」は主語が意図的に制御できるから非能格動詞と見なされる。ひとつの簡便な見分け方は「～に～してもらう」という表現が可能かどうかである。非能格動詞の場合は「お客さんに5階に上がってもらった」と言えるが，非対格動詞の場合は「*ガソリン代に上がってもらった」とは言えない。

形容詞（および日本語の形容動詞）は一般に，行為連鎖の中の〈状態〉

に特化した品詞である。ただし，次例(9b)のrudeなどでは，intentionally（故意に）といった副詞を付けたり，進行形（be -ing）を付けたりすることで，〈状態〉の意味に〈行為〉の意味が加わる（☞第2章）。

(9) a. He was a rude person.　恒常的な状態，主語の性質
    b. He was rude intentionally. 〈行為〉と〈状態〉
       He was being rude to my friend. 〈行為〉と〈状態〉

さて，状態と言っても，He has a hat on.（彼は帽子をかぶっている）のように一時的な状態と，He has long arms.（彼は腕が長い）のように恒常的に続く状態があり，後者は主語名詞の属性ないし特性を表している。形容詞・形容動詞も一時的状態か恒常的状態かの2種類に分類できる。

(10)　2種類の形容詞類
    a. 一時的な状態を表す形容詞・形容動詞
       うれしい，悲しい，健康だ，貧乏だ／drunk, available
    b. 恒常的な状態を表す形容詞・形容動詞
       背が高い，聡明だ，我慢強い／tall, intelligent

一時的状態と恒常的状態の区別はいろいろな面でおもしろい違いをもたらす（☞第2，4，6，7章）。

以上概略したように，動詞と形容詞・形容動詞は行為連鎖の全体あるいはその中の一部分を言葉として表現する働きがある。動詞と形容詞・形容動詞が**述語**（predicate）と呼ばれるのはそのためである。述語は，主語や目的語を伴って文を作るための必須の要素である。

他方，副詞は**付加詞**（adjunct）とも呼ばれ，文を作るときにはあってもなくてもよい「飾り」である。したがって，動詞と形容詞が行為連鎖の中の〈行為〉や〈変化〉を具体的に表すのに対して，副詞は行為連鎖の一部を外から修飾する働きをする。先に(2)で示した「スイカを包丁で真っ二つに切る」という図式から分かるように，「包丁で」は「切る」という〈行為〉の部分を修飾して，「道具が包丁である」という意味を付け加える。一般に道具を表す副詞は，「鉛筆で書く，床を雑巾で拭く」のように〈行為〉の仕方を描写するか，あるいは，「バスで行く，新幹線で上京する」のように〈変化（移動）〉の手段を表すのが普通である。〈状態〉のみを表す動詞や形容詞に道具の副詞を付けると，「*テーブルの上に包丁でス

イカがある」や「*彼女はやせ薬でスリムだ」のように不自然な文になる。同じように，英語の hard という副詞は，He studied English hard./He worked hard./He cried hard. のように〈行為〉の部分を修飾する。〈行為〉を含まない変化や状態に付けて，*The boy grew hard. や*He belongs to the club hard. のように言うことはできない。逆に，「真っ二つに（切る）」や「ペシャンコに（へしゃげる）」のような副詞表現は変化の最終段階である〈状態〉を修飾している。

以上の説明をまとめておこう。世の中の事象を言語の意味構造として表示するのが行為連鎖であるとすると，動詞と形容詞は行為連鎖の内部に入り込んで，行為や状態を具体的に表現し，他方，副詞は行為連鎖を外から修飾する。

・動詞と形容詞は行為連鎖の中身を具体的に表現する。
　　［例］to play なら〈遊ぶという**行為**〉
　　　　　to die なら〈身体が弱っていくという**変化**〉→〈死んでしまったという**状態**〉
　　　　　tall なら〈背が高いという**状態**〉
・副詞は行為連鎖を外から修飾して，行為や変化の様子を表現する。例は上掲(2)を参照。

4　各章の概要

本書は，内容的に3つのパートに分かれる。まず，第Ⅰ部では，第Ⅱ部と第Ⅲ部への下準備として，出来事と状態の基本的な違いを説明している。第1章「語彙的アスペクト」は Vendler の有名な語彙的アスペクトの分類を紹介し，第2章「状態と属性」では一時的な状態と恒常的な特性の違いを述べる。

第Ⅱ部では，形容詞の性質を動詞との対比でまとめる。まず，第3章「出来事を表す受身」では英語および日本語の普通の受身文（すなわち，出来事や動作を表す動的な受身文）の性質を述べ，続く第4章「状態・属性を表す受身と過去分詞」では主語の静的な状態ないし属性を描写する形容詞的受身と，受身形と関連する形容詞的過去分詞の働きを説明する。第5章「補文をとる動詞と形容詞」では形容詞および動詞について上昇構文

(He is likely to come.）とコントロール構文（He is eager to come.）の統語的・意味的相違を解説する。第6章「形容詞から作られた動詞」と第7章「名詞を含む複合形容詞」は，それぞれ，派生語と複合語という語形成を扱い，その意味と用法の特徴を整理している。

　第Ⅲ部は形容詞と副詞が関わる現象を扱う。第8章「副詞と二次述語」では -ly 副詞と描写述語の相違，第9章「句動詞」では take out のような動詞＋副詞（小辞）の組み合わせの特徴，第10章「副詞と文の焦点」では強調や限定を表す even, only, also の解釈を明らかにしている。

第I部
出来事と状態

　私たちの日常の生活は時間とともに展開していく。時間は事象の表現とどのように関わっているのだろうか？

　第1章「語彙的アスペクト」では，Zeno Vendler の有名な4種類の語彙的アスペクトを紹介すると共に，語彙的アスペクトの診断で間違いやすい注意点を指摘する。また，日本語については金田一春彦の動詞4分類を説明する。

　第2章「状態と属性」では，形容詞類を中心に「状態」とは何かを検討し，時間の流れに依存する一時的な状態と，時間の流れを超越した恒常的な属性が言語的に区別されることを述べる。

第1章　語彙的アスペクト

◆基本構文
(A) 1. He is running.
    2. 彼は走っている。
(B) 1. The train is arriving (in 10 minutes).
    2. 電車は到着している。
(C) 1. He {knows/*is knowing} my phone number.
    2. 彼は私の電話番号を {知っている/*知る}。
(D) 1. He is pushing the cart.（彼はカートを押している）
    2. He pushed the cart.（彼はカートを押した）
(E) 1. He is building a house.（彼は家を建てている）
    2. He built a house.（彼は家を建てた）
(F) 1. He pushed the cart {for/*?in} 30 minutes.
       彼は {30分間/??30分で} カートを押した。
    2. He built a house {*?for/in} 30 days.
       彼は {??30日間/30日で} 家を建てた。

【キーワード】アスペクト，進行形，状態，活動，到達，達成

1　なぜ？

　中学・高校で学んだ be -ing や日本語の「～ている」は一般に「進行形」と呼ばれるが，両者の意味用法は非常に複雑であり，少し観察すれば必ずしも be -ing と「～ている」は対応していないことに気づくだろう。たとえば，基本構文(B1)の arriving は，「もうすぐ到着する見込みだ」という意味であり，「到着」という出来事が近い未来に達成されそうだという見込みを表わすが，日本語の(B2)「到着している」は，既に到着が完

了していると解釈される。(A1, 2)では対応していた-ingと「～ている」が、(B1, 2)ではまったく逆の意味を表すのは、なぜだろうか。

(C)においても日英語は興味深い対照を示す。英和辞典ではknowは「知る」と訳されているが、He knew the song. は「その曲を知った」という意味ではなく「その曲を知っていた」という意味である。つまり、knowと「知る」は意味が違う。しかしまったく違うわけではなく、核となる意味は同じなのだが、「ある側面」で異なるのである。では、その「ある側面」とは何だろうか。

さらに、日英語にほぼ共通する興味深い事実を見てみよう。(D1)と(E1)のような例は普通の現在進行形であり、特に違いはないように思える。しかし、注意深く観察すると異なる性質が明らかになる。(D)では、現在進行形(D1)が成り立つときは必ず過去形(D2)も同時に成り立つ。つまり、「現在カートを押している」ならば、その時点で「カートを押した」ことになる。ところが、(E)では事情が異なり、現在進行形(E1)が成り立っても、過去形(E2)は成り立たない。つまり、「彼は家を建てている」と言っても、その時点で「彼は家を建てた」ということにはならない。(D1)と(E1)は一見同じ現在進行形だが、過去形(D2)、(E2)が成り立つかどうかについては逆の結果が出る。この違いは何に起因するのだろうか。さらに、(D, E)で観察した同じ述語は、(F)を見て分かるように、時間副詞との相性の違いにおいても対照を成す。これは偶然だろうか、それとも何か深い理由があるのだろうか。(D, E, F)で観察された事柄は英語と日本語に共通しているようである。日英語という系統の異なる言語で同じ性質が見られるということは、なんらかの普遍的な意味の仕組みが隠されているはずである。

2 語彙的アスペクトとは

基本構文で見た現象には「語彙的アスペクト」と呼ばれる意味的性質が深く関わっている。語彙的アスペクトとは何かを解説する前に、**アスペクト**（aspect：「相」とも訳される）、およびそれと似た概念の**時制**（tense）について説明しておく必要がある。アスペクトと時制はどちらも時間に関係する概念で、学校文法では両者の区別が曖昧なこともあるが、

言語学では明確に区別される。

　まず,「時制」とは, 出来事, 動作, 状態などの**事象**（events：あるいは状況 situations）が過去・現在・未来という物理的な時間の流れの中でどこに位置するかを表す。たとえば It rained yesterday. という過去形の文は,「降雨」という事象が発話時（この文を発するとき／書くとき, つまり現在の時点）よりも前の時点（yesterday）に起こったことを表すし, 未来形の It will rain tomorrow. ならば「降雨」事象は発話時より後の時点（tomorrow）に起こる。要するに, 時制とは発話時（「今, 現在」）を絶対的基準として, それより前か（過去）, 先か（未来）, あるいはそれと同じ時間か（現在）ということを表す時間概念である。

　これに対して, アスペクトは, 任意の基準点（発話時とは限らない）と比べて, それより前に終了したか, それともその時点で継続中か, といった相対的な概念を表す。たとえば, It *was raining* when I woke up. という過去進行形は, 私が目を覚ましたという過去の時点を基準にして, それと同時に「降雨」が起こっていた（つまり, その時はまだ止んでいなかった）ことを表す。また, It *had rained* when I woke up. と過去完了形にすると, 私が目を覚ました時点を基準に, それより以前に雨が降った（つまり, 目を覚ましたときには止んでいた）という意味になる。（発話時, 基準時について詳しくは Reichenbach 1947, Hornstein 1990 を参照。）

　英語では, 基準時より前に事象が発生していれば完了形（have＋過去分詞）, 基準時と同時に発生が進行していれば進行形（be＋現在分詞）という文法的な標識を用いる。そのため, これらは**文法的アスペクト**（grammatical aspect）と呼ばれる。英語の完了形と進行形が表す意味は, 日本語では普通, テイルという1つの補助動詞で表わすことができる。たとえば「夕食の材料は, 既に買っている」と言うと, もう既に買った（I have bought）という「完了」の意味であるし,「今, 夕食の材料を買っている（ところです）」と言えば, 買い物の最中である（I'm buying）という「進行」の意味を表す。ちなみに, 西日本の方言では, 完了を「とる」,「とー」, あるいは「ちょる」で, 進行は「よる」,「よー」で表し分ける。たとえば山口方言では「もうそっちに行っちょる」と言うと, 既にそちらに到着している（完了）,「今そっちへ行きよる」と言うと, 今そちらに向かって移動している（進行）という意味になる。

このように文法的アスペクトは，時間の流れの中のある基準点（視点）から見て，既に終わったか，まだ終わっていないかという区別を述べるから，Smith (1991) はこれを視点アスペクト（viewpoint aspect）と呼んでいる。

　文法的アスペクトは目に見える文法標識として現れるから古くから研究されてきたが，文法的な標識が付加されていない「素の状態」の言語表現（特に動詞）がそれ自体でアスペクトの性質を内包していることが注目されるようになったのはここ50年ほどのことである。「降雨」という出来事を考えてみよう。「雨が降る」という出来事を，たとえば「何月何日に雨が降った」や「今，雨が降っている」のように現実の時間の流れに位置づけると，それは時制および文法的アスペクトの問題である。これに対して，「降雨」という一般的な概念を考えてみると，「降雨」そのものには過去・現在・未来という時制は含まれないし，完了形や進行形といった文法的アスペクト標識もない。しかしそれでも，「降雨」というのは一瞬で終わる出来事ではなく，数分から数時間，場合によっては数日といった時間幅を持っていると私たちは理解している。このように時間幅がある事象は，時制や文法的アスペクトに関わりなく，その内部を開始，継続，終了という局面に分解して考えることができる。テイルを付けて「今，雨が降っている」というと，降雨が継続中であるという意味になるが，それは，降雨がもともと時間幅を持っていて継続可能だからこそである。

　逆に，「発見」という事象を考えると，たとえば「化石を発見した」というのは瞬間的な出来事である。もちろん，化石を発見するまでには通常，長期間の調査や観察が必要であるが，しかし通りすがりの人が長期間の観察なしに，偶然，いきなり発見するということもある。つまり，準備や調査の有無は関係なく，「発見」はあくまで瞬時のこととして捉えられる。「発見」事象は一瞬のことで持続性がないから，開始・継続・終了という内部構造を持っていない。したがって，テイルを付けて「*私は今，化石を発見しています（*I am finding a fossil.）」と言っても，「発見という出来事」が進行中であるという意味にならない。

　このように，時制や文法的アスペクトが付けられる前の述語にも，継続性があるとか瞬間的であるといった時間感覚があらかじめ意味に含まれている。これを**語彙的アスペクト**（lexical aspect：ドイツ語でAktionsarten／アクチオンス・アルテン

action（動作）の arts（種類，タイプ）」）と呼ぶ。語彙的アスペクトは文法的アスペクトのように目に見える形がないから分かりにくい面があるが，逆に言えば，そういった隠れた意味特性を，私たち人間が自然に理解して言語を使用しているということ自体が大変興味深いことである。また，上で触れたテイルの例をみてわかるように，文法的アスペクト標識の意味解釈は語彙的アスペクトと密接に関わっている。

語彙的アスペクトの分類に関しては様々な学説が提唱されているが，それらの礎となるのは Vendler（1957）と金田一春彦（1950）の先駆的研究である。金田一の研究は日本語動詞に基づくもので，4.4節で紹介することにして，ここでは，英語を扱った Vendler（1957）の分類を概観する。Vendler は，述語（動詞単独，あるいは動詞と目的語・補語の組み合わせ）の語彙的アスペクトを4種類に分類した。

> ◇ Vendler の4分類
> 1．状態（state）：belong, know, resemble, lie, be asleep
> 2．活動（activity）：run, play, study, push a cart
> 3．達成（accomplishment）：build a house, eat an apple, run a mile, push a cart to the supermarket
> 4．到達（achievement）：find, notice, reach, recognize

[注] 用語の日本語訳は研究者によって異なることがある。activity は「活動」または「動作」と訳されるが，activity には呼吸などの無意志行動や植物・惑星・人工物などの動きも含まれるので，「活動」の方が適切である。accomplishment と achievement は，それぞれ「達成」と「到達」と訳される場合と，「完成」と「達成」という訳語が当てられる場合がある。build a house のような場合は「完成」という用語がふさわしいが，run a mile や push a cart to the supermarket などを「完成」と呼ぶのはしっくりこないので，本書では accomplishment を「達成」，achievement を「到達」と呼ぶことにする。

4種類の中で直観的にもっとも他から区別しやすいのは〈状態 state〉であろう。状態とは，たとえば I know his phone number. とか He belongs to the club. といったもので，ある程度の時間幅を持っている。少なくとも一瞬で終わる出来事ではない。しかし，それがいつ終わるとい

う明確な終点（境界）も想定できない。さらに，その状態が継続する限り，内的な展開や変化，変動もない。私が彼の電話番号を知っていると言っても，いつ忘れるということは前もって分からず，しかも，知っている間ずっと，その事態が別の事態に変化したり展開したりすることはない。つまり，状態という事象は「時間幅」はあるが，「展開」および「明示的終点（境界）」はないということになる。そこでKearns (2000) にならって，事象の中身を「時間幅 (duration)」，「展開 (change ないし unfold)」，「明示的終点・境界 (bound)」といった意味成分に分解してみよう。

　事象の中身をこのように意味成分に分けると，4タイプの相互の類似点と相違点が明確になるだけでなく，文法的な制限の本質も理解できるようになる。たとえば，〈状態〉を表わす belong, know などは，基本構文 (C1) *He is knowing my phone number. に示したように，普通は進行形 (be -ing) にすることができない。学校文法でも「状態動詞は進行形にできない」と教えられるが，なぜそうなのだろうか？　進行形という言葉からは，出来事の進行を思い浮かべるが，「進行」の裏には，いつかそれが終わるという含みがあることに注意しなければならない。日本語で「使用中」や「故障中」のような「〜中」という表現がいつか近いうちにそれが終わることをほのめかすように，英語の be -ing も，「今進行しているが，いずれそのうちに終わるだろう」というように，近いうちの終了を示唆するのが本質的な意味である (Langacker 1987, Leech 2004)。ところが，状態を表す述語は本来，明確な終了点を持っていない（永遠に続くことができる）ので，be -ing の「そのうち終わる」という意味と矛盾するのである（状態動詞の進行形について詳しくは第2章）。日本語でも「ある」にテイルを付けて，「*校庭にブランコがあっている」と言うことはできない（☞本章4.4節）。

　上で導入した「時間幅」，「展開」，「明示的終点（境界）」という3つの基準をベースにして，他の語彙的アスペクトを見ていこう。〈活動〉を表す述語 ((A1) He is running. (D-1) He is pushing the cart.) と，〈達成〉を表す述語 ((E1) He is building a house.) は進行形となじみやすい。なぜなら，活動と達成は「時間幅」があるだけでなく，足を交互に動かすとか，カートに力を加えるとか，建築していくといった，動きのある

「展開」を含んでいるからである。展開があるということは，その事象がいつかは終わる可能性があるから，どちらも進行形にして，「そのうちに終わる」ことを表現できるのである。

　では，〈活動〉と〈達成〉の違いはどこにあるだろうか。〈活動〉は一般に，前もって定められた終点（境界）がない継続的な動作や出来事を表すのに対し，〈達成〉は継続的活動の先に「ここまでやったら活動は終わり」という明確な終点がある。たとえば，He is running. や He is pushing the cart. といった表現が表す事象には，どうなれば終わりという限界点が明示されていない。しかし，He is building a house. では，家が完成すれば，build a house という過程は終わりを迎える。つまり，この表現自体に「どうなれば終わりか」というゴールが明示的に含まれているのである。このように，終点（境界）の有無が活動と達成のアスペクトの違いである。明示的な終点（境界）があることを**有界**（bounded）と呼ぶと，「達成」は有界であり，「活動」は非有界である。これにより，基本構文の(D)と(E)の違いが生じる。(D1) He is pushing the cart. という活動事象には決まったゴールがないので，いつ中止してもその活動を「とにかく，やった」ことになり，He is pushing the cart. と言うと，He pushed the cart. を含意する。これに対して，(E1) He is building a house. には明確なゴールがあるので，それを達成しなければ，つまり中途の段階では「やった」とは言えない。言い換えると，He is building a house. と言っても，He built a house. という意味は含意されない。

　なお，run や push the cart のような活動事象でも，ゴールを明示して He pushed the cart to the supermarket.（スーパーまでカートを押して行った）や He ran a mile.（1マイル走った）とすると，最終点に到着することで終了するから，これらは達成事象となる。

　活動と達成に付く進行形が文字通り「進行」を表すという点では日本語でも同じで，「走る→今走っている（活動）」，「家を建てる→今家を建てている（達成）」のようにテイルを付加すると，進行中の活動ないし過程を表わす。ただし，日本語のテイルには進行以外に様々な意味があり，「彼は既に30歳のときに家を建てている」と言うと，過去の経験を意味する（英語では現在完了形に当たる）。

　最後に，〈到達（achievement）〉であるが，基本構文(B1) The train is

arriving. と (B2)「電車は到着している」を比べると分かるように，到達を表す述語の顕著な特徴は，英語 be -ing と日本語テイルの意味が正反対になるという点である。英語 (B1) は未完結の事象で，まだ電車は到着していないが，日本語 (B2) は完結した事象を表し，電車は既に到着している。なぜこのような違いが出るのだろうか。〈到達〉の特徴は，明確な終点を持つものの，時間幅は持たないということである。先に「化石を発見する」という例で説明したように，「発見する」というのは一瞬のことである。arrive も同じで，主語が目的地に到着するのは一瞬の出来事であり，その前の過程（たとえば，どのような手段で，どこを通って来たか）は関係しない。もちろん，現実には瞬間移動というのはないから，目的地に着くまでには途中の移動過程があるはずである。しかし，そのことは arrive という動詞そのものの意味には含まれない。手段や経路を問わず，とにかく目的地に来れば arrive なのである。その証拠に，「何分間」とか「何時間」というような時間幅を表す副詞は到達事象に付けることができず，「*私は1時間，化石を発見した」や *The train arrived for ten minutes. といった表現は成り立たない。到達に時間幅がないとすると，The train is arriving. という文は，文字通りの「出来事の進行」ではなく，「電車が近いうちに到着する」という意味になる（詳しくは第2章）。なお，find や notice an error のように，文字通り一瞬で終わる出来事は進行形にすることが，そもそもできない。

　以上を整理すると，表1のようになる。

【表1】語彙的アスペクトの分類と特徴

事象タイプ	例	時間幅	展開	明示的終点
状態	know the song	○	×	×
活動	push the cart	○	○	×
達成	build a house	○	○	○
到達	arrive	×	○	○

この表を見ると，「達成」は3つの基準すべてにおいて○であり，活動と到達の両方の性質を併せ持つと考えることができる。

3　代表的な述語

　Vendlerの4種類の語彙的アスペクトに該当する代表的な英語の述語を列挙する。ただし，あるタイプに分類されていても，目的語や補語の付け方によっては別のタイプとして使用できることもある。また，rememberが「覚えている」という状態の意味と，「思い出す」という到達の意味があるように，1つの述語が複数のタイプに属すること（多義性）もある。したがって，「この動詞は常に○○動詞である」というように一律に覚え込むのは危険である。Vendlerの4分類は，個別の動詞を分類したものではなく，語彙的アスペクトによって事象を分類したものと捉えるのがよい。

【状態（state）を表す述語】

　love, like, hate, admire, pity, worship など，経験者を主語にとる心理動詞（☞『動詞編』第3章）／This book sells well. のような中間構文の述語（☞同・第7章）／smell, feel, taste, sound などの知覚動詞で，知覚される物体が主語になる場合／see, feel, know, think, understand, doubt, believe, remember など，思考・認知・知覚に関する動詞／mean, entail, prove, follow (It follows that...), imply など論理関係を表わす動詞／indicate, show (The evidence shows...), say (The newspaper says...) など，基本的には活動性を持つが無生物主語で使われると状態を表わすもの／rule, dominate, govern など，支配に関する述語／cost, charge, weigh, amount など費用や質量を示す述語／include, involve, contain, consist, comprise, lead to など空間的あるいは抽象的な包含関係を表わす動詞／着衣や表情を表す wear／stand, sit, lie (The desert lies between the two cities), run (The river runs through the state), flow, rest など無生物主語の位置を示す述語／use (This machine uses 3 valves), work (This software works fine), run (This software runs on PC only) など，機械やソフトウェアの構成や性能を表わす述語／have, own, possess など，所有を表わす述語／resemble, relate, equal など，主語と目的語の関連性を示す述語／exist, be など，存在を表す述語／remain, stay など，状態継続を表す述語

【活動 (activity) を表す述語】
　run, walk, laugh, cry, talk, listen, sleep, breathe, look など，動作・活動・過程を表わす自動詞／push the cart, drive a car, watch a TV program, rub the vase など，活動の結果が目的語に内的変化を及ぼさない働きかけ他動詞（push the cart の場合，カート自体に内的変化はない）／eat apples, drink wine, read books, write articles など，活動の結果が目的語に内的変化を及ぼす（eat apples の場合，食べられることによって apples が消費される）が，その目的語が冠詞の付かない裸の複数形名詞の場合／前述の他動詞が目的語を省略して用いられた場合／keep, continue, maintain などの状態維持を表す述語

【達成 (accomplishment) を表す述語】
　達成を表す述語としては，動詞自体がもともと明示的終点を持つものと，終点が前置詞や目的語によって導入されるものとがある。
　もともとそれ自体に終点を含む述語：make, polish, build, create, destroy, erase, kill, freeze, melt, put, remove, place, transfer など，目的語の状態や位置の変化を表す使役変化他動詞（これらは普通，目的語を省略できない）。純粋な自動詞それ自体が達成述語となるケースはまれで，Dowty (1979: 69) は shape up と grow up の2例を挙げているが，いずれも結果の網羅性を強く示唆する up という不変化詞を伴わなければならないため，純粋な自動詞の例とは考えられず，Dowty 自身も，純粋な自動詞で達成の意味を内包しているものは存在しないかもしれないと示唆している。
　終点が前置詞句や目的語によって付加された述語：run a mile, walk two blocks のように，移動を表す活動述語に距離表現がついた場合／walk into the house, push the cart to the parking lot など，移動動詞に終点が明示された場合／eat three apples, read this book, write a letter, draw a circle など，数量詞または冠詞の付いた名詞句によって活動の他動詞に終点が明示される場合／He slept his headache off.（よく眠って頭痛が治った）のように活動の自動詞に終点を付けた結果構文（☞『動詞編』第6章および本書第5章）

【到達 (achievement) を表す述語】
　reach, leave など，到着・退去を表わす他動詞／arrive, disappear,

appear, land, depart など, 到着・退去ないし出現・消滅を表わす自動詞／melt, freeze, darken など使役変化他動詞に対応する自動詞の一部（この範疇には close など達成に分類すべきとも考えられる自動詞や, roll, float など活動述語に分類すべき自動詞もある。使役交替については『動詞編』第1章を参照）／die, awaken, fall asleep など, 身体機能・意識の覚醒または停止を表す述語／stop, cease, begin, start, resume, end, finish など, 起動や完結を表わす他動詞／get wet や come to know など, 起動を表わす助動詞的動詞を含む述語／remember, forget, realize, understand, spot, notice, find など, 認知・理解・記憶の開始または終了に関する他動詞／get, obtain, learn, lose など, 獲得・喪失を表わす他動詞

4 問題点と分析

　第2節では語彙的アスペクトを見極めるための判断基準に触れたが, この節ではまず4.1節において, その他の様々な診断テストを取り上げる。4.2節ではさらに突っ込んで, それら診断テストの妥当性を検討する。4.3節では, 同じ動詞が複数の語彙的アスペクト・カテゴリーにまたがって用いられるという問題を簡単に取り上げる。4.4節では, 語彙的アスペクトを意味構造（概念構造）の観点から分析することを試みる。最後に4.5節では金田一 (1950) の分析を出発点として, 日本語の語彙的アスペクト分類に触れ, Vendler の分析との接点を探る。

4.1　更なる診断テスト

　第2節では Vendler の4タイプの語彙的アスペクトを見分ける基準として, 進行形を用いることを説明した（次ページの表を参照）。まず, 状態は展開も終点も持たないから, もともと進行形が付かない。活動と達成は展開を持つから, 進行形にするとその事象が展開中であるという意味になる。ただし, 活動と達成では明示的な終点の有無に違いがある。最後に, 到達を進行形にすると, The train is arriving. のように, もう少しで目標点に着くという近い未来の意味になる。
　このように, Aは「展開」の有無, Bは「時間幅」の有無, Cは「終

	状態	活動	達成	到達
A：be -ing がつけられるか	×	○	○	△
B：be -ing の意味		進行・継続	進行・継続	近い未来
C：現在進行形が同じ動詞の過去形を含意するか		○	×	×

点」の有無のテストである。先行研究ではこの他にも様々な診断テストが提唱されている（Vendler 1957, Kenny 1963, G. Lakoff 1970, Dowty 1979, Kearns 2000 など）。

4.1.1 単純現在時制の解釈

　語彙的アスペクト特性の違いは，文法的アスペクト標識が付加されない単純な現在時制の意味論を考えることによっても浮かび上がってくる。時制というものはアスペクトと完全に切り離されているわけではない。過去時制は現在から過去を振り返るので，事象の完結に焦点が当たりやすく，未来時制は現在から未来を見上げるので，事象の起動（開始）に焦点が当たりやすい。では単純現在時制はどうか。現在時制は現在の視点で現在を見るから，事象の現在の状態に焦点が当たりやすい。状態述語が表す事象は時間の流れと共に内容が展開することがないから，どの時間で切り取っても同じ状態が続く。そのため，状態述語を現在形で用いると，現在の現実の状態を表す。I like English. と言えば，現在，私が「英語が好きだ」という状態にあるということである。

　ところが，活動述語や達成述語はこう単純にはいかない。なぜなら，これらの述語が表す事象は時間の流れの中で刻々と展開し，現在という一時点で切り取ることができないからである。（たとえて言えば，ビデオの一場面だけを一時停止させても，何をしているのか分からないということである。）また，単純現在時制そのものには，進行形のように「今はこうだが，そのうちに終わる」というように場面を引き延ばして見せる機能はない。

　では，活動述語と達成述語が単純現在形になると，どのような解釈になるのだろうか。ひとつは，行為の定期的な繰り返しによる「習慣」の解釈である。たとえば"I drink."と言えば，「私はお酒を飲む習慣（好み）が

ある」という意味になる。もうひとつは，「今から飲みます」という「行動の宣言」に解釈することもできる。日本語でも「私，お酒飲みますよ」といえば，「飲酒習慣がある」か「今から飲みます」の意味になる。単純現在時制で使われた活動述語と達成述語は，そのままでは現在時との関連づけができないので，これらの述語が典型的に持つ「意図性」ないし「制御性」を利用して，主語が習慣的にする行動か，あるいは今から行おうとする行動の宣言という解釈にならざるを得ないのである。

(1) a. 状態述語＋単純現在＝現在の状態
    I like this song.（私はこの曲が好きだ）
  b. 活動述語＋単純現在＝現在の習慣（または行動の宣言）
    I drink beer.
    （私はもっぱらビールです／私はビールにします）
  c. 達成述語＋単純現在＝現在の習慣（または行動の宣言）
    I run a mile.
    （私は1マイル走る習慣があります／今から1マイル走ることにします）
  d. 到達述語＋単純現在＝？？
    ??I fall asleep.

(1d)にあるように，到達述語は現在時制と相性が悪い。到達述語は一般に意思でコントロールできないものが多いため，行動の宣言の解釈が難しい。また，習慣の解釈のときでも，I (always) fall asleep *in class.* や The first train arrives *at 5:20.* のように，習慣の意味を読み込みやすくするような副詞句が必要なようである。

以上から，単純現在時制で現在の実際の事態を表すことができるのは，状態述語だけで，その他のタイプの述語では習慣やこれからの行動の宣言の意味になる。このため，「単純現在時制で使ったときに現在の実際の状態を表すかどうか」が状態述語の診断テストになる（第2章を参照）。

4.1.2　in an hour（1時間で）と共起できるか

Vendler (1957) 以来よく知られているアスペクト診断テストにin ... という時間限定副詞との共起可能性がある。たとえば，in an hour（1時間で）を状態述語(2a)，活動述語(2b)，達成述語(2c)，到達述語(2d)と組み合わせると，容認性は以下のようになる。

(2) a. *He knew the song *in an hour*.
    b. *He pushed the cart *in an hour*.
    c. He painted a picture *in an hour*.
    d. He arrived there *in an hour*.

この例からわかるように，in an hour は，状態述語・活動述語と相性が悪い。これは，in an hour が事象に終点があること（有界性）を要求するからで，明示的終点のある達成述語・到達述語とは違和感なく組み合わせることができる。よって，これは終点（境界）の有無を見分ける診断テストとなる。

似た診断方法に It took an hour to …（〜するのに1時間かかった）という構文がある。これも in an hour と同じく，事象の終点を前提にするので，達成述語や到達述語のような有界の述語と相性が良い。

(3) a. ??*It took an hour* for him *to* know the song.
    b. ??*It took an hour* for him *to* push the cart.
    c. *It took an hour* for him *to* paint a picture.
    d. *It took an hour* for him *to* arrive there.

ただし，It takes 構文は，in an hour と比べると，時間的な限界点の置き方に融通がきくようである。つまり，in an hour は事象の終わりを限界点とするのに対して，It takes 構文は事象の終点だけでなく開始の時点でも（完全にではないが）許すようである。その結果，(3a)，(3b)は，「彼がその曲のことを知るまでに1時間かかった／カートを押し始めるまでに1時間かかった」という意味に取れなくはない。

4.1.3 for an hour（1時間のあいだ）と共起できるか

in … という時間限定副詞と対照的なパターンを見せるのが，事象の継続時間を表す for … という時間副詞である。たとえば，for an hour（1時間）を状態，活動，達成，到達述語それぞれと組み合わせると，容認度は(4)のようになる。

(4) a. *He knew the song *for an hour*.
    b. He pushed the cart *for an hour*.
    c. ?He painted a picture *for an hour*.
    d. *He arrived there *for an hour*.

for an hour は「1時間ずっと」ということなので，ある活動や状態が

その間ずっと「持続」することを前提とする。そのため，述語の表す事象が終点のない継続的事象（活動述語(4b)）のときに相性が良いが，終点を明示し，しかも時間幅を持たない到達述語(4d)とは相性が悪い。ただし，到達述語でも，変化の後の結果状態を明確に含意する述語なら，for ... はその結果状態がどれぐらい続いたかを表現することができる。たとえば，The clock stopped *for an hour or so* and then moved again.（時計は1時間ほど止まって，また動き出した）というと，for ... は時計が止まっていた間の時間を表す。

次に，達成述語(4c)と for 時間副詞の組み合わせについては判断の揺れが見られる。先行研究を紐解くと，Vendler (1957) は「少しおかしい (somewhat queer)」と判断，Dowty (1979) は p. 56 では「かろうじて (only very marginally) 容認できる」としているが，p. 58 では，達成述語は for an hour と in an hour ともに「同じぐらい (with equal success) 容認できる」としており，さらに p. 60 のまとめの表でも達成述語は for an hour と共起可能だとしている。Kearns (2000: 207) は，for 時間副詞は達成・到達などの有界事象を表す述語とともに使うとそのままでは「変則的 (anomalous)」としている。達成述語は事態の展開と終点の両方を併せ持つため，展開に注目すると for 時間副詞との組み合わせが適切になり，終点（有界性）に注目すると for 時間副詞との組み合わせに矛盾が生じる。

最後に，状態述語(4a)はどうだろうか。持続性という for 時間副詞の特性からすると状態述語とも共起できるはずであるが，(4a)はあきらかに容認度が低い。これは for 時間副詞が状態・活動の持続だけでなく，状態・活動の開始と終了を（語用論的に）含意しているからである。しかし一般に状態を表す動詞は，状態の開始や終了をその意味の中に含まない。(4a)を日本語で考えたら分かりやすいだろう。「彼はその曲を1時間のあいだ知っていた」は日本語としてもおかしいが，それはなぜかというと，「知っている」という状態が一定時間持続して終わる（つまり，その後は忘れてしまう）という事態が考えにくいからである。ただ，状態述語でも持続時間が比較的短いものは，for 時間副詞との組み合わせが可能である (He was/felt happy for 10 seconds)。ここで，状態述語にも持続時間を指定できるものと，できないものとがあることが分かる。これについては

第2章で説明する。

4.1.4 almost の2通りの解釈

先行研究では almost の解釈を診断テストに使うことも提唱されている（たとえば Dowty 1979: 59）。(5)を見てみよう。

(5) a. He almost knows the song.
（彼はその曲をほとんど知っていると言ってよい）
b. He almost pushed the cart.
（彼はほとんどカートを押しかけた（が，やめた））
c. He almost painted a picture.（ⅰ．彼はほとんど絵を描き始めるところだった（が，やめた）／ⅱ．彼は絵を描いていてほとんど完成させるところだった）
d. He almost arrived there.（彼はほとんどそこに到着していた（がまだ到着してなかった））

almost が達成述語(5c)を修飾すると，almost の意味適用の範囲（これを作用域 scope という）が2通りに解釈できる。それに対し，状態(5a)，活動(5b)，到達(5d)の場合は1通りの解釈しかない。なぜ，達成述語だけ2通りの解釈を許すのだろうか。

これは，事象が複層的かどうかの違いに起因する。達成述語の場合，それが表わす事象は，活動と終点という2つの部分から成る。almost が事象の活動部分にかかる場合は，(5c)なら「もう少しで絵を描き始めるところだった」という意味，また，事象の終点部分にかかる場合には「もう少しで絵が完成するところだった」という意味になり，曖昧性が生じるのである。他方，状態(5a)，活動(5b)，到達(5d)に1つの解釈しかないのは，これら3つの事象は単層的だからである。状態述語は展開のない状態を表わすだけだし，活動述語は活動を表わすだけで終点はない。到達述語は一瞬の展開＝終点を表わすにすぎない。したがって，almost のかかり方は一種類しか考えられない。almost を用いた診断方法は，事象の複雑性を知るためのテストであると言えよう。

4.2 診断テストの問題点

第2節と4.1節で紹介した通り，述語の語彙的アスペクトのタイプは様々な診断テストによって決定することができる。しかし言語学における

すべての診断テストがそうであるように、様々な要因により診断結果が揺れることがあり、慎重な取り扱いが必要である。また、同じ動詞でも用法によって異なるアスペクト特性を持つことがあることにも注意が必要である。この節では代表的な診断方法の問題点を検討する。

4.2.1　状態述語と be -ing

第2節で触れたように、状態述語の分かりやすい特性として、be -ing が付けられないということが古くから知られている（Vendler 1957）。しかし、状態述語を構成する動詞の多くは、条件次第では be -ing を取ることができる。状態述語は一般に恒常的な状態を表し、起動相と完結相はあたかもないかのように扱われる。しかし、起動相が観察できる場合、I'm liking the song more.（その曲がもっと好きになってきた）や、She is resembling her mother as the years go by.（彼女は年が経つにつれてお母さんに似てきている）のように、「その状態に徐々に至りつつある」という到達述語の進行形に近い意味として使えることがある。また、典型的には静的な状態を表す形容詞と違い、状態を表す動詞の場合、活動性ないし意図性を伴うものが相当数あり、それらは進行形と自然に結びつく。たとえば、see, hear, smell, feel, taste などの知覚動詞は進行形でもごく普通に使われる。ただしその場合、単純時制と意味が少し異なるので注意が必要である。たとえば I smell a strange odor. だと「変な臭いがする」という意味だが、He's smelling flowers. だと「彼は花のにおいをかいでいる」という意図的な活動の意味となる。つまり、be -ing を伴わない純粋な状態を表わすときは、外界の刺激を知覚として受信するという受動的な意味だが、be -ing をつけると、知覚につながる活動を能動的に行うという意味となる傾向がある。しかし、進行形が常に意図性を伴うわけではない。I feel fine. と I'm feeling fine. は、受動的か能動的かという点では大差がなく、この場合は、fine の状態が永続的か一時的かという持続時間の違いになる。すなわち、この be -ing は状態が一時的であることを強調し、同じように、I live in Boston. と I'm living in Boston. では後者の方が「いずれ引っ越しますが」というニュアンスが強い。She wears a red dress. と She's wearing a red dress.（彼女は赤いドレスを身につけている）も同様に、前者の方が恒常性が高く、後者の方が一時性が高いように解釈される。

また，一時性とともに，現在その活動に従事していることを強調したいときに状態述語の be -ing 形が使われる場合がある。思考動詞を含んだ I'm {thinking about/considering} the possibility（その可能性について，今考えているところだ）はその例である。米ハンバーガー・チェーンの広告で話題になった，ハンバーガーを食べながらの台詞 "I'm loving it."（ウーン，これはうまい！ これはいける！）も現在性・活動性を強調しているし，"I'm having fun."（楽しんでいます）も同様である。

このような例は，元々の語彙的アスペクトのタイプが，進行形などを付けることによって，別の語彙的アスペクトタイプに変化していると捉えることができる（詳しくは第 2 章で説明する）。いずれにしても，ある 1 つの診断テストだけで，「この動詞の語彙的アスペクトは○○だ」と固定的に決めつけてしまうことは妥当でない。言語で用いられる語彙は非常に多いが，しかしそれでも無限ではない。語彙の数は限られていても，進行形などの要素を利用することによって，述語の持つ基本的な性質を別の性質に広げていくことができる。つまり，言語の規則は「法律」のようにガチガチに決まっているのではなく，融通性，流動性があるのである。

4.2.2　in an hour の修復的解釈

4.1 節で紹介した in an hour や for an hour との共起テストも，いつも型どおりにうまく行くとは限らない。Kearns (2000: 205ff.) が詳しく述べているように，公式だけで言うと容認できないはずの述語でも，一緒に用いられる表現の助けを借りて，適切な解釈に修復 (repair) されることが少なくない。これを Kearns は修復的解釈 (repair reading) と呼んでいる。

たとえば，in 時間副詞は事象に有界性を求めるので，有界ではない状態述語(2a)や活動述語(2b)とは共起できないとされる。しかし状態や活動の開始に着目し，in 時間副詞を状態・活動が起動するまでにかかる時間と解釈すれば，状態述語や活動述語と in 時間副詞との共起が容認できるようになる。たとえば，(2b)の *He pushed the cart *in an hour*. という例文は，カートがものすごく重く，押すことに成功するまでに 1 時間かかったと考えるなら，容認性が上がる。また，Kearns (2000: 206) が指摘するように，どの事象タイプでも未来形にすれば容認性が一層上がる。

(6)　a. Jones will know him in five years.　[状態]

b. They will chat in a few minutes.［活動］
c. They will build the barn in two weeks.［達成］
d. Jones will lose his keys in three days.［到達］

(以上, Kearns 2000: 206)

これらの in 時間副詞はいずれも, 事象が起動（開始）するまでにかかる時間を表している。言い換えると, in 時間副詞は, know, chat, build, lose の述部を修飾するのではなく, will を修飾するということである。これは未来時制が, 現在から見た将来の出来事の開始に焦点をあてる性質を持っているからである。

さらに Kearns (2000: 206) が指摘する通り, 活動述語の場合, 有界性を文脈的に「想定」することにより, 容認度の低さを修復できることがある。たとえば, 活動述語と in 時間副詞を組み合わせた He swam in 30 minutes.（彼は30分で泳いだ/泳ぎ切った）という文の場合, トライアスロンなどの競技で決められた距離を30分で泳いだという解釈ならば自然である。この場合, 文中には有界性を規定する言語表現は含まれていないが, 文脈的に有界性（この例では競技で決められた距離）を「想定」することによって文の容認性が上がるのである。この例の in 時間副詞は, (7) のような起動時間の解釈ではなく, 想定された終点が完結するまでにかかる時間と解釈される。このように, 言語的あるいは語用論的（文脈的）に起動相や完結相を補ってやることによって in 時間副詞を使った診断テストの結果が変化する場合がある。

4.2.3　for an hour の修復的解釈

Kearns (2000: 207) は for 時間副詞に関する修復的解釈についても触れている。for 時間副詞は状態・活動の持続性を要求するので, 活動の意味を含まない到達述語とは相性が悪い。しかし, Kearns (2000: 207) によれば, ?Jones noticed the marks on the wallpaper for five minutes.（ジョーンズは壁紙の染みに10分間のあいだ気付いた）というような容認性の低い文は, notice を be aware のような意味の「状態」として解釈すると容認度が上がると言う（ジョーンズは壁の染みに10分間のあいだ気付いていた（が, たとえば, 廊下で大きな物音がしたので染みのことを忘れ去ってしまった））。notice は本来は単独では状態述語として使えないのに, for 時間副詞が引き起こす修復的解釈によって状態述語のように再解

釈されることがあるというのは興味深い。

for 時間副詞が達成述語と共起した場合の容認性について判断の揺れがあるということは4.1節で触れたが，容認できないと判断された場合においても，反復の解釈を施せば修復的解釈が容認できると Kearns（2000: 207）は述べている。

(7)　a.　Jones walked to school for four years.
　　　　（ジョーンズは4年間，歩いて通学した）
　　　b.　Sally painted the view from her window for five years.
　　　　（サリーは，家の窓から見える景色を5年間描き続けた）
　　　　　　　　　　　　　　　　　　　　　　　　　（b は Kearns, p. 207）

(4c)「He painted a picture for an hour. という例も，期間をもっと長くして He painted a picture (every day) for 10 years. のようにすれば，painted a picture (every day) という行為が10年間何回も繰り返されたという反復の意味で解釈できる。

4.2.4　単一相述語

Vendler の語彙的アスペクト4分類に，単一相（semelfactive: Comrie 1976, Smith 1991）を加えて5分類とする研究もある。ここには cough（咳をする），sneeze（くしゃみをする），blink（まばたきをする），knock（ノックする），flash（パッと光る）のように起動から完結までが非常に短く瞬間的な事象を表す述語が含まれる。これらの述語の表す事象は単独ではあまりにも時間的に短いため，そもそも「持続」ができない。そのため，He was coughing.（彼は咳をしていた）のように進行形になって持続的な解釈が与えられる場合，「咳を何回も繰り返した」という反復（repetition）の意味が出てくる。

単一相の述語を活動述語とは独立した「第5のタイプ」と考えるべきかどうかは議論の余地がある。第2節でとりあげた診断テストを使って単一相の性質を考察してみよう。

(8)　a.　be -ing が付けられるか　→　○
　　　　He was sneezing.（彼はくしゃみをしていた）
　　　b.　be -ing の意味　→　近い未来ではなく現在の活動の反復
　　　c.　He is sneezing が成り立てば He sneezed も同時に成り立つ

(8)から判断すると，単一相述語は活動述語に近いアスペクト特性を持つ

ているようである。次に，4.1節で取り上げた診断テストを適用してみる。

(9) a. He sneezes.〈習慣の解釈〉
    b. *He sneezed in an hour.〈起動の意味なら OK〉
    c. He sneezed for an hour.
    d. He almost sneezed.〈「彼はもう少しでくしゃみをするところだった」という解釈しかない〉

やはりこれらのテストの結果を見ても，単一相述語は活動述語に近いアスペクト特性を持つと判断される。

　以上を総合すると，単一相述語は活動述語の一種と考えてさしつかえないように思える。ただ，活動述語の表す事象に明示的な終点がないということと比較すると，単一相述語の表す事象ははっきりと終点があると考えられる。He ran. と言えば，彼がいつ走り終えたのかはわからないが，He blinked と言えば，はっきりと事象の終わりが示唆されている。よって，純粋な活動述語とは区別されるべきという考え方もできるだろう。

　ただ，活動述語もミクロ的に考えれば小さな運動の反復である（Jacobsen 1992 など）。たとえば run と言えば，足を片方ずつ前にだして進行する活動であるが，ミクロ的には，足を一歩前に出す行為を何回も繰り返すのが run という活動の正体であると考えることができる（Kearns の言う活動の「展開（change）」もこのことを指している）。そう考えれば，He is running. も He is blinking. も，結局はミクロな活動の反復という点では変わりがないのである。違いは，足を一歩前に出すだけでは run とは言えないが，まばたきは一回するだけで blink と言えるという点である。つまり，活動述語は一般に最小活動においても一定の反復が求められるが，単一相述語は，反復なしの一回きりの活動が最小活動として認識されるという違いがある。こう考えると，単一相述語は起動と完結が決まっているとはいえ，やはり達成述語や到達述語に有界性があるのとは少し意味合いが違うように思える。単一相述語が表す事象は有界なのではなく，活動を細かく切り取った断片にすぎないと見なすのが妥当だろう。(8)，(9) の診断結果がそれを裏付けている。

4.3　行為連鎖と語彙的アスペクト

　前節までは，Vendler の語彙的アスペクトの4分類を紹介し，4つのタ

イプがバラバラなのではなく,「時間幅」,「展開」,「明示的終点」という意味特徴の組み合わせによって相互に関係することを述べた。しかし,ここまでの説明では,時間幅,展開,明示的終点という特徴は,語彙的アスペクトの性質を説明するためだけに抽出された要素にすぎない。これらは,述語の意味論のなかでどのように位置づけられるのだろうか。1つの可能性としては,語彙的アスペクトは述語の他の意味特性とは別個に独立して存在し,この述語は活動,この述語は到達と言うように,それぞれの述語の意味とは別にひとつひとつ指定されていると考えることができるかもしれない。しかし語彙的アスペクトはひとつひとつの動詞や形容詞などが表す事象に備わった性質であると考えるのが自然であるから,「時間幅」,「展開」,「明示的終点」という性質は動詞や形容詞そのものの意味構造と全く別個ではあり得ない。

　そこで考えられる別の可能性は,「時間幅」,「展開」,「明示的終点」といったアスペクト特性は述語の意味構造から読み取ることができる——あるいは,もう少し積極的には,これらのアスペクト特性が述語の意味構造の一部分を形成する——という考え方である。そうすると,述語の意味とアスペクト特性が関連づけられるだけでなく,幼児の母語習得を説明するためにも便利である。幼児の言語獲得においては,プラトンの問題(Plato's problem)と呼ばれる不思議な現象がある。すなわち,幼児は親や周囲の人たちから受ける言語の刺激が少ないのに,なぜ生後3～5歳で大人と同じような文法を身につけることができるのかという問題である。もし,語彙的アスペクトの性質が動詞や形容詞といった述語そのものの意味構造とは別次元に属するなら,幼児は,ひとつひとつの述語について,その意味構造も覚えなければならないし,それとは別に語彙的アスペクトの性質も覚えなければならないという不合理な状況になってしまう。他方,語彙的アスペクトの性質は述語の意味構造の一部分に含まれると考えると,自然な説明が可能になる。たとえば1000個の動詞があるとすると,それら1000個はてんでんばらばらに存在するのではなく,共通するアスペクトその他の意味的特徴によってグループを形成し,幼児は,状態動詞のグループ,活動動詞のグループのように,意味グループを認識して習得するとすれば,上述のプラトンの問題にも説明がつけやすくなる。

　このように語彙的アスペクトを述語の意味構造の中に組み込むという考

え方は古くから見られ，Dowty（1979）や Parsons（1990）はその考えを高度な論理式として公式化している。同様のアプローチは，Jackendoff（1990）や影山（1996）の語彙概念構造，Van Valin（2005など）の論理構造，Rappaport Hovav and Levin（1998）の語彙意味表示などに見られる。このアプローチの利点は，語彙の意味構造が単に個別の動詞や形容詞の意味とアスペクト特性を表示するだけでなく，その意味構造が統語構造とどのように対応するのかという問題（具体的には，意味構造の中のどの要素が統語構造の主語として具現化され，どの要素が目的語として具現化されるかという「項の具現（argument realization）」の問題）にも端的な説明を加えることができることである。

ここでは，序で述べた「行為連鎖」を略式の意味構造として用いて，考え方だけを簡単に説明しておこう。本書で想定する行為連鎖は3つの局面から成る簡単な構造である。

(10) 行為連鎖に基づく意味構造

局面1	→	局面2	→	局面3
〈x が（y に対して）活動〉		〈x あるいは y が変化・進展〉		〈x あるいは y が状態〉

局面1は x の自律的な活動（「遊ぶ，働く」のような自動詞）あるいは x から y への働きかけ行為（「たたく，蹴る」などの他動詞）を含む継続的な事象を表し，Vendler の分類では活動（activity）に該当する。局面2は「水が流れる，気温が上昇する」のように対象物の変化や進展を表し，これも継続的なアスペクトを持つ。Vendler は「活動」という用語に「過程（process）」という用語も併せて用いているが，局面2は過程を表す。最後の局面3は Vendler の状態に対応する。

局面1～3はそれぞれ単独で見ると，明示的な終点がない。しかし，局面2は，局面3と組み合わされることで，〈変化〉から〈結果状態〉へという繋がりを作り，局面3は局面2に対して終点を付け加える働きをする。たとえば，The boat drifted.（船が漂流した）だけでは終点のない継続的事象であるが，The boat drifted ashore.（船が岸に漂着した）のように結果状態（ashore）が付くと漂流はそこで終了する。これが，Vendler の達成（accomplishment）のひとつのケース（移動＋到着）である。達成には，もうひとつ，「母が（1時間で）料理を作った」や He pushed the cart to the supermarket in 15 minutes. のように，主語の活動を伴う場合もあり，これは，局面1＋局面2＋局面3という組み合わせで説明できる。

　この方法では，Vendlerの4分類には含まれない新しいタイプの語彙的アスペクトも説明できる。たとえば，状態動詞は，局面3だけを含む場合に限られない。He wears a red necktie. や She keeps all the letters from him. なども状態に当たるが，これらは局面1（活動）＋局面3（状態）という組み合わせで分析できる。

　また，このように語彙的アスペクトを幾つかの局面に分解することで，到達にも2種類あることが分かってくる。The train arrived at the station.（電車は駅に着いた）は純粋に到達に該当する例で，in 20 minutes（20分で）を付けることはできるが，for 20 minutes（20分間）は付けることができない。しかし，同じように動き・変化の結果として何らかの状態・位置に達するという出来事でも，たとえば The train stopped at the station.（電車は駅に停車した）では，in 20 minutesだけでなく for 20 minutes（20分間）も付けることができる。この場合，「20分間」は電車が駅に着いたあと，駅に止まっていた時間を表す。dieという動詞でも，「故障で動かない」という意味では，The computer died for some time.（コンピュータがしばらく死んだ（動かなかった））と言えるだろう。他動詞でも，「友達から1週間ほど自転車を借りた」というと，「1週間ほど」は自転車を借りたあとの状態が継続した時間を表す。このような結果維持，結果保持を表す場合も局面を分解する方法ではうまく説明することができる（具体的な方法は影山（2008）を参照）。

　以上のまとめとして，Vendlerの4種類の語彙的アスペクトを行為連鎖の意味構造と対応づけると次のようになる。

(11)　局面1：活動・行為 → 局面2：変化・進展 → 局面3：状態

　　　　Vendlerのいう活動　　　　　　　　　　　Vendlerのいう状態
　　　　　　　　　　　　　　　Vendlerのいう到達
　　　　　　　　　　　Vendlerのいう達成

4.4 日本語の語彙的アスペクト

最後に，日本語における語彙アスペクトについて簡単に触れておく（本書第2章にも説明がある）。Vendler (1957) より7年も前に，金田一春彦 (1950) は日本語動詞について Vendler と非常に似た4分類をすでに発表していた。Vendler (1957) は be -ing を分析の足がかりにしていたが，金田一 (1950) はテイルとの共起性をもとに分析しており，その点でも共通している。しかし Vendler (1957) は英語，金田一 (1950) は日本語の研究なので，当然相違点もある（金田一と Vendler を比較した先行研究としては Jacobsen (1982) などがある）。金田一の4分類は，ごく簡単にまとめると以下のようになる。

> ◇金田一の4分類
> I. 状態動詞：テイルが付けられない動詞
> II. 継続動詞：テイルが付くと継続を表す動詞
> III. 瞬間動詞：テイルが付くと完了を表す動詞
> IV. 第4種動詞：テイルがなければ使えない動詞

まず，状態動詞だが，これは日本語ではたいへん数が少ないことが知られている。日本語においては「状態」は，テイルを付加することによって実現されることが多い。たとえば，英語の know に当たるのは「知っている」であるし，resemble に当たるのは「似ている」である。一方，テイルを決してつけられない動詞は極めて少なく，「いる」「ある」ぐらいしかない（「存在する」でも「存在している」と言える）。ただし，金田一 (1950) 自身が指摘するように，テイルを付けられる動詞でも他の基準で考えると状態動詞とみなすべきであるものは少なくない。たとえば，「単純現在時制が現在の状態を表すか」という診断を行ってみると，「見える」「聞こえる」などの知覚動詞，「分かる」「できる」などの可能動詞は，テイルなしでも現在の状態を表せるので，状態動詞と認定してよい。

難しいのは「考える」「思う」「信じる」などの思考動詞や，「感じる」「(足が) 痛む」「(心が) うずく」などの生理作用を表す動詞である。これらは一人称の場合はテイルなしの単純現在時制で現在の状態を表せる（「私はこう思います」「私は胸が痛む」）が，二人称・三人称ではテイルを

付けるか,「だろう/ようだ」のような推量の表現を付けることが必要である（「彼はこう {*思います/思っています}」「あなたはきっと胸が {*痛む/痛むでしょう}」)。これらの思考および生理作用の述語は，基本的に，話者（一人称）本人しか分からない状態を表すから，二人称・三人称に用いるときには，テイルや「だろう」などで客体化して表現する必要がある。したがって，これらを状態動詞と呼ぶべきか，それとも，話者指向動詞が持つ特性であると捉えるべきか，検討が必要だろう。

　ちなみに，文語的言い回しだと終助詞省略あるいは連体止めの影響により，テイルなしの単純現在時制で状態性を表すことができる場合がある。文語的表現の影響が疑われる場合は，「ます」をつけて診断すると良い。たとえば,「彼は地元に家を持つ」は状態の意味でもとれるが,「彼は地元に家を持ちます」とすると現在の状態を表さない。「彼は地元に家を持っています」と言わねばならない。よって,「持つ」は現代日本語では状態動詞ではないと結論づけられる。

　金田一（1950）の「継続動詞」は Vendler（1957）の活動述語に相当する。これはいわば典型的な動詞カテゴリーであり，アスペクト特性という点においては日英語に大きな違いはみられない。

　次の「瞬間動詞」は，状態変化がある瞬間に起こる動詞で，Vendler（1957）の分類では到達述語にあたる。このタイプの述語の大きな特徴は，テイルを付けると変化の完了（結果状態）の意味になるということである。たとえば「死んでいる」「起きている」「濡れている」「覚えている」「理解している」「知っている」「持っている」「終わっている」「結婚している」などである。また，金田一（1950）は，たとえば「書いている」のような例は，「継続動詞」（今手紙を書いている）になることもあれば，瞬間動詞（すでに手紙を書いている）になることもあると述べている（日本語の継続（活動）動詞のテイル形は「すでに」という副詞をつけることによって簡単に有界性を得て，完了の意味が生じる）。これは，Vendler の分類で言えば達成述語に当たる。よって，金田一の「瞬間動詞」は，Vendler の到達と達成を合わせたカテゴリーであると考えられる（Jacobsen 1982 など）。

　少し話がそれるが，本章の語彙的アスペクト分類では，「述語」と「動詞」という言葉を両方用いられている。「動詞」とはその名のとおり，動

詞単体を指す。他方，ここで「述語」と言うのは，動詞に目的語や前置詞句，副詞などが組合わさったものを指す。John walked. の場合，walked は動詞であり，述語でもある。John jogs 10 miles every day. なら，jogs, jogs 10 miles, jogs 10 miles every day のそれぞれが述語とみなされる。金田一（1950）や Vendler（1957）の時代には，語彙的アスペクトというのはすなわち動詞の研究だと考えられており，それゆえ両者の論文題目（「国語動詞の一分類」と "Verbs and Times"）には動詞，Verbs という言葉が含まれている。しかし，語彙的アスペクトの研究が進むにつれて，語彙的アスペクトというのは動詞と共起する目的語や副詞句によって大きく変化することが明らかになった。つまり「動詞」を研究するだけでは不十分で，「述語」という単位を考えなければならないことがはっきりしてきたのである（さらに言えば，「語彙的アスペクト」という用語自体，今一度検討が必要かもしれない）。

　本章では「動詞」そのものよりむしろ「述語」のアスペクト特性を論じてきた。実際は金田一（1950）や Vendler（1957）にも，「語彙的アスペクトは動詞だけの問題ではない」という観察が既に見られるのだが，しかし，特に金田一（1950）は「状態動詞」「継続動詞」などと「〜動詞」という用語を用いたため，「動詞分類」という側面が Vendler よりも強く出た。達成述語は目的語などとの組み合わせが重要なのだが，金田一（1950）が Vendler（1957）の達成述語に当たるカテゴリーを立てなかったのは金田一の動詞指向の強さゆえかもしれない。

　さて，金田一（1950）の最後のカテゴリーは「第4種動詞」というものである。これはテイルが付かなければ使えない動詞群で，例としては「彼はお父さんに {*似る/似ている}」「その商品は {*優れる/優れている}」「ビルが高く {*そびえる/そびえている}」「その話は {*馬鹿げる/馬鹿げている}」など，状態動詞などと比べると意外に数が多い。金田一（1950）はこの興味深いカテゴリーに付ける名前の妙案が浮かばず，論文の中で4番目に論じたということで単に「第4種動詞」としたが，これはいわば「擬似瞬間動詞」（あるいは「擬似到達述語」）とでも言うべきカテゴリーであろう。つまり，瞬間動詞（到達述語）の「（電気が）ついている」のように，あたかも状態変化の結果状態を表しているように振舞っておきながら，その状態変化が現実的には起こっていないという類いの動詞であ

る。そのため，結果状態を引き出すテイルなしには用いられないというわけである。

　金田一（1950）はさらに，「曲がる」は「釘が曲がっている」といった例から分かるように本来は瞬間（到達）述語であるが，「道が」と組合わさって「道が曲がっている」となると第4種動詞に変わるとし，同様の例がいくつもあることを指摘している。「道が曲がっている」というのは，曲がっていない状態から曲がった状態へ変化したわけではないから，これも擬似的な到達述語の例である。

　このように，英語と異なり，日本語には素のままで状態を表す動詞は少ないが，到達動詞または擬似到達動詞にテイルを組み合わせることで状態性のある述語を作り出すという特徴がある。

5　まとめ

　述語のアスペクト（語彙的アスペクト）には，大きく分けて状態（例：know），活動（例：run），達成（例：build a house），到達（例：arrive）の4タイプがあり，このアスペクト・タイプの違いによりbe -ingやテイルの意味解釈に大きな違いが出てくる。どの述語がどのアスペクト・タイプに属するかについては先行研究において多くの診断テストが提唱されており，本章でも(1)be -ingの付加可能性，(2)be -ingの持続性の有無，(3)be -ingの未完結性の有無，(4)単純現在時制の解釈，(5)in時間副詞との共起可能性，(6)for時間副詞との共起可能性，(7)almostの解釈などを，潜在的問題点とともに具体的に論じてきた。その過程で，達成が活動と到達の組み合わせとして捉えられる可能性が浮き彫りになった。さらに日本語の述語のアスペクト特性についても，金田一（1950）の4分類に触れつつ，英語における分析と比較した。その結果，日本語には状態を表す動詞が少なく，代わりに到達述語や擬似到達述語にテイルを付加して状態を表す場合が多いことが明らかになった。日本語にはアスペクトの実現のしかたについてこのような表面的違いが見られるが，両者に通底するのは，事象をいくつかの局面に分けて捉えるという，人間言語の普遍的特性である。

6 さらに理解を深めるために

- **Dowty. 1979. *Word meaning and Montague grammar*.**［高度な専門書。本のタイトルとは裏腹に，意外に理論的に中立的でデータが豊富。表題にはモンタギュー文法とあるが，意味表示の仕方は概念意味論に近い部分もあり，それほどとっつきにくいわけではない。全般的にアスペクトを扱っているが，特に100ページ近い第2章は丸々語彙的アスペクトの話題である。］
- **Kearns. 2000. *Semantics*.**［意味論の入門テキスト。第7〜9章をテンスやアスペクトの話題に割いている。論理式など理論の紹介は控えめで，特に語彙的アスペクトを扱った第9章はほぼ全編データ観察で占められている。］
- **金田一春彦．1950.「国語動詞の一分類」**［古典的な論文だが，洞察に満ちており，また本稿ではあまり触れることができなかった日本語のデータが豊富に挙げられている。］
- **工藤真由美．1995.『アスペクト・テンス体系とテクスト』**［日本語学の研究書。本書とは枠組みが異なるが，近年のアスペクト研究を代表する一冊であり，データ量は圧巻である。］

（中谷健太郎・影山太郎）

第2章 状態と属性——形容詞類の働き

◆基本構文
(A) 1. John is {playing cards/*knowing my father}.
　　　ジョンは{トランプをしている/*私の父を知っている}。
　　2. John is {being careful/*being tall}.
　　　ジョンは{慎重にしている/*長身にしている}。
(B) I saw the children {healthy/*intelligent}.
　　私は子供達が{元気な/*かしこい}のを見た。
(C) 1. the strong person/*the person strong
　　2. the responsible person/the person responsible
(D) 1. ポニーテールの女の子　a ponytailed girl
　　2. *イヌの女の子　*a dogged girl（「イヌを連れた」という意味で）
(E) 1. 問題の日本語/問題な日本語
　　2. 神戸のお店/神戸なお店

【キーワード】状態動詞，形容詞，状態，属性，場面レベル，個体レベル

1　なぜ？

　英語教育では，(A1) know のような状態動詞は進行形にできないと教えられるが，そもそも「状態動詞」とは一体何なのだろうか。日本語では「知る」にテイルを付けて「知っている」と言えるのに，英語ではなぜ *is knowing と言えないのだろう。(A2) は進行形を用いた例である。形容詞は状態を表すから，*John is being tall. のように進行形にできないのが普通である。しかし careful や busy なら，John is being careful/busy. と言える。日本語でも同じで，「*背が高くしている／*長身にしている」はお

第2章　状態と属性　43

かしいが、「慎重にしている／注意深くしている」や「忙しくしている」などは自然である。tall と careful では、どこに違いがあるのだろうか。

(B)の healthy「元気だ」と intelligent「かしこい、聡明な」は、状態を表す形容詞という点で共通しているが、知覚動詞 see の後に使われたときに違いが出る。なぜ、「子供達が元気なのを見た」はよいのに、「子供達がかしこい（聡明な）のを見た」は不自然なのだろうか。

(C)では、形容詞の位置が問題になる。英語では名詞を形容詞で修飾するとき、形容詞が名詞の前に置かれるのが原則であるから、the　strong　person はよいが、*the　person　strong は非文法的である。しかし、responsible（責任のある）のような形容詞は、(C2)のように名詞の前に来ても後ろに来てもよい。その場合、位置によって意味の違いはないのだろうか。

(D)には、ほとんど授業で習わない表現を載せている。日本語では「ポニーテール（髪型）」という名詞に「の」を付け、また英語では ponytail という名詞に -ed を付けて、後ろの名詞（女の子, girl）を修飾することができる（この -ed は過去や受身ではなく、名詞を形容詞に変える接尾辞）。しかし、「イヌ」dog ではそのような言い方ができない。なぜそのような違いが生じるのだろうか。

(E)は、ちょっと変な日本語である。「問題」や「神戸」は名詞だから、普通なら「～な」ではなく「～の」が付く。しかし近ごろは、「問題な日本語」や「神戸なお店」といった表現を見かけることがある。なぜ「な」が許されるのだろうか。「の」と「な」では意味はどう違うのだろうか。

2 状態と属性とは

文の中には動作や出来事を描く動的な文がある一方で、状態（state）や属性（property：ものの性質、特性）を表す静的な文もある。基本的には、動詞は(1a)のように動作や出来事を表し、形容詞は(1b)のように主語の状態や性質を描く。

(1)　a.　John ate a cake.（ジョンはケーキを食べた）
　　　b.　John is smart.（ジョンは頭が良い）

動詞＝出来事・動作、形容詞＝状態・性質という品詞と意味の対応は、か

なりの程度まで有効であるが，しかし100％正しいわけではない。動詞が状態を表すことがあり，逆に，形容詞が動作を表すこともある。

(2)　a.　Susie resembles her mother.（スージーは母親似だ）
　　　b.　John is being busy.（ジョンは忙しくしている）

(2a)の resemble という動詞は「外見や性質が似ている」という主語の性質を表し，他方，(2b)の busy は形容詞であるのに，進行形になって「忙しくしている」という動作を表している。

　出来事・動作と状態・性質を見分けるひとつの方法は，What happened?（何が起こったの？）とか What's happening?（何が起こっているの？）という質問に対して適切に答えられるかどうかである。(3)を見てみよう。

(3)　What happened?／What's happening?
　　　a.　— John ate my cake.
　　　　　（ジョンが私のケーキを食べてしまった）
　　　　　— Mary is walking on her hands.
　　　　　（メアリが逆立ちで歩いている）
　　　b.　—#I'm sleepy.（僕は眠い）
　　　　　—#John belongs to a tennis club.
　　　　　（ジョンはテニス部に所属している）
　　　c.　—#John was intelligent.（ジョンは聡明だった）
　　　　　—#Keiko has long legs.（ケイコは足が長い）
　　　　（#印は happen を用いた質問に対する答えとして不適切な表現であることを示す）

(3a)の答えは自然だが，(3b, c)は不自然である。happen というのは出来事が発生するという意味であるから，(3a)の答えも「出来事」を表すということになる。逆に，happen に対応しない(3b)と(3c)は「出来事」を表していないと言える。たとえて言うと，(3a)は動画（ムービー）を見ているようなもので，ジョンがケーキを食べ，メアリが逆立ちで歩くという動きを伝えている。他方，(3b)と(3c)の状況には動きがなく，いわば静止画を見ているようなものである。

　この違いは little by little（少しずつ）や gradually（徐々に）といった副詞との共起によっても裏付けられるだろう。

(4) a. Mary walked on her hands *little by little*.
　　b. *I'm sleepy *little by little*.
　　c. *John was intelligent *little by little*.

little by little は時間の流れと共に状況が徐々に展開していくことを表す。静的な状態は時間が経っても変化がないから，(4b, c)は不適格となる。

このように，《時間の流れと共に展開ないし変化するかどうか》を１つの基準とすると，時間と共に展開する(3a)のような文と，展開を含まない(3b, c)のような文を区別することができる。前者を「出来事文」，後者を「状態文」と呼ぶことにしよう。

・出来事文＝時間と共に展開する。
・状態文＝時間に沿った展開・変化がない。

状態を表す述語（動詞や形容詞）は **状態述語**（stative predicate）と呼ばれるが，これは単に状態を表すというだけでなく，(5)のように定義される。

(5) 状態述語の定義
　　　単純現在時制で使われると，現時点で実際に成立している状況を表す。

(3b)と(3c)はこの定義に合っている。I'm sleepy. と言えば実際に私が今，眠いのであり，Keiko has long legs. と言えば実際にケイコは足が長いのである。したがって，(3b)と(3c)はいずれも状態述語を含んでいると言える。

これに対して，動作や出来事を描写する動詞は，現在時制で使われても現在の事実を述べない。次の例を見てみよう。

(6) a. The musicians leave the city this afternoon.
　　　（音楽家達は今日の午後，町を出て行く）〈近い未来〉
　　b. I play golf on Sunday.（私は日曜日にゴルフをする）〈習慣〉

(6a, b)は文法的に正しいが，意味としては現在の動作の進行ではなく，近い未来や習慣を表す。先の(3a)で用いられた eat, walk も同様で，現在形で John eats my cake.／Mary walks on her hands. と言っても現時点で進行中の動作を意味しない。

以上では，①時間の進行と共に展開（変化）するかどうか，②現在時制で使われたときに現在の事実を意味するかどうかという基準で，出来事

（動作を含む）と状態を区別した。しかし，この二分法だけでは十分でない。

改めて(3b)と(3c)を比べてみよう。これらは状態文という点で共通しているものの，直感的に，(3b)は主語の一時的な状態を，他方，(3c)は長い間にわたって持続するような主語の特性を表すと理解される。言い換えると，(3b)の sleepy, belong という状態は，ある期間は変化・展開がないが，それ以前，あるいはそれ以降は別の状態に変わる可能性がある。他方，(3c)が描く状態は固定的で，時間の観念を超越している。ケイコの足が長いという状態がある期間だけ続き，その後は足が短くなるとは考えにくい。

そこで，先の「時間の流れと共に展開するかどうか」という基準を，「展開があるかどうか」という部分と，「時間の流れ（時間軸）があるかどうか」という部分に分割して考えてみよう。時間軸があれば，「いつからいつまで」といった時間の幅があるはずである。これでテストしてみると，(3b)の文には「いつからいつまで」や「しばらくの間」を付けることができるのに対して，(3c)の文にはその種の副詞句が付けられないことが分かる。

(7) a. I was sleepy for some time.（私はしばらく眠かった）
John belonged to the tennis club from 2005 to 2008.（ジョンは2005年から2008年までそのテニス部に所属していた）
b. *John was intelligent from 2005 to 2008.
（*ジョンは2005年から2008年まで聡明だった）
*Keiko had long legs for some time.
（*ケイコはしばらく長い足をしていた）

上の日本語訳から推測できるように，日本語でも同様の区別が成り立つ。

言うまでもなく，出来事を表す文でも時間幅を持つものなら，このような副詞を付けることができる（John walked from 9:00 till 11:00.）。(7a)の sleepy と belong が時間幅を表す副詞と共起できるということは，これらの状態述語には時間軸が関与しているということになる。これと対照的に，(7b)の intelligent と have long legs はこの種の副詞を排除する。なぜなら，「聡明だ/足が長い」という状態は，私たちが普通に認識する限りはいつまでも続くと考えられるからである。つまり，これらは時間を超越

した性質であり，もともと時間軸が関与しないと見なされる。念のためつけ加えると，時間軸あるいは時間幅があるかないかという判断は，あくまで言語としての認識のことであり，物理学的な性質ではない。

このように，文が表す（叙述する）内容を「展開の有無」と「時間軸（時間幅）の有無」という基準で分類すると，表1のようになる。

【表1】叙述の種類	叙述のタイプ		
	A. 事象		B. 属性（個体レベルの状態）
	1. 出来事	2. 状態（場面レベルの状態）	
時間軸（時間幅）の認識	○	○	×
時間による展開	○	×	×
現在時制で現在の事実を表す	×	○	○

文が叙述する内容は，まず，A. 事象か B. 属性かに大別できる（佐久間1941, 益岡1987, 2000, 2008も参照）。事象（phenomena, あるいは eventualities: Bach 1986）というのは出来事，動作，状態など時間軸を背景とする総ての表現を包括し，事象を表す文を事象文と呼ぶ。事象文は，動的な出来事文(A1)と静的な状態文(A2)に分かれる。これに対して，B の属性文というのは，A の事象文と本質的に異なるタイプであり，時間の流れを超越して変化なく継続する性質を表す。

A2の状態の述語とBの属性の述語はどちらも現在時制で使われると現在の状態を表すから「状態述語」として一括されるが，時間軸の有無によって違いがある。Carlson (1980) は，A2の状態文で使われる述語を **場面レベル述語** (stage-level predicate)，Bの属性文で使われる述語を **個体レベル述語** (individual-level predicate) と呼んで区別している（Krifka et al. 1995も参照）。「場面レベル」というのは，時間の推移の中である特定の場面だけで成立し，その後は変化する可能性があるということである。「個体レベル」というのは主語の名詞（個体）が本来的に備えている性質を意味する。国語学・日本語学でも，「背が高い」のような主語の恒常的な性質を表す「特性形容詞」または「属性形容詞」と，「忙しい」のよう

な一時的,偶発的な状態を表す「状態形容詞」あるいは「感情形容詞」が区別されている(西尾1972, 寺村1982, 樋口1996, 仁田1998, 八亀2008など)。本章では,恒常的属性と一時的状態の区別は形容詞・形容動詞に限られず,名詞や動詞にも成り立つことを述べていく。

以上述べた3種類の叙述をイメージ的に図示すると(8)のようになる。

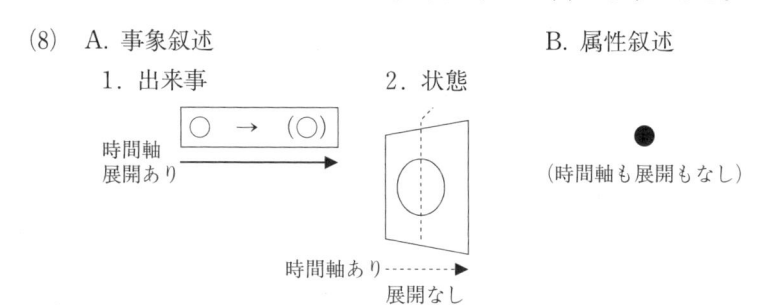

(8)　A. 事象叙述　　　　　　　　　　　B. 属性叙述
　　　1. 出来事　　　　2. 状態

　　時間軸　○ → (○)
　　展開あり

　　　　　　　　　　　　　　　　　　●
　　　　　　　　　　　　　　　　　(時間軸も展開もなし)

　　　　　　　　　時間軸あり
　　　　　　　　　展開なし

本章では,A2の状態とBの属性が持つ意味的・統語的性質を概略する。

3　状態・属性を表す代表的な述語

本節では,状態と属性を表す代表的な述語として,英語の動詞と形容詞,および日本語の動詞,形容詞,形容動詞,名詞の例を挙げる(英語例は安井ほか1976, Quirk et al. 1985, Levin 1993など,日本語例は金田一1950, 寺村1982, 山岡2000, 工藤2004, 八亀2008などを参照)。

【英語の状態述語】
◇動詞
・存在・位置・所属:be, live, remain, lie, surround, belong, depend
　〔状態〕There is a book on the desk./John lives in Chicago.
　〔属性〕Santa Barbara lies on the West Coast of the United States./This book belongs to the school library.
・所有・着用・保持:have, owe, contain, keep, know, wear, own
　〔状態〕Mary wears a new dress tonight./The box contains a ring.
　〔属性〕Mary has blue eyes./This bottle holds two liters./John

knows good from bad.
- 主語の感情：like, love, fear, hate, adore, want
  〔状態〕I like chocolate.／She loves him.／I want a new car.
  〔属性〕That work wants patience.
- 類似や相違：resemble, differ, vary
  〔状態〕The situation differs between different regions of the country.
  〔属性〕Mary resembles her mother.／My personality differs from hers.
- 五感で感じる性質：smell, look, feel, see, taste, sound, hurt, itch
  〔状態〕The house looks empty.／She feels sick.／I see a snake over there.／My leg hurts.
  〔属性〕This rose doesn't smell sweet.／Tuna tastes great.

◇形容詞
  〔状態〕available, awake, busy, dead, hungry, sick, naked, sober, raw, dry, open, bloody, unsalted, missing, present, tired, noisy
  〔属性〕tall, foolish, important, intelligent, interesting, big, red, fat, smart, talkative, witty, benevolent, octagonal, long／名詞＋ed（bearded, blue-eyed など）

【日本語の状態述語】
◇動詞
- 存在・位置・所有（能力の所有も含める）：ある，いる，実在する，できる（能力），分かる，-（ら）れる（可能形）
  〔状態〕壁際に机がある／キミには立派なお兄さんがいる
  〔属性〕健は英語ができる／このナイフはよく切れる
- 必要性：要る
  〔状態〕私には今日，どうしてもその本が要る
  〔属性〕生物には酸素が要る
- 類似や相違：値する，似ている，あたる
  〔属性〕注目に値する／健は父親に似ている／健は私の従弟にあたる
- 五感で感じる性質：見える，聞こえる，におう，痛む

〔状態〕何か音が聞こえる／遠くに人影が見える

〔属性〕このメガネはよく見える／この電話機は音が大きく聞こえる

・性質：そびえている，優れている，ばかげている，（青い目）をしている

〔属性〕健の作品は優れている／その話はばかげている／健は高い鼻をしている／栄養に富んでいる

◇形容詞・形容動詞

〔状態〕痛い，痒い，忙しい，怖い，楽しい，うるさい，臭い，悲しい，暑い，眠い，恥ずかしい，羨ましい，憎い，必要だ，好きだ，欲しい

〔属性〕赤い，高い，固い，長い，甘い，大きい，等しい，詳しい，強い，細い，重い，丸い，上手い，有能だ，苦手だ，器用だ

◇名詞

〔状態〕満腹，半ドア，白紙，高校生，丸坊主，夢心地，下痢，裸，快晴，寝起き，したり顔，傷心，霜焼け

〔属性〕天然ボケ，中国製，女性，職人気質，安物，大学出，二重人格，（血液型が）A型，長身，哺乳類

4 問題点と分析

4.1 状態文と行為連鎖

日本人の中高生は英語の出来事と状態の区別がつかみにくいようで，英作文のときに次のような間違いをすることがよくある。

(9)　a. 私はほんの2～3日前にそのテニス部に所属した。

　　　　*I belonged to the tennis club only a few days ago.

　　b. 彼は急いで上着を着た。*He wore his jacket quickly.

(9a)の日本語「所属する」は会員でない者が会員になるという変化を表すが，英語のbelongは既に会員になっている状態を表す。したがって，(9a)の日本語を正しく英訳するにはI joined the tennis club only a few days ago. のようにしなければならない。同様に，(9b)の「急いで上着を着た」は服を身につけるという動作を表すが，英語のwearは服を身につけている状態を表す。この場合も，正しくはHe put on his jacket quickly. となる。

　出来事と状態の区別は，行為連鎖の意味構造で表すことができる。序で説明したように日常の出来事は〈活動〉→〈変化〉→〈状態〉という流れの上に成り立っている。しかし，あらゆる文が常にこれら3つの意味要素をすべて含むわけではない。たとえば，英語のbelongという動詞は〈状態〉の意味要素しか含まない。他方，日本語の「所属する」は所属していない状態から所属した状態への変化を表すから，〈変化〉→〈状態〉という2つの意味要素で構成される。日本語の「着る」は，主語が服を手に取って自分の身体に付けるという動作を行い，その結果，服が身体に接触した状態になるから，〈活動〉→〈変化〉→〈状態〉の全体をカバーしている。他方，英語のwearは，主語が意図的に衣服を身につけている状態を表すから，〈活動〉→〈状態〉と分析できる。

　　　(10)　a. belong：〈状態〉
　　　　　　b. wear：〈活動〉→〈状態〉
　　　　　　c. 「所属する」：〈変化〉→〈状態〉
　　　　　　d. 「着る」：〈活動〉→〈変化〉→〈状態〉

(10a) belongと(10b) wearが状態動詞で，(10c)「所属する」と(10d)「着る」は出来事動詞である。He belongs to the tennis club. というと，実際に今，テニス部に所属しており，He wears a blue coat. というと，実際に今それを身につけているから，(10a, b)は状態述語の定義(5)に合っている。

　出来事・状態と行為連鎖の関係を表2に整理してみよう。表2で重要なのは，a〈状態〉およびb〈活動〉→〈状態〉だけが「状態文」としての資格があるということである。c～fの組み合わせは，いずれも状態ではなく，出来事を表す。つまり，状態述語であるためには〈状態〉の意味要素が絶対に必要であるが，表2 e, fのように〈状態〉の他に〈変化〉が加われば，もはや状態述語ではなくなる。

　　　(11)　a.〈状態〉のみの例：belong, have a car, know, like, matter, contain, resemble, differ, lie, surround, fear, think+that 節, be tall, be mean/polite/obnoxious（性格）
　　　　　　b.〈活動〉+〈状態〉の例：wear, hold, keep, own, have a party, lie, surround, be mean/polite/obnoxious（行動）

【表2】	〈活動〉	→	〈変化〉	→	〈状態〉	
a. 状態文					○	He belongs to the club.
b. 状態文	○				○	He wears a blue coat.
c. 出来事文	○					He laughed.
d. 出来事文	○		○			He threw the ball.
e. 出来事文	○		○		○	He broke the glass.
f. 出来事文			○		○	The glass broke.

　一般に，状態動詞は(12)のように様態副詞（manner adverb）と一緒に使うことができないと言われている。

　　(12)　a.　*John resembles Bill reluctantly.
　　　　　　（ジョンはいやいやビルに似ている）
　　　　b.　*She desired a raise enthusiastically.
　　　　　　（彼女は熱心に給料の値上げを欲した）

（b は Katz 2008: 221）

しかし，様態副詞にも様々な種類があるから，様態副詞を一律に状態文から排除するのは適切でない。たとえば(9b)の *wear quickly は不適格だが，(13)のように visibly なら良い。

　　(13)　All participants are requested to wear the badge *visibly* during the seminar.（参加者は，セミナーの間，バッジを見えるように付けておいてください）

(9b)の quickly は変化の素早さを述べるから状態動詞の wear とは整合しないが，同じ -ly 副詞でも，visibly は「バッジが服に付けられた状態」を表しているから，(13)は意味的に矛盾を起こさない。次の例でも，イタリック体の副詞は〈動作〉ではなく〈状態〉の程度を描写している。

　　(14)　a.　Peter knows French *well*.
　　　　　　〈フランス語を知っている度合い〉
　　　　b.　He loves her *deeply*. 〈彼女を愛している度合い〉
　　　　c.　Steve depends on Mary *completely*. 〈依存の度合い〉

(Katz 2008)

well, deeply, completely などは（(14)と同じ「度合い」の意味では）純粋に活動だけを表す動詞とは馴染まない（たとえば *He shouted {well/deeply/completely}.）。このように副詞の付き方からも，状態動詞が出来事動詞と異なることが分かる（副詞については第8章）。

4.2　英語の状態述語と進行形

第1章でも触れたように，一般に，状態述語は進行形にならないと言われる。この説は(11a)のような〈状態〉しか含まない述語には正しく当てはまり，(15)は非文になる。

(15)　a. *He is {knowing the truth/belonging to the club/liking Mary/having two cars/resembling his father}.
　　　b. *This bottle is containing white wine.
　　　c. *Baseball is differing from cricket.

英語の進行形は「ある状況がそのうちに終わる」という終了の時間枠をはめるという意味的な働きを持っている（Leech 2004, Langacker 1987）。しかし状態述語は時間的な展開がないから，その状態がいつ終わるという時間枠をはめることができず，その結果，進行形の機能と合わなくなる。

しかしながら，(11b)のような〈活動〉＋〈状態〉の動詞は進行形にすることが可能である（ただし，own は進行形不可）。なぜなら，〈活動〉という意味要素は，主語の意志で終了を制御することができるからである。

(16)　They are holding automatic rifles and wearing steel helmets.
　　　　　　　　　　　　　　　　　　　　　　　　　　　　　(BNC)

普通なら進行形にしなくてもよいのに，わざわざ進行形にするということは，「そのうちに終える」という意図が表面に現れ，その結果，(16)のような文には「一時的にそうしている」という意味合いが生じる。

4.2.1　状態に活動を加える

もう一度(11)に戻ると，lie, surround のように同じ単語が(11a)と(11b)の両方に含まれる場合がある。これらは〈状態〉だけの意味と，〈活動〉＋〈状態〉の意味の多義性（polysemy）と見なすことができる。

(17)　a. A high wall surrounds the house. 〈状態〉
　　　b. The police are surrounding the house. 〈活動〉＋〈状態〉

同じように，polite（礼儀正しい），mean（意地悪だ），noisy（騒がしい）のような形容詞も，単純な状態と意図的な状態とで多義的である。

(18) a. 〈状態〉のみ：He is polite and very careful about what he says so as not to offend anyone.（BNC）
   b. 〈活動〉＋〈状態〉：Well, they actually wanted to blow his brains out but I was being polite.（BNC）

これらの述語は，(17b)，(18b)のように進行形にすることで〈活動〉の意味が強調され，「わざと」や「一時的に」といった意味が際立ってくる。しかし次のように命令文にできるから，進行形がなくても，もともと〈活動〉の意味を備えていると考えられる。

(19) Be polite!／Surround the house, guys!

人間の性格や態度を表す形容詞には，このように静的な意味と動的な意味の2通りに解釈できるものが多い。

(20) noisy, quiet, careful, silly, stupid, foolish, good, kind, helpful, brave, polite, rude, mean, arrogant

これに対して，tall, smart, short のような形容詞が表す状態は意図的に制御できないから，命令形にも進行形にもならない。

(21) a. *He is being {tall/short}.
   b. *Be tall! *Don't be short!

英語では語彙的に定まった多義語の場合だけでなく，純粋な状態述語に〈活動〉の概念を付け加えることで意図的制御の意味を持たせることもできる。ただし，〈活動〉という要素が勝手に付加されるわけではなく，むしろ，進行形が意図性の意味を誘発ないし強制（coerce）すると考えられる。

(22) a. My uncle lives in Rome.
   b. My uncle is living in Rome.

たとえば，(22a)が客観的に事実を述べているのに対して，(22b)からは，しばらくの間だけ滞在するという意図が読み取れる。進行形を取り外した現在時制(22a)ではそのような含みがないから，(22b)の一時性ないし意図性は進行形によって導入されたと考えなければならない。

さて，進行形が意図性の意味を持ち込んだ場合，それが誰の意図かが問題になる。(22b)では主語の my uncle が一時的な滞在を意図していると

考えるのが普通だろうが，しかし会社からの海外出張で，会社の責任者が my uncle の滞在日数をコントロールしているという状況でも (22b) は可能だろう。この意図性の問題は，主語を無生物にするとはっきりする。

(23) The statue is standing in the square.

(23) の進行形は，銅像の存在が一時的で，そのうちに別の場所に移されることを示唆するが，この場合，銅像が自ら動くわけはない。進行形は，表面に現れていない行為者（銅像の管理者）の意図を表している。このように主語が意志を持たない無生物のときは，行為者がその物体を容易に動せるかどうか（Dowty 1979）という語用論的な考慮が重要になる。

(24) a. The signpost has been knocked over and is lying on the ground. (BNC)
b. ?*New Orleans is lying at the mouth of the Mississippi River.
(b の例は Dowty (1979: 174) では??，Katz (2008: 225) では*)

(24a) は，車が追突して交通標識が倒れてしまったという場面で，いずれ交通標識は元通りに立てられるだろうという含みがある。ところが (24b) では，都市がある場所は簡単に変更できないから，進行形にするとおかしくなる（あえて進行形にすると，ニューオーリンズが元は別の場所にあり，近いうちにまた別のところに移転することをにおわせる）。

4.2.2 状態に変化を加える

die, arrive, freeze のような動詞は〈変化〉→〈状態〉という到達事象を表す出来事動詞だが，これらに進行形が付くと，The cat is dying. のように「結果状態に近づきつつある」ことを意味する。それは，進行形が変化過程の進行を表すためである。このパターンを利用すると，〈状態〉しか持たない動詞でも，進行形にすることによって「結果状態に近づきつつある」という意味を強制的に持ち込むことができる。実例を見てみよう。

(25) a. Cowley *was liking* the sound of this; ideas and facts were beginning to fit together.
b. I was trained to see behind enemy lines, and I *am knowing* how to observe properly. (a, b とも BNC)

(25)では，like，know という典型的な状態動詞が進行形になって「だんだん好きになる/分かるようになる」という漸進的な変化を表現している。

このような意味の強制（coercion）は特殊なものであるから，進行形だけでは不十分な場合は，比較級などで補強する必要がある。

(26)　He is resembling his father *more and more* as the years go by.（彼は年が経つにつれてますます父親に似てきている）

(Leech 2004)

(26)では more and more で段階性を強調することで，変化の進行を表現している。このような意味の強制は進行形に限らない。(27)では命令形と by～ という時間限定副詞が意図的で動的な解釈（変化）を促している。

(27)　a. Know the poem by heart *by the next lesson.*（次の授業までにその詩を暗記しなさい）　　(Quirk et al. 1985: 829)
　　　b. Be fat by next year.　　　　（安井ほか 1976: 114）

従来あまり取り上げられないが，次のような未来進行形にも注意したい。

(28)　By the time they reach brown belt level, the *kiai* should *be resembling* the sound of a very loud and strenuously emitted "its". (BNC)（[空手で]茶帯に到達するころには，「気合い」は力を込めて発した大きな「ツッ」という音になっているはずだ）

(28)は「未来の一時点で（一時的に）到達した状態」を表している。同じように未来進行形を含む(29)の例について，Dowty (1979: 175) は「移動していく観察者の位置が物語の固定された視点として捉えられ，その結果，静止している物体（(29)では a small pond）は，移動する観察者にとって『一時的』にその場に存在すると認識される」と説明している。

(29)　When you enter the gate to the park there will be a statue standing on your right, and a small pond will *be lying* directly in front of you.　　　　　　　　　　　　(Dowty 1979: 175)

4.3　日本語の状態動詞とテイル

第1章で簡単に触れたが，日本語のアスペクト研究の礎となる金田一 (1950) は，テイルが付くことができるかどうか，付いたときはどのよう

な意味になるのかによって，動詞を次のように4種類に分類した。
(30)　a. 第一種「状態動詞」
時間の観念を超越して本来的に状態を表す動詞で，テイルが付かない。[例]（顔にほくろが）ある，（外国語が）できる，（このナイフはよく）切れる，（注目に）値する
b. 第二種「継続動詞」
ある時間内続いて行われるような動作・作用を表し，テイルが付くと動作が進行中であることを意味する。[例] 読む，笑う，歌う，飲む，歩く，働く，考える，（雨が）降る
c. 第三種「瞬間動詞」
瞬間に終わってしまうような動作・作用を表し，テイルが付くとその動作・作用の結果の残存を意味する。[例] 結婚する，卒業する，死ぬ，消える，到着する，知る，分かる
d. 第四種の動詞
いつもテイルの形で用いられ，ある状態を帯びていることを表す。[例]（山が）そびえる，優れる，富む，ずば抜ける，ありふれる，ばかげる

(30b)第二種「継続動詞」と(30c)第三種「瞬間動詞」から見てみよう。これらは現在時制で用いると，「私は毎週小説を読む」(第二種)，「私はよく人の名前を忘れる」(第三種)のように習慣を表すか，または，「今日は昼から雨が降る」(第二種)，「電車はあと2分で到着する」(第三種)のように近い未来を表す。これは(6)の英語の出来事動詞と同じ振舞いである。

第二種と第三種の違いはテイルが付いたときに現れる。第二種の継続動詞にテイルが付くと，「健は本を読んでいる」のように文字通り「現時点での進行」を表し，その点で，英語の Ken is reading a book. と同じである。このように金田一(1950)の第二種「継続動詞」は，Vendler (1967)の活動（activity）・過程（process）および達成（accomplishment）に対応し，行為連鎖の意味構造で言うと次の3パターンを包括している。

(31)　金田一の第二種「継続動詞」
　　　a.〈活動〉のみ　［例］笑う，しゃべる，働く
　　　b.〈活動〉→〈変化〉　［例］歩く，（雨が）降る

　　　　c. 〈活動〉→〈変化〉→〈状態〉　［例］家を建てる

(31)に共通するのは〈活動〉（ないし〈行為〉）であり，この要素を含む動詞にテイルが付くと，その活動の進行を表すことになる。

　では，第三種「瞬間動詞」はどうだろう。瞬間動詞にテイルが付くと，「電車は一番線に到着している/電気が消えている/私は秘密を知っている/あの二人は結婚している」のように，既に変化が完了して結果状態が続いていることを意味する。このグループはVendlerの到達（achievement）に相当し，行為連鎖で表すと次のようになる。

　(32)　　金田一の第三種「瞬間動詞」
　　　　〈変化〉→〈状態〉　［例］到着する，知る，分かる，結婚する

日本語のテイルと英語の進行形で意味の違いが生じるのは，このグループである。「電車が駅に到着している」と言うと既に電車は駅に着いているが，英語のThe train is arriving. は，電車が到着しかけているだけで，まだ駅に到着していない。日本語では，英語の状態動詞に相当する動詞がこの瞬間動詞のグループに属することが多いから注意が必要である。

　(33)　a. 健と尚美は結婚している。≠*Ken and Naomi are marrying.
　　　　　　　　　　　　　　　　　　= Ken and Naomi are married.
　　　　b. 私はそのことを理解している。≠*I am understanding that.
　　　　　　　　　　　　　　　　　　= I understand that.

　次に，(30d)第四種の動詞は「山がそびえている/彼は優れている/その話はばかげている」のように，叙述用法では必ずテイルを伴う動詞である。これらは第三種「瞬間動詞」がテイルを伴って状態動詞に語彙化したものと見ることができるだろう。すなわち，第三種の場合は変化の過程が認識できるが，第四種になると，「*山が少しずつそびえてきた」のように言えないことから分かるように変化の過程は捨象され，結果状態に焦点が置かれている。そのため，第四種動詞は名詞修飾用法で完了の「-た」（☞第4章）を用いて，「高くそびえた山/優れた人材」のように表現できる一方，第三種の瞬間動詞はそのような使い方ができない。「結婚した二人」という表現は，英語のa married couple（夫婦）とは意味が異なり，「昨年結婚した二人」のように過去の解釈になる。

　さて，残るのは(30a)第一種「状態動詞」で，意味構造では〈状態〉だ

けで表示される。これらはテイルを付けることができないという点で，進行形にできない英語の状態動詞に対応する。

(34) a. 健にはほくろが{ある/*あっている}。
b. あの人は3か国語が{できる/*できている}。
c. この本は注目に{値する/*値している}。

この種の動詞は名詞修飾用法で用いられたときも，現在形（「-る」形）で現在の事実を表す。

(35) 腕にほくろがある人/3か国語ができる人/注目に値する作品

以上をまとめると，日本語ではテイルが付く動詞は出来事動詞，テイルが付かない動詞は状態動詞である。英語と同様に，日本語の状態動詞も，単純現在形で用いると現在の実際の状態を表す。それ自体で現在の状態を表すのだから，わざわざテイルを付ける必要がないということである。

前節で述べたように，英語では状態動詞であっても特別に進行形を付けることで，意図性，一時性，変化などの意味を強制的に生み出すことができる。日本語でもそれに近いことが観察されるようである。たとえば，「この包丁は今のところ，よく切れている（が，そのうち切れなくなる）」とか，「私は若い頃は3か国語ができていた（が，年を取って忘れてしまった）」のように，「今のところ」などの副詞によって終点を付けることができる。ただし，「ある」に対する「*あっている」はどう考えてもあり得ない。

では，形容詞はどうだろうか。前節で見たように，英語では He is being polite. のように，形容詞でも意図性や一時性を強調する場合に進行形を用いることができるが，日本語のテイルは「動詞に付く」という形態的な制限があるため，「忙しい→*忙している」のように言うことはできない。しかし「する」という動詞を補うと，「彼は忙しくしている」のように自然な文になる。この場合，「する」は意図的な活動を表す動詞であるから，He is being polite. が意図的な動作を意味することと軌を一にしている。

(36) a. セールスマンは，客と応対するときだけ礼儀正しくしていた。
b. 健ちゃん，お母さんが戻るまで，お利口にしていてね。

逆に，意図的に制御できない形容詞はシテイル構文に適合しない。

(37) *聡明にしている/*腹黒くしている/*長身にしている

4.4 状態の統語構造

　状態述語には純粋に〈状態〉だけの意味を表すものと，〈活動〉＋〈状態〉を表すものがあるが，その違いは統語現象に現れる。最も分かりやすいのは受身文である。第3章で述べるように，意味構造で〈活動〉を含む動詞だけが普通の（動詞的）受身になることができる。動詞的受身文の動作主（by 句）は〈活動〉を行う動作主であり，「外項」と呼ばれる。

(38) 典型的な他動詞の意味構造
　　　〈x が活動〉→〈y が変化〉→〈y が状態にある〉
　　　⇓
　　　x は「外項」で，受身文では by 句で標示される。
　　　［例］Ken repaired the bike.→ The bike was repaired by Ken.

状態動詞でも，wear, hold, keep, maintain, own のように意図的な動作主（外項）を含むものは動詞的受身にできる。
　他方，〈活動〉を含まない純粋な状態動詞は動詞的受身ではなく，形容詞的受身にしかならない（詳しくは第4章）。

(39) a. *English is known by Ken.〈動詞的受身〉
　　　b. The rules are known to all in advance.（BNC）
　　　　　（ルールは前もって全員に知らされている）〈形容詞的受身〉

意図性のない状態動詞は(40)のような意味構造を持ち，その主語は「外項」ではなく「内項」であるから，普通の動詞的受身になることができない。

(40) 〈y が z の状態・位置にある〉
　　　⇓
　　　「内項」であるから，動詞的受身になれない。

さて，(40)の意味構造は日本語では(41a)と(41b)の構文に対応する。

(41) a. y がガ格，z がニ格で標示される構文
　　　　ゴキブリが台所にいる。我が輩は猫である（デアル←ニテアル）。
　　　b. y がニ格，z に関わる項がガ格で標示される構文
　　　　健（に）は英語が分かる。［＝健(y)は英語(z)が理解でき

る状態にある]

　　　健（に）は先生が怖かった。[＝健(y)は先生(z)を恐れている状態にある]

　　　健（に）はキミの助けが必要だ。[＝健(y)はキミの助け(z)を必要とする状態にある]

(41b)のニ格は典型的に人間（ないし動物）を表す名詞を指す。(41a)の構文と(41b)の構文では統語的に大きな違いがある。日本語には「山田先生が健をお叱りになった」のような主語尊敬語があるが、これは主語となる名詞に対して敬意を払う表現で、和語動詞の場合は「お V（になる）」（V は動詞の語幹）のように、漢語の場合は「ご心配, ご親切」のようにする。主語尊敬語は目的語には適用しないから、「*健が山田先生をお叱りになった」というのは、話者が「健」を尊敬していない限り不適切である。このことを踏まえて(42)を見てみよう。

　　(42)　a. (41a)の構文：あの部屋に先生が｛おいでになる/いらっしゃる｝。
　　　　　b. (41b)の構文：先生にはタイ語がお分かりになる。(Cf. *私には先生のお気持ちがお分かりになる。)
　　　　　　先生にはキミの助けがご必要だ。(Cf. *キミには先生の助けがご必要だ)

(42a)の主語尊敬語「おいでになる/いらっしゃる」は「先生が」と呼応しているから、この文では「先生が」が主語である。ところが、(42b)では「お分かりになる/ご必要だ」と呼応しているのはガ格名詞ではなく、ニ格名詞（先生に）である。このことから、(42b)ではニ格名詞の「先生に」が主語であるという結論になる（Kuno 1973, 柴谷 1978, 角田 1991, 岸本 2005；しかし伝統的な日本語学ではガ格名詞のほうが主語だと考えられている。三上 1953/1972, Shibatani 2001 も参照）。

　ニ格主語構文（与格主語構文とも言う）を取る述語は意味によって決まり、(43)の心理状態、必要、能力、所有などを表す述語がそれに該当する（Kuno 1973, Shibatani 2001）。なお、「ニーガ」構文のニ格がガ格になって、表面上、「ガーガ」という二重主格構文を取る述語もある(44)。

　　(43)　与格主語構文（ニーガ）を取る述語
　　　　　a. 心理状態：面白い, 怖い, 楽しい, ありがたい, 恥ずかし

い，かわいい，ねたましい，うらやましい，憎い，残念だ
b. 必要性：必要だ，要る
c. 能力・可能：できる，分かる，-れる（可能），難しい，可能だ，困難だ，容易だ，見える，聞こえる
d. 所有：ある，ない，いる，多い，少ない
(44) 二重主格構文（ガーガ）を取る述語
a. 心理状態・感覚：欲しい，-たい（願望の派生形），好きだ，嫌いだ，痛い，痒い
b. 能力：上手い，苦手だ，得意だ，上手だ

これらの述語はいずれも，現在時制で使われたときに現在の状態を表すから状態述語であり，(45)に示すように命令文や「わざと」などの副詞と共起しないという点で動作主の制御（行為連鎖の〈活動〉）を欠いている。

(45) a. *英語が分かれ！
b. *健はわざと蛇が怖かった。

このように主語が与格で標示される構文は，世界の様々な言語で観察され，人間ないし生き物の非意図的で制御不可能な状態を叙述する傾向がある（Klaiman 1981, Aikhenvald et al. 2001, Shibatani and Pardeshi 2001）。

4.5　一時的な状態と恒常的な属性

　ここまでは出来事文と対照しながら，状態文全体の特徴を説明した。次に，第2節で示した「時間の流れを持つ状態」と「時間の流れを持たない属性」の違いに目を向けてみよう。

(46) a. John is {sick/naked/sad}.
b. John is {intelligent/tall/blue-eyed}.

(46a, b)は状態述語を含むという点で共通するが，時間軸の有無で異なる。前者は時間軸を持つため，at the moment（今だけ）や for the time being（今のところ）のような限定的時間副詞を付けることができるが(47a)，後者では不自然である(47b)。なぜなら，頭が良いとか背が高いといった性質はいつそれが終わるかという見通しが立てられないからである。

(47) a. John is {polite/naked/sad} at the moment. （彼は今だけ{礼儀正しい/裸だ/悲しがっている}）

b. *John is {intelligent/tall/blue-eyed} at the moment.（*彼は今だけ{聡明だ/背が高い/青い目だ}）

前者は第2節の表1で説明した「A. 事象叙述」の中の「A.2. 状態」に該当し，後者は表1の「B. 属性叙述」に当たる。両者の例を復習しておこう。

(48) a. 状態：available, awake, busy, dead, hungry, sick, naked, sober, undressed, raw, dry, open, bloody, unsalted, missing, present, tired, noisy
b. 属性：tall, red, foolish, important, intelligent, interesting, big, long, boring, fat, smart, talkative, witty, octagonal, careless, blue-eyed

この違いは形容詞だけに限られない。(49)の名詞を見ると，事象叙述の状態は「今だけ」や「いつからいつまで」のような時間限定副詞と整合するが，属性叙述はそのような副詞と馴染まないことが分かる。

(49) a. 事象叙述の「状態」
私は今のところ満腹だ／車のドアが朝からずっと半ドアだ／答案用紙は今のところ白紙だ／私の弟は今，高校生です／僕は中学1年から3年まで丸坊主だった。
b. 属性叙述
彼は（*今だけ）天然ボケです／この商品は（*朝からずっと）中国製です／山田さんは（*今だけ）女性です／あの大工さんは（*ここ10年ほど）職人気質です。

この区別は動詞にも適用できる。

(50) a. She has two cars (at the moment).
b. She has blue eyes (*at the moment).
(51) a. 彼女は（今だけ）指輪をしている。
b. 彼女は（*今だけ）細い足をしている。

blue eyes（青い目）や「細い足」といった主語の本質的な身体特徴は，時間と共に簡単に変わるものではないから，(50b)，(51b)で使われた動詞は主語の恒常的な属性を表している（影山2004）。

おそらくここで，「あの人は若い頃（子供の頃）は頭が良かった／細い足をしていた」のように「若い頃，子供の頃」なら成り立つのではないか，

という質問が出てくるだろう。それは正しい指摘だが，しかし，「若い頃，子供の頃」というのは現在の姿と比べて「昔の姿」を述べているのだから，同じ人であっても，言語表現としては違う人物だとみなすことができ，その当時の人物の属性を叙述すると考えられる。したがって，このテストでは，「今だけ」のように時間幅の狭い副詞を使うのが良い。

事象叙述の状態（場面レベル）と属性叙述（個体レベル）の違いは，英語の there 存在文にも見られる (Milsark 1977a, 1977b)。

(52) a. 場面レベル述語

There are several policemen {*available/drunk/sick/missing*}.

b. 個体レベル述語

*There are several policemen {*tall/intelligent/careless*}.

(52a) に見られるように，available, drunk, sick という時間的に限定された状態を表す形容詞は There＋be＋NP の後に現れることができるが，(52b) の tall, intelligent, careless のように固定的な属性を表す述語は許容されない。ここで注意したいのは，名詞句（NP）と形容詞の関係である。すなわち，several policemen drunk というのは，後ろの形容詞が前の名詞句を修飾して「数名の酔っぱらった警官」と解釈するのではなく，「数名の警官が酔っぱらった状態だ」というように several policemen が意味上の主語，drunk が意味上の述語として，There are [several policemen（意味上の主語）drunk（policemen に対する述語）]. のような小節（small clause）の構造を取っている。すると，[several policemen (are) drunk] という小節は時間的に限定された一時的な状態を表し，There are の部分も一時的な状態（存在）を表すから，2つの述部が意味的に整合して，文全体が矛盾なく成り立つ。これと同じ構造を (52b) に当てはめると，[several policemen (are) intelligent] という小節が恒常的な属性を表すので，一時的な状態を表す There are と意味的に衝突してしまい，(52b) は不適格になる。（なお，属性を表す形容詞でも，There were many people tall *enough to touch the ceiling*. のように後に修飾語が続けば容認されるが，この場合は many people who were tall enough ... という関係節の省略であると考えられる。）

さらに Carlson (1980: 124) は，see などの知覚動詞を用いた構文にお

いても，属性と状態の差異を指摘している。まず，(53)を見ると知覚動詞の補文には事象叙述しか来ないことが分かる。

(53) a. Martha saw the policeman {run into the bar/running into the bar/chased by the robbers}.
b. *Martha saw the policeman {own a car/liked by the robbers}.

形容詞も同様に，状態を表すものは see の補文に入るが，属性は入らない。

(54) a. Martha saw the policeman {drunk/available/angry/tired}.
b. *Martha saw the policeman {tall/intelligent/careless}.

個体レベル述語が排除される理由は，先ほどの there 存在文の場合と同じである。すなわち，see（見える，見る）という動詞はその場で起こっている事象を描写するから，場面レベル述語としか整合しないのである。

さらに，冠詞を持たない裸の複数名詞句（bare plurals）が主語になったときにも，場面レベルと個体レベルの違いが解釈の差異を生み出す。

(55) a. Firemen are available.
1. 総称の解釈（消防士というのは常に発動態勢にあるものだ）
2. 存在の解釈（何人かの消防士がいま発動態勢にある）
b. Firemen are altruistic.
1. 総称の解釈のみ（消防士というものは利他主義だ（自己中心的でない））(Carlson 1980)

firemen という冠詞なしの複数名詞句は,「消防士というものは」という総称（generic）の意味と,「消防士が何人か」という存在（existential）の意味の2つの可能性がある。(55a)のように，その場の状況を叙述する場面レベル述語では，実際にその2つの解釈が出てくる。他方，(55b)のように，主語の属性を表す個体レベル述語の場合は，総称的な解釈（消防士全般を指す）しか許されない。これもやはり特定の時空間と結びつけることができるかどうかと関係している。つまり，主語が総称であるということは，その性質が恒常的に成立するものであるから，述語の意味もそれに見合った恒常的特性を表すものでなければならない。したがっ

て, (55b)では「消防士というものは」という主語の総称性と呼応して, 述語も「利他主義であるものだ」という恒常的性質を表すことになる。そのことは(55a)にも当てはまる。(55a-1)の総称解釈のときは, 主語firemenが総称であるだけでなく, それに影響されて述語のavailable（通常なら場面レベル）も「常に発動態勢にあるものだ」という恒常的な解釈になる。そして予想される通り, (55a)の中でも存在の解釈(a-2)のときだけ, 時間限定を付けることができる。

(56) a. Firemen are available at the moment.
（何人かの消防士が今, 発動態勢にある）
b. *Firemen are altruistic at the moment.
（消防士というものは, 今, 利他主義だ）

(英語の個体レベル述語と場面レベル述語の違いについて, さらにStump (1985), Diesing (1992), Kratzer (1995), Carlson and Pelletier (eds. 1995), Fernald (2000) などを参照。)

日本語では, 総称主語（主題）は「〜というものは」という形式で表すことができ, これと呼応して, 述語も個体レベルの属性を表すものがくる。

(57) a. ゾウというものは, 鼻が長い（ものだ）。
a′. *ゾウというものは, 今, 元気だ。
b. 子供というものは, かわいい（ものだ）。
b′. *子供というものは, 今, 空腹だ。

日本語の研究では形容詞が状態形容詞ないし感情形容詞と, 特性形容詞あるいは属性形容詞に大別されることが多い（西尾1972, 寺村1982, 仁田1998）。状態形容詞(58a)は主語の一時的な心身状態を表し, 特性形容詞(58b)は主語が持つ本来的な属性を述べる傾向がある。つまり, 前者は状態, 後者は属性を描く。

(58) a. 状態形容詞：（私は）なんだか怖い／頭が痛い。
b. 特性形容詞：健は足が長い／その建物の壁は赤い。

これらも, 英語と同様の差異を示し, 状態形容詞は一時点を指す時間副詞との共起が可能であるが, 特性形容詞ではそれが困難である。

(59) a. 私はその時だけ｛頭が痛かった/怖かった/忙しかった｝。
b. *健はその時だけ｛足が長かった/背が高かった｝。

以上のように，一時的状態（場面レベル）と恒常的属性（個体レベル）の違いは意味解釈だけでなく統語構造にも反映される。その区別は英語と日本語に共通しているから，おそらく普遍的な性質だと思われる。ただし，言語というのは柔軟なものであるから，両者の違いが判然としないこともある。既に4.2節で，元々は状態述語であったものが，進行形などの形式が引き金となって動作動詞になったり変化動詞になったりすることを見た。構文による意味の強制は個体レベル述語にも当てはまり，たとえば(60)では，知覚動詞構文と進行形によってintelligentという個体レベル述語に一時的な状態（活動）の意味が強要されている。

　　(60)　a. You have seen Max intelligent on several occasions.
　　　　　b. Max is being intelligent.（a, bともFernald 2000: 64）

このような意味の強要については Fernald（2000）が詳しく論じている。
　日本語でも，同じような現象が見られる。

　　(61)　a. 富士山は高い。
　　　　　b.（バレーの実況）田中のブロックが高い！

「高い」は普通なら(61a)のように恒常的な属性を表すが，バレーの実況中継(61b)のように一瞬一瞬で変化していく状況では，語用論的な強制によって，同じ「高い」が一時的な状態を表す場面レベルに鞍替えする。
　なお，属性の中にも種類があるが，それについては，益岡（2008），影山（2008a）などを参照。

4.6　形容詞の位置と意味

　形容詞は，This boy is bright.（利口だ）のようにis brightが述部に現れる叙述用法（predication）と，a bright boyのように形容詞が直接名詞にかかる名詞修飾用法（または限定用法 attribution）の2通りの使い方がある。ほとんどの形容詞はどちらの用法でも使えるが，どちらか一方でしか使えない形容詞もある。たとえば，alive, asleepのようにa-という接頭辞（語源的には"on"のような前置詞に対応）で始まる形容詞や，「病気の」という意味のill，「準備が出来ている」という意味のreadyなどは名詞修飾用法がない。逆に，main（主要な），total（全くの，総ての），alleged（an alleged murderer「殺人を犯したと言い立てられている人」）のような形容詞は名詞修飾用法だけで，叙述用法はない。また，

(62)のように名詞修飾用法と叙述用法で意味が異なる形容詞もある。
　　(62)　a. a sorry sight（みじめな光景）
　　　　　　　I'm sorry that you're leaving.（残念に思う）
　　　　　b. an ill will（悪意），ill luck（不幸），an ill omen（不吉な兆し）He is ill.（病気だ）
　　　　　c. the present owner of the mansion（現在の所有者）
　　　　　　　The owner is present at the party.（出席している）

　さらに英語では，名詞修飾用法であっても，名詞の前に置かれる前位用法と名詞の後ろに置かれる後位用法の2つが可能な形容詞は，位置によって意味が違ってくる。Bolinger (1967) は characteristic（本質的な特徴）対 occasion（その場での性質）という用語を使って，the responsible man と the man responsible の違いを次のように説明している。
　　(63)　a. That man is responsible.（叙述用法）
　　　　　　　1．あの男は責任感がある（信頼できる）。〈この人物の性格〉
　　　　　　　2．この出来事の責任はあの男にある。あの男が責めを負うべきだ。〈今回の出来事についての責任〉
　　　　　b. the responsible man（＝a-1の意味）
　　　　　　（名詞修飾用法：前位）
　　　　　c. the man responsible（＝a-2の意味）
　　　　　　（名詞修飾用法：後位）

叙述用法の(63a)はa-1とa-2の2通りの意味に取れる。これに対して，responsible を名詞の前に置いた(63b)はa-1の意味，名詞の後ろに置いた(63c)はa-2の意味になる。つまり，responsible は前位用法では「責任感の強い」という恒常的な属性を表し，後位用法では「その時点で問題になっている事柄について責任を担う」という一時的な状態の意味になる。この違いは，上掲(62)にも当てはまる。the present owner（現在の所有者）というのは，「元所有者」と対比させる意味で「現所有者」と言っており，所有者の部類分け（カテゴリー化）をしている。部類というのは半永久的に続く概念である。これに対して，The owner is present at the party. の場合はそのパーティに出席するという一時的な状態である。an ill omen の ill は「吉兆」に対する「凶兆」という部類分けをしているが，He is ill. という場合，彼は今は病気だがそのうち回復する可能性がある。available のように，一見，一時的と思える状態でも次を見比べれば違いが分かる。

 (64) a. If you want any further information on *the available services* please call.（当社が提供するすべてのサービス）
    b. the new *services available* from May 1990（1990年5月から利用可能な新しいサービス）（a, b とも BNC）

(64b)の後位用法は叙述用法（The new services are available.）と同じく特定の時間と場所に依存しているが，(64a)の前位用法は時間と関係なく，「提供可能なサービス」を表している。

この観点から見れば，a happy man と The man is happy. の意味が違うことが分かる。The man is happy. は単に「その人が幸せだ」と，主語の状態を叙述しているのであるが，a happy man は，たいていの場合，He is a happy man. のようにそれ自体が叙述的に使われ，「幸せと呼べる部類に属する人」といった意味合いである。

このように，前位用法の形容詞は，それが修飾する名詞の本質的な性質を表す——言い換えると，主名詞を部類分け（カテゴリー化）する——と言える。名詞を部類分けするという「分類機能 (classificatory function)」は，一般に，複合語に見られる特徴である。たとえば，blackboard は単に「黒い板」ではなく，「板の中でも，黒板（つまりチョークで文字などを書くためのもの）」ということで，bulletin board や billboard など他のカテゴリーの板から区別されている。

同様に，fried eggs, boiled eggs, poached eggs, scrambled eggs などもそれぞれ異なる卵料理の種類（カテゴリー）を表す。この分類機能は，bearded, blue-eyed, whiskered, horned (animals) のような「名詞＋ed」の形容詞にも当てはまる。bearded は，男性をひげを生やしている人と生やしていない人に分けた場合に，ひげを生やしている人を指す。西洋人は髪の色によって人間を特徴づけるから，色の名前に -haired が付いた形容詞だけでも，次のように豊富にある。

 (65) red-haired（赤毛の），ginger-haired（しょうが色（赤毛）の），auburn-haired（赤褐色の），fair-haired（金髪の），blonde-haired（ブロンドの），flaxen-haired（亜麻色の），

silver-haired（銀髪の），platinum-haired（プラチナ色の），dark-haired（黒髪の），raven-haired（カラスの濡れ羽色の髪をした）等々

このように，-haired の前に色の名前を付けることで人を分類できる。しかし，色の名前を付けずに単に #a haired man と言うのはおかしい（# の印は普通の状況では意味が理解できないことを表す）。人間は髪の毛が生えているのが普通なので，haired だけでは分類機能を果たさないからである。日本語でも，「白髪の男性」と言うことはできるが，「*髪の男性」は意味が通じない。強いて a haired man に意味を持たせると，hair をカツラ（wig）と解釈して，カツラの男性（a wigged man）と理解しなければならない。

このように考えると，通常は叙述用法しかない形容詞でも，分類機能を持たせれば名詞前位用法が可能になると推測できる。実際，たとえば，ill という形容詞は「病気だ」という意味では単独で名詞の前に来ることができないが，a terminally/seriously ill patient（末期患者，重症患者）のように病気の程度を分類するときには名詞前位用法が認められる。

次の各組の左側と右側の相違も同じ法則で説明できるだろう。

(66) a. *an appeared book/a newly appeared book（新刊書）
b. *baked cake/half-baked cake（半焼きのケーキ）
c. *a built house/a recently built house（新築の家）
(b, c は Ackerman and Goldberg 1996)

Ackerman and Goldberg (1996) は，(66b, c) の左側の表現について「意味が冗長で，充分な情報量がない」としか説明していないが，副詞を加えることで前位形容詞の分類機能が達成されることのほうが重要だろう。

N＋ed あるいは A-N＋ed 型の形容詞についてもう少し説明を付け加えると，-ed が付く基体名詞(N)には面白い制限がある。すなわち，-ed が付きやすい名詞は，物体の形状や色を表す名詞(67a)，人間や動物の身体部分を指す名詞(67b)，そして人間が身につける衣類を表す名詞(67c)である。

(67) a. V-shaped, oval-shaped/rose-colored, salmon-colored
b. long-haired, black-eyed, baby-faced, light-headed,

> high-nosed, faint-hearted, bird-brained, close-lipped, foul-mouthed, loose-tongued, round-shouldered, pot-bellied, thick-skinned, empty-handed, bow-legged, knock-kneed, broad-minded
>
> c. helmeted, booted, spectacled, kilted, liveried, panoplied

これらは，物体（特に人間）にとって絶対に備わっているもの（分離不可能所有物）からそうでないものへと，形状・色＞身体部分＞衣類という序列を作り，分離可能な所有物（たとえば，恋人，夫，友達，家，自動車など）はN＋ed形容詞にはならない。（N＋edについてはHudson 1975, Ljung 1976, 影山 1990, 1996, 角田 1991などを参照。また，属性を表す日本語の複合形容詞については本書第7章。）

4.7　状態性と品詞

　一般的に，動詞は動作や出来事，形容詞は状態，名詞はモノを表すとされる。このような意味と品詞の対応は，大雑把には時間的安定性（time-stability；Givón 1984）という概念で捉えることができるだろう。

(68)　　　名詞 ············ 形容詞 ············ 動詞
　　　時間的に最も安定　　中間的　　時間的に最も不安定

(Givón 1984: 55)

　ほとんどの動詞は時間軸に沿った出来事の展開を述べるから時間的に最も不安定であり，逆に，たいていの名詞は不変的なモノの性質を述べるから時間的に最も安定している。時間的安定性という点では，形容詞は動詞と名詞の中間に位置する（述語間の差異については，Uehara 1998, Dixon and Aikhenvald, eds. 2004, 山岡 2000, 工藤 2004など）。

　しかしながら，これはあくまで傾向であって，品詞と意味の関係を完璧に捉えているわけではない。本章で見てきたように，時間的に安定していると思われる「状態」という概念にも一時的な場面レベルの状態と恒常的な属性を表す個体レベルの状態がある。また，個体レベルであっても，それを表現する品詞は，動詞，形容詞，名詞，あるいは日本語では形容動詞にまたがる。そのことは，次の例で明らかだろう。

(69)　a. その歌手は魅惑的な声を<u>している</u>。〈動詞〉

b. その歌手は声が魅惑的だ。〈形容動詞〉
c. その歌手は声が美しい。〈形容詞〉
d. 魅惑的な声の歌手〈名詞〉

　本章ではあまり論じなかったが，名詞にも場面レベルと属性レベルがある。名詞は通常，時間的安定性が高いとされるが，しかし　先に(49a)で挙げた「満腹，半ドア，白紙，丸坊主」などは時間の流れを背景とした表現であり，「学生，医者，弁護士，社長，キャプテン」のように職業や身分，役割を表す名詞も一時的な状態を表す。

　(65)の英語は形容詞であるが，日本語では「赤毛のアン，ひげのおやじ，金髪の女優」のように「～の」という名詞が同じ機能を果たしている。英語でも日本語でも，身体部分（分離不可能所有物）や身にまとう衣類（a dark-suited man　ダークスーツの男性）は主語の特徴を捉えることができるが，分離可能な所有物はそのような力がないようである。たとえば「車を所有している男」という意味で，*a carred man「*車の男」とは言いにくい (Hudson 1975, Ljung 1976)。ただし日本語の「の」は英語の -ed より幅が広く，通勤が電車か自動車かバスかという部類分けをするときなら，「車の人，電車の人」と言うことができる。これは「私は電車だ。彼は車だ。」と言えることと対応する。

　語形成の観点からすると，「ずぶ濡れ状態，ログイン状態，うつ病状態」のように「○○状態」という形の複合語は時間的に安定しない場面レベルの状態を表現する。逆に，「脂性（あぶらしょう）」，「アルカリ性」，「フランス人気質」のような接尾辞や複合要素は時間的に安定性のある個体レベルの特性を表す。おもしろいことに，これらの単語は辞書では「名詞」として登録され，本来なら「脂性の肌，職人気質の人」のように「の」を取るはずであるのに，最近は，「脂性な肌，荒れ性な肌，職人気質な人」のように「-な」を用いた例もよく見かける。「-な」は，いわゆる形容動詞の屈折語尾で，それが「脂性」などの属性名詞に応用されているわけである。日本語の形容動詞は非常に問題が多い品詞で，その性質ははっきりしない部分が多い。ひとつの考え方は，名詞と異なり，形容動詞は段階的 (gradable) な性質を表すという説である（加藤 2003, 上原・熊代 2007 などを参照）。これによると，たとえば「脂性」は名詞としては非段階的だが，「脂性な」となると段階的だということになる。しかし，「の」でも

「すごく脂性の人」と言えるから,形容動詞＝段階的,名詞＝非段階的とは断定できない。

別の考え方は,「-な」を屈折語尾ではなく,「名詞から形容動詞を作る派生接尾辞」として再解釈した新しい造語法と見なすことである。その証拠に,固有名詞など明らかに名詞であるはずの単語に「-な」を付けた表現がよく見られる（村木2005も参照）。

(70) 神戸なお店,ディズニーな雰囲気,沖縄な景色,東大な人々,
問題な生徒,オタクな人々（いずれもインターネットの例）

これらは,「-な」を付けることで,基体になる名詞の特徴的な意味要素を属性化している。たとえば「神戸なお店」では,「神戸」という名詞が地理的な区域（神戸市）を指すのではなく,神戸にまつわる特徴的な性質を表現する形容動詞になって,「おしゃれな」とか「ハイカラな」といった神戸のイメージを伝えている。試しにインターネットでいろいろな都市名を入れて「～なお店」で検索してみると,「神戸なお店」がずば抜けてヒット数が多く,その次が「京都なお店」で,「大阪,横浜,東京」は極めて少ない。「(地名)な風景」で検索すると,「神戸な風景」「沖縄な風景」が多い。また,「東大な人」は多くヒットするが,「阪大,京大,神大」はほとんどゼロに近い。「東大」はそれだけ特色がある（あるいはイメージが強い）ということだろうか。このように「-な」が属性を表す形容動詞を作る接尾辞として認識され始めているとすると,「問題な生徒」や「オタクな人々」のような最近増えつつある《問題な日本語》は,単なる誤用ではなく,言語学的に筋の通った現象として説明がつく。

4.8 出来事から属性へ

既に何度か,属性（恒常的状態）が一時的状態や活動に変化する場合があることを見た。それは主として,進行形や知覚動詞構文,あるいは語用論的な状況による意味の強制であった。その逆に,出来事や動作が属性に変化する場合はないのだろうか。出来事文が属性文に変わることは,散発的に様々な言語の様々な構文で観察されている。

(71) 出来事文が属性文に変化する例
a. 属性受身文（本書第7章）：The house is built of wood.
b. 中間構文（『動詞編』第7章）：This book sells well.

c. 動作主属性文（Goldberg　2001，影山 2003，Onozuka 2007）：This dog doesn't bite.（このイヌは噛まない。）

しかし，このように多岐にわたる構文から属性文が作られるという現象をどのように統一的に捉えるのが良いのかは，まだ解明されていない。出来事文は時間軸を持つが属性文は時間軸を持たないとすると，ひとつの考え方として，出来事文の時間軸（つまり出来事性）を取り除くことで属性文を作り出すという理論（Kageyama 2006）が有効だろう。

5　まとめ

　これまでの文法研究は，主に時間の流れと共に展開する事態を表す出来事文に着目してきた。本章では，文の機能を事象叙述（時間軸に沿った出来事と状態の表現）と属性叙述（時間軸を持たない主語固有の性質の描写）に区別し，それに基づいて「状態」の性質を説明した。一般に「状態述語」と呼ばれるものは，事象叙述の中の状態（場面レベル）と属性叙述（個体レベル）にまたがっていて，一見，区別がつけにくい。しかし，この2つのタイプの状態が描く内容は異なっており，両者の意味的性質の違いが副詞との共起や使用可能な構文など統語的な振舞いに反映される。

6　さらに理解を深めるために

- **Krifka et al. 1995. Genericity: An introduction.**［英語の個体レベル述語と場面レベル述語に関する研究を整理し，両者の特性を形式意味論の記号を用いて詳しく論じている。］
- **Fernald. 2000. *Predicates and temporal arguments*.**［個体レベル述語と場面レベル述語の区別に関する諸説を批判的に検討し，一方から他方への意味的強制を論じている。］
- 益岡隆志（編）2008.『叙述類型論』［日本語の具体的な現象を観察しながら，事象叙述と属性叙述の違いや場面レベルと個体レベルの区別などを語彙・文法・談話の様々な観点から明らかにする論文集。］

（眞野美穂・影山太郎）

第Ⅱ部
動詞と形容詞

　第Ⅰ部で述べた語彙的アスペクトの種類や状態と属性の区別を背景に動詞と形容詞の具体的な構文を見ていく。

　第3章で「出来事を表す受身」（英語のbe受身とget受身，日本語の直接受身と間接受身）の性質を説明した後，第4章では「主語の状態・属性」を表す形容詞的受身と形容詞的過去分詞，および名詞＋ed型の形容詞とそれに対応する日本語の名詞修飾の「-た」の特徴を整理する。さらに，「属性受身文」という特殊な受身文にも触れる。

　第5章「補文をとる動詞と形容詞」では，英語のto不定詞補文を取る動詞と形容詞について上昇構文とコントロール構文の区別を解説し，この2種類の構文が日本語では統語的な複合動詞に見られることを指摘する。

　第6章「形容詞から作られた動詞」では「温かい」→「温まる，温める」のような形容詞由来動詞の自他の区別や「悲しがる」のような「-がる」について説明する。

　第7章「名詞を含む形容詞」では，heart-warmingのような名詞＋形容詞型の複合語を取り上げ，それらの形成に関わる形態的・意味的な制限を解説する。

第3章　出来事を表す受身

> ◆基本構文
> (A) 1. ジョンはわざとトラックに追突された。
>   2. John was hit by the truck on purpose.
> (B) 1. My boss worked on Sunday.
>   *Sunday was worked on by my boss.
>   2. My boss sat on the chair.
>   The chair was sat on by my boss.
>   3. This book belongs on the top shelf.
>   *The top shelf is belonged on by this book.
> (C) The window {was/got} opened by someone.
> (D) 1. 私の父は，若い頃はハンサムだったと言われている。
>   2. *My father is said that he was handsome when young.

【キーワード】動詞的受身，動作主，get 受身，日本語の直接受身と間接受身

1　なぜ？

　(A1)の日本語を英語に直訳すると(A2)になるはずであるが，「わざと(on purpose)」が誰の意志を表しているのかという点で日英語に微妙な違いがある。日本語(A1)は，ジョンがたとえば保険金を取るために自らぶつかったという意味に解釈できるが，英語(A2)は，トラックのほうが意図的にぶつかったのである。どうしてこのような違いが生じるのだろうか。

　(B)には能動文と，それに対応する受身文が3組あるが，受身文が正しく成立するのは2の sit on the chair だけである。同じ on という前置詞で

も，1の on Sunday と 3 の on the top shelf が受身文に書き換えられないのはなぜだろうか。

(C)は，動詞が was か got かによって，伝えるニュアンスに違いがある。was opened は「窓が開けられた」という事実を述べているだけであるが，got opened は「本当はこの窓を開けて欲しくなかったのに誰かが開けてしまった。私には迷惑だ」といった主観的な気持ちを含んでいる。

最後に，(D1)の日本語を英語にそのまま訳すと(D2)のようになるが，これは文法的に間違っている。正しくは，My father is said to have been handsome when young. のように to 不定詞を使わなければならない。that 節と to 不定詞の違いはどこにあるのだろうか。

2 受身文とは

中学・高校の英文法では，受身文（passive sentence：受動文とも言う）を作るには動詞を be＋受身分詞（伝統文法では「過去分詞」）に変え，能動文（active sentence）の目的語を主語に移して元の主語を by 句に書き換えればよい（この by 句は省略可能）と教えられる。

(1) a. 能動文：The policeman arrested the burglar.
　　　b. 受身文：The burglar *was arrested* (by the policeman).

この手順は日本語にもそのまま当てはまる。ただし，日本語では動詞に「られ」が付くだけで，be 動詞に当たるものは必要ない。

(2) a. 警官は泥棒を逮捕した。
　　　b. 泥棒は（警官に）逮捕された。

以上の説明だけでは，能動文と受身文は機械的な書き換えにすぎず，どちらを使っても大差がないように思える。しかし実際には，受身文は能動文にはない特別な性質を持っている。その特別な性質というのは，受身化（passivization）の 2 つの機能に由来している。

◆受身化の 2 つの働き

A：元の主語の格下げ

能動文の主語が，受身文では付加詞（adjunct：by～，「～に（よって）」で表される副詞）に格下げされる。(Cf. Marantz 1984, Shibatani 1985, Jaeggli 1986, Baker, Johnson, and Roberts 1989)

B：元の目的語の格上げ
　　能動文の目的語が，受身文では主語に格上げされる。(Cf. Perlmutter and Postal 1984)

　ここで，「格上げ」，「格下げ」という言葉を理解するために，文の仕組みを整理しておこう。どの言語でも文は主語，目的語，付加詞（副詞）などの要素で構成される。Mary drank lemonade with a straw. という文では，Mary が主語，lemonade が目的語，with a straw が付加詞である。付加詞は必ずしも表現する必要がなく，文法的な重要性は低い。付加詞と比べると，文の必須要素である主語と目的語は文法的な重要度が大きい。しかも，主語と目的語の間では主語のほうが目的語より重要である。目的語を省略して Mary drank. と言うことはできても，主語を省略して *Drank lemonade. と言うことはできない。こういったことから，(3)の階層が想定できる。

　(3)　文法要素の階層
　　　主語＞目的語＞付加詞（左に行くほど文法的な重要度が大きい）
　この階層を受身化に当てはめて図解してみよう。(4)では最も重要な主語を□で，最も重要でない付加詞を■で表している。

　(4)　能動文：The policeman arrested the burglar.

　　　受身文：The burglar was arrested by the policeman.

能動文で目的語であった the burglar は，受身文では重要な主語位置に進み出るが，逆に，元の主語 the policeman は重要度の小さい付加詞になり下がる。このように受身化には，(A)目的語を主語に格上げし（前景化 foreground とも言う），(B)主語を付加詞に格下げする（背景化 background とも言う）という二面性がある。背景化された元の主語（動作主 agent）は省略されることが多く，Svartvik (1966)，Kilby (1984)，Givón (1993)，Dixon (2005) などの統計調査によると，実際に使われている英語の be 受身文のうち80％ほどは by 句を省略している。by 句が現れるのは，動作主（「～よって」）を強調したり特定したりするときだけである。

【受身文の種類】
　受身文は，「元の主語の格下げ」と「元の目的語の格上げ」のどちらに

ウエイトを置くかによって，幾つかの種類に分けられる。

(5) 英語の受身文の種類
 a. （動詞的）受身：A policeman *was arrested* by his colleagues.
 b. get 受身：John *got arrested* last night.
 c. 形容詞的受身：I *was surprised* at the news.／The countryside has remained *unchanged* for hundreds of years.
 d. 属性叙述の受身：This bridge *has been walked under* by generations of lovers.（この橋は，その下を何世代にもわたって恋人達が散歩をしてきた）

英語受身文はすべて，それに対応する能動文があるということが特徴である（例外とされる The game was rained out.（試合は雨で流れた）のような場合でも It rained the game out.（雨がゲームを流した）という他動詞文が稀だが存在する）。

他方，日本語では間接受身(6b)のように対応する能動文がない場合がある（「彼女は雨に降られた」に対して「*雨が彼女に降った」と言えない）。

(6) 日本語の受身文の種類
 a. 直接受身：彼女は，3年間つきあった彼氏に振られた。
 b. 間接受身：彼女は，散歩しているときに，雨に降られた。
 c. 属性叙述の受身：村上春樹の小説は｛世界中の人/*花子｝に読まれている。

本章では(5a, b) と(6a, b) を扱い，(5c, d) と(6c)は第4章で説明する。

3 代表的な動詞

本節では受身になる動詞とならない動詞を例示する。4.1節で述べるように，受身になるかどうかは原則的に個々の動詞の意味で見分けられる。

【受身になる他動詞の例】主語が制御可能な動作を表す他動詞

 A：状態変化他動詞：kill「殺す」, build「建てる」, boil「ゆでる」, polish「磨く」, write「書く」, cool「冷やす」, warm「温める」,

make「作る」, break「壊す」, repair「修理する」
　B：位置変化他動詞：put「置く、入れる」, pour「注ぐ」, hang「掛ける」, take off「取り外す」, send「送る」, transfer「移す」
　C：働きかけ他動詞（行為の結果として目的語の変化が含意されないもの）：kick「蹴る」, hit「たたく」, beat「ぶつ」, rub「擦る」, chew「噛む」, scold「叱る」, praise「誉める」

【受身にならない他動詞の例】
　A：主語が制御できない状態・状態変化・位置変化を表す動詞
　　have blue eyes, resemble, lack／青い目をしている。常識を欠く。
　　The volcano gushed lava.／火山が溶岩を噴出した。
　B：再帰的動作（主語が自分自身に働きかける動作）を表す動詞
　　crane one's neck（首を伸ばして見る。*Her neck was craned.）
　　腰をかがめる（*腰がかがめられた）、着る（犯人はこの服を着ていた→*この服が犯人に着られていた）。

【受身になる自動詞の例】
　A：英語：主語が制御可能な行為を表す自動詞と前置詞の組み合わせ
　　deal with, search for, look after, look into, depend on, talk about, shoot at, propose to, refer to
　B：日本語：主語が制御可能な行為を表す自動詞とニ格目的語の組み合わせ
　　〜にぶつかる（追突する）、〜に付き添う、〜に頼る、〜に先立つ、〜に反対する、〜にプロポーズする、〜に噛みつく

【受身にならない自動詞の例】
　A：英語：主語が制御できない状態ないし変化を表す自動詞
　　belong to, consist of, differ from, reside in, take after（似ている）, amount to, result in
　B：日本語：日本語には直接受身と間接受身があるが、主語に制御性のない場合は直接受身だけでなく間接受身にもなりにくい。「近所に暴力団の拠点がある→*私は近所に暴力団の拠点にあられる／地震が起こった→*私は地震に起こられた」

【英語のイディオム】
　　イディオムは結びつきの度合いによって受身化に違いがある。

A：受身にできないもの
   kick the bucket（死ぬ），shoot the breeze（雑談する）
B：受身にできるもの
   break the ice（その場の緊張をほぐす），make fun of（He was made fun of. ただし *Fun was made of him. は不可），catch sight of（She was caught sight of. ただし *Sight was caught of her. は不可）
C：2通りの受身が可能なもの
   take advantage of（Advantage was taken of him./He was taken advantage of.），take care of（Care should be taken of the boy./The boy should be taken care of.），find fault with（Fault was found with the driver./The driver was found fault with.）

【日本語の所有格からの受身化】

日本語では所有格（〜の）に当たる名詞句が受身文の主語になることがある。「彼が私の頭をなぐった→私は彼に頭をなぐられた／彼は私の弱みにつけこんだ→私は彼に弱みにつけこまれた」

【受身形でしか使えない動詞】

A：英語：be reputed to V，be rumored to V，be said to V
   次の表現も受身形で使われるのが普通。be deemed, be jailed, be rained out, be scheduled, be caught up, be handed down, be taken aback
B：日本語：火事で焼け出される，忙殺される

4 問題点と分析

4.1 能動文と受身文の語用論的な違い

能動文と受身文はそれぞれ独自の機能を持っている。出来事や行為は能動文で表現するのが普通であり，それをわざわざ受身文で表現するからには，(A)元の主語（すなわち動作主）の格下げと(B)元の目的語（すなわち被動者）の格上げという受身化に特有の2つの機能を働かせることになる。

まず，動作主を付加詞に格下げするということには，動作主を「省略」できる（つまり，「誰がしたのか」を明示しなくて済む）という利点がある。そのため，英語でも日本語でも，次のような場合には動作主を省略した受身文が使われる（Kilby 1984, Dixon 2005）。

①誰が動作主なのか，話し手にも不明な場合
（例：大変だ，金庫の金が盗まれた！）
②誰が動作主なのか，既に聞き手に分かっている場合
（例：あの生徒はまた叱られているよ）
③誰が動作主なのか分かっていても明示する必要がない／明示すると具合が悪い場合
（例：係長は浮気をしていると社内で噂されている）

受身文で省略された動作主（by 〜）は文法的には「付加詞」なので，時間や場所を表す付加詞とほぼ同等の働きをする。(7)を見てみよう。

(7)　a.　#法隆寺は建てられた。
　　　　　#Horyuji Temple was built.（#印は特別な文脈なしにこれだけ発話するのは不適格であることを示す。）
　　　b.　法隆寺は聖徳太子によって建てられた。
　　　　　Horyuji Temple was built by Prince Shotoku.
　　　c.　法隆寺は607年に建てられた。
　　　　　Horyuji Temple was built in 607.

「建てる」build や「作る」make のような作成動詞の受身形は普通，それ単独では意味が不足して成立しにくい(7a)。したがって何か補う必要があるが，補うものは動作主(7b)でも時間副詞(7c)などでもよい。

次に，目的語（被動者）の格上げについて説明しよう。既に(3)「文法要素の階層」で述べたように，文の中で最も大切なのは「主語」であり，主語は談話の話題（topic）になる。したがって，目的語を主語に格上げするためには，その目的語はそれなりの重要性を持っていなければならない。ここで関係してくるのが，名詞句の有生性階層（animacy hierarchy）である。

(8)　名詞句の有生性階層（Silverstein 1976, 角田 1991から抜粋）
　　　代名詞［1人称＞2人称＞3人称］ ＞ 名詞［人間＞動物＞無生物］
A＞Bという表記は「AのほうがBより重要である」という意味で，(8)

の階層は世界中の言語において様々な統語現象で観察される。受身文に当てはめてみると、階層の左に行くほど受身文の主語になりやすい。

まず、(8)の左端の人称制限で説明してみよう。

(9) a. 私は彼に裏切られた。(1人称主語＞3人称付加詞)
　　 b. ?*彼は私に裏切られた。(3人称主語＞1人称付加詞)

「私」を主語にした(9a)は何も問題ないが、「私」を付加詞にした(9b)は、特別な文脈でない限り非常に不自然である。1人称と2人称の組み合わせ、あるいは2人称と3人称の組み合わせも、概ね、有生性階層から予測される通りの結果になる（各自で確認）。

この観察から、有生性階層というのは「話し手を軸にして、話し手からどれぐらい離れるか」を示すものと考えられる。言語の話し手とは典型的に人間であるから、(8)の階層の後半においても人間が最も優先し、その次に動物名詞、最後に無生物名詞が並ぶ。この序列も受身文で試してみよう。

(10) a. 小学生がイヌに噛みつかれた。(人間主語＞動物付加詞)
　　 a′. ?*イヌが小学生に噛みつかれた。(動物主語＞人間付加詞)
　　 b. イヌが岩に押し倒された。(動物主語＞無生物付加詞)
　　 b′. ?*岩がイヌに転がされた。(無生物主語＞動物付加詞)

なお、「セーターが虫に食われた」や「ぬいぐるみがネズミにかじられた」などは一見、無生物主語＞動物付加詞の順になっているが、主語の「セーター、ぬいぐるみ」は話者の持ち物であると理解でき、メトニミー（部分で全体を表す）によって人間主語＞動物付加詞に準じる形になっている。

有生性階層は日本語で顕著であるが、英語でも多少は有効なようである。英語話者にとって、たとえば(11a)の「人間＞無生物」のほうが(11b)の「無生物＞人間」より自然だと感じられる（Kilby 1984: 58）。

(11) a. Guess what's happened: A man has just been run down by a bus.
　　 b. Guess what's happened: A bus has just run a man down.

ただし、日本語でも有生性階層が有効なのは動作主を「〜に」で表した場合であり、「〜によって」を用いたときはそれほどでもない。次のような例は、人間＞動物＞無生物の階層を破っているのに自然な日本語である。

(12) a. 新しい彗星がアマチュア天文家によって発見された。
b. ベルリンの壁が市民によってとり壊された。

それでも、一人称を「〜によって」で表すのはやはり不自然である。

(13) a. ジョンはバイオリンを演奏し、私はピアノを演奏した。
→バイオリンはジョンによって演奏され、*ピアノは私によって演奏された。
Cf. The violin was played by John, and the piano by me.
b. {社長/*私} によって署名された手紙
Cf. a letter signed by {the president/me}

英語では一人称制限が日本語ほどは厳しくないようで、by me を用いた受身文も珍しくない（ただし、文体的には堅苦しい感じがする）。

4.2 動詞の意味的条件

　適格な受身文が成立するかどうかは、前述の談話的な条件のほか、動詞の意味的性質（4.2）と統語構造の制約（4.3-4.5）を総合して決まる。本節では動詞の意味的性質を説明する。受身文における動詞の意味的基準は、主語が制御（control）できる行為を表すかどうかである。同じ「所有」を表す動詞でも、own は受身化できるが have はできない。

(14) a. Mr. Gates {owns/has} half the stocks.
b. Half the stocks are {owned/*had} by Mr. Gates.

own というのは「法的権利によって自分のものとして所有する」という意味であるから、それを所有し続けるという主語の行為が関わっている。これに対して Mr. Gates has half the stocks. のように have を用いた場合、なるほど株を取得するまでは主語の意志や制御が働いているが、have という動詞は取得した過程を切り捨てて、株を所持している現在の状態だけを表す。その意味で主語の制御はないと考えられる。

　ここで重要なのは、have という動詞が絶対に受身にならないという訳ではなく、同じ have であっても、意味によっては受身化が可能になるということである。John has two brothers. に対する *Two brothers are had by John. は非文法的だが、Everybody had a good time. に対応する A good time was had by everybody. や You can have details from the manager. に対応する Details can be had from the manager. は適格な受

身文である。これらは，主語が「a good time を過ごす」という行為,「details を入手する」という行為を表し，その行為を続けるか止めるかは主語が制御できる。日本語でも同様に，「彼は別荘を持っている」は「*別荘が彼に持たれている」と言い換えられないが，「有意義な話し合いを持った」のように意図的な活動を表す場合は「有意義な話し合いが持たれた」と受身化できる。

　一言でいうと，受身文の by 句は（省略されている場合も含めて）その行為や出来事を制御できる動作主（agent）を表すということになる。このような「動作主の制御（コントロール）」という概念は，「序」で説明した行為連鎖という考え方と関係している。

(15)　行為連鎖

　　　　　　　局面1　　　　　　局面2　　　　　　局面3
　　　〈x が y に行為を行う〉 → 〈y が変化する〉 → 〈y が何らかの
　　　　（主語 x の制御）　　　　　　　　　　　　　　状態である〉

この連鎖の中で，局面1「x の行為」が，主語(x)の制御性を表している。動詞の中には，その意味として局面1を含むものと，含まないものとがあるが，局面1を意味的に含む動詞は主語の制御性を持ち，受身化できる。

【使役変化他動詞】

　kill「殺す」, build「建てる」, boil「ゆでる」, polish「磨く」, write「書く」, cool「冷やす」, bend「曲げる」, make「作る」, break「壊す」, repair「修理する」, put「置く」, pour「注ぐ」のように，主語が目的語の状態ないし位置の変化を引き起こすことを表す他動詞で，〈局面1→局面2→局面3〉という行為連鎖の流れをすべて含む。日英語ともに，これらはすべて受身化ができる（ただし，「産む」bear の受身形「生まれる」be born は日本語でも英語でも自動詞化している）。

【働きかけ他動詞】

　hit「たたく」, beat「なぐる」, kick「蹴る」, rub「こする」, grab「つかむ」, tickle「くすぐる」, chew「嚙む」, lick「なめる」, stab「刺す」, pull「引っ張る」, scold「叱る」, praise「誉める」のように，局面1（行為や働きかけ）のみを表す他動詞である。このグループは主語が目的語に何らかの物理的あるいは精神的な力を加えることを表すが，目的語がどの

ように変化したかは特定しない。これらも，動作主を含むから，日英語ともに受身文が成立する。ただし，目的語が無生物名詞の場合は，有生性階層が働いて，それを主語にすると不自然になる。

(16)　a.　女の子が｛男の子／部屋の壁｝をたたいた／蹴った。
　　　　→｛男の子が／??*部屋の壁が｝女の子にたたかれた／蹴られた。
　　　b.　The girl hit/kicked {the boy/the wall}.
　　　　→{The boy/??The wall} was hit/kicked by the girl.

英語では，働きかけ他動詞は(17a)のように「動詞＋人＋前置詞＋the 部分」という構文に書き換えることができるが，目的語が無生物の場合はこの書き換えが不自然である。

(17)　a.　John {hit/slapped/struck} Bill's leg.
　　　　　John {hit/slapped/struck} Bill on the leg.
　　　b.　John {hit/struck} the leg of the table.
　　　　　*John {hit/struck} the table on the leg.

(17a)を受身文にすると，(18a)のように人間(Bill)が主語になるのが自然であり，その点で日本語(18b)と類似している。

(18)　a.　Bill was {hit/slapped} on the leg (by John).
　　　b.　ビルは（ジョンに）足を叩かれた。

ところで，日本語の受身文(18b)に対応する能動文は「*ジョンがビルを足を叩いた」となるはずであるが，このような二重ヲ格構文は日本語として認められない。自然な日本語は「ジョンはビルの足を叩いた」のように所有格（「の」）で表すことである。実際，日本語では所有格に対応すると思われる名詞が受身文の主語になる例がよく見られる。

(19)　a.　商売人は客の足下（あしもと）を見た。→客は足下を見られた。
　　　b.　相手は彼の弱みにつけこんだ。→彼は弱みにつけこまれた。

このような日本語の受身文については4.7.2節で説明する。

【状態保持の他動詞】
　局面1と局面3を組み合わせた他動詞で，〈xがyに働きかけを行う〉ことによって〈yがzである〉という状態を保つという意味を表す。例としては keep「保つ，保存する」，hold「保つ」，maintain「保持する」，own「所有する」などが挙げられる。

(20) a. Damage was kept to a minimum.
   （被害は最小限に保たれた）
   b. This house is owned by an Italian painter.
   （この家はイタリア人画家によって所有されている）

　ここまで見た動詞グループはすべて局面1の〈行為／働きかけ〉を含んでいる。行為ないし働きかけを行うのは通常，制御力を持った生き物であるが，「風，大波」のような自然力や「自動車」のような乗り物も，生き物に準じるものと見なされ，「大波に流される／洗濯物が風に飛ばされる／子供が車にはねられる」のように受身文を作ることができる。

　これに対して，局面1〈行為〉を含まない動詞はたとえ他動詞で目的語を取っていても，受身化できない。〈行為〉を含まないというのは，局面3〈状態〉だけか，それとも局面2〈変化〉→局面3〈状態〉かである。

【状態のみの動詞】

　〈状態〉しか含まない他動詞には resemble, know, contain, have, compose, include, possess, lack, fit, suit などがあるが，これらは制御力のある動作主を含まないため受身化できない。

(21) a. My mother resembles the actress.→*The actress is resembled by my mother.
   b. That student lacks motivation.→*Motivation is lacked by that student.
   c. 彼は常識を欠く→*常識が彼に欠かれる（「欠ける」ならよい）

現在時制で使われたときに実際の現在の様子を表す動詞は「状態動詞」と呼ばれ，「状態動詞は受身化できない」と言われることがよくある。しかし own や keep も状態動詞であるが，受身化できる。正しくは，状態動詞の中で〈行為〉を含まないものが受身化できない，と言うべきである。

　このように，受身化を左右する意味要素は〈行為／働きかけ〉という概念である。同じ動詞であっても，行為を含むかどうかで受身化の可能性が分かれる。want という動詞は，He wants a glass of water. のように単純な希望・要求を表す場合は受身化できないが，「指名手配する（The man is wanted by Italian police.）」や「用事を頼むために探す（You are wanted on the phone.）」のように want する動作主の行為が含まれる場合

には受身文が可能である。

　これに対して一見反例に見えるのが(22)のような受身文である。

(22)　a. Useful information is {contained/included} in this brochure.

　　　b. Water is composed of hydrogen and oxygen.

この contained, included, composed は，be 動詞以外にも become, seem, look などの連結動詞の後に続くことができ，また，the {included/contained} information のように名詞を修飾することができるから，通常の（動詞的）受身ではなく，第4章で述べる「形容詞的受身」に分類できる。

【行為を含まない変化動詞】

〈変化〉→〈状態〉という意味構造を持つ他動詞を見てみよう。まず，到着 (reach, enter), 接近 (approach, near), 出発 (leave, depart) といった移動を表す他動詞は普通，受身化できない。

(23)　a. *John was reached by the package.

　　　b. *The gate was {approached/neared} by the bus.

日本語でも同様である。

(24)　a. 水戸黄門の一行は出雲大社を後にした。(「去った」という意味)

　　　→*出雲大社が（水戸黄門の一行に）後にされた。

　　　b. 電車は一番線を出た。→*一番線が電車に出られた。

しかし，reach や approach でも意図的な行為を含む場合は受身化できる。

(25)　a. The house was reached by driving through Stanley Park, across the Lions' Gate Bridge. (BNC)

　　　b. They built an observation point which was approached by a crawl through thickets. (BNC)

「なくす，失う」という意味の lose は，主語の制御が及ばない喪失を表す場合(26a)と，主語の不注意で起こる紛失を表す場合(26b)がある。

(26)　a. My friend lost a brother.→*A brother was lost by my friend.

　　　b. My friend lost a dollar.→ A dollar was lost by my friend.

(Bolinger 1975: 70)

前者は単に〈変化〉→〈状態〉であるから受身化できないが，後者は主語の不注意という〈行為／活動〉が関わるから受身化できる。なお，lose a brother に対応して A brother was lost to my friend. (Bolinger 1975: 70) と言えるが，この lost は to 前置詞句を取る形容詞である。

最後に，gush, ooze など湧出や噴出を意味する動詞がある（影山 2000a）。

(27) a. Lava gushed from the volcano.／溶岩が火山から噴き出した。
b. The volcano gushed lava.／火山が溶岩を噴き出した。
c. *Lava was gushed by the volcano.／*溶岩が火山に噴き出された。

これらの動詞は自然発生的な出来事を表すから，自動詞文(27a)で使われるのが基本だが，発生源の場所名詞を主語にした他動詞文(27b)も可能である。しかしもともと自動詞であったために，他動詞用法を受身化することはできない(27c)。

【前置詞付き動詞】

日本語で，「～に付き添う／～に頼る／～に追突する」のように主語の制御可能な行為を含む自動詞は，ニ格目的語を主語にして「母親に付き添われた高校生／あの人は周囲から頼られる／後ろから追突された」のように受身化ができる。他方，「あの人は私の甥にあたる」や「クジラは哺乳類に属する」のように主語の行為や働きかけを含まない状態動詞は「*私の甥はあの人にあたられる／*哺乳類はクジラに属される」といった受身文を作ることができない。これとほぼ同じ意味的制約が，英語の自動詞＋前置詞の結びつきにも当てはまる。

英語には laugh at, look after, talk about のように自動詞の直後に前置詞がくる前置詞付き動詞（prepositional verb）があり，その受身は擬似受身（pseudo-passive）と呼ばれる。擬似受身は，制御可能な行為を含み，laugh at＝「あざ笑う」，look after＝「世話する」，talk about＝「議論する」のようにひとまとまりの動作を表す場合に可能である。

(28) a. I don't care for being *laughed at*.
b. The kids were *looked after* by the babysitter.

c. The term 'topic' means 'what is being *talked about*'.

他方, belong to, consist of, differ from, lie in（本質が～に存する）, take after（～に似ている）, stand for（P.S. stands for 'postscript'. のように「～を表す」）などは制御性のない単純な状態であるから, 受身文にできない。

(29) a. Mary belongs to the tennis club.
→*The tennis club is belonged to by Mary.
b. My family consists of five members.
→*Five members are consisted of by my family.

同じ動詞と前置詞の組み合わせであっても, 〈行為〉の有無で受身化の成否に違いが生じることがある。

(30) a. The gorilla sat on the desk.（ゴリラが机の上に座った【意図的】）→ The desk was sat on by the gorilla.
b. The lamp sat on the desk.（ランプが机の上にあった【非意図的】）→*The desk was sat on by the lamp.（Perlmutter and Postal 1984）

ただし, 擬似受身の成否は後に4.5.2節で述べる「再分析」という統語的な条件にも左右されるから, 意味の感覚だけで判断するのは危険である。たとえば「味方する（support）」という意味のstand byはStand by me. と命令文にできるから制御性があるが, しかし受身化はできない（*You'll always be stood by, no matter what you do.：Couper-Kuhlen 1979: 189）。

前置詞付き動詞では主動詞だけでなく, 組み合わされる前置詞の意味も重要である。Rice（1987）は, 動詞に伴って用いられる前置詞を働きかけの強さによって分類している。最も働きかけが強いのは, 物体と場所の面的な接触を意味するonという前置詞である。onが付く場合, The window was {banged on/hammered on}.（Rice 1987: 99）のように物理的な打撃が強い場合だけでなく, The narrow footbridge was {walked on/run on/stumbled on/wobbled on/slid on/slipped on} by the kindergartners.（Rice 1987: 98）のように物理的衝撃が少ない場合も含まれる。onの力はdecide on, count on, agree on, report onのような抽象的な活動にも及んでいる。しかしながら, onであっても, 動詞自体が行為を

含まないときは受身文が成立しない。

(31) a. *The town is {abutted on/bordered on} by the river and lumbermill.（その町は河と製材所に接している）
b. *The student was finally dawned on by the answer.
（答えが学生の頭に浮かんだ） (Rice 1987: 101)

つまり，あくまで動詞が〈行為〉を含むことが基本的な条件であり，それに前置詞の意味が重層しているのである。

Rice (1987) によれば，on の次に働きかけが強い前置詞は to であり (John was {talked to/listened to/rushed to} by Mary.／The script was strictly adhered to by the film director.)，その次が at で (The door was {banged at/⁇knocked at} by the workman.／The actress was {gazed at/stared at/peeked at} by the man.；ただし，Dixon (2005: 372) は kick at, tear at は受身不可としている)，最も弱いのは離脱を意味する off や from である (*The stage was walked off by the actor.／*The tree house was descended from by the boy.)。

このような観察から，Rice (1987) は他動性（Transitivity）という概念で受身化の度合いを説明している。他動性というのは，主語の意図性の有無，動作と状態の違い，働きかけの方向や強さ，継続的な動作か瞬間的な動作かといった様々なパラメータの値を総合して測定される (Hopper and Thompson 1980)。このように定義された他動性は，段階的な概念であり，それを額面通りに受け止めると，受身化の可能性は極めて自然なものから極めて不自然なものまで，無段階で序列化されるはずである。しかし現実にはそれだけ細かい許容度の違いを実証するのは難しい。Rice 自身が挙げている例文を取ってみても，たとえば gaze（凝視する）のほうが peek（ちらっと見る）より遙かに働きかけの力が強いにもかかわらず，The actress was gazed at by the man. と The actress was peeked at by the man. とでは容認度にさほど違いがあるとは思えない。

他動性というのは，荒っぽい言い方をすれば，目的語の受影性（影響 (affected) を受ける度合い：Bolinger 1975, Dixon 2005) と捉えてよいだろう。しかし影響という概念も極めて漠然としている。目的語が行為によって影響を受けるとは思われない動詞——たとえば notice（気づく），overlook（見逃す），miss（逃す），shoot at（めがけて撃つ），hit at, kick at, tear at (Couper-Kuhlen 1979) など——も受身化できるから，英語の（動詞的）受身にとって重要なのは，目的語の受影性（すなわち，格上げ）よりむしろ，動作主の格下げであると考えられる。実際，(32) のように目的語が何の影響も受けない場合でも，意図的な動作主ないし行為を伴えば受身化が可能である。

(32) a. America is *thought of* as the home of the musical.

(BNC)

b. The apple pie was *fought about* by the children.

(Postal 1986)

c. This is the best that can be *hoped for* at the moment.

4.3　格下げされた動作主の性質

前節では動作主の制御性という意味的な条件を述べたが，格下げされた動作主は統語的にどのような資格を持つのだろうか。まず，次の3つの構文は意味が似ているものの，by 句が可能かどうかで大きな違いがあることに注目しよう。

(33) a. 能格動詞文（自動詞）：The glass broke (*by the burglar).
　　　b. 中間構文：The glass breaks easily (*by children).
　　　c. 受身文：The glass was broken by the burglar.

能格動詞文と中間構文では動作主を表す by 句を付けることができないのに，受身文では by 句が可能である。とりわけ，中間構文は他動詞を元に作られ，意味の構造では動作主（つまり他動詞の主語）が仮定されるのに，by 句を表現することはできない（能格動詞と中間構文の詳細は『動詞編』第1章と第7章を参照）。これに対して，受身文は by 句を付けることができる。先に述べたように，by 句は談話上，省略されることが多いが，しかし省略された場合でも統語構造では暗に存在する。これを暗黙の動作主（implicit agent）と呼ぶ。受身文に暗黙の動作主が存在することは，次のような根拠から証明される。

4.3.1　暗黙の動作主と動作主指向の副詞

deliberately, intentionally, on purpose のような動作主の心態を表す副詞は能格動詞文や中間構文とは相容れないが，受身文には適合する。

(34) a. *The window broke *intentionally*.〈能格自動詞〉

b. *The slaves sold *deliberately*.〈中間構文〉

c. Mary was seduced *intentionally* by John.

(Roberts 1986: 84)

ここで興味深いのは，(34c)の intentionally（わざと，意図的に）が，受身文の主語（Mary）ではなく動作主（John）の態度を表すことである。この点をはっきりと理解するために，日本語と比べてみよう。

(35) a. そのトラックはわざとジョンに追突した。

b. ジョンはわざとそのトラックに追突された。

(36) a. The truck hit John *deliberately*.

b. John was hit by the truck *deliberately*.

(35a)の日本語能動文では，「わざと」は主語の「トラック（あるいはトラックの運転手）」の態度を描写する。では，これを受身文にした(35b)はどうだろうか。(35b)の「わざと」は「ジョン」の態度を表すと解釈するのが普通だろう。このように，日本語では「わざと」「意図的に」などの態度副詞は，能動文であっても受身文であっても表面上の主語を修飾する。

ところが，英語はそうではない。(36a)の能動文で deliberately が the truck を修飾することは確かだが，(36b)の受身文においても，deliberately は John ではなく，the truck を修飾する。つまり，日本語の(35a)と(35b)は「わざと」の解釈が異なるが，英語の(36a)と(36b)は deliberately の修飾先が同じなのである。そして，そのことは by 句を「省略」した(37)でも変わらない。

(37) a. Mary was seduced *intentionally*.

b. John was hit *deliberately/on purpose*.

（どちらも，省略されている動作主（by 句）の意図を表す）

以上から，英語の by 句は，たとえ見かけ上，省略されていても，統語的には一人前の資格を持っていると言える。

4.3.2 暗黙の動作主と目的を表す to 不定詞

同じ論法は動作目的を表す to 不定詞についても当てはまる（Roberts 1986）。この to 不定詞も，能格動詞文と中間構文には使われないが，受身文とは整合する。

(38) a. *The books have sold out to make money.（能格自動詞）

　　　　b. *The books sell easily to make money.（中間構文）
　　　　c. The books were sold（by John）to make money.

　　　　　　　　　　　　　　　　　　　　　　　　　　　（受身文）

(38c)で to make money（お金をもうけるために）の意味上の主語は，受身文の動作主（by John）であり，この解釈は by John を省略しても成り立つ。

　ここでも，英語と日本語の違いが観察される。

　　(39)　a. John was hit *on purpose* to collect insurance.
　　　　b. ジョンは，保険金をもらうために<u>わざと</u>追突された。

(39a)の英文では，表面上現れていない by 句が，保険金をもらうためにわざとジョンにぶつかったのであるが，(39b)の日本語では，ジョンが保険金をもらうために意図的にぶつかられたのである。

　このような違いは，英語の受身文が単純に，目的語を主語の位置に移動させることで派生されるのに対して，日本語の受身文は，そのような名詞句移動ではなく，能動文の目的語に当たるものが元々，受身文の主語として作られているということを示唆している（☞4.7節）。

4.4　英語の受身文と名詞句移動

　生成文法では，英語の受身文は(40)のように目的語が主語の位置に移動して作られると考えられている。これを名詞句移動（NP movement）と言う。

　　(40)　目的語から主語への移動
　　　　[　] be　受身分詞　目的語　（by 句）
　　　　　↑_____|

以下では，英語の be 受身文の主語が元々は目的語の位置にあったと考える根拠を説明する。

4.4.1　イディオム

　イディオムとは，pull someone's leg（人をからかう），let the cat out of the bag（秘密を漏らす）のように，それを構成する要素が元来の意味を失って，全体として特殊な意味を表すまとまりである。イディオムには受身化できるものとできないものがある。受身化できないイディオムには，kick the bucket（死ぬ，くたばる），throw in the towel（降参す

る), shoot the breeze (雑談する) などがあり, これらを受身にして The bucket was kicked by John. や The towel was thrown in. とすると, イディオムとしての意味は消えて,「バケツがジョンによって蹴飛ばされた／タオルが投げ入れられた」という文字通りの意味しか表さない。

他方, pull someone's leg, let the cat out of the bag, break the ice (その場の緊張をほぐして和やかにする), bury the hatchet (和睦する, 矛を収める) などは, 受身文で使われたときも能動文のときと同様に曖昧で, 文字通りの意味にもイディオムとしての特殊な意味にも取ることができる。

(41) a. Your leg is being pulled.
b. The cat was finally let out of the bag.
〈文字通りとイディオムの両義性〉

イディオムは基本的に, 動詞と目的語の固定された組み合わせであり, pull someone's leg の leg, let the cat out of the bag の the cat は何か具体的なものを指すわけではない。先に, 主語というのは談話の話題として働くと述べたが, (41)をイディオムとして解釈する際, your leg, the cat が話題になっているとは考えられない。したがって, your leg, the cat は元々「話題」として主語の位置にあったのではなく, 能動文の目的語の位置から主語位置に移動したと考えざるを得ない (英語のイディオムの変形については Fraser 1974, Nunberg, Sag and Wasow 1994, Horn 2003 などを参照)。

ちなみに, 日本語では「油を売る (=さぼる), ネコをかぶる, 焼き餅を焼く, ゴマをする, 墓穴を掘る」などがイディオムであるが, いずれも, ヲ格目的語をガ格主語にした受身文を作ることはできず,「油が売られた, ネコがかぶられた」というのはイディオムとしての意味に解釈できない。これは, 4.7節で述べるように, 日本語の受身文の作り方が英語の受身文の作り方と異なるためではないかと推測できる。

4.4.2　結果述語

結果述語というのは(42a)の flat のような表現で, 他動詞の場合, 必ず目的語を修飾する (詳しくは『動詞編』第6章を参照)。

(42) a. John hammered the metal *flat*.
(ジョンが金属を叩いて, 金属が平たくなった)

b. *John hammered the metal *tired*.

(ジョンが金属を叩いて，ジョンが疲れた)

(42b)の tired のように，主語の変化状態を表すことはできない。この条件を念頭に置いて(43)の受身文を見てみよう。

(43) The metal was hammered ＿＿＿ *flat*.

(43)では，flat が修飾するはずの the metal が遠く離れた主語の位置にあるのに，この文は文法的に正しい。ということは，(43)の the metal は，元々は flat のすぐ前にあったと考えなければならない。

4.4.3 小節構造

小節というのは，大まかに言うと SVOC の "OC" にあたる部分をさす。

(44) We consider [John honest].
　　（私たちはジョンを正直者と思う）

honest（正直だ）という述語が表すのは John の性質である。John は見かけ上は SVOC の O に該当するが，統語構造では [John honest] の部分が「ジョンが正直だ」という小さな節を形成している。つまり，John は honest という形容詞の意味上の主語に当たる。もし John を取り除いて *We consider honest. と言うと文法的に成り立たない。なぜなら，honest の意味上の主語が欠落してしまうからである。では，(45)はどうなるだろうか。

(45) John is considered honest.（ジョンは正直者と思われている）

(45)では，honest が指す名詞 John は見かけ上，honest から遠く離れた文頭にある。この場合も，John は honest のすぐ前の位置から文頭に移動したと考えざるを得ない。

以上では，英語の受身文の主語は，対応する能動文の目的語の位置から移動してくるということを述べた。

4.5　受身化の統語的条件

受身文は意味的条件だけでなく統語的な条件にも制限される。大まかに言うと，動詞の直後に来る目的語だけが受身化できる。このことは，二重目的語動詞（『動詞編』第5章）を見れば一目瞭然である。

(46) a. He showed *an old photo* to the police officer.
　　 b. *An old photo* was shown to the police officer.
　　 c. *The police officer was shown an old photo to.
(47) a. He showed *the police officer* an old photo.
　　 b. *The police officer* was shown an old photo.
　　 c. *An old photo was shown the police officer.

与格構文(46)の場合も，二重目的語構文(47)の場合も，動詞の直後に来る目的語（斜体部）だけが，それぞれの受身文で主語になることができる。
　以下では，〈動詞の直後〉という条件をもう少し詳しく見てみよう。

4.5.1　目的語＋to 不定詞構文

「主語＋動詞＋目的語＋to 不定詞」という形の構文には2種類ある（詳しくは本書第5章）。

(48) a. ECM 構文：They consider [Mary to be honest].
　　　　　　　　　　We expect [Mary to pass the exam].
　　 b. コントロール構文：
　　　　　　　　　　He asked Mary [to do the dishes].
　　　　　　　　　　The teacher told Mary [to study harder].

ECM 構文（ECM＝Exceptional Case Marking，例外的格付与）というのは，「意味上の主語＋to 不定詞」をひとつのまとまりとして含む構文である（これについて第5章では「上昇構文」という別の分析を説明している）。(48a)の Mary は目的語のように見えるが，実は to 不定詞の意味上の主語になっている。そのため，They consider [Mary to be honest]. なら [ ] の部分を that 節にして They consider that Mary is honest. と書き換えることができる。他方，コントロール構文(48b)の場合は，目的語の Mary はあくまで主動詞（asked, told）の目的語であり，to 不定詞の主語ではない。その結果，He asked Mary to do the dishes. を *He asked that Mary does the dishes. と言い換えることはできない。
　ところが，どちらの構文も Mary を主語にした受身文になる。

(49) a. Mary is considered to be honest.
　　 b. Mary was asked to do the dishes.

ちなみに，say, rumor, repute などの動詞は受身文でしか成り立たず，元になる能動文の ECM 構文が成立しない特殊な動詞として知られてい

る。

　　(50)　Kenya is {said/rumored} to be the site of the Garden of Eden.
　　　　　Cf. *They {say/rumor} Kenya to be the site of the Garden of Eden.

　コントロール構文の受身文(49b)が成り立つのは特に問題ではない。なぜなら，ask Mary to do the dishes の Mary は意味的にも統語的にも ask の直接目的語であるからである。他方，They consider Mary to be honest. という ECM 構文では，Mary が意味上は to 不定詞の主語であるにもかかわらず，受身文(49a)が成り立つ。ここでは，Mary の意味的な働きより，〈動詞の直後〉という統語的な条件が効いているわけである。
　では，to 不定詞の代わりに that 節が使われるとどうなるだろうか。
　　(51)　We think (that) Mary is honest.
　　　　　→*Mary is thought (that) is honest.
that 節は時制（tense）を持つ定形節である。定形節の中の要素は，主文の受身化に関与することは不可能である。
　ところが，日本語では時制節の中から受身化が起こっているように見える場合がある。次の2例を比べてみよう。これらは統語構造が異なる。
　　(52)　a.　[近いうちに大地震が東京を襲うだろう] と言われている。
　　　　　b.　花子は，[幼い頃はかわいかった] と思われている。
まず，(52a)の例では，「大地震が」は「言われている」という受身動詞の主語ではない。「大地震が言われている」のではなく，「近いうちに大地震が東京を襲うだろう」ということが言われているのである。これは英語の It is said that a big earthquake will attack Tokyo in no distant future. という外置構文と等しい（ただし日本語には仮主語の it がない）。その証拠に，「大地震が」だけを後ろに持って行って，「*近いうちに東京を襲うだろうと，大地震が言われている」と言えない。これに対して，(52b)の場合は「幼い頃はかわいかったと，花子は思われている」と言い換えることができ，「花子」だけが「思われている」の主語になっている。そうすると，(52b)の元になる能動文がどのような構造になるのかが問題になる。
　　(53)　人々は [花子が幼い頃はかわいかった] と思っている。

100

1つの考え方は(53)の構造を仮定することであるが，(53)では「花子」に付いている格助詞は「ヲ」ではなく「ガ」であるから，この構造から直接，「花子」が受身化されたとは考えられない。一般に，受身化できるのは能動文の目的語であるから，(52b)に対応する能動文として正しいのは，次の(54)だろうと推測できる。

(54) 人々は花子（のこと）を［幼い頃はかわいかった］と思っている。

この構文なら，「花子（のこと）を」は「思っている」の目的語であるから，受身化の資格がある。次のような例も同じように分析できる。

(55) a. 彼は，近所の人たちから，ヤクザではないかと疑われた。
　　　←近所の人たちは彼（のこと）を［ヤクザではないか］と疑った。
　　b. 太郎は，［試験で不正行為をした］と噂されている。
　　　←みんなは太郎のことを［試験で不正行為をした］と噂している。

日本語には，このような形の構文が他にもある。

(56) 泥棒は，［窓から逃げようとするところ］を捕まえられた。
　　　←?警察は，［窓から逃げようとするところ］を泥棒を捕まえた。

これらはすべて，ヲ格名詞句が直接目的語となっているコントロール構文である。なお，(56)の能動文が座りが悪いのは，二重ヲ格制約のためである。二重ヲ格の問題は起点や経路を取る移動動詞にも共通していて，次の例で能動文は不適格だが，受身文にすると良くなる。

(57) 謀反に加担した罪でチャングムは宮廷｛から/を｝追い出された。
　　　←彼らはチャングムを宮廷｛から/*を｝追い出した。

以上の説明から，日本人によく見られる(58)のような英作文がなぜ間違いなのかが理解できるはずである。

(58) *John is said that he is a genius.
　　（ジョンは天才だと言われている）

これは，ECM構文とコントロール構文と外置構文（It ... that 構文）の混乱による間違いであり，正しくは，It is said that John is a genius. また

第3章　出来事を表す受身　101

は John is said to be a genius. としなければならない。

4.5.2　前置詞の目的語

前置詞の目的語は動詞の「直後」にはないから，受身化ができないはずであるのに，She was stared at by the boys. のように受身化できる場合がある。このような擬似受身文の意味的な条件は既に4.2節で見たが，統語的にはどのような条件があるのだろうか。

まず，前置詞が動詞の直後に来る必要があるが，「直後」というのは単純に横の並び方を指すのではない。基本構文で挙げた例を思い出してみよう。

(59)　a.　My boss worked on Sunday.
　　　　　*Sunday was worked on by my boss.
　　　b.　My boss sat on the chair.
　　　　　The chair was sat on by my boss.

(59a)と(59b)の能動文はどちらも，on Sunday, on the chair という前置詞句が動詞 sit の直後に来ているから，単語の並びだけでいうと同じである。しかし，on Sunday というのは単なる時間副詞であるのに対して，on the chair は sit（座る）という行為と直接関係しているから，働きが異なる。このことから，生成文法では次のような構造の違いが仮定されている。

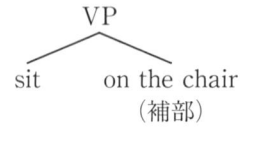

(60)　a. sit on the chair の構造　　　b. work on Sunday の構造

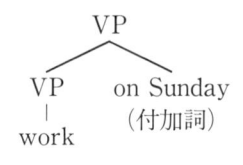

```
         VP                            VP
        /  \                          /  \
      sit   on the chair            VP    on Sunday
            （補部）                 |     （付加詞）
                                   work
```

(60a)の on the chair は sit の直ぐ隣に来て，VP（動詞句）というまとまりを形成する。動詞と同じ VP 内にある要素を補部（complement）という。on the chair は sit の補部（sit にとって必須の要素）である。他方，on Sunday は副詞（付加詞）であり，動詞にとって絶対に必要なわけではない。そこで，(60b)のように動詞 work が形成する動詞句（VP）より，もう一段上に位置すると考える。つまり，sit on the chair と work on Sunday は文字の並びは同じように見えるが，構造的な上下位置が違

うわけである。そうすると，(60a)と(60b)を併せて，(61)の構造が得られる。

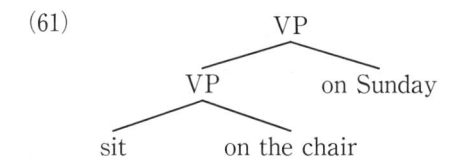

(61)
```
          VP
        /    \
      VP     on Sunday
     /  \
   sit   on the chair
```

(61)では on the chair が下，on Sunday は上に位置している。もし on the chair と on Sunday の位置を取り換えて *sit on Sunday on the chair とすると，非文法的になる。

では，sit on the chair を受身にするとどうなるのだろうか。(60a)あるいは(61)の構造では，なるほど on the chair が動詞 sit の直後に来ている。しかし，the chair という名詞句自体が sit の直後に来ているわけではなく，the chair の前には on という前置詞がはさまっている。このままでは，the chair は動詞 sit の〈直後に来る目的語〉とは言えない。

このことから，生成文法では何らかの操作によって動詞と前置詞がひとつの語に融合され，「動詞＋前置詞」があたかも一語の他動詞として再分析（reanalysis）されると考えられている（Hornstein and Weinberg 1981, Bresnan 1982b, Baker 1988）。

(62)　自動詞と前置詞の再分析
　　　　[V]　[P-NP]　　　→　[V-P]　　NP
　　　　[sit]　[on the chair]　　[sit on]　the chair
　　　　V＝動詞，P＝前置詞，NP＝名詞句（ここでは目的語のこと）

[V-P] が一体化すると，その後ろに残る名詞句（NP）はこの「合成動詞」の目的語と見なされ，受身化が可能になる。inhabit という他動詞があるが，これは「～に生息する（live in～）」という意味で，Kangaroos inhabit Australia. のように使われる。この inhabit は "live" という動詞の意味と "in" という前置詞の意味の両方を含んだ他動詞である。(62)の再分析は，このような他動詞を作る働きをする。

V と P が一体化している証拠として，Bresnan (1982b) は動詞＋前置詞が複合形容詞として働くという事実を挙げている。

(63)　a. After the tornado, the fields had a *marched through*

第3章　出来事を表す受身

look.
    b. Each *unpaid for* item will be returned.

(Bresnan 1982b: 53)

ただし Postal (1986) が指摘するように，受身化が可能な前置詞付き動詞がすべて複合形容詞として使えるわけではない。

(64) a. The wall was bumped into.
        *the *bumped into* wall
     b. The child was run over.
        *the *run over* child (Postal 1986: 217)

動詞と前置詞が1つのまとまりを形成することは，次のような動詞接続構文からも裏付けられる。

(65) a. He [*laughed at* and *mocked*] the clown.

(Chomsky 1975: 562)

     b. Agricultural production [both *depends on* and *influences*] a wide range of natural and other resources.

前置詞付き動詞は (both) and によって他動詞と等位接続することができる。A and B の A と B は同じ資格を持つものでなければならないから，(65) の前置詞付き自動詞は，その後に続く他動詞と同じ資格を持つことになる。実際，(65) の laugh at, depend on は受身化できる。これに対して，単純な付加詞を表す前置詞はこのような接続ができない。

(66) a. *The *sumo* wrestler *talked on and ruined* the phone.
       （力士がその電話でしゃべって，電話を壊してしまった）
       Cf. *The phone was talked on.

(Kageyama and Ura 2002)

     b. *He *cut the meat with and washed* the knife.
       （彼はナイフで肉を切って，そのナイフを洗った）
       Cf. *The knife was cut the meat with.

さて，前置詞付き動詞が受身になったときに，動詞と前置詞がくっついていることは，どのようにして分かるだろうか。次の例を見てみよう。

(67) a. Mary shouted *angrily* at John.
       →*John was [shouted *angrily* at] by Mary.
     b. Mary shouted at John *angrily*.

→ John was [shouted at] *angrily* by Mary.

(Radford 1988: 428)

能動文では angrily のような副詞は動詞と前置詞の間に割り込むことができるが，受身文で受身分詞と前置詞の間に副詞を割り込ませると(67a)のように非文になる。(67b)のように [shouted at] の後に angrily を置くのは良い。

一般に，複合語や派生語の内部に副詞を挿入することはできない。たとえば window-shopping は window と shopping が合わさった複合語であるから，その間に副詞を割り込ませて *window-*happily*-shopping と言うことはできない。「語（word）」はそれだけで緊密なまとまりを作っていて，内部に副詞などを挿入することができないことを語の**形態的緊密性**（lexical integrity）というが，(67a)の受身文で動詞と前置詞の間に副詞をはさむことができないのも，この性質によるものと考えられる。

4.6　get 受身

英語には be 動詞を伴う受身文のほかに，get を取る受身文がある（Haegeman 1985）。

(68)　a. All the pupils are *getting blamed* for things unruly children have done. (LOB)

　　　b. If your home *got hit* by a tornado, it wouldn't recover quickly. (BNC)

get 受身文は，(69)のような表現と混同しないように注意が必要である。

(69)　get interested, get married, get lost, get drunk, get tired

interested などは普通の受身形ではなく，形容詞的な性質を持っていて（☞第4章），get busy/ready/better などの形容詞と変わりがない。形容詞の場合は get を become と置き換えることができるが，get 受身文は動詞的な受身であるから，その get は become で置き換えられない。

(70)　a. *All the pupils are becoming blamed for... Cf.(68a)

　　　b. *If your home became hit by a tornado, ... Cf.(68b)

get 受身文は英文法の教科書にほとんど説明がなく，専門的な研究も少ない。それは，過去数百年で発達した比較的新しい構文であり（Givón and Yang 1994），もっぱら口語体で用いられ正式の英語では避けられる

傾向にあることが理由であると考えられる。以下では，get 受身文の複雑な意味的・文法的特徴を簡潔にまとめてみよう。

4.6.1 主語の性質

be 受身文と異なり，get 受身文の主語は意図性，制御性，責任性といった主観的な意味を持つと言われることが多い。次の2つの例文で deliberately という動作主指向副詞が何を修飾するか見てみよう。

(71) a. John was shot by Mary *deliberately*.
= Mary acted *deliberately*.
b. John got shot by Mary *deliberately*.
= John acted *deliberately*.　　　(Givón 1993: 67)

以前にも説明したように be 受身文(71a)で文末に動作主指向の副詞が使われると，動作主（by Mary）の意図を表す。ところが，get 受身文(71b)では deliberately が文末に置かれていても，Mary ではなく表面上の主語（John）の意図を表し，「ジョンが意図的に，メアリに撃たれた」という意味になる。このことは by 句を省略した場合でも同じである。

(72) a. Mary was shot on purpose, the bastards!
b. *Mary got shot on purpose, the bastards!
(R. Lakoff 1971)

(72a)は「ひどい奴らだ（bastards）。Mary を意図的に撃つなんて」という意味で，射撃した男達を責めている。他方，(72b)は，「ひどい奴らだ。Mary がわざと撃たれた」ということで，「ひどい奴らだ」が撃った男達を罵っているのに，on purpose は Mary の意図を表すから，意味がちぐはぐになる。

しかしながら上のような例から即座に，get 受身文の主語はいつも意図的な動作主であると結論づけるのは適切でない。accidentally や by accident などの副詞と共起できることから分かるように，主語が自分の意図や制御とは関係なく，偶発的に出来事を被る場合もある。

(73) a. A young high school student got shot *by accident*.
b. The blades are designed to throw out anything which *accidentally* get caught in them. (BNC)

Givón (1993: 68) は，get 受身文の主語に人間名詞が好まれることを指摘しているが，それはおそらく，get という動詞が単独で使われた場合

も，人間名詞を主語にとることが多いためだろう。しかし，実際のデータを観察してみると，無生物が主語になることも決して稀とは言えない（上例(68b)や(73b)など）。

4.6.2 格下げされた動作主の性質

get受身文は普通，by句（動作主）なしで使われるとされる（Quirk et al. 1985: 161）が，実際の例を見ると，by句を伴うget受身文も最近では普通になってきているようである。4.3節で見たように，be受身文の場合，by句はたとえ省略されていても動作主としての性質を保っている。ところが，get受身文のby句は表面に現れていても現れていなくても，動作主としての資格を持たないようである。このことを，Fox and Grodzinsky (1998: 327)は(74)の統語的な証拠で裏付けている。

(74) a. The ship {was/*got} sunk [PRO to collect insurance money].
   b. It {was/*got} decided [PRO to leave].
   c. The food {was/*got} served [PRO kneeling].
   d. Food should never {be/*get} served only for oneself.

(74a)は，to collectという目的を表す不定詞の意味上の主語（PRO：発音されない無形の代名詞）が何を指すかを示す例文で，was sunkの場合は見かけ上省略されているby句の動作主を指すから文法的である。他方，got sunkでは，PROは意味上の動作主を指すとは解釈できない（強いて解釈すると，表層の主語the shipを指す）。PROの先行詞は統語構造で存在する要素でなければならないから，(74a)でgot sunkが非文法的であるということは，get受身文のby句は単に省略されているのではなく，もともと統語構造にないということになる。(74b)の外置構文も同じことで，ここでも，get decidedは元々by句を欠いていると言える。(74c)は，kneeling（ひざまずきながら）という分詞構文の主語（PRO）の先行詞がget受身文に欠如していることを示している。最後に(74d)では，oneselfが指すものが，be受身文の場合には表面上現れないby句の人物であるが，get受身文では指す人物がない。

4.6.3 語用論的な含意

get受身文は，被害，迷惑，責任などの意味合いを伴うことがよくある。

(75) a. How was this window opened?

　　　b. How did this window get opened?　　　(R. Lakoff 1971)

R. Lakoff (1971) によると，be 動詞を用いた(75a)の how は単純に，どのような方法でこの窓を開けたのかを尋ねているのに対して，get を用いた(75b)は，この窓は閉めておくべきなのに，一体なぜ開いているのか，と質問相手を問いただし，相手（聴き手）の責任を問うている。

このように，get 受身は話者の「迷惑」をほのめかすことが多く，そのため「雨に降られる」のような日本語の間接受身と同一視されることがある。しかし実際には get 受身がいつも迷惑を意味するわけではない。

(76) a. How did you get rejected by another firm?

　　　b. How did you get invited to give a concert in Sydney?

　　　　　　　　　　　　　　　　　　　　(Siewierska 1984: 135)

(76a)は，主語（you）がまた就職に失敗したことに対して話者は同情しているし，(76b)では，主語が演奏の招待を受けたことに対して話者は素晴らしいことだと喜んでいる。このように，迷惑かどうかといった主観的な受け止め方は話者によっても状況によっても変わってくる。これに対して，日本語の迷惑受身の場合は，話者や場面に関わらずほぼ間違いなく迷惑の意味を含んでいる。

4.6.4　主語の受影性

get 受身文として重要なのは，表面上の主語が何らかの影響 (affected) を受けるということである (Arce-Arenales et al. 1994, Downing 1996)。ここでいう影響とは，状態変化や位置変化といった概念的意味に限らず，物理的，心理的，あるいは社会的な影響も含んでいる。

(77) a. {The fresh paintwork/*The lake} got rained on.

　　　b. {The band/?The TV program/*The volcanic eruptions}

　　　　　got watched by several people.　　　(McIntyre 2006)

get 受身文の主語が，受身分詞が表す出来事や行為によって何らかの影響を受けるということは，言い換えると，get 受身文の主語は既に何らかの実体がなければならないということである。形のないものは影響を受けることができない。実際，Downing (1996) と McIntyre (2006) が指摘するように，作成 (creation) を表す動詞は get 受身になりにくい。

(78) a. The steam engine {was/*got} invented by James Watt.

(Chappell 1980；Downing 1996 に引用)
b. A CD got burned {in the fire/??with a CD burner}.
(McIntyre 2006)

同じ burn でも，in the fire が付くと「燃やす」という状態変化を表すが，with a CD burner が付くと「CD を焼く」という作成の意味になり，したがって get 受身が成立しにくくなる。

以上では get 受身文の主な特徴をかいつまんで説明したが，この構文にはまだ不明な点が多く，話者によっても変動があるので，理論的な分析より先にデータ面の調査を深める必要がある。

4.7　日本語の直接受身と間接受身

受身は文法の基本項目であるから，英語だけでなく日本語についても伝統的な国語学・日本語学と理論的な生成文法の両方において膨大な研究文献がある。以下では，英語との類似と相違が際立つように日本語受身文の特徴を簡潔にまとめておく。

4.7.1　日本語受身文の基本的な特徴

日本語には(79)の A，B に例示されるような2種類の受身があることが古くから知られている。

(79) A. <u>開発した商品がお客様に喜ばれた</u>時，私たちは本当の喜びを感じます。
B. 年のせいで医者に行くことが多くなり，<u>主治医には「最近，忙しくなった」と喜ばれて</u>しまった。

A の受身文は「お客様が商品を喜ぶ」という他動詞文に対応し，「喜ぶ」の目的語に当たる「商品」がガ格，「喜ぶ」の主語に当たる「お客様」がニ格で標示されている。他方，B は「医者が『最近，忙しくなった』と喜んだ」という自動詞文に対応し，「喜ばれた」と感じる人間（ここでは省略されている「私」）はその自動詞文の中に直接位置づけることができない。この2種類の受身文は次のような呼び名で区別されてきた。

	A 型	B 型
松下 (1930)	単純の被動	利害の被動
佐久間 (1966)	本来の受身	利害の受身
三上 (1953)	まともの受身	はた迷惑の受身
久野 (1973)	中立受身	被害受身
柴谷 (1978)	直接受動	間接受動

以下では、A 型を直接受身, B 型を間接受身と呼んでおく。

これらの分類に共通するのは、B 型の受身文に「利害, 迷惑, 被害, 受影 (影響を受けること：affected)」といった概念が当てはめられていることである。そして、その利害や迷惑といった概念は、主語にとっては望ましくない事態を表している。上例(79B)では、主動詞の「喜ぶ」自体は好ましい意味を持つにもかかわらず、「主治医に喜ばれてしまった」という受身文全体は皮肉ないし嫌みという好ましくない意味に理解される。この 2 つのタイプの日本語受身文を英語と比べた場合、A 型は英語の受身文に対応するが B 型に当たるものは英語にない, と言われることが多い。しかし後で見るように, A 型も英語の be 受身文とは異なる構造を持つのである。

日本語のもう 1 つの特徴は、受身文の主語に有生性階層 (4.1節) あるいはそれに準じる意味的な制限が強く作用するということである。とりわけ、元の主語をニ格で表す受身文 (以下,「ニ受身」と呼ぶ) では、主語が人間名詞で表されるのが典型的である。

(80) a. 議長が怒った野党議員に叩かれた。
b. *会議室の机が怒った野党議員に叩かれた。
(81) a. 小学生が通行人にナイフで切られた。
b. *大根が料理人に包丁で切られた。

同じ「叩く, 切る」であっても、人間を主語にした a 文はよいが, 無生物を主語にした b 文はおかしい。上掲(79a)では主語「商品」が無生物であるが、実質的に「私たちが開発した商品」を指すから, 話し手 (私たち) が背後で関わっている。

しかし実は，日本語の受身文では無生物主語が許されないというわけではない（歴史的な実例については山田孝雄（1908）や金水（1993）を参照）。(80b)(81b)がおかしいのは，「ニ」で標示された動作主が現れているからであり，ニ格動作主を取り除けば日本語として通用する。

(82) a. 会議室の机は何度も叩かれた。
　　　b. 重要書類は細かく裁断されて，ゴミ箱に捨てられた。

次の組では，英語は問題ないが，それを直訳した日本語文は不自然である。

(83) a. This letter was written by President Obama.
　　　b. *この手紙はオバマ大統領に書かれた。
(84) a. This food was cooked by my mother.
　　　b. *この料理はうちの母に作られた。

ここでもニ格動作主が問題で，「この手紙はオバマ大統領<u>によって</u>書かれた」のように動作主を「ニヨッテ」で表すと良くなる。あるいは，動作主の代わりに，「この手紙は<u>毛筆</u>で書かれた」とか「この料理は<u>たった10分で</u>作られた」のように適切な副詞を用いると良くなる。

以上では，①日本語では伝統的に2種類の受身が区別されてきたこと，②受身文の主語には人間名詞がくるのが自然であること，そして，③無生物主語の受身文はニ格動作主と馴染みにくいことを述べた。以下では，これらの特徴が理論的にどのように分析できるかを考えてみよう。

4.7.2　生成文法における直接受身と間接受身の分析

初期の生成文法では，直接受身と間接受身の区別を捉えるために，異なる派生の仕方が提案された。すなわち，直接受身文は英語の受身文と同じように，対応する能動文から名詞句移動(85a)によって派生され，他方，間接受身文は，それに対応する能動文がないから，もともと(85b)のような埋め込み構造で生成されると考えられた。このように直接受身文と間接受身文を異なる構造で分析する考え方は非画一理論と呼ばれる。

(85)　日本語受身文の非画一理論
　　　a. 直接受身文：[　　]　花子（を）　恋人に　振-られた
　　　　　　　　　　↑_____｜ 名詞句移動
　　　b. 間接受身文：花子が [雨に降] られた

このような構造的区別を設ける根拠として，再帰代名詞「自分」の解釈が

両タイプの受身文で異なるといった現象が指摘された。たとえば，直接受身文(86a)では「自分」は主語「太郎」しか指さないのに，間接受身文(86b)では「自分」の指示は「太郎」とも「花子」とも解釈できる（N. McCalwey 1972，久野 1973，柴谷 1978など）。

(86)　a. 太郎は次郎に自分の部屋でなぐられた。（自分＝太郎のみ）
　　　b. 太郎は［花子に自分の部屋で泣］かれた。

（自分＝太郎または花子）

通常，単一文では，「太郎は次郎に自分の車を売った」のように「自分」は主語を指す。他方，「太郎は次郎に自分の車を洗わせた」のように「させ」を付けて使役文にすると，「自分の車」は太郎の車か，次郎の車か曖昧になる。それは，使役文が［太郎が［次郎に自分の車を洗］わせた］のように補文構造を持つからである。このことから，「自分」の解釈が1つしかない(86a)は単文構造（つまり(85a)の構造）であるが，「自分」の解釈が曖昧になる(86b)は，使役文と同じように補文構造（つまり(85b)の構造）を持つという分析が1970年代前半に広がった。

しかし Howard and Niyekawa-Howard (1976) によって，直接受身文における「自分」の一義的解釈は直接受身文を補文構造で分析しても導き出せることが証明された。その結果，現在では少なくともニ受身文については，直接受身と間接受身の構造的な区別を設けずに，両者を同じ構造（つまり，どちらも元々主語と補文を取る埋め込み構造）として扱うという画一理論 (Kitagawa and Kuroda 1992, Hoshi 1999) が有力になっている（生成文法研究の解説は三原 1994と三原・平岩 2006を参照）。

(87)　日本語受身文の画一理論
　　　a. 間接受身文とされたもの
　　　　　彼女は［雨に降］られた。
　　　b. 直接受身文とされたもの
　　　　　彼女$_i$は［恋人に pro$_i$ 振］られた。（pro は目に見えない代名詞で，この場合「彼女」を指す。）

この2つの構造はどちらも元々，「彼女」を主語として指定しているから，日本語の受身文は典型的に人間名詞を主語に取るという意味制限が無理なく説明できる。また，主語に対する意味制限がほとんどなく単純な名詞句移動で機械的に派生される英語の受身文との違いも明瞭になる。

非画一分析では,次のような例が直接受身なのか間接受身なのか見解が分かれていた。

(88) a. 受身文の主語が能動文のニ格目的語に対応する場合

犯人は,母親に付き添われて出頭してきた。(←母親が犯人に付き添う)

お母さんがサンタさんにキスされた(←サンタさんがお母さんにキスした)

優勝者は会長から賞を贈られた。(←会長が優勝者に賞を贈った)

b. 受身文の主語が能動文の目的語の所有者に当たる場合

私は,満員電車で足を踏まれた。(←誰かが私の足を踏んだ)

首相は,野党議員に弱みにつけ込まれた。

日本語の直接受身文を,英語の受身文と同じように名詞句移動で派生しようとすると,(ここでは詳しく述べられないが生成文法の理論内の理由で)基になる目的語を対格(ヲ格)に限る必要があった。そのため,(88a)のように,主語が能動文のニ格目的語に当たる場合は,名詞句移動では派生できず,間接受身文と見なさざるを得なかった。しかし,これらは意味的には直接的な働きかけを含意していて,決して,間接的な受身ではない。

名詞句移動分析でさらに困るのは(88b)のように,受身文の主語が目的語の所有格に当たる場合である。所有格名詞そのものは直接目的語ではないから受身化できないはずであるが,しかし意味的には(88b)の例文は主語に対する直接的な影響を表現している。そこで,名詞句移動の対象をヲ格目的語に限定する分析では,「誰かが私を足を踏んだ」のような不自然な二重ヲ格構造を仮定せざるを得ない。また,「弱みにつけ込まれる」のような例では,もともとヲ格目的語が存在しないから,派生できないことになる。これに対して,画一理論では(88)の受身文はすべて,ニ格目的語あるいは所有格(ノ格)に無形代名詞(pro)を仮定するだけで自然な分析が得られる。

(89) a. 犯人$_i$は [母親に pro$_i$ に付き添] われて出頭した。

b. 私$_i$は [誰かに pro$_i$ の足を踏まれた]。

(ただし,pro は主語(犯人/私)を指す。)

英語受身文の名詞句移動による分析の利点（4.4節）を振り返ると，英語ではイディオムの一部分が受身文の主語になったり，無生物名詞でも自由に主語になることができた。他方，日本語の場合は，「彼女はネコをかぶっている」というイディオムを「ネコがかぶられている」とすることはできない。また，伝統的な国語学の研究で古くから指摘されてきたように，日本語固有の受身文は人間名詞を主語とし，その主語が何らかの影響（特に被害や迷惑）を被ることを意味する。その点でも，主語（人間名詞）を主語として元々想定する画一理論のほうが日本語の本質を捉えていると言える。

ニ格動作主は作成・生産・発見などを表す動詞では不自然になる。
 (90) a. コロンブスがアメリカ大陸を発見した。
         →*アメリカ大陸はコロンブスに発見された。
       b. 三上章は『象は鼻が長い』という本を書いた。
         →*『象は鼻が長い』という本は三上章に書かれた。

この種の受身文が不適格な理由として，次のような説明がなされることがある。すなわち，作成された物，発見された物は，それ以前には存在しなかったわけだから，存在しない物は「影響」を受けることができず，したがって，(90)のような受身文は非文となる。

しかし，これについては有生性階層による説明のほうが妥当ではないかと思われる。すなわち，無生物名詞が主語，人間名詞がニ格動作主で表されるという序列がおかしいのである。その証拠に，ニ格動作主を消して，代わりに時間副詞や場所副詞などを補うと，「アメリカ大陸は1492年に発見された／『象は鼻が長い』という本は大阪で書かれた」のように自然な文として成立する。

なお，(90)の受身文は，動作主標示の「ニ」を「ニヨッテ」に換えることによっても許容度が上がる（「アメリカ大陸はコロンブスによって発見された」）。一般的に，「ニヨッテ」は，「ニ」だけでは不適格な無生物主語の受身文でも使える。

 (91) マンホールの蓋が作業員｛によって/*に｝持ち上げられた。

意味的にも，ニ受身は主語に対する主観的・情動的な思い入れを伴うのに対して，ニヨッテ受身は事実を傍観者の立場から客観的・中立的に描写するという違いが感じ取れる。したがって，ニ受身は，主語が働きかけを感

じない物や，働きかけによる直接の影響を受けない物のときは使えない（井上 1976）。同じ「見つけられる」でも次の対比がある。

(92) a. 彼は浮気の現場を妻 {に/*によって} 見つけられた。
b. ナウマンゾウの化石が地元の住人 {によって/*に} 見つけられた。

ニヨッテ受身が中立的な意味合いであるというのは，明治以降に西洋語の文章語の翻訳として導入された（金水 1993）という歴史的な経緯に原因がある。

ニヨッテ受身文が中立的な意味合いであり，主語への感情的な思い入れを持たないという点では，英語の be 受身文に似ている。実際，Kuroda (1992) は，ニ受身文を画一理論で扱いながらも，ニヨッテ受身文は英語の be 受身文と同様に名詞句移動によって派生することを主張している。ニヨッテ受身文が，目的語の名詞句移動によって派生されるとすると，いわゆる間接受身文では動作主に「ニヨッテ」が使えないことがうまく説明できる。

(93) a. せっかくの休日なのに，雨 {に/*によって} 降られた。
b. 彼は，主治医 {に/*によって}「最近，忙しくなった」と喜ばれてしまった。

なぜなら，これらの文の主語は補文中から移動してきたものではないからである。また，「自ら進んで」のような主語指向の態度副詞を付けて「犯人は自ら進んでその女刑事 {に/?*によって} 逮捕された」と言うと，ニ受身は可能だがニヨッテ受身は受け入れられない。つまり，ニ受身のときだけ，主語（犯人）に意図性を認めることができる。このことは，ニ受身文ではもともと有情物（人間名詞）が主語として想定されるが，ニヨッテ受身は名詞句移動で派生されるという考え方の裏付けとなる。

さらに，「わざと」などの動作主指向副詞がニヨッテ動作主を修飾できることも，英語の be 受身文と並行している。

(94) 車体には，何者かによってわざと付けられたと思われる傷があった。（＝何者かがわざと傷を付けた）

4.7.3 直接受身文と間接受身文の主語の生成位置

話しをニ受身に戻すと，画一理論では従来の間接受身文と直接受身文を統一的に扱い，どちらも元々主語を取る補文構造として表されることにな

る。分析としてはそれですっきりするのであるが，しかしながら，直接受身と間接受身の間には依然として違いがある。まず，すぐ上で見たように，直接受身文の動作主はニヨッテで標示できるが，間接受身文の動作主はニヨッテで標示できない。

次に，「わざと」などの動作主指向副詞の修飾関係を見ると，直接受身文と間接受身文では次のような違いが観察される（影山 2006）。

(95) 「直接受身」と言われていた文では動作主指向副詞が主語を修飾できる。

  a. 私$_i$は，わざと，イヌに pro$_i$（を）嚙まれた。

  b. 私$_i$は，自ら進んで，恋人に pro$_i$（を）振られた。

(96) 「間接受身」と言われていた文では動作主指向副詞が主語を修飾できない。

  a. *私は，わざと/いやいや，雨に降られた。

  b. *亭主は，自ら進んで，女房に死なれた。

(95)と(96)の違いは主語名詞句と主動詞との文法的な関わり方にある。(95)の主語は，主動詞が描く行為に pro（主語を指す無形の代名詞）として直接的に関係づけられている。そのため，主語は自らが関わる行為に対して，ある程度の制御力を持つことができ，「わざと」が可能になる。他方，(96)の主語は，主動詞が表す出来事とは文法的に関係しない。(96)の主語にとって，主動詞が表す出来事は自分の制御が及ばないことであるから，「わざと」などの副詞と適合しない。主語の制御範囲でない場合には，出来事が主語に一方的に降りかかったということになり，「被害」や「迷惑」の意味合いが生じる。他方，主語が主動詞の項として行為に関わる場合は，被害に限られず，「誉められる」のように有益な場合もある。

(95)と(96)は，益岡（1987）の受身の分類では「受影受動文」として一括されている。しかし上述のような違いがあるため，(95)を「行為受影」，(96)を「出来事受影」として区別しておく（影山 2006）。この区別は，行為受影受身文(95)と出来事受影受身文(96)で主語の現れる位置が異なるという推測につながってくる。

最近の生成文法では，主語が現れる位置にもいろいろな場所が設けられている。1つは，行為の動作主を表す位置（専門的には small "v" の指定部）であり，制御性のある行為受影受身文(95)の主語はこの位置に現れ

ると考えられる。他方，出来事受影受身文(96)は，自らがその出来事を制御できない立場にあるから，行為の動作主より更に上の位置（専門的にはTPの指定部）に生成されると考えることができる。

(97) a. 行為受影受身文(95)の構造
[$_{vP}$ 彼女$_i$ が [恋人に pro$_i$ （を）振] られ] た
b. 出来事受影受身文(96)の構造
[$_{TP}$ 彼女は [$_{vP}$ 雨に降] られた]

この分析では，画一理論の利点を生かしながら，しかも，いわゆる直接受身と間接受身における主語の性質の違いがうまく捉えられる。

日本語には，以上述べたほかにも，「山頂が新雪｛に/で｝おおわれた」「城は深い堀｛に/で｝囲まれていた」のような受身もある。このタイプでは「ニ」を「デ」に置き換えることができるが，このニ/デ名詞句を省略することはできない。英語でこれに当たるのは The mountain is capped with snow.／The castle is surrounded with a water-filled moat. のような表現で，これらも with 句を省略することができない。これらは，出来事や行為ではなく，状態を表すという点で特徴的である（日本語は影山(2006)，英語は Grimshaw (1990) を参照）。

第2節で受身には主語の格下げと目的語（あるいは主語以外のもの）の格上げという2つの機能があることを述べた。日本語の受身文は古来，有情物（とくに人間）を主語に据え，それがどのような被害や行為を被ったかを述べるのが基本である。言い換えると，日本語受身文の基本は，主語以外のものを主語に取り立てることに重点を置いている。これに対して，英語では能動文の動作主を格下げするという機能のほうが重要であり，その証拠として，受身文の主語には人間以外にも無生物やイディオムの一部でも入ることができる。

5 まとめ

受身文というのは英語の初歩であるだけに誰でも知っている構文で，日常もごく普通に使われる。しかしありふれた構文だけに，かえって奥が深いと言える。本章では受身文の主要な要点を駆け足で見てきたが，どのセクションを取っても簡単に片付く問題ではないので，本文中に引用した文

献に是非，当たってみてほしい。

　明らかなことは，受身文が能動文の単純な書き換えではなく，それ独自の語用論的，統語的，意味的特性を持っているということである。語用論（談話）の観点から見ると，動作主を付加詞に格下げして表に出さず済むことから，逆に被動者が主語（談話の話題）として注目される。この「主語（被動者）への注目」という働きが英語でも日本語でも重要であるが，奇妙なことに，被動者に注目を集めるためには，動作主のほうがその行為を意図的に制御する必要がある。動作主の意図的制御という意味的な条件が満たされて始めて受身文が成り立つ。しかし英語では動作主の格下げが重要で，その結果，主語になる名詞は有生物でも無生物でもよい。統語的には「動詞の直後」という構造位置が重要であり，他動詞の直接目的語と前置詞付き動詞の目的語が受身化される。他方，日本語の受身文は主語に有生物を持ってきて，それがどのような影響を受けたかを述べる。日本語には直接受身と間接受身という2種類があるが，どちらも有生物主語を取るのが基本である。直接受身の場合は無生物も主語になるが，その場合はニ格動作主よりニヨッテ動作主を伴い，英語のbe受身文と似ている。

　本章で扱った動的な受身文は，具体的な時間や場所で起こる出来事や動作を述べるのであるが，受身文にはもうひとつ，主語の静的な状態や性質を描写する用法もある。これについては第4章で説明する。

6　さらに理解を深めるために

　受身文というのは英語の初歩であるだけに誰でも知っている構文で，統語論や意味論の研究ではしょっちゅう出てくる。しかし受身文だけを集中して掘り下げた研究は案外少ない。

- Siewierska. 1984. *The passive*.［英語を含め世界の様々な言語について機能・形式・意味など受身の特性を総合的に考察している。］
- Jaeggli. 1986. "Passive."［生成文法の枠組みで受身化の本質を考察している。］
- Couper-Kuhlen. 1979. *The prepositional passive in English*.［英語の前置詞付き受身を豊富な例で分析している。］
- Shibatani. 1985. "Passives and related constructions."［機能主義的

な観点から，受身の根幹は動作主を背景化することであると論じ，その機能が受身以外の様々な構文に広がっていることを指摘している。]
・**影山太郎．2006．「日本語受身文の統語構造」**［日本語の直接受身と間接受身について，本章第4.7節で触れた考え方を詳しく論じている。］

(影山太郎)

第4章　状態・属性を表す受身と過去分詞

> ◆基本構文
> (A) 1. All the wine was *drunk* by the guests.
>   2. All the guests were *drunk* by midnight.
> (B) 1. He was very delighted with my present.
>   2.*He was very praised by his teacher.
> (C) 1. The song "Auld Lang Syne" is *used* to ring in the new year in English-speaking countries. [juːzd]
>   2. This furniture appears *used*. [juːzd]
>   3. He is not *used* to using chopsticks for eating. [juːst]
> (D) 1. boiled eggs ゆでた卵/a fallen electric pole 倒れた電柱
>   2.*a cried boy 泣いた少年/*a happened accident 起こった事故

【キーワード】形容詞的受身，状態，属性受身，過去分詞，名詞修飾の「-た」

1　なぜ？

　同じ drunk という単語でも，(A1)「すべてのワインが招待客に飲まれてしまった」と(A2)「すべての招待客が夜の12時までには酔っぱらっていた」では違う意味を表している。なぜ drunk にこのような異なる意味があるのだろうか。意味が違うと，文法的な性質も違うのだろうか。

　(B)の delighted と praised は，高校英文法ではどちらも受身形と教えられているが，前者は very で強調できるが後者はできない。また，praised の後の前置詞は by だが，delighted は with になっている。

　(C)では used という単語が1，2では [juːzd]，3では [juːst] と発音される。同じ綴りなのに発音が違うということは，異なる単語なのだろう

か。(C1)「オールドラングサイン（日本名「ほたるの光」）という曲は英語圏では新しい年を迎えるために使われる」の used と，(C2)「この家具は中古のようだ」の used は発音は同じだが，意味が違う。どうしてだろうか。

(D1)では boiled, fallen が名詞の前に置かれている。boil は他動詞だから boiled は受身形と見なせるが，fallen の基になる fall は自動詞で，自動詞は受身にならないはずである。どうして，a fallen pole という言い方ができるのだろうか。(D1)の boiled, fallen はよいのに，(D2)の cried, happened がだめなのは，なぜだろうか。

2　状態・属性の受身とは

第3章で述べたように，能動文は「主語が目的語に対して何をしたか」という主語の行為を重点的に表し，他方，受身文は「目的語がどうなったか」という目的語の変化を表す。この違いを行為連鎖の図式に当てはめると，次のようになる。

〈行　為〉	→	〈変　化〉	→	〈結果状態〉
【能動形】主語が何をしたか		【動詞的受身】目的語がどうなったか		変化の結果，目的語がどのような状態か
例：「誰かがこの家具を使用した。」		例：「この家具は（誰かに）使用された。」		例：「この家具は中古（使用済み）だ。」
例：Someone used this furniture.		例：This furniture was used (by someone).		例：This furniture is used.

「誰かがこの家具を使用した」という能動文は主語（誰か）の行為に重点を置いて表現し，他方，「この家具は（誰かに）使用された」という受身文は目的語（この家具）がどうなったかに注目して表現している。日本語では，能動文と受身文の対立はここで終わるのだが，英語ではさらに進んで，「変化の結果，目的語が今，どういう状態か」という結果状態を受身形で表すことができる。そのため，This furniture was used. という文は，「その家具は（ある時，誰かに）使用された」という変化を表すことも，「その家具は中古（使用済み）だった」という状態を表すこともできる。英語のほとんどの動詞の受身形は，このように「変化」を表す解釈と，変

第4章　状態・属性を表す受身と過去分詞

化の後の「結果状態」を表す解釈の2つの解釈ができる。別の例で見てみよう。

(1) a. The house was built *by experts*.
　　a′. The house was built *of wood*.
　　b. The snow was piled high *by the wind*.
　　b′. The snow was piled high *by the door*. (Svartvik 1966: 4)

(1a, b) は，動作主 (by experts, by the wind) を伴うことから分かるように動的な動作や出来事（動詞的受身）と理解できる。他方，(1a′, b′) の文は，of wood（木で），by the door（入口の脇に）という結果状態ないし静止位置を表す語句によって静的な状態を表現していて，「誰がその家を建てたか／誰（何）が雪を積み上げたのか」という動作主はもはや関係ない。

　動的な受身と状態性の受身の違いを理解するために，さらに次の2組の例文で用いられている boiled を比べてみよう。

(2) a. Those eggs were *boiled* for 20 minutes (by my sister).
　　b. The eggs are now *being boiled*.
(3) a. Those eggs are not raw but *boiled*.
　　b. fresh and *boiled* eggs

(2a, b) では for 20 minutes という時間副詞と are now being という進行形があるために，「ゆでる」という行為の過程が表現されていることが分かる。時間の流れにそって行為の進行を表す場合は，第3章で説明した動詞的受身文に当たり，by~ という動作主を付けることができる。他方，(3a)は「生卵ではなく，ゆで卵」と言っているから，この boiled は「ゆでて固くなった状態」を表し，形容詞として働いている。この boiled が形容詞であることは，(3b)のように名詞を修飾できることから明らかである。このような形容詞としての boiled には動作主の by 句を付けることができない。

(4) a. *Those eggs are not raw but boiled *by my wife*.
　　b. *I like boiled eggs *by my wife*.

このように，英語の受身形には動作の過程を表す**動詞的受身**（verbal passive）と状態を表す**形容詞的受身**（adjectival passive）の2種類がある。本章では形容詞的受身を中心に，それと関連した形容詞的な過去分詞

(fallen leaves, vanished civilization) や名詞＋ed 形 (bearded, long-haired), そして日本語の「ゆでた卵」などの「-た」形を説明し，最後に主語の属性を描写する受身文を取り上げる。

3 形容詞的な -ed 形の代表例

　形容詞的に使われる -ed 形は，a *surprised* look（驚いた表情）のように名詞を修飾したり，He looks/became *surprised*. のように be 動詞以外に become や look などの連結動詞の後に現れたりすることができる。この種の表現の代表は心理状態を表す形容詞であるが，baked, boiled のように普通の状態変化動詞から派生された形容詞もある。

【心理動詞から派生された形容詞的受身】

　　be absorbed (in/with), be amazed (at/by), be amused (at/by/with), be annoyed (at/about/with/by), be astonished (at/by), be bored (with/by/of), be delighted (with/at/by), be disappointed (at/about/in/with/by), be disgusted (at/with/by), be embarrassed (at/by/with), be excited (at/about/by/over), be frightened (at/of/by), be overwhelmed (with/by), be perplexed (at/about/with/over/by), be pleased (at/with/about/by), be puzzled (at/with/by), be satisfied (with/by), be scared (at/of/about/by), be shocked (at/about/by), be startled (at/by), be surprised (at/by), be tired (with/from/by [疲れて], of [退屈して]), be threatened (with/by), be upset (at/about/over/by)

　これらは，驚き (amaze, surprise), 喜び (delight, please), 満足 (satisfy), 失望 (disappoint), 戸惑い (embarrass, perplex, upset), 恐れ (frighten), 疲れ (tire) などを表す「心理動詞」に対応し，ほとんどは -ing を付けた形容詞 (amazing, surprising, overwhelming, disappointing, embarrassing, shocking, startling など) とペアを構成する (☞『動詞編』第 3 章)。

【様々な状態変化他動詞から派生された形容詞的受身】

　　baked (potatoes), bereaved (families), boiled (eggs), canned (fruit), classified (ad), congested (streets), crowded (trains), cultivated (manners), deserted (villages), disinterested (judges), established (usage), forbidden (books), frozen (food), furnished (apartments), haunted (mansion), hidden (camera) homemade (cookies), informed (consent), isolated (cases), known (facts), limited (edition), locked (doors), lost (memory), paid (workers), required (subjects), uninhabited (islands), wasted (time)

これらはすべて他動詞から派生されているが，中には congested（混雑した），bereaved（肉親に先立たれ，後に残された）のように元になる他動詞が廃れているものもある。

【再帰目的語を取る他動詞から派生された形容詞的受身】

be accustomed to [Cf. accustom oneself to], be acquainted (with) [Cf. acquaint oneself with], be associated (with) [Cf. associate oneself with], be assured (of) [Cf. assure oneself of], be committed (to) [Cf. commit oneself to], be concerned (with) [Cf. concern oneself with], be dressed (in) [Cf. dress oneself in], be engaged in [Cf. engage oneself in], be involved in [Cf. involve oneself in], be obliged to do [Cf. oblige oneself to do], be occupied with [Cf. occupy oneself with], be possessed of [Cf. 古語 possess oneself of], be prepared to do [Cf. prepare oneself to do], be seated (in) [Cf. seat oneself in], be settled (in) [Cf. settle oneself in], be used to

基本構文(C3)の be used to（～に慣れている）は，古語で "accustom" という意味を持っていた他動詞 (use) の再帰構文に由来する。

【自動詞から派生された過去分詞の形容詞】

fallen leaves, his deceased father, an expired passport, unarrived items, a vanished civilization, a far-traveled man, a soft-spoken businessman

【日本語の名詞修飾「-た」】

日本語には英語の形容詞的受身に直接相当するものは見あたらないが，代わりに，「ゆでた卵，さびた釘，慣れた手つき」のように完了を表す「-た」を名詞前位用法で用いた表現がある。

4 問題点と分析

4.1 形容詞的受身と動詞的受身の意味の違い

He was praised by the teacher. も He was surprised at the news. も学校文法では「受身」として一括されるが，理論的な英語学・言語学では動詞的受身と形容詞的受身に区別される。動詞的受身は動的な動作を表すが，形容詞的受身は通常の形容詞と同じように静的な状態を描写する。ほとんどの動詞の受身形は，動詞的受身にも形容詞的受身にもなる。その結果，たとえば The door was closed. という文を見ただけでは，動詞的受身か形容詞的受身か判断できない。状況に応じて，「誰かが，ある時間にドアを閉めた」という時間の流れに沿った行為が含意されれば動詞的受身であり，「ドアがずっと閉まっていた」という状態に解釈されれば形容詞的受身である。

(5) a. 動詞的受身

The door was locked (by the manager) between 8:00 and 10:00.

(ドアは8時から10時の間のある時点で（店長によって）鍵がかけられた。)

b. 形容詞的受身

The door {was/remained} locked between 8:00 and 10:00.

(ドアは8時から10時までずっと鍵がかかったままだった。)

動詞的受身は，進行形を使って動作が行われている最中であることを示したり，誰がその動作を行っているかを示す by 句（動作主）や動作主の意図を表す intentionally などの副詞を伴うことができる。

(6) a. The door was locked *by the manager* at 9:30.

b. Our workers are better paid *intentionally* (by the new boss). (Emonds 2006: 23)

これに対して，形容詞的受身は動作の結果として得られる状態を描写するから，動作主の by 句(7a)，進行形(7b), intentionally（意図的に）などの動作主心態副詞(7c)と相容れない。このことは，形容詞的受身としか解

釈できない表現（たとえば soft-boiled）を使って確かめることができる。

(7) a. These eggs are soft-boiled (*by my sister).
b. *The eggs are now being soft-boiled.
c. *The eggs look soft-boiled intentionally.

動詞的受身と形容詞的受身の意味の違いを理解したところで，次に，形容詞的受身が本当に「形容詞」であることを示す文法的な特徴を見ていくことにしよう。

4.2 形容詞的受身と動詞的受身の形態的な違い

4.2.1 複合語

英語の複合語には，shoe shop や table cloth のような複合名詞と，homesick や class-conscious（階級意識の強い）のような複合形容詞はあるが，複合動詞というのはほとんどない。形容詞的受身は(8a)のように複合形容詞になるから，形容詞であると言える。他方，動詞的受身は複合語にならない。

(8) a. 形容詞的受身の複合語→複合形容詞
well-known, hard-boiled, soft-boiled, tailor-made, custom-built
b. 動詞的受身の複合語→不成立
The boy was scolded by the teacher.
→*The boy was teacher-scolded.

4.2.2 接頭辞・接尾辞による語形成

接頭辞・接尾辞の多くは，それが付く相手（基体 base）の品詞を指定する。たとえば -ness は，sweetness, friendliness のように形容詞に付くが，動詞には付かない。そのため，like という単語は「類似の」という意味の形容詞と「好きだ」という意味の動詞とがあるが，likeness となると，形容詞の like に対応して「似ていること」という意味にしかならない。同様に，副詞を作る -ly も，slow → slowly のように形容詞に付く。このような特徴を利用すると，問題の受身形が実際に形容詞であることを証明することができる。

(9) absorbedly, concernedly, devotedly, engagedly, surprisedly, assuredness, accustomedness, preparedness, tiredness

形容詞としての性格は接頭辞の un- を付けるとより鮮明になる。un- は形容詞につく場合 (unkind, unhappy) と動詞につく場合 (undo, untie) の 2 種類がある。形容詞につく un- は「～でない」という単純な否定を表し，unkind, uncertain のように接辞を含まない形容詞だけでなく，unbelievable, uncomfortable のように -able で終わる形容詞や，unbecoming, uncompromising のように -ing で終わる形容詞，unconditional, unconventional のように -al で終わる形容詞，unimpressive, uncooperative のように -ive で終わる形容詞など，様々な接辞を伴う形容詞に付くことができる。これに対して，動詞につく場合は「元の状態に戻す」という意味になり，基体は tie (ひもを結ぶ), fasten (ベルトなどを締める), bind (縛る，くくる), cover (覆いをかける), button (ボタンをかける), lock (解錠する) のように接合や閉鎖を表す動詞に限られる。(ただし，意味の構造においてはこの 2 種類の un- は同じ「否定」の概念と分析できる。☞『動詞編』第10章)。

　un- が持つこの品詞制限を利用すると，受身分詞の品詞を確かめることができる (Siegel 1973, Wasow 1977)。もし受身分詞に un- が付けば，それは形容詞であり，un- が付かなければ動詞である。動詞的受身に un- が付かないことは(10)が非文であることで確かめられる。

(10) 動詞的受身
　　a. *The boy was unscolded by the teacher.
　　　 (正しくは The boy was not scolded by the teacher.)
　　b. *This was unknown by the ancients. (Wasow 1977: 350)

他方，(11)の -ed 形には un- が付くから，れっきとした形容詞であることが分かる。

(11) 形容詞的受身
　　a. The island is uninhabited.
　　　 Cf. *People uninhabit the island.
　　b. His whereabouts may be unknown.
　　　 Cf. *They may unknow his whereabouts.
　　c. The fish was uncooked.
　　　 Cf. *She uncooked the fish.

4.2.3　形容詞との等位接続

A and B のように 2 つのものを等位接続する場合，同じ品詞をつなぐのが原則である。次の(12a)は文法的であるから，noisy が形容詞であるのと同じように等位接続された unloved も形容詞であるということになる。

(12)　a.　The child was both *noisy* and *unloved*.
　　　b.　*The child was both *noisy* and *scolded* by the teacher.
(Wasow 1977)

これに対して，(12b)は非文法的である。その理由は，noisy が形容詞であるのに scolded は動詞であり，等位接続できないからである。(12b)を正しい英文にするためには，scolded の前に be 動詞を補って次のようにする。

(13)　The child was noisy and *was* scolded by the teacher.

こうすると，was noisy という動詞句と，was scolded by the teacher という動詞句が接続されたことになり，同じ品詞をつなぐという条件に合う。

等位接続を使って，これまで形容詞的受身として挙げてきた例が実際に形容詞であることを確かめておこう。

(14)　a.　The streets were *quiet and uninhabited*, as if the area had been evacuated. (BNC)
　　　b.　I felt *guilty and embarrassed*. (BNC)
　　　c.　The children were *barefoot and dressed* in rags. (BNC)

4.2.4　受身分詞に続く前置詞

動詞的受身の動作主が by で表されるのに対して，形容詞的受身は，第 3 節で例示した心理形容詞のように，at, with, of, about など様々な前置詞を取る。これは普通の形容詞が様々な前置詞を取るのと同じことである。

(15)　She is happy about her new job./He is rich in new ideas./
　　　She is slow at learning./I'm afraid of snakes.

このことから，1 つの目安として，by 以外の前置詞を取る受身形は形容詞的受身であると言えるだろう。しかしその逆に by を取るものが必ず動詞的受身である，とは言えない。Wasow (1977) は He was surprised by the news. は動詞的受身，He was surprised at the news. は形容詞的受身

であると区別しているが，この区別は現在の英語ではそれほど明確ではない。なぜなら，心理形容詞が一方では very で強調されると同時に，他方では by 前置詞句を伴うということが可能だからである。

(16) a. The group were very surprised by Mr. Clinton's knowledge of their early work. (BNC)
b. I was very interested by the trombone solo in Bolero.
(BNC)

(16)の surprised, interested は very を伴うから形容詞的受身と見なさなければならない。他に，surrounded, covered, adorned なども，形容詞的受身として使われた場合，with でも by でもよい。(17a)は形容詞的受身，(17b)は動詞的受身に分類できる。

(17) a. The house is surrounded {with/by} a high hedge.
b. The actress was surrounded {by/*with} photographers.

他方，very much は I like it very much. や I very much doubt it. のように動詞を修飾することができるが，形容詞を修飾して *very much tall のように言うことはできない。このことから，Wasow (1977) は，very much で修飾できる受身形は動詞的であると述べている。しかし，実際のところ，very much の用法は複雑で，形容詞でも awake, alive, aware, alike のように接頭辞 a- で始まるものは very much で強調される (Mozart was very much aware of his own unique talents./I was suddenly very much awake.)。また，次のように動詞が look や become であるのに，very much＋受身分詞という形を取る例が実際には見つかる。

(18) a. He looked very much amused. (BNC)
b. You at once became very much attracted to me. (BNC)

このように，「by 句を取るのは必ず動詞的受身である」，「very much が付くのは必ず動詞的受身である」という Wasow (1977) の主張は，規範的な文法では正しいかも知れないが，現在の英語の実態にはそぐわない。

4.3 形容詞的受身と動詞的受身の統語的な違い

4.3.1 連結動詞

一般に，形容詞が SVC 文型の C（補語）として使われるとき，連結動

詞は be 動詞以外に become, seem, get, look, remain, appear, act (〜のように振舞う), lie, stand, sound, rest, grow, feel などが可能である。しかし, 動詞的受身はこれらの動詞の後に来ることができない。(19a) と (19b) を比べてみよう。

(19) a. 形容詞

He {became/seems/appears} rich.

That {sounds/looks} good. She remained single.

b. 動詞的受身

*He {seems/looks} killed by the terrorists.

*Many defective condominiums became built by the developers.

*Our workers remain better paid intentionally.

(Emonds 2006: 23)

では, 形容詞的受身はどうだろうか。予想通り, 形容詞的受身は通常の形容詞と同じように種々の連結動詞の後ろに現れることができる。

(20) a. The island looked uninhabited.

b. She remained disappointed.

c. become well known, get married, appear delighted, feel rejected, rest assured, grow interested

これら連結動詞の間の意味の違いについては Stein (1979: 39ff.) を参照。

以上, 形容詞的受身は①un- 接頭辞がつく, ②look, remain, seem などの補語になれるという特徴を見た。確認のため, これら 2 つの特徴を併せ持った次のような文も実際に文法的であることを見ておこう。

(21) Those books {seem/remain} {unfinished/unsold/unused}.

なお, un-V-ed という形の形容詞的受身が連結動詞 go と一緒に使われると, 「〜のままである」という意味を表す。

(22) a. The Sox went unbeaten for four consecutive seasons.

b. The trash went uncollected. (Siegel 1973: 313-314)

4.3.2 程度副詞

形容詞は状態を表すが, その状態はたいていの場合, 段階的 (gradable) であり, very happy や too cold のように度合いを表す副詞で修飾できる。ところが, very や too は動詞を直接修飾することはできない。

(23) a. *I *very* like jazz. Cf. I like jazz very much.
　　 b. *My brother is *too* studying. Cf. He is studying too hard.

very と too が形容詞は修飾できるが動詞を直接修飾することはできないという性質を利用すると，動詞的受身と形容詞的受身を見分けることができる。すなわち，動詞的受身には very も too も付けることができないが，形容詞的受身にはそれが可能である。同じように，more ... than という比較級（Emonds 2006: 21）が直に付くかどうかでも検証できる。

(24) 動詞的受身
　　 a. *The boy was very scolded by the teacher.
　　 b. *New York is too visited by tourists from all over the world.
　　 c. *The boxer was more punched by his opponent.

(25) 形容詞的受身
　　 a. That region doesn't seem very inhabited.
　　　　　　　　　　　　　　　　　　　　　　（Emonds 2006: 21）
　　 b. The garden seemed too overplanted.（Emonds 2006: 21）
　　 c. He was more embarrassed than he had ever been before.

4.3.3　have 使役構文

連結動詞が動詞的受身を排除するのに対して，have 使役構文の補語には形容詞的受身が排除される。have 使役構文というのは，I had him wash my hair.（彼に私の髪を洗ってもらった）のような SVOC の構文であるが，この C のところには，wash のような動詞原形のほか，I had him watching educational programs.（彼に教育番組を見させた）のように現在分詞も来るし，次のように動詞的受身も入る。

(26) a. I had my hair cut (by a hair stylist).
　　 b. You should have your composition corrected by a native English speaker.

have 使役の補文に動詞的な要素が入るのは，have の「させる，してもらう」という意味と整合するからである。これに対して，使役というのは，何らかの動きや変化が必要で，いきなり，静止状態を引き起こすことはできない。そのため，この C の位置に形容詞を持ってくることはできず，同様に，形容詞的受身も来ることができない。

(27) a. *John had Bill sad.
   b. *John had Bill untaught/troubled.　　(Chomsky 1981)

4.3.4 「動作主」の有無

動詞的受身は by 句で表される動作主を持っている。by 句は表面的に省略されることが多いが，その場合でも動作主は統語構造に存在している（☞第 3 章）。動作主というのは意図的に何か行為を行うものであるから，行為の目的を表す to 不定詞の意味上の主語になったり，deliberately, intentionally, on purpose など意図性を表す動作主指向副詞と共起できる。

(28) a. The meeting was started on time (by Susan) (in order) to please the host.
   b. Our workers are better paid intentionally (by the new boss).　　(a, b とも，Emonds 2006: 23)

(28a) で in order to please the host というのは Susan の動作目的を表し，(28b) の intentionally は主語の our workers ではなく，by 句の the new boss の意図を表す。

しかしながら，このような表現は形容詞的受身とは相容れない。

(29) a. Our workers remain better paid (*intentionally).
   b. Some art classes seem restored (*in order to qualify for funding).　　(a, b とも Emonds 2006: 23)

動詞的受身では動作主が省略されていても隠れて存在するが，形容詞的受身では動作主が完全に消滅している。言い換えると，形容詞的受身では，行為連鎖の最終局面である〈状態〉だけが残り，〈行為〉の部分は消されてしまうのである。

このことを踏まえて前述の心理形容詞に戻ると，be surprised at〜の at〜や be embarrassed with〜の with〜，あるいは心理形容詞に付く by〜は動作主ではないということになる。これらは動作主ではなく，心理状態（感情）が向けられる対象を表す（☞『動詞編』第 3 章）。

4.3.5 受身分詞に続く目的語

二重目的語を取る動詞を考えてみよう。

(30) a. The teacher told John the bad news.
   b. John was told the bad news (by the teacher).

　　　　c.　*The bad news was told John (by the teacher).

(30b)が文法的で，(30c)は非文法的なのは，元になる能動文の語順と関連している。基本的に受身化は，動詞の直後にくる目的語に適用するから，(30a)からは，動詞（told）の直後にある John しか受身文の主語になれない。

　さて，(30b)で問題になるのは，was told という受身形のあとに the bad news という目的語がそのまま残っていることである。動詞の後には，前置詞のない目的語が来ることができる。ところが，形容詞の場合は，I'm proud of my son. のように，後に続く要素には必ず前置詞が必要になる。*I'm proud my son. のように，形容詞の後にいきなり名詞句がくることはできない。このことを踏まえると，形容詞的受身は直後に目的語名詞を続けることができないと予想される。実際，(31)のような文は非文法的となる。

　(31)　a.　*John seems told the bad news.　　(Wasow 1977: 343)
　　　　　　　（John seems to have been told the bad news. なら正しい）
　　　　b.　*John was untold the bad news.

形容詞および形容詞的受身が直接目的語を取れないのは，それらが対格（日本語のヲ格に当たる）を持たないからである。同じ tell でも与格構文（前置詞 to を用いた構文）で使われると，それに対応する動詞的受身は(32b)になり，(32c)は不適格である。

　(32)　a.　The teacher told the bad news to John.
　　　　b.　The bad news was told to John (by the teacher).
　　　　c.　*John was told the bad news to (by the teacher).

これに当たる形容詞的受身は次のようになる。

　(33)　a.　The bad news became told (to John).
　　　　b.　The bad news remains untold.

　同じような組を挙げておこう。進行形を使っているほうが動詞的受身，appeared, felt を使っているほうが形容詞的受身である。

　(34)　a.　Those workers {were being/*appeared} allowed a lot of vacation.
　　　　b.　Peter {was being/*felt} forgiven his sins.
　　　　　　　　　　　　　　　　　　　　(a, b ともに Emonds 2006: 35)

以上では形容詞的受身が目的語を取ることができないことを見たが，この性質は形容詞全般に共通する。すなわち，形容詞というのは，一般に直接目的語を取ることができないのである。同じような意味でも，動詞と形容詞で次のように使い方が異なることに注意。

(35)　a.　動詞：I like music.
　　　　　形容詞：I'm fond of music.／*I'm fond music.
　　　b.　動詞：That suggests his lack of interest.
　　　　　形容詞：　That is suggestive of his lack of interest.
　　　　　　　　*That is suggestive his lack of interest.

4.3.6　受身分詞に続く前置詞補部

　上では，形容詞が直接目的語を取ることができないという一般的制限を見たが，では，形容詞的受身は前置詞句なら取ることができるのだろうか。Levin and Rappaport (1986) は場所格交替に関与する動詞が形容詞的受身になったときの補部の現れ方を調べている。

　まず，teach, pay, serve といった動詞は，意味的に異なる種類の目的語を取ることができる。（次の例では，形容詞的受身であることが明確になるように，un- を付けた例を使っている。）

(36)　a.　John taught the skills (to the boys).
　　　　　→ The skills are untaught (to the boys).
　　　　　John taught the children.→ The children are untaught.
　　　b.　He paid the money (to the agent).
　　　　　→ The money is unpaid (to the agent).
　　　　　He paid the agent.→ The agent is unpaid.
　　　c.　They serve good food (to the customers).
　　　　　→ Food is unserved (to the customers).
　　　　　They serve the customers.→ The customers are unserved.

このような動詞は，どちらの直接目的語に対しても形容詞的受身を作ることができる。

　また，rent という動詞は賃貸する物品しか直接目的語に取らないから，to rent a house (to a tenant) と言えるが，貸す相手を目的語にして *to rent a tenant とは言えない。そのため，rent を形容詞的受身にした場合も，The house seems rent. はよいが *The tenant seems rent. とはならな

い。

　場所格交替(『動詞編』第 4 章で「壁塗り交替」と呼んだもの)は，to smear paint on the wall (壁にペンキを塗る) と to smear the wall with paint (ペンキで壁を塗る) のように，移動する物体 (paint) とその物体が付着する場所 (the wall) が入れ替わる現象である．この構文交替を許す動詞は with が義務的に必要か，それとも任意に省略できるかによって 3 種類に分かれる．

(37) 　load 型 (spray, pack なども)：移動物も場所も任意
　　　a. John loaded hay (onto the truck).
　　　　→ Hay seems loaded (onto the truck).
　　　b. John loaded the truck (with hay).
　　　　→ The truck seems loaded (with hay).
(38) 　stuff 型 (cram, wrap なども)：場所は省略不可
　　　a. She stuffed feathers *(into the pillow). 〈必ず場所が必要〉
　　　　→ The feathers remain stuffed *(in the pillow).
　　　b. She stuffed the pillow (with feathers).
　　　　→ The pillow remains stuffed (with feathers).
(39) 　stack 型 (smear, pile, spread なども)：移動物は省略不可
　　　a. She stack the dishes (on the rack).
　　　　→ The dishes remained stacked (on the rack).
　　　b. She stacked the rack *(with dishes).
　　　　　　　　　　　　　　　　〈必ず with 句が必要〉
　　　　→ The rack remained stacked *(with dishes).
　　　　　　　　　　　　(以上，Levin and Rappaport 1986)

このような観察から，Levin and Rappaport (1986) は，「場所」か「移動物」かといった意味的な概念 (意味役割，θ-role) は重要でなく，動詞の直接目的語に当たる直接内項 (direct internal argument) という概念が重要であると述べている．

4.4　再帰構文に対応する形容詞的受身

　これまで述べてきた形容詞的受身は，SVO という単純な他動詞構文に対応していて，この O の状態を表す．たとえば baked potatoes (焼き

芋）なら，Someone baked the potatoes. という他動詞構文の目的語に当たる potatoes が "baked"（焼かれている）という状態にあるということである。これに対して，次のような -ed 形に対応するのは単純な他動詞構文ではなく，再帰構文になっている（他の例は第3節を参照）。

(40) a. He is accustomed to foreign travel.
   Cf. He has accustomed himself to foreign travel.
   b. She was committed to volunteer work within the community.
   Cf. She committed herself to volunteer work within the community.
   c. They are settled in their new house.
   Cf. They settled themselves in their new house.

be dressed, be married, be divorced なども再帰構文に由来する（ただし，be married のように，対応する再帰構文が今では廃れているものもある）。

ところで，一般に，主語と目的語が同一人物を指す場合，動詞的な受身を作ることはできない。

(41) a. John killed himself.→*John was killed by himself.
   b. Mary dressed herself.→*Mary was dressed by herself.
   c. The woman shook her hand.→?*Her hand was shaken by the woman. (her＝the woman の解釈で)

(Quirk et al. 1985: 164)

(41)の動詞的受身は，himself, herself に特別な強調アクセントを置かない限り，認められない。これに対して，(40)の be accustomed to などは，それに対応する accustom oneself to が主語と目的語の同一指示を持つにも拘わらず，形容詞的受身として正しく成り立っている。このことから，be accustomed to という形容詞は accustom oneself to という統語的な再帰構文から直接派生されるのではなく，それに対応する行為連鎖の意味構造から作られると考えられる（詳しくは影山1996を参照）。

4.5　形容詞的な過去分詞

英語では受身形は過去分詞と同じ形をしている。受身形が形容詞になる

のと同じように，過去分詞（ほとんど非対格自動詞の過去分詞）も形容詞として使われることがある。

(42) a. He was drunk like a fish.
b. The good old days are gone.
c. I'm {done/finished} with the assignment.

(43) a retired teacher, advanced students, an expired passport, the departed guests, bygone days, a fallen tree, a vanished civilization, an escaped prisoner, decayed teeth, his departed mother, his deceased partner, wilted lettuce, the risen sun, elapsed time, drunk(en) driving, faded curtains, swollen legs, accumulated dust

（安井・秋山・中村 1976, Levin and Rappaport 1986, 影山 1996）一般的に言って，これらは古い言い方，あるいは，語彙化されて型にはまった言い方であり，arrived, fallen, deceased, escaped のように名詞前位用法に限られ，*The tree is fallen. や *His partner is deceased. のように be 動詞を使った叙述用法では使われないものが多い。また，drunk は叙述用法（He is drunk.），drunken は名詞前位用法（a drunken man）のように使い分けのあるものもある。

しかし19世紀以前には，これらも be 動詞の叙述用法で用いることができた。これは，発着往来を意味する動詞がフランス語，ドイツ語，イタリア語などで現在でも「完了形」で be 動詞を取るのと同じことである。参考までに，Rydén and Brorström (1987) から古い時代の英語例を挙げておこう（括弧内の数字は出典の年号）。

(44) a. I am just now arrived here in my way into Derbyshire. (1740)
b. ... half an hour after we are departed. (1787)
c. ... the lumbago is almost disappeared. (1821)

これらは現在の英語では完了形として have を要求する。同じように昔は be 動詞で完了を表した動詞には他に，abate, ascend, awake, befall, cease, climb up, burst, descend, deteriorate, decrease, diminish, elapse, perish, reach, recover, run away/off などがある。ただし Rydén and Brorström (p. 40) によると，appear と disappear は例外的

に，be を伴う例は少なく，たいていは have だそうである（古い時代の英語例は Fridén 1948 も参照）。

このように現在の英語で名詞前位用法で用いられる(43)のような過去分詞は，昔は完了を表すために have より be 動詞を用いた動詞の名残である。そしてこれらの動詞の意味構造を見ると，次の点で共通している。

(45) 形容詞的に用いられる過去分詞の意味構造

〈変化／移動〉→〈状態／静止位置〉

(　　　は背景化を表す。)

すなわち，これらの動詞はすべて状態変化から結果状態，あるいは移動過程から到着位置という推移を表す自動詞であり，形容詞化した過去分詞はその推移が終わったあとの最終的な結果状態ないし結果位置を表す。たとえば withered leaves（枯れた葉）なら，元は緑色でつやつやしていたのに，水分がなくなり枯れた状態に変化した葉のことである。

上の意味構造が成り立つためには，対象物がもともと存在し，それが元来の状態から別の状態に変わるという状況でなければならない。何もないところから出来事などが発生することを表す happen, occur などは形容詞的過去分詞にならない。

(46) a. *The most memorable experience of my life was *happened* 15 years ago.

（アラビア人英語学習者の誤用：Zobl 1989）

b. *the actually *occurred* examples（日本人大学生の誤用）

さらに，〈状態〉のみの動詞も同様に，形容詞的過去分詞にならない。

(47) a. *She is belonged to the club.

b. *the only remained problem

c. *the existed condition （いずれも日本人大学生の間違い）

(46b)と (47b, c) は現在分詞（-ing）を使って，actually occurring examples, the only remaining problem, the existing condition とするのが正しい。(46b)(47)に挙げたのは日本人大学生の実例であるが，この種の間違いは，奇妙なことに，日本人だけでなくアラビア人，スペイン人，中国人など様々な国籍の英語学習者（しかも大学生から大学院生）に共通して見られることが第二言語習得の研究で指摘されている。Zobl (1989), Sorace (1995), Hirakawa (1995), Oshita (1997), Balcom

(1997) など, ほとんどの研究者は, これを通常の「受身形」が間違って過剰一般化されたものと見なしているが, 影山 (2000b) は, これは受身形ではなく, fallen leaves などの形容詞的過去分詞の過剰一般化と捉えるほうが妥当であると論じている。

通常, 移動というのは, いつまでも動き続けることができる継続的な過程であるが, 形容詞的過去分詞になると, どこかに到着する, あるいはどこかから立ち去るという境界 (boundary) が必要である。Rydén and Brorström (1987) が挙げている run や walk の例を見ると, 単に, He was run/walked. ではなく, He was run off/away. や He was walked out. のように起点を表す off, away, out などを伴っている。このように出来事が終了することを有界的 (bounded) と言うが, 過去分詞が形容詞化するためには, このような有界性が必要なのである。なぜなら, 形容詞的過去分詞が成り立つためには移動や変化のあとの結果 (最終的到達点) が必要だからである。現代のドイツ語でも次のような違いがある。

(48) a. ??der gelaufene Junge (走った少年)
　　　b. 　der nach Hause gelaufene Junge (家に走り着いた少年)
　　　　　　　　　　　　　　　　　　　　(Kathol 1991: 124)

では, 形容詞的受身と形容詞的過去分詞の違いはどこにあるのだろうか。伝統文法では両者とも過去分詞と見なされ, また, 生成文法でも両者の線引きはあまり明確でないが, 本書の意味構造の観点からすると, 次のように区別できるだろう。

(49) a. 形容詞的受身の基になる他動詞の意味構造
　　　　〈行為〉→〈変化/移動〉→〈結果状態/結果位置〉
　　　b. 形容詞的過去分詞の基になる自動詞の意味構造
　　　　〈変化/移動〉→〈結果状態/結果位置〉

つまり, 形容詞的な受身形は他動詞が基であり, 動作主の背景化を伴っている。他方, 形容詞的な過去分詞は自動詞が基になり, 動作主は関係しない。しかしどちらも, 最終的な結果状態・結果位置に焦点を置くために, 見かけ上は区別がつきにくくなる。

形容詞的過去分詞の基になる自動詞は〈変化/移動〉から〈状態/位置〉に至るという意味構造を持つもので, ここには〈行為/活動〉は関与しない。talk, play, work, cry など〈行為/活動〉を表す自動詞を非能格動

詞 (unergative verb) と呼ぶのに対して，〈行為/活動〉なしで〈変化/移動〉→〈状態/位置〉のみを表す自動詞 (fall, freeze, develop, grow, expire, happen, appear など)，または〈状態/位置〉のみを表す自動詞 (be, remain, exist, last など) は非対格動詞 (unaccusative verb) と呼ぶ。非対格動詞は，意図的な活動や行為を含まない自然発生的な出来事や状態を表す。

形容詞的過去分詞が変化の結果を表すことは，変化の進行を表す現在分詞形と比較すると分かりやすい。

(50) a. boiling water（ぐつぐつ沸騰している湯）/boiled water（沸かした湯）
   b. developing countries（発展途上国）/developed countries（先進国）
   c. expiring tickets（期限の切れかけたチケット）/expired tickets（期限の切れてしまったチケット）

そうすると，形容詞的過去分詞になるのは変化を表す非対格動詞（主語が動作主ではなく対象物である自動詞）である，と言うことができる。他方，非能格動詞（動作主を主語として取る自動詞）の場合は形容詞的過去分詞にならない。たとえば，「しゃべるロボット」を *a talked robot,「働く男達」を *worked men,「踊る少女」を *a danced girl のように言うことはできず，代わりに talking, working, dancing という現在分詞形が必要になる。

上の原則に反する例外として，次のような表現が挙げられる。

(51) a. a much/well/far-traveled man（旅行経験の多い人）
   b. a well-read scholar（博識の学者）
   c. a well-spoken person（話しの上手な人）

travel, read, speak というのは自然発生的な出来事ではなく，人間の意図的な行為を表すから非対格動詞とは見なせない。むしろ，これらは，He travels the whole world./He reads books./She speaks English. のように動作主を主語にした他動詞としても使うことができる。そして他動詞としての用法に対応するのは，the heavily traveled road, well-read books, spoken language のように目的語名詞の性質を表す形容詞的受身である。「働く人」を *a worked man と言えないように，The man reads. に対応して *the read man と言えないはずである。したがって，(51)の過去分詞は行為者（動作主）の性質を表すという点で特殊である。しかしその特殊性も，意味を考えれば納得がいく。(51a)は単に「旅行した人」ではなく，「遠くまで旅行していろいろな体験をした物知りだ」という性質を表す。同様に，(51b)は「本をよく読んだ結果，知識が豊富だ」という性質，(51c)は「話しが上手だ。つまり，雄弁で洗練されている」という性質を表す。言い換えると，旅行・読書・雄弁という行為を背景にして，そこから生じる「博識」や「洗練」といった人間の属性を浮き彫りにする表現なのである（☞第2章）。

4.6 形容詞的受身と形容詞的過去分詞の理論的な問題

前節では形容詞的受身分詞と形容詞的過去分詞の種々の特徴を概観した。本節では，それらの特徴が理論的にどのように分析できるかを述べておく。

形容詞的受身については統語構造で派生するのか，それとも辞書（レキシコン）で形成するのかが理論的に最も重要な問題になる。その際重要なことは，形容詞的受身と動詞的受身の関係をどのように捉えるのかということである。

Wasow (1977) は動詞的受身は統語構造で，形容詞的受身はレキシコン（語彙構造）で別々に作られると提案した。これに対して，Bresnan (1982b), Levin and Rappaport (1986), Emonds (2006) などは動詞的受身を品詞転換すること（conversion：形態はそのままで品詞だけ変える操作）によって形容詞的受身が作られるとしている。

(52)　動詞的受身から形容詞的受身への品詞転換

　　　$[_V$ boiled$]$ → $[_A$ boiled$]$　(V=verb, A=adjective)

4.6.1 前置詞の残留

通常，辞書に載っている（語彙構造で作られる）複合語は内部に前置詞を含まない。dependable に対して，*dependable on や *dependonable とは言えない。例外的に accountable for や getatable などがあるが，数は少ない。ところが，動詞的受身で前置詞残留が可能な場合，形容詞的受身でも前置詞残留が成立する (Siegel 1973)。

(53)　a. It went unattended *to*. (BNC)

b. The girls are left uncared *for* and untaught. (BNC)
c. Foul play was unhinted *at*. (Siegel 1973: 308)

したがって，前置詞の残留という点では動詞的受身からの品詞転換という考え方が有利である。

4.6.2 形容詞的受身の形態的・統語的特異性

しかしながら，品詞転換分析で困るのは，動詞的受身があるのに形容詞的受身が成立しない場合があることである。

(54) a. He punched/slapped the boxer.
 →*The boxer looks/became {punched/slapped}.
b. Too much drink followed the good dinner.
 →*That good dinner felt followed by too much drink.
c. People avoid polluted cities during the summer.
 →*Many polluted cities remain avoided during the summer. (b, c は Emonds 2006: 19)

つまり，動詞的受身がすべて自動的に形容詞的受身に転換できるわけではなく，意味的な性質（とりわけ，変化結果，移動結果）に言及する必要がある。統語構造での語形成なら，そのような意味的な条件は関与しないはずである。

さらに，beloved（愛されている）のように基になる動詞（*belove）がない場合や，burn の動詞的受身が burned であるのに対して形容詞的受身は burnt である（Emonds 2006: 29）といった形態的な特異性も絡んでいる。

イディオム内部の目的語が形容詞的受身の主語にならないということも，統語的な派生にとって都合が悪い。

(55) *Advantage sounds easily taken of John. (Wasow 1977: 345)

4.6.3 形容詞的過去分詞

fallen (leaves) のような形容詞的過去分詞についてはこれまで理論的研究がほとんどない。受身形の基を他動詞に限るなら，自動詞から派生される形容詞的過去分詞は，形容詞的受身とは別物だということになる。しかし意味の観点からは，形容詞的過去分詞は，形容詞的受身（再帰構文に依るものも含む）と明らかに関連している。先に述べたように，形容詞的受身も形容詞的過去分詞も，変化の後の結果状態を際立たせる表現であ

る。
(56) a. 形容詞的受身：⟨行為⟩→⟨変化／移動⟩→⟨状態／位置⟩
b. 形容詞的過去分詞：⟨変化／移動⟩→⟨状態／位置⟩
（▒▒▒▒の部分は背景化を表す）

He is well/deeply/poorly read.／He is much/well/widely traveled.／She is a learned person. のような表現はどのみち統語構造の名詞句移動では派生できないから，形容詞的過去分詞がレキシコンで派生されるのなら，形容詞的受身も同じように扱うことができるはずである（影山 1996）。

4.6.4 「名詞＋ed」の形容詞

ここまでは動詞の受身分詞と過去分詞の話だったが，物の性質（属性）を表すという点では，名詞に -ed が付いた形容詞（☞第2章）も射程に入ってくる。

(57) blue-eyed（青い目の），red-haired（赤毛の），foul-mouthed（言葉遣いの下品な），high-spirited（威勢の良い），broad-minded（心の広い），bearded（ひげを生やした），loose-tongued（口の軽い）

これらは人間の外見的特徴や内面的性格を表す形容詞で，-ed が名詞に付いているために，形容詞的受身や形容詞的過去分詞とは異なると一般に考えられている。しかし，Marchand（1969: 264）によれば，名詞に付く -ed と過去分詞の -ed は歴史的には同じルーツのようである。このような表現まで関係づけるとすると，意味構造からの分析が必要となる（影山 1996）。

4.7 日本語の名詞修飾の「-た」

本章は，英語の形容詞的受身から形容詞的過去分詞へと話しを展開してきたが，これに対応する日本語はどうなっているのだろうか。日本語では，動詞的受身形をそのまま形容詞的受身に転用するということはない。

(58) a. baked potatoes ＊焼かれ芋，焼き芋，焼いた芋
b. boiled eggs ＊ゆでられ卵，ゆで卵，ゆでた卵

baked potatoes を受身形で表現すると「＊焼かれ芋」となるはずだが，そのような表現はない。実際に使われるのは，「焼き芋」という複合語か，

あるいは「焼いた芋」のような名詞修飾の「-た」形である。自動詞の場合も同じように，英語で形容詞的過去分詞で表現するところを日本語では複合語か，あるいは名詞修飾の「-た」形で表す。

(59)　a. withered leaves　枯れ葉，枯れ<u>た</u>葉
　　　b. an expired passport　期限切れのパスポート，期限の切れ<u>た</u>パスポート
　　　c. thin-sliced ham　薄切りハム，薄くスライスし<u>た</u>ハム

また，再帰構文に由来すると考えられる形容詞的受身も「-た」で表せる。

(60)　a. be dressed in black　喪服を着<u>た</u>女性
　　　b. be acquainted　見慣れ<u>た</u>顔

さらに，a bearded man「ひげを生やした男」のように，名詞修飾の「-た」が英語の「名詞＋ed」に対応することもある。

ここで重要なことは，これらの例に使われた「-た」は過去ではなく完了を表すことである。日本語の「-た」は，「私は昨日，デートをした」のように，いつと明示できるような過去の出来事を表すだけでなく，現在の状況を表すこともできる。たとえば「アッ，しまった！」というのは今の気持ちを言っているから，「*アッ，昨日8時に，しまった！」のように過去の時間を付けることはできない。通行の邪魔になっている人に向かって，「どいた，どいた！」というのも，過去ではない。もう既に立ち退いている人に対して，「どいた！」とは言えない。

そのように考えると，(59)(60)で挙げた「枯れた葉」や「喪服を着た女性」などの「-た」は，過去の一時点を表す文字通りの「過去形」の意味にも取れるが，もう1つの解釈としては，その出来事がいつ起こったのかは問わずに，結果として現在も残存している状態だけを伝える「完了」の意味にも取れる。この違いは，副詞の付き方で区別できる。

(61)　a. <u>15分ほど熱湯でぐつぐつと</u>ゆでた卵【過去】
　　　b. 私は，<u>柔らかく</u>ゆでた卵が好きです。【結果状態】

(61a)は，「15分ほど」という時間副詞や「熱湯で」という手段副詞，「ぐつぐつと」という過程の様態を表す副詞が，卵をゆでる過程を表すから「ゆでた」は単なる過去形としか解釈できない。一般に，普通の過去形は動作主や様態副詞，時間副詞などと共起する。ところが，(61b)の「柔らかく」というのはゆで卵の出来上がり状態を指していて，何時に誰がゆで

たかは関係ない。この場合が完了の「-た」に当たる。

このように，英語では形容詞的受身，形容詞的過去分詞，そして名詞＋ed 形が分担するところを，日本語ではすべて完了の「-た」でカバーしている。完了の「-た」というのは，行為連鎖の〈行為〉や〈変化〉の過程は切り捨てて，最終局面である〈状態〉を抽出する働きをする。このことから，英語の形容詞的受身，形容詞的過去分詞，そして名詞＋ed 形も，行為連鎖に基づく意味構造の観点からアプローチするほうが，統一的な分析が得られることになる（詳しくは金水 1994, 影山 1996）。

4.8　属性叙述の受身

第 3 章で述べたように，英語の受身文の主語は通常，他動詞能動文の直接目的語に対応するが，前置詞付きの擬似受身文の場合は，自動詞とその直後の前置詞が一体化されて，その後に残る目的語が受身化される。

(62)　a. If the table is *leaned against*, it will fall over.
　　　b. This problem will be *dealt with* in the next chapter.

このような例は，自動詞と前置詞が一体のものとして再分析され，他動詞並みに扱われる。再分析が起こるには，①前置詞が動詞の直後に来て，しかも②その前置詞句は付加詞ではなく動詞の補部でなければならない，という統語的な条件がある。もちろん，それを受身化するには他動性の度合いといった意味的制約が満たされなければならない。

ところが，これらの条件が満たされていないにもかかわらず，英語として通用する受身文がある。次の例を見てみよう。

(63)　a. The house can't be lived in any longer——it is going to be torn down.
　　　b. Beer and wine should be abstained from.
　　　　　　　　　　　　　　　　　(a, b は Couper-Koulen 1979)
　　　c. That glass has been drunk out of (by someone).
　　　d. This spoon has been eaten with.
　　　e. That marker should be walked toward very carefully.
　　　——There's a minefield.　　(c, d, e は Davison 1980)
　　　f. This plate has been eaten off.
　　　g. This cup has been drunk out of.

(f, g は Dixon 2005: 374)

たとえば eat with this spoon の with this spoon は付加詞であり，次のように他動詞と等位接続することはできない。

(64)　*John [ate with and washed] this spoon.

それにもかかわらず，(63d)のように受身文が容認できる。

さらに次のように，動詞と前置詞の間に目的語が介入する例も指摘されている。

(65)　a.　That city has been *fought many a battle over*.
　　　　← They fought many a battle over that city.
　　　　（その都市をめぐって数々の戦いが繰り広げられた）

　　　b.　The solution has been *raised serious doubts about*.
　　　　← They raised serious doubts about the solution.
　　　　（その解決案に対しては重大な疑問が呈された）

(a, b は Bolinger 1975)

　　　c.　This hall has been *signed peace treaties in*.
　　　　（このホールで数々の平和条約が締結されてきた）

　　　d.　My children have been *read stories to* since they were two years old.（うちの子供達は2歳のときから本を読んで聞かしてきた）　　(c, d は Ziv and Sheintuck 1981: 15)

このような例では，間に目的語が挟まれているから動詞と前置詞が一体化されているとは考えられない。

　このような統語的な条件から逸脱した受身文は，特殊な意味によって成り立っている。その特殊な意味というのは，受身化された主語名詞の性質や状態を「特徴づける」(高見 1995) ということである。たとえば，That glass has been drunk out of. や This spoon has been eaten with. というのは，問題のグラスの底に飲み物が残っていたり，あるいは問題のスプーンに食べ物のかすが付いていたりして，誰かがそれを使ったことが明白な場合に使用される受身文で，誰かがそのグラスで飲んだ，そのスプーンで食べたという事実を背景にして，だから「そのグラス／スプーンは使用済みだ」(新しいものと取り換えて欲しい) ということを伝えている。Dixon (2005: 374) は，これは英語国民のある種の「きれい好き」から来ているのではないかと推測している。Dixon によれば，?This knife has been cut with. という受身文は先ほどの glass と spoon の例文と比べると自然さが落ちるということである。それは，グラスやスプーンと比べると，ナイフについては先に誰かが使ったかどうかは余り気にしないからだ，と Dixon は述べている。この構文が英語国民のきれい好きを反映するという Dixon の主張の真偽は定かでないが，いずれにしても，主語となるグラスやスプーンの「使用済み」という性質を表していることには間違いないだろう。

　同様の解釈が，目的語を伴った(65)の例についても当てはまる。(65a)は，これまで多数の戦いで奪い合われたぐらいこの都市は「歴史的に重要だ」という意味を伝えている。同様に，(65b)は「この解決案は信頼性が低い」，(65c)は「このホールは外交上重要な場所だ」，(65d)は「うちの子供達はかしこい」というように，主語の特性（属性）を述べている。

　この種の受身文が主語になるものの性質（属性）を描写するということは，次のような対比からも理解できる。

(66)　a.　*The stairs were run up by Jane.
　　　a′.　These stairs have been run up so much that the carpet is threadbare.（この階段はみんなが頻繁に上がり下りするので，カーペットがボロボロだ）
　　　b.　*The bridge was walked under by the dog.
　　　b′.　This bridge has been walked under by generations of lovers.（この橋の下は，何世代もにわたって恋人達が歩いたデートスポットだ）　　　　　　　　（以上 Bolinger 1975: 69）

このように主語の恒常的，本質的性質を述べることを**属性叙述**（property predication）という（☞第 2 章）。属性というのは，物の本質的な性質で，たとえば，This bucket holds 10 gallons. というのは，このバケツの容量を述べる表現であり，いま実際にそのバケツに水が入っていなくても通用する。属性というのは，いつまでも，恒常的に持続すると考えられる固定化した性質である。

　これに対して，普通の動詞的受身は具体的な時間と場所における出来事や行為の発生を述べるから，**事象叙述**（event predication）である。事象叙述の受身文は時制が過去でも現在進行形でも未来形でも何でもよいが，属性叙述の受身文は，主語の一般的な性質を表すために，時制とアスペク

トは現在完了形を用いることが多く,過去の経験ないし経歴を踏まえた上で状態化している。能力（can）や義務（must, should）のような法助動詞,あるいは否定によって,恒常的な性質を表明することもある。

(67) a. Marijuana is a highly dangerous substance that *should be abstained from* by all.
（マリワナは,誰もが慎むべき極めて危険な物質だ）
b. This pub *hasn't been smoked hash in* ever before. (Ziv and Sheintuck 1981)（このパブではこれまで誰も大麻を吸ったことがない。このパブは健全な場所だ。）
c. The lounge *can be relaxed in*. (Couper-Kuhnen 1979: 106)（このラウンジはくつろげる。）

また,動作主が歴史的な人物の場合は,その人が動作をしただけでも,対象物の顕著な履歴となることがある。

(68) That cup was drunk out of by Napoleon (and carefully preserved for 150 years afterward). (Davison 1980: 54)
（そのコップはナポレオンが使って以後150年間ていねいに保存されていた）

このように,属性叙述の受身文が,一般の受身文に対する統語的制約から逸脱しているのに英語として容認できるのは,普通の動詞的受身が事象叙述であるのに対して,主語の属性を述べる状態性の受身文であるからである。出来事や行為を目撃することはできるが,属性を目撃することはできない。

(69) a. I saw the bed slept in by Chomsky.
b. I saw many linguists talked about by Chomsky.
(70) a. *I saw the spoon eaten with.
b. *I saw the hall signed peace treaties in.

(Kageyama and Ura 2002)

これと同じことは,形容詞についても当てはまる。

(71) a. I saw John drunk/sick.
b. *I saw John tall/intelligent.

drunk, sick というのは一時的な状態で,これらは see の補文に生じることができる。ところが tall, intelligent は恒常的な属性であるから see の

補部には来ることができない。この違いは，能格動詞(72a)と中間構文(72b)の違いとも対応する。

(72) a. I saw the car stop at the gate.
　　　b. *I saw the car handle well.

　事象叙述の受身文と属性叙述の受身文で注目したいのは，単に意味が違うだけでなく，関与する統語的な条件が違うということである。英語の場合，事象叙述の受身文は，元になる能動文で動詞の直後に目的語が来なければならないという統語的な条件がある（☞第3章）。他方，属性叙述の受身文は，この統語的条件から逸脱している場合に成立する。すなわち，英語の属性叙述受身文では，通常なら受身化できない付加詞の部分に対して受身化が起こる。

　これと似たことは日本語でも観察される。まず，日本語では(73a)のように幾つかの動詞は受身文の動作主をニ格で標示できないことに注意しよう。しかしそのような動詞でも，主語の属性を表す場合には(73b)のようにニ格標示が問題なく成立する。

(73) a. *この雑誌は太郎によく読まれている。
　　　b. この雑誌は10代の若者によく読まれている。

(益岡 1987: 189)

(73a)は「太郎がこの雑誌をよく読む」という単なる事実（出来事）を表すだけであるが，(73b)は「10代の若者がよく読む」という事実を背景として，「若者に人気がある」というこの雑誌の性質を描写している。

　属性叙述の受身文は統語的な制約を逸脱して成立するということが分かりやすいのは，次のような場合である。一般に，受身化によって主語になるのは，主動詞が直接取る目的語であり，補文の中に埋め込まれた目的語は主語にならない（井上1976など）。

(74) a. 先生は昨日，生徒全員に［納豆を食べ］させた。
　　　b. 生徒全員が，昨日，先生に納豆を食べさせられた。
　　　c. *納豆が，昨日，先生に（よって）生徒全員に食べさせられた。

(74b)が自然であるのに対して，(74c)は成り立たない。なぜなら，「納豆」は「納豆を食べ（る）」という埋め込み文の目的語だからである。

　ところが，この(74c)の文でも，次のように手を加えると良くなる。

第4章　状態・属性を表す受身と過去分詞

(75) この地方では，毎朝，納豆が生徒全員に食べさせられている。
(Kageyama 2006)

(75)では，「この地方では」「毎朝」「〜ている」という表現を補うことで，納豆の健康食品としての性質が描かれている。

このように，具体的な時空間に発生する出来事を表す通常の動詞的受身文が統語的な制限を受けるのに対して，それらの統語的な制限に違反しているのにも拘わらず成り立つ受身文がある。そのような異常な受身 (peculiar passive) は，統語的には異常であっても，意味的には「主語の性質・属性を表す」という明確な機能を持っている。英語でも日本語でも，出来事を表すか，物の属性を表すかという2つの機能によって受身文の棲み分けがなされているのである。

5 まとめ

本章では，英語の形容詞的受身を中心に，それと関連する形容詞的な過去分詞や，日本語の名詞修飾「-た」を説明した。一見ばらばらのように見えるこれらの現象の背後には共通の性質が潜んでいる。それは，〈行為〉→〈変化〉→〈状態〉という出来事の流れの中で，行為と変化を背景化し，結果状態の部分をハイライトするという性質である。その性質を表明するのが，英語では -ed という接尾辞，日本語では「-た」である。これらは「過去」という時制ではなく，「完了」というアスペクトを表し，出来事が完了することによって生じる結果状態を表現するのである。その点では名詞に付く -ed も同列に扱ってもよいのではないかと思われる。過去分詞の -ed と名詞を形容詞に変える -ed は普通は別物と考えられているが，Marchand (1969) は両者がインドヨーロッパ祖語に遡ると同じ起源だったのではないかと示唆している。面白いことに，英語の名詞 -ed 形を日本語に訳すときは完了の「-た」に対応することが多い。たとえば，a spectacled man「メガネをかけた男」，a bearded man「ひげを生やした男」，a long-haired woman「髪を長く伸ばした女性」のように。出来事から状態ができると，次はその状態が主語の恒常的な属性を表すことになる。それが属性受身文である。本章で取り上げた現象はすべて，出来事が一時的な状態，そして恒常的な性質へと変化する様子を表現したものであ

る。そのような働きは他にも，中間構文や，幾つかの言語の再帰構文などにも観察される（Kageyama 2006）。言語が，物事の現在の性質を過去の時間の流れを背景にして表現しているというのは，私たちの物理的・心理的外界認識を反映するものとして非常に興味深い。

6 さらに理解を深めるために

- Emonds. 2006. Adjectival passives ［英語の形容詞受身の特徴と研究の流れを網羅的に展望しながら，独自の考えを展開している。ただ，形容詞的な過去分詞は扱っていない。］
- 影山太郎．1996．『動詞意味論』［英語の形容詞的受身，形容詞的過去分詞，名詞 -ed 形，日本語の名詞修飾「-た」を総合的に検討し，これらすべてを語彙概念構造という意味構造で分析することを提案している。］
- Kageyama. 2006. Property description as a voice phenomenon ［属性叙述の受身文から中間構文，目的語省略構文，再帰構文など多岐にわたって出来事が属性に変化することを指摘し，理論的分析を加えている。］

（影山太郎）

第5章 補文をとる動詞と形容詞
―― 上昇とコントロール

> ◆基本構文
> (A) 1. John is likely to win.
>   2. It is likely that John will win.
> (B) 1. John is eager to win.
>   2. *It is eager that John will win.
> (C) 1. The cat is likely to be out of the bag.
>   2. The cat is eager to be out of the bag.
> (D) 1. 子供たちが本を読み始めた。
>   2. 子供たちが本を読み終えた。
> (E) 1. その店では閑古鳥が鳴き始めた。
>   2. その店では閑古鳥が鳴き終えた。

【キーワード】上昇構文，コントロール構文，選択制限，イディオム，受身化，ヴィッサーの一般化，ブルツィオの一般化

1 なぜ？

　likely（ありそうだ）と eager（熱望する）は後に to 不定詞を取り，見かけは全く同じ構文を作ることがある（A1）(B1)。しかしながら，(A2)と(B2)から分かるように，likely と eager では It is ... that の書き換えで違いが出る。likely(A1, 2) では，John が主節の主語に現れる構文と，John が win の主語として補文（that 節）の中に現れる構文が可能である。この2つの文は論理的に同じ意味を表すので，しばしば，英文法の「書き換えの問題」として使われることがある。しかし，eager(B1, 2)では John は is eager の主語になるだけで，It ... that 節の書き換えができない。likely と eager では，補語としてとる to 不定詞は同じなのに，な

ぜIt ... that 節への書き換えの可能性が異なるのだろうか。表面上，同じに見える構文が異なる特徴を示すという事実をどのようにして捉えたらよいのだろうか。

(C1)の英文を解釈すると，「ネコが袋から外に出ていそうだ」という文字通りの意味と，「秘密が漏れていそうだ」というイディオムとしての意味の2つに取れる。他方，(C2)は「秘密が漏れている」というイディオムの意味はなく，文字通り，「ネコが袋から外に出たがっている」という意味しかない。likely と eager で，なぜそのような違いが生じるのだろうか。

日本語には，英語の to 不定詞に相当するものはないように見える。そうすると，(A)(B)の英語で観察された事実は，日本語には関係ないと考えたくなるかもしれない。しかし実際には，英語の to 不定詞とよく似た振舞いをする構文(D)(E)が存在する。(E)を見ると分かりやすい。「閑古鳥（かんこどり）」というのはカッコウのことで，(E2)では，カッコウが鳴くのが終わったという意味になる。ところが(E1)では，文字通りのカッコウが鳴くという意味の他に，「閑古鳥が鳴く」つまり「客が少なくて商売が繁盛していない」というイディオムの意味にも取れる。おもしろいことに，このイディオムの意味は(E2)ではあり得ない。なぜ，(E1)と(E2)でそのような違いが生じるのだろうか。また，(A)(B)(C)の英語と(D)(E)の日本語に共通する性質はどのように捉えられるだろうか。

2　上昇構文とコントロール構文とは

(1)の2つの文は主語＋is＋形容詞＋to 不定詞の形式をとり，表面上全く同じに見えるが，意味と統語構造において根本的な違いがある。

(1)　a.　John is likely to win.（ジョンは勝ちそうだ）

　　　b.　John is eager to win.（ジョンは勝ちたがっている）

(1a)の John は，見かけは is likely（〜しそうだ）の主語のように見えるが，*John is likely. だけでは意味が通じない。なぜなら，is likely（ありそうだ）というのは，「ジョンという人物がありそうだ」ではなく「出来事や事態がありそうだ」と表現すべきだからである。そうすると，(1a)の John は is likely の主語ではなく，むしろ to win の主語と捉えられる。

つまり、(1a)は、「John が win することがありそうだ」あるいは「John が win しそうだ」という意味になる。このことは、(1a)の文が実質的な意味を変えることなしに、(2)のように書き換えられることからも分かる。

(2) It is likely that John will win.

　　　(ただし不定詞を使って *It is likely for John to win. とは言えない)

(1a)と(2)はほぼ同じ意味であるが、(2)のほうが、John と win の関係が明瞭である。すなわち、(2)では補文 (that John will win) において John が win の主語であることが明示されている。その代わり、主節の主語には虚辞 (expletive：学校文法では「仮主語」) の it が入っている。(1a)と(2)の文法的な違いは to 不定詞か that 節かであるが、今はそれは問題にせず、主語 John と述語 win の関係だけを見ると、(1a)の文の意味は、(3)のように表したほうが分かりやすい。

(3) 　[主節＿＿ is likely [補文 John to win]]

(3)の構造は、ジョンが勝つこと (John to win) があり得る (is likely) という意味を表している。ただし、これをそのまま、"＿＿ is likely John to win." と発音しても英語として成り立たない。なぜなら、冒頭の空白部分に主語が入っていないからである。そこで、生成文法では、補文(「埋め込み文」とも言う) の主語 John が主語の空白を埋めるために移動していくと考えられている。補文の主語が主節の主語位置に移動していくことを**上昇** (raising) と言う。主語の上昇を伴う形容詞には likely や certain があり、形容詞以外に seem や appear といった動詞も同じ構文をとる (後述)。そこで、述語が形容詞の場合も動詞の場合もひっくるめて、(3)の公式で分析できる構文を**上昇構文** (raising construction) と呼ぶ。上昇構文を取る述語 (動詞、形容詞) は**上昇述語**である。

では、(1b)の John is eager to win. はどうだろうか。likely が *John is likely. と言えなかったのに対して、eager は John is eager. だけでも意味が通じる。なぜなら、eager (熱望している) というからには、そのような気持ちを持つ生き物が主語に来なければならないからである (eager は主語に「有生物」という意味の**選択制限** (selectional restriction) を課している)。そのため、もし虚辞の it を主語に置くと、文は成り立たない。

(4) *It is eager that John will win.

このように，is eager の場合は(3)の is likely と違って，John はもともと主語として存在する。しかしそれだけではなく，(1b)では eager の後に to win が続いているから，John は win の意味上の主語も兼ねている。つまり，John is eager to win. というのは，回りくどく言うと，「ジョンは，ジョン（自身）が勝つことを熱望している」ということである。この解釈を文構造として表すと，(5)のようになる。

(5) [主節 John$_i$ is eager [補文 PRO$_i$ to win]]

小文字 i は同一指示を表す

(5)では，まず John is eager の部分で，is eager の主語が John であることが分かる。さらに，PRO to win の部分は「ジョン自身が勝つ」という意味を表しているが，ただし win の意味上の主語は John という名詞ではなく，PRO という発音されない代名詞で表示されている。(5)では，PRO に小文字の $_i$ が指標（インデックス）として付けられ，主語の名詞 John にも同じ指標が付けられているから，「PRO は John を指す（言い換えると，John と PRO は **同一指示** である）」ということになる。このように，文中のある名詞句が PRO を指すことを **コントロール**（control）と言い，その名詞句（いわゆる先行詞）のことをコントローラーと言う。(5)では主語の John が PRO をコントロールしているから，John が PRO のコントローラーである。このような形の構文を **コントロール構文**（control construction）と呼び，コントロール構文を取る述語（動詞，形容詞）を **コントロール述語** と呼ぶ。（なお，PRO を用いた分析が一般的になる以前は，[John is eager [~~John~~ to win]]のように，主節の John と同じ John を補文内にも仮定し，同一名詞句削除（Equi-NP deletion）という規則によって補文内の John を削除するという分析が行われていた。）

上の説明は likely, eager という形容詞についてであったが，同じことが to 不定詞を取る動詞にも当てはまる。たとえば seem を含む(6a)は上昇構文，want を含む(6b)はコントロール構文に当たる。

(6) a. John seems to like the dog.
　　　　[___ seems [John to like the dog]] 〈上昇構文〉
　　　　　　　　　　　　　　　　　　　移動

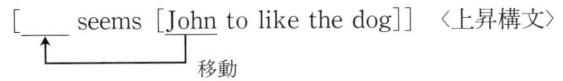

第 5 章 補文をとる動詞と形容詞

b. John wants to drink beer.

[John_i wants [PRO_i to drink beer]]　〈コントロール構文〉
　　　　　　　　　　　　　　　同一指示

以上では，不定詞補文の意味上の主語が主節の主語に繰り上がる「主語から主語への上昇」と，主節の主語名詞句が不定詞の意味上の主語 (PRO) をコントロールする「主語コントロール」を説明した。これに対して，次の (7a) (7b) は，それぞれ上昇構文とコントロール構文ではあるものの，上の例とは異なっている。

(7)　a. John believes Mary to be honest.
　　　b. John persuaded Mary to come to the party.

(7a) は，第3章4.5節では「ECM 構文」と呼んだものであるが，言語現象としては，(1a) および (6) で見たのと全く同じ特徴が観察されるから，ここでは「上昇構文」と見なし，(8) のように分析する。

(8)　[John believed ___ [Mary to be honest]]
　　　　　　　　　　　　　　　　　　〈主語から目的語への上昇構文〉

つまり，この文は「Mary が正直者だと，John が信じている」ということで，Mary は to be honest の意味上の主語である。しかし，表面的には，Mary は believe の目的語に繰り上がっている。

他方，(7b) では Mary は to come to the party の意味上の主語であるが，persuade の直接の目的語でもある。なぜなら，persuade という動詞は直接目的語に対して「有生物」という選択制限を課し，John persuaded Mary. だけでも充分意味が通じるからである。したがって，(7b) の構造は (9) のように，目的語 Mary が PRO をコントロールする構文と分析できる。

(9)　[John persuaded Mary_i [PRO_i to come to the party]]
　　　　　　　　　　　　　　　　　　〈目的語コントロール構文〉

(8) と (9) のような目的語への上昇と目的語コントロールは，主節の述語が動詞の場合に限られ，主節の述語が形容詞のときには見られない。なぜなら，形容詞はそれ自体で直接目的語を取ることができないからである。

ちなみに，John is easy to please. のように，表面上の主語が不定詞の目的語に対応する**難易構文** (tough construction) では，上で説明した上

昇ともコントロールとも異なる操作が関わっている（☞『動詞編』第8章）。

　以上をまとめると，to 不定詞を補文にとる動詞・形容詞は上昇構文とコントロール構文に大別される（さらに細かい分類は第4節）。どちらの構文になるのかを見分ける大雑把な方法は，主語の選択制限を見ることである。is eager や want は必ず主語に「熱望」や「欲望」といった感情を持つ名詞が来なければならない（すなわち，これらの述語は主語に対して選択制限を課している）から，その主語がもともと is eager や want の前に生成され，to 不定詞とコントロール関係で結びつけられる。他方，is likely や seem といった述語は「人間や具体物そのものが is likely である／seem する」と言っても意味を成さない。これらの述語は John などの具体物ではなく，「～が…すること」という出来事を叙述する。出来事を叙述する述語は，基本的に，上昇構文を取る。その結果，is likely や seem の見かけ上の主語は生き物でも無生物でも何でも構わないことになる。

(10)　主語に対する選択制限の有無

　　a. コントロール構文

$$\left\{\begin{array}{l}\text{The man}\\ \text{The dog}\\ \text{*The letter}\\ \text{*A typhoon}\end{array}\right\} \text{is eager to come.}$$

　　b. 上昇構文

$$\left\{\begin{array}{l}\text{The man}\\ \text{The dog}\\ \text{The letter}\\ \text{A typhoon}\end{array}\right\} \text{is likely to come.}$$

ただし，単純に生物か無生物かだけに頼るのは危険なことがある。たとえば，一般に finish は補文に ing 節をとるが，この補文は(11)のような例からコントロール構造を持つと考えられる。しかしながら，(12)は無生物主語でも適格である。

(11)　a.　John finished eating.
　　　b.　*It finished raining.

第5章　補文をとる動詞と形容詞

(12) a. The paint has finished drying.
   b. The leaves have finished falling.

(Pustejovsky 1995: 206)

(12)の「ペンキ」は放っておけば乾く性質を持っているし,「木の葉」は寒くなると枝から落ちる性質を持っている。そのような自律的な活動をする名詞は無生物でも出来事を制御できると見なされ,コントロール構文を取ると分析できる(Pustejovskyは擬似コントロールと呼んでいる)。

では,日本語はどうだろうか。日本語にも上昇構文とコントロール構文があるが,中でもよく議論されているのが複合動詞(compound verb)を含む(13)のような構文である。

(13) a. 子供が本を読みかけた。
   b. 子供が鍵を掛け忘れた。

日本語には,このような動詞の複合語が非常に豊富である。(13)の「読みかける」「掛け忘れる」は一単語として働いているのではなく,統語的な補文構造を持っており,「統語的な複合語」と呼ばれる。複合動詞が統語的な複合語かどうかは,影山(1989, 1993)で議論されているように,たとえば,目的語と前部の動詞要素「そうする」で置き換えることができるかどうかで判断できる。

(14) a. 子供が本を読み過ぎた。メアリーもそうしかけた。
   b. 子供はよく鍵を掛け忘れた。大人もそうし忘れたことがあった。

「そうする」は,英語のdo soと同じように,前の文に現れる動詞句(Verb Phrase)を指す。(13)の複合動詞で「そうしかける,そうし忘れる」と言えるのは,前部動詞「読む,掛ける」が後部動詞「かける,忘れる」の補文に埋め込まれた補文構造(15)を持っているからである。

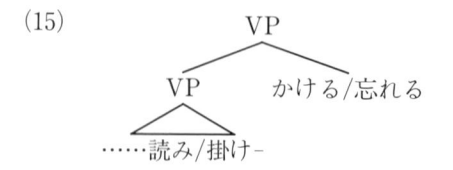

(15)
```
        VP
       /  \
      VP   かける/忘れる
     /  \
 ……読み/掛け-
```

これに対して,見かけは同じように2つの動詞で構成される「語彙的な複合動詞」も存在する。たとえば「走り込む,貼り付ける」などである

が，これらはそれ全体で一単語であり，「走り」と「込む」，「貼り」と「付ける」に分解して取り扱うことはできない。したがって，前部動詞だけを「そうする」に取り替えると，(16)のようにおかしくなる。

(16) a. 子供が部屋に走り込んだ。*大人もそうし込んだ。
b. 子供が壁に紙を貼り付けた。*大人もそうし付けた。

このように，前部動詞だけを「そうする」で置き換えることができない複合動詞は，形態的には2語で構成されているものの，統語構造では(15)のような補文構造を持たず，[_v 走り込む]，[_v 貼り付ける]のように全体で一単語扱いとなる。

一般に統語的な複合語は，生産性が非常に高く（つまり，動詞の組み合わせに制限が少ない），個々の動詞の意味から全体の意味が決定できるので意味の透明性が高い（つまり，前部動詞と後部動詞の意味から複合動詞の意味が容易に推測できる）という特徴がある。これに対して，語彙的な複合語は，組み合わすことのできる動詞に対する制限がきつく（組み合わせられる動詞の数が少ない），意味の透明性が低い（個々の動詞の意味から全体の意味を推測しにくい）ことが多い。なお，同じ後部動詞でも意味によって，2つの用法があることもある。たとえば，「もう少しで秘密を話しかけた」は「そうしかけた」と言い換えられるから統語的な複合動詞であるが，「通行人に話しかけた」は「*そうしかけた」と言い換えられないから語彙的な複合動詞と見なせる。場合によっては，統語的なのか語彙的なのか判断が難しい中間的な性質を示すものもある。

さて，統語的な複合動詞の現れる(13)の2文は，英語の不定詞に似た補文構造を持っていて，上昇とコントロールの区別を示唆する言語現象が観察される。これは，複合動詞の後部動詞が主語に対して制限を課すものと課さないものがあるからである。(13a)の「～かける」の主語は人間名詞でも無生物名詞（例：「雨が降りかけた」）でもよいから，主語に対して意味的な選択制限を課さない。このような動詞は，次のように上昇構文として分析できる。

(17) [_主節 ＿＿＿ [_補文 子供が　本を読み] かけた]
　　　　　　↑＿＿＿＿＿＿＿｜
　　　　　　　　　　　〈上昇構文〉

なお，(17)では「読み」と「かけた」が離れているが，表面上は両者が一

語の複合動詞にまとまる。

これに対して，(13b)の「忘れる」は，主語に対して選択制限を課す。つまり，「〜忘れる」の主語は無生物ではだめで（例：「*雨が降り忘れた」），普通は人間名詞である。このような動詞はコントロール構造を持つと考えることができる（ただし，後部動詞の意味だけではこの関係がそれほど明らかでないものもある）。

(18) ［子供ᵢが［PROᵢ 鍵を 掛け］忘れた］
 　　　　　　　　　　　　　　〈コントロール構文〉

日本語の複合動詞の構文における上昇とコントロールの区別の仕方については，4.5 節で詳しく述べる。

3 代表的な述語

　英語は動詞と形容詞の例を挙げる。日本語は統語的な複合動詞の後部動詞の代表的なものだけを to 不定詞のリストの後に挙げる。

◆英語で to 不定詞をとるタイプ

【上昇述語（主語への上昇）】

　形容詞：apt, about, bound, certain, liable, likely, supposed, sure, unlikely

　動詞：appear, happen, need, prove, resume, seem, start, stand, tend, turn out, wind up／かける，出す，過ぎる

【上昇述語（目的語への上昇）】

　（動詞のみ）acknowledge, admit, affirm, allege, believe, concede, declare, decree, demonstrate, disclose, feel, figure, guarantee, guess, imagine, judge, know, note, posit, presume, prove, recognize, remember, report, specify, state, stipulate, suppose, surmise, take, think, understand

【コントロール述語（主語コントロール）】

　形容詞：anxious, careful, eager, keen, reluctant, willing

　動詞：attempt, dare, desire, endeavor, forget, hope, intend, manage, refuse, remember, try／終わる，終える，忘れる，損ねる，そこなう，直す，飽きる，尽くす，切る，慣れる

【コントロール述語（目的語コントロール）】
　（動詞のみ）allow, cause, challenge, command, force, let, oblige, order, permit, persuade, tell, urge, forbid
【上昇とコントロールの両方の用法を持つ述語】
　begin, continue, fail, threaten, keep, promise, stop, cease／始める，続ける
◆英語で補文に -ing 形をとるタイプ
【主語への上昇】
　keep, end up, continue, start, begin, stop
【主語コントロール】
　avoid, try, remember
【目的語への上昇】
　prevent, stop, keep
【目的語コントロール】
　deter, dissuade, discourage, restrain

4 問題点と分析

4.1 上昇構文とコントロール構文の相違

　補部に that 節と for-to 不定詞のいずれも取ることができる述語は数多くあり，両構文は基本的な意味を変えることなく書き換えが可能なことが多い．

(19)　a. It is important that the records be kept.
　　　b. It is important for the records to be kept.

(19)の埋め込み節の中にある動詞は定形（that 節）か不定形（to 不定詞）かという違いがあるものの，実質的な意味の違いはないように見える．しかし，Bresnan (1979) によると，不定詞と that 節は主観性という意味の性質において異なり，客観的事実を前提とする場合には，(20a)のように for-to 節は容認されなくなる．

(20)　a. *It is true for God to exist.
　　　b. It is true that God exists.

Radford (1988) によると, for-to 節をとることができる述語は願望的 (desiderative) な意味や感情的 (emotive) な意味を表し (Bresnan (1979) はこの制約が前置詞 for の意味に由来するとしている), 他方, that 節をとることができる述語は, 認知的 (cognitive) な意味や断定的 (assertive) な意味を表す。ただし, これは大まかな傾向であり, 1つ述語の述語が両方のタイプの節をとることも少なくないので, 一般的には動詞によって個別に節の選択制限が指定されていると考えられる。

本章で主に取り扱う従属節は to 不定詞である。to 不定詞を選択する述語には上昇述語とコントロール述語の2種類がある。両者を区別する特徴は, ①述語による主語の選択制限, ②虚辞主語の生起の可能性, ③埋め込み節が受身化した場合の意味の違いの有無, ④イディオムの意味の保持の可能性などに現れる。以下では, likely と eager を用いてこれらの特徴を解説する。

(21)　a.　John is likely to come.〈上昇構文〉
　　　b.　John is eager to come.〈コントロール構文〉

まず, (21a)の上昇構文 (likely) と(21b)のコントロール構文 (eager) では, 主語にかかる選択制限が異なる。このことは, たとえば, The water is very hot.(無生物の the water が主語になっている)と Mary visited London.(人間の Mary が主語になっている)のような文をこの2つの構文に埋め込むと(22)と(23)のような文法性の対比が生じることからわかる。

(22)　a.　The water is likely to be very hot.
　　　b.　Mary is likely to visit London
(23)　a.　*The water is eager to be very hot.
　　　b.　Mary is eager to visit London.

(22a)の上昇述語 likely はそれ自体では主語を選択せず, 主語が to 不定詞のところから上昇してくるから, 上昇構文では to 不定詞が主語に対して課す選択制限が主節の主語に継承されることになる。そのために上昇構文では, to 不定詞で表される動詞の選択制限が満たされる限りにおいて, 主語がどのようなタイプのものでも容認されることになる。これに対して, (23b)のコントロール構文では, コントロール述語 eager が主語として人間ないし動物(動作主)を要求しているため, 補文の述語の制限だけ

でなく主節のコントロール述語の制限もかかってくる。そのために，(22a)と異なり，無生物の主語が現れる(23a)は容認されなくなる。

コントロール構文と上昇構文の端的な違いは，虚辞の there や天候を表す it が主語として現れるかどうかである。たとえば，There is a book on the table. や It is raining. のような文を2つの構文に埋め込んだ場合，(24)と(25)の容認性の対比が観察される。

(24) a. There is likely to be a book on the table.
     b. It is likely to rain.
(25) a. *There is eager to be a book on the table.
     b. *It is eager to rain.

There is〜の存在文に現れる虚辞の there は be や happen のような特定の動詞としか共起できない。天候を表す it も同様で，rain や snow のような天候を表す動詞としか共起しない。(24)と(25)に現れている there と it を選択しているのは，to 不定詞で表される動詞 (be と rain) である。したがって，従属節の動詞 (to 不定詞) の選択制限が主節の主語に反映された(24)の上昇構文は容認されるが，他方，生物主語を要求する述語 (is eager) を用いた(25)のコントロール構文では，there や it のような無生物名詞が主節の主語として生じることは許されないことになる。

上昇とコントロールの違いは，埋め込み節を受身にした場合にも観察できる。まず，上昇述語は，基本的な意味を変えずに埋め込み節の動詞を受身形にすることができる。次の(26b)は(26a)と実質的に同じ意味である。

(26) a. The students are likely to read the book.
     b. The book is likely to be read by the students.

もちろん，これは，主節の上昇述語が補文から上昇する名詞句に対して選択制限を課さないからである。ところが，コントロール述語の場合は主語はコントローラーとしての要件を満たす名詞句でなければならないので，(27a)に対応する(27b)の受身は非文法的になる。

(27) a. The students are eager to read this book.
     b. *This book is eager to be read by the students.

次の(28b)では不定詞が受身形になっているが，対応する(28a)とは意味が全く異なる。

(28) a. The doctor is eager to examine my boss.

(その医者は私の上司を診察したいと思っている)
b. My boss is eager to be examined by the doctor.
(私の上司はその医者に診察してもらいたいと思っている)

eager は願望の主体となる主語を選択するため，(28a)において to 不定詞が表す行為（診察）を望む主体は the doctor であり，(28b)では逆に my boss になる。

最後に，コントロール構文と上昇構文の違いは The cat is out of the bag.（秘密が漏れている）のように主語を含むイディオム（主語イディオム）の解釈の違いとしても現れる。Radford (1997) が指摘するように，上昇述語では，主語イディオムの解釈が可能であるが，コントロール述語ではそのような解釈は不可能になる。

(29) a. The cat is likely to be out of the bag.
〈イディオムの解釈あり〉
b. The cat is eager to be out of the bag.
〈イディオムの解釈なし〉

上昇述語 likely を用いた(29a)では，the cat is out of the bag が「秘密が漏れそうになっている」というイディオムの解釈にも，「猫が袋から出かかっている」という文字通りの解釈にも取れる。これに対して，コントロール述語 eager を用いた(29b)ではイディオムの意味は消滅し，文字通りの「猫が袋から出たがっている」という解釈しかない。(29b)のコントロール構文では the cat と out of the bag が使われているのにイディオムとしての意味が存在しないのは，(30)の複文がイディオムの意味で解釈できないのと同じことである。

(30) *The cat* thinks that *she* is out of the bag.
〈イディオムの解釈なし〉

(30)においては the cat と she が同じものを指す場合であっても，the cat と out of the bag がひとまとまりの単位を作っていないためにイディオムの解釈が得られない (Carnie 2002)。同じように，(29b)のコントロール構文も，to be out of the bag の主語は the cat ではなく PRO であり，the cat と out of the bag がひと固まりになっていないため，イディオムの解釈が得られないことになる。

(31) [The cat is eager [PRO to be out of the bag]] (=29b)

〈イディオムの解釈なし〉

これに対して，(29a)の上昇構文では，次の(32)の構造に示されるように，the cat はもともと従属節中に存在する。

(32) [＿＿ is likely [the cat to be out of the bag]] (＝29a)

上昇構文の場合，表面上は the cat と be out of the bag がひとまとまりになっていない。しかし，上昇が起こる前は，the cat to be out of the bag は連続したまとまりであるから，イディオムの解釈が可能になるのである。

　名詞句が移動されても，もともとの位置で名詞句と述語が隣り合わせの関係があればイディオムの解釈が保持されることは，(33b)の受身文が(33a)の能動文と同様にイディオムの解釈が可能であることからもわかる。

(33)　a. John has let the cat out of the bag.

〈イディオムの解釈可能〉

　　　b. The cat has been let out of the bag.

〈イディオムの解釈可能〉

受身文では，対応する能動文の目的語が主語として出現する。これは，(34)で示されるように動詞 (has let) の目的語が受身化によって主語位置に上昇するためである。

(34) [＿＿ has been let the cat out of the bag]

(33b)の主語位置にある the cat は，もともとは(34)のように let の後ろ(つまり目的語の位置)にあったと考えられ，その段階で the cat と out of the bag は隣接するまとまりをなしているから，イディオムの解釈が可能になる訳である。

　以上では主語から主語への上昇と主語コントロールの相違を見たが，これと同じことが，主語から目的語への上昇(35a)と目的語コントロール(35b)にも観察される。

(35)　a. John believes Mary to be honest.

〈主語から目的語への上昇〉

　　　b. John persuaded Mary to attend the class.

第5章　補文をとる動詞と形容詞　　165

〈目的語コントロール〉

まず, (36)に見られるように, to 不定詞の意味上の主語が無生物かどうかで容認性の違いが現れる。

 (36) a. John believes the rock to be very hard.
    b. *John persuaded the rock to be very hard.

次の例は, 天候を表す it や虚辞の there の出現に関しても, 2つのタイプの構文で容認性の違いがあることを示している。

 (37) a. John believes it to be raining in Chicago.
    b. *John persuaded it to be raining in Chicago.

さらに, 埋め込み節の受身の可能性にも違いが観察される。上昇述語の場合は, (38a)のように (The doctor) examined Bill. という能動文を埋め込んだ場合も, (38b)のように (Bill) was examined by the doctor. という受身文を埋め込んだ場合も, 基本的な意味は変わらない。

 (38) a. John believes the doctor to have examined Bill.
    b. John believes Bill to have been examined by the doctor.

believe の見かけ上の目的語——(38a)では the doctor, (38b)では Bill ——は, 直接的に believe と意味的関係を持たないので, どちらの形をとっても基本的に同じ意味を表す。これに対して, コントロール構文(39)の場合には埋め込み節（不定詞節）が能動形か受身形かで文の意味が異なってくる。

 (39) a. John persuaded the doctor to examine Bill.
    b. John persuaded Bill to be examined by the doctor.

(39)では, persuade は意味的に目的語（人間名詞）を項として選択しているため, 埋め込み節が能動か受身かで説得の対象となる人物が変化し, 文全体の意味が異なってくるのである。

最後に, イディオムの解釈についても believe と persuade で違いが認められる。

 (40) a. I believe the cat to be out of the bag.
            〈イディオムの解釈あり〉
    b. I persuaded the cat to be out of the bag.
            〈イディオムの解釈なし〉

(40a)では, 文字通りの解釈とイディオムの解釈が存在するが, (40b)で

は文字通りの解釈しかない。この違いもまた，主節の述語が上昇述語（(40a)の believe）か，コントロール述語（(40b)の persuade）かという違いからくるものである。

　補文構造を持つ日本語の「統語的な複合動詞」においても上昇構文とコントロール構文の区別がある。このことは，いくつかの現象で確認できるが，分かりやすいのは，「閑古鳥が鳴く（＝商売がはやらない）」というような主語イディオムを用いた場合である。このイディオムを「〜かける」や「〜忘れる」の中に埋め込むと，(41)のように，イディオム解釈の可能性に違いが生じる。

　　(41)　a. この店では閑古鳥が鳴きかけた。〈イディオムの解釈あり〉
　　　　　b. この店では閑古鳥が鳴き忘れた。〈イディオムの解釈なし〉

(41a)では「客が来なくなった」というイディオムの解釈が可能であるが，(41b)では，「カッコウが鳴く」という文字通りの意味しかない。このような違いが現れるのも，統語的な複合動詞に上昇構文とコントロール構文の区別があるためである。

　　(42)　a. 上昇構文：[＿＿＿[閑古鳥が　鳴き]かけた]
　　　　　b. コントロール構文：[閑古鳥$_i$ が [PRO$_i$ 鳴き] 忘れた]

(42a)の「かける」のように，主語に対して選択制限を課さない（つまり，主語が生物でも無生物でもよい）動詞では，前部動詞の意味上の主語（閑古鳥）が主節に上昇していると分析できる。したがって，(42a)ではイディオムの解釈が可能である。これに対して，(42b)の「忘れる」は，生物主語を選択する動詞であるので，(42b)では「閑古鳥」がもともと主語位置にあり，埋め込み節の中には発音されない PRO が意味上の主語として存在することになる。(42b)では，「閑古鳥」という主語と「鳴く」という動詞がひとつながりになっていないから，イディオムとしての慣用的な意味が得られないことになる。

　統語的な複合動詞で見られるコントロールと上昇の区別は，後部動詞の性質によって決まると考えられる。上昇構文をとる動詞は，出来事の開始や進行，終了といったアスペクト的な意味を表現し，「〜かける」「〜だす」などがある。コントロール構文をとる後部動詞も，「〜終わる」のようにアスペクトの意味を表すものが多いが，「〜忘れる」「〜直す」「〜そ

こなう」のようにアスペクトとは関係ない意味を表す動詞もあるので，このグループの動詞を意味的に規定するのは難しい。

4.2　英語の上昇構文

上昇構文では，to 不定詞の主語が主節に上昇しているために（たとえ主語を認可する for が現れても）to 不定詞の前に別個に主語を表出することはできない。

(43)　a.　*John seems (for) Mary to be nice
　　　b.　*John is likely (for) Mary to come.

that 節への書き換えの可能性は述語によって異なってくる。be likely, be certain, happen, prove（～だと判明する），turn out, seem, appear（～と見える）などは that 節で書き換えることが可能である（つまり，名詞句の上昇を要求する to 不定詞節を必ずしもとらなくてもよい）。他方，tend（～しがちだ），be bound（きっと～するはずだ）などは that 節を許さない（つまり，主語上昇を要求する to 不定詞しかとれない）(Kajita 1968)。

(44)　a.　Mary happened to go there yesterday.
　　　b.　It happened that Mary went there yesterday.
(45)　a.　The counselor tends to ignore students.
　　　b.　*It tends that the counselor ignores students.

that 節をとる形容詞の中でも likely, certain, obvious などは，(46a) のように主節の主語位置に that 節を置くことができるが，happen, seem, turn out などの動詞は (46b) のように単独で that 節の主語を取ることはできない。

(46)　a.　That Mary is tall is obvious.
　　　b.　*That John is right {happens/seems/turns out}.

ただし，seem や turn out でも後ろに形容詞補語や to be the case のような表現が続くと，that 節主語が許される (Rosenbaum 1967, Keyser and Postal 1976)。

(47)　a.　It {seems *obvious*/turns out *to be the case*} that John is right.
　　　b.　That John is right {seems *obvious*/turns out *to be the*

case}.

これは，be 動詞が通常は連結動詞（copula）として補語を必要とし，もし補語を取り去ると God is.（神は存在する）のように「存在」の意味になってしまうことと対応する。つまり，上昇述語としての seem や turn out は存在の意味がなく，連結動詞としての用法しかないから，that 節を主語にとるときは後ろに補語が必要になるのである。

以上をまとめると，上昇述語には少なくとも次の3つのタイプが存在することが明らかになった。

【表1】主語上昇述語が取る構文

(A)　It＋動詞＋that 節に書き換え不可	tend, be bound など
(B)　It＋動詞＋that 節の構文が可	happen, turn out, seem など
(C)　It＋動詞＋that 節の他に that 節＋動詞の構文も可	be likely, be certain, be obvious など

形容詞がどのタイプに属するのかは，ある程度まで意味と関連しているように感じられる。しかしたとえば，possible と likely は表す意味が似ているのに，前者は to 不定詞を取るが後者は取れないという違いがある。

(48)　a.　It is {likely/possible} that John will win.
　　　　b.　John is {likely/*possible} to win the race.〈上昇構文〉
　　　　　　Cf. It is {possible/*likely} for him to attend the meeting.

したがって，述語がとることのできる節のタイプを厳密に述語の意味のみで規定することは容易でない。

次に，主節目的語への上昇タイプについて考えてみよう。

(49)　a.　John believes Mary to be honest.
　　　　b.　*John believes Mary (for) Bob to be honest.
　　　　c.　John believes that Bob is honest.

(49a)において Mary が主節に上昇した結果，主節動詞 believe の目的語ように振舞うということは，(50)のように主節動詞の受身化が可能であることからわかる（第3章4.5節と比較）。

(50)　Mary is believed to be honest.

believe タイプの動詞は，主節主語への上昇タイプと同じように，埋め込み節の動詞を同時に表出することはできない。したがって，(49b)は非文法的である。

なお，believe タイプの動詞の場合，主節の主語と埋め込み節の主語が同一のものを指すときには，(51a)のような再帰代名詞が用いられ，(51b)のように目的語を省略することはできない。

(51) a. John believes himself to be honest.
b. *John believes to be honest.

believe タイプの上昇述語は，目的語に対して意味的な制限を課さないので，その位置への虚辞の there やイディオムの生起が許される。したがって，(52)のような文は問題なく容認される。

(52) a. I believe there to be a man in the garden.
b. I believe advantage to have been taken of John.

believe が意味的に there や advantage のような名詞句を目的語として選択しないことは，*I believe there/advantage. が容認されないことから分かる。これと比べて，force などのコントロール動詞は，there や advantage を目的語として取ることができない。

(53) a. *I forced there to be a man in the garden.
b. *I forced advantage to have been taken of John.

ただし，虚辞のような意味のない要素の生起やイディオム解釈の可能性を見ただけでは，名詞句が本当に上昇していると結論づけることは必ずしもできない。なぜなら，そのような要素は補文中にとどまったまま上昇していないときにも生起が許されるからである。(54)を見てみよう。

(54) a. John resented [advantage being taken of him].
b. John resented [there being no more beer].

(54)では見かけ上，advantage と there が動詞の直後に来ているが，構造上は上昇しておらず，[　]で示された埋め込み節の中に留まっている。(54)の advantage, there が実際に主節に上昇していないということは，(55)の受身文が非文法的であることから確認できる。

(55) a. *Advantage was resented being taken of him.
b. *There was resented being no more beer.

対照的に，believe のような上昇述語が受身化された場合は，(56)のよう

に虚辞やイディオム要素が主語位置に現れることが可能である。

(56) a. There is believed to be a ghost in this attic.
b. Advantage was believed to have been taken of John.

believe のような動詞では，埋め込み節の主語が主節動詞の目的語の位置に上昇してくる。さらに，受身化によって，上昇してきた名詞句が(56)のように主節の主語となっても，イディオムの意味は保たれる。したがって，上昇述語は，上昇した名詞句に対しては，それがどのような位置に現れても選択制限を課さないことがわかる。

Postal (1974) は，believe タイプの動詞の目的語位置に現れる名詞句が埋め込みの定形節の主語よりも構造的に見て上位の位置にあることを幾つかのデータで示しているが，ここでは 2 つの議論を取り上げる。まず，文副詞（unfortunately）の修飾関係について違いが見られる。

(57) a. Jane proved that Bob, unfortunately, was a werewolf.
b. Jane proved Bob, unfortunately, to be a werewolf.

文修飾副詞は，それが存在する節に対して修飾が可能であると考えられる。(57a) の unfortunately は，主節 (Jane proved) を修飾する解釈がないが，(57b) では，同じ unfortunately が主節を修飾する（つまり unfortunately が Jane proved を修飾する）ことが可能である。(57b) の解釈は，Bob が埋め込み節から上昇した結果，主節に存在することを示している。

次に，(58) の 2 つの文で代名詞（he, him）が Bob を指すかどうか考えてみよう。(58a, b) はどちらも，「ジョンは，ビルが信じているより遙かに熱烈に，ビルのことを天才だと信じている」という意味で，文末の Bob does は Bob believes ということである。

(58) a. Joan believes (that) he$_i$ is a genius even more fervently than Bob$_i$ does.
b. *Joan believes him$_i$ to be a genius even more fervently than Bob$_i$ does.

(58a) の he は後ろのほうに現れる Bob と同一指示である可能性があるが，(58b) の him が後続する名詞句 Bob を指す可能性はない。通常，Bob のような固有名詞は，構造的に上位にある代名詞とは同一指示ができないという制約がある。(58b) ではそのような制約に従って，him は Bob と同じ

人物を指すことができない。しかしながら，(58a)のように埋め込み節（that 節）の中にある代名詞 he にはそのような制約がかからない。この事実は，(58b)の him は主節に上昇して，(55a)の he よりも構造的に高い位置に存在することを示している。

　これまで説明した believe タイプの動詞に対する上昇分析は主として Postal（1974）の研究に依る（Bresnan 1976 も参照）。これに対して，Chomsky（1981）は，John believes Mary to be honest. の目的語 Mary は構造的に補文内に留まったまま例外的格標示（ECM, exceptional case marking）を受け，主節の目的語位置には上昇していないと論じている（☞第 3 章4.5節）。しかしながら，Lasnik and Saito（1991）では，多少異なる形ではあるが，believe タイプの動詞にも上昇が関与しているという議論が復活している。

　次に，名詞句がどこに上昇するかについて考えてみると，believe では，目的語への上昇は許すが，主語への上昇は許されない。しかし，「～だと判明する」という意味の prove は異なる分布を示し，(59)では文法性に違いが出る。

(59)　a.　*There believed to be toxins in the soap.
　　　b.　There proved to be toxins in the soap.

believe は補文の主語が主節の目的語へ上昇することを許すが，その主語は主節の主語位置までは上昇できないから，(59a)は容認されない。これに対して，prove（～だと判明する）は補文の主語が主節の主語に上昇することを許す述語であり，(59b)は文法的となる（Keyser and Postal 1976）。この prove は，さらに，(60a)のように補文主語から主節目的語への上昇も許す。

(60)　a.　The director proved there to be no germs in the soap.
　　　b.　There were proved by the director to be no germs in the soap.

(60a)において目的語への上昇が起こっていることは，(60b)の受身文が容認されることから分かる。そうすると，上昇動詞の主節への上昇の可能性については，表 2 に示す 3 つの可能性があることになる。

【表2】主語への上昇と目的語への上昇

主語位置のみへの上昇	seem, appear, happen など
目的語位置のみへの上昇	believe, judge, declare など
両方が可能なもの	prove

　ここまでは，to 不定詞節の補文のみを見てきたが，補文として動名詞（-ing 形）を選択する動詞にも主語への上昇を許すものがある。たとえば(61) では keep tabs on～（～を監視する）というイディオムの中の tabs が end up の主語に現れているので，tabs は埋め込み節（-ing 形動詞）の中から主節に上昇してきたことがわかる。

　(61)　Tabs ended up being kept on her movements.

なぜなら，tabs という名詞は普通，それだけで主語になることができず，keep tabs on という連鎖において始めて「～を監視する」という意味になるからである。

　補文に動名詞を取る動詞には，目的語への上昇を伴うものも存在する。prevent, stop, keep などがそれで，これらの動詞は動詞＋目的語＋from＋動名詞という構文をとる。(62b) の受身文から分かるように，動名詞の意味上の主語（(62a) の Sally）は実際に主節の目的語になっている。

　(62)　a. Judy prevented Sally from falling off the cliff.
　　　　b. Sally was prevented from falling off the cliff.

ここで重要なのは，(63) に示すように，prevent も keep tabs on～のようなイディオムを補文に取ることができるということである。

　(63)　They prevented tabs from being kept on Melvin.

(63) の目的語 tabs は prevent の目的語としてもともと生成されたのではなく，"tabs being kept on Melvin" という補文から上昇してきたのである。さらに Davies and Dubinsky (2004: 94-95) によると，このイディオムの意味を保持しながら prevent 自体を受身形にして(64)のような表現にすることもできる（ただし，Postal (1974: 159) はそれが不可能であると判断している）。

　(64)　Tabs were prevented from being kept on Melvin.

しかしながら，(64) を許す話者でも，虚辞の there や天候の it が目的語

第5章　補文をとる動詞と形容詞　　173

に現れた文である(65a)や(66a)から，(65b)や(66b)のような受身文を作ることはできない。

(65) a. We prevented there from being a riot.
b. *There was prevented from being a riot.
(66) a. They prevented it from raining.
b. *It was prevented from raining.

したがって，prevent タイプの動詞に関しては表3に示すような分布が観察されることになる。

【表3】prevent 型動詞の受身文

	能動文	受身文
イディオムの解釈	○	○/×
虚辞の there, it	○	×

このように prevent 型の述語は受身化された場合に振舞いや判断にばらつきが見られ，典型的な上昇述語とは異なるが，しかし基本的には上昇述語に分類してよいと思われる (Davies and Dubinsky 2004)。

最後に，上昇述語の中で特殊な振舞いをする allege, admit, affirm, wager のような動詞に触れておこう。Postal (1974) が指摘するように，このタイプの述語はその直後に目的語名詞句を置くことができない。(67)は非文である。

(67) *He alleged Melvin to be a pimp.

しかしおもしろいことに，Postal (1974) によると，目的語名詞句を動詞のすぐ後ろの位置から別の位置に移動させると，容認されるようになる。この特異な現象は動詞が能動形か受身形かに関係なく観察される。

(68) a. Melvin was alleged to be a pimp. (受身文)
b. Who did they allege to be a pimp? (wh 疑問文)
c. Melvin, he alleged to be a pimp. (話題化文)

(68a) だけ見ると，受身形でしか用いられない be said, be rumored, be reputed などの動詞 (☞第3章) を思い起こさせる。

(69) a. The actress is rumored to be pregnant.
b. *People rumor the actress to be pregnant.

しかし，allege 型の動詞は，rumor などとは性質が異なっている．まず，(70)で示されるように，allege 類は，that 節が現れた場合には受身形にする必要はない．

(70)　He alleged that Melvin is a pimp.

他方，rumor は能動形で that 節を取ることはできない．

(71)　a.　It is rumored that the actress is pregnant.
　　　b.　*People rumor that the actress is pregnant.

(67)で見たように，allege は to 不定詞の前に通常の名詞句を置くことができないが，しかし to 不定詞の前に全く名詞句が許されないわけではない．Postal (1974) は，(72)のように動詞と to 不定詞の間に挟まる要素が虚辞の there のような意味内容のないものであれば容認されることを指摘している．

(72)　He alleged there to be gambling going on in the back room.

近年，Bošković (1997) などの研究において，allege タイプの動詞の特殊な振舞いが再び注目され，いくつかの説明が試みられている．しかし，この種の動詞がなぜ特殊なのかについてはまだ説得力のある説明はない．

4.3　英語のコントロール構文

次に，コントロール構文を詳しく見てみよう．コントロール構文をとる述語は，decide のように to 不定詞も that 節も取ることができるものと，try や attempt のように that 節は取らず to 不定詞しか取らないものの 2 種類に分かれる．

(73)　a.　John {decided/tried} to visit her.
　　　b.　John {decided/*tried} that he would visit her.

try 型の述語（ほかに attempt, manage, avoid, bother, hesitate など）は to 不定詞の主語は必ず PRO になり，通常の名詞句が現れることはない．

(74)　a.　John tried to read the book.
　　　b.　*John tried (for) Mary to read the book.

他方，主語コントロールの動詞でも want, wish, would like, hope, love, prefer などは，to 不定詞の前に補文の主語を表出できる．

(75)　John {wanted/preferred} Bob to visit Mary.

しかし，この場合，不定詞の意味上の主語((75)では Bob) と to 不定詞は [want/prefer Bob$_i$ [PRO$_i$ to visit Mary]] のようなコントロール構造にはなっていないことに注意したい。そのことは，(76)のように虚辞の there や主語イディオムが容認されることから分かる。

(76) a. I {prefer/want} *there* to be fried potatoes at today's party.

b. I {prefer/want} *the cat* to be out of the bag.

(76)からは，一見，want, prefer が上昇構文を取るように見える。しかし They believe him to be honest. という純然たる上昇構文が He is believed to be honest. のように受身化できるのと比べると，want, prefer は受身化することができない。

(77) *Bob was {wanted/preferred} to visit London.

したがって，want, prefer は believe とは異なる構造であると推測できる。実際，want, prefer は場合によっては to 不定詞の意味上の主語の前に for という補文標識を伴うことが可能である。

(78) a. I prefer for Bob to visit London. 〈for は随意〉

b. John wanted very much for Bob to visit London.

〈for が必要〉

c. What I wanted was for Bob to visit London. 〈for が必要〉

for Bob は明らかに to 不定詞と一緒に補文を形成し，主節には上昇していない。このことから，(75)のように見かけは for が出現していない場合でも，不定詞の意味上の主語 (Bob) は補文の中にあると推測することができる。

(79) John preferred [(for) Bob to visit Mary]

(79)の構造で，prefer の場合は for があってもなくてもよい。want の場合も(79)の prefer と基本的に同じ構造を持つと考えられるが，副詞などの要素が動詞のうしろに来ないと for が省略されなければならないので，*John wanted for Bob to visit Mary. と言えない。

これに対して，上昇構文をとる believe タイプの動詞では，(80)のように for が現れることはない。

(80) a. *I believe (sincerely) for Bill to visit London.

b. *What I believe is for Bill to visit London.

expect, intend などは, for-to 節の可能性などに関して形式的には want, prefer と同じような振る舞いをする．

(81) a. They intended (for) the ceremony to start at six.
　　 b. They intended to attend the ceremony.
(82) a. I don't expect at all for you to believe me.

(Bresnan 1979)

　　 b. John expects to leave early.
　　 c. What John expected was for Bill to win. (Chosmky 1981)

ただし, expect に関しては, for の導入の可否について判断が分かれるので注意する必要がある．Bresnan (1978), Chomsky (1981), Davies and Dubinsky (2004) は補文に for が可能であるとしているが, Postal (1974), Huddleston and Pullum (2002) では不可能であるとされている．

さらに, expect クラスの動詞では, want クラスの動詞とは異なり, 主節動詞の受身化が可能であるという事実がある．

(83) a. Bill is expected by Joan to visit London.
　　 b. The ceremony was intended to start at six.

そうすると, want/prefer, believe, expect/intend の 3 タイプの述語は, 受身と for-to 節に関して, 表 4 のような特徴を持つことになる．

【表 4】

	want/prefer (上昇なし)	expect/intend	believe (上昇あり)
for-to 節	○	○ (×)	×
主節の受身	×	○	○

以上をまとめると, expect クラスの動詞は want/prefer と believe の両方の性質を示す．つまり, このクラスの動詞は, want と同じように補文の主語が上昇しない to 不定詞をとることができる．しかし, それと同時に believe と同じように主節の目的語の位置への上昇も許すのである (Chomsky 1981, Bresnan 1979)．

次に, 目的語からコントロールを受ける構文に移ると, このタイプの構

文も that 節が可能なものとそうでないものが存在する。(84) を見てみよう。

 (84) a. The boss {forced/persuaded} John to resign.
    b. The boss {persuaded/*forced} John that he should resign.

さらに、主節の述語が他動詞のコントロール述語の場合は、主節の主語から従属節のコントロールを受けるタイプと目的語からコントロールを受けるタイプの2種類がある。

 (85) a. John asked the teacher to leave early.
    b. John promised Mary to leave early.

(85a) と (85b) は受身化に関して違いが出る。(85a) の ask は受身が可能であるが、(85b) の promise は受身ができない。

 (86) a. The teacher was asked by John to leave early.
    b. *Mary was promised by John to leave early.

(86b) が容認されないのは、promise 自体が受身化を拒む性質を持つからではない。promise はコントロール構文でなければ、受身化が可能である。

 (87) a. The boss promised Mary a bonus.
    b. Mary was promised a bonus.
 (88) a. John promised Mary that he would be on time.
    b. Mary was promised by John that he would be on time.

また、ask, plead with, beg, promise などの動詞の補文に be allowed to が現れると、コントロール関係が逆転するという現象がある。(89a) では、コントローラーは主節の主語ではなく目的語になる。この場合、(89b) で示されるように、受身が可能になる。

 (89) a. John promised Mary to be allowed to leave.
    b. Mary was promised to be allowed to leave.

Foley and Van Valin (1984) によれば、上で見たコントローラーの選択は、主節動詞の主語に当たる行為者が自分自身に対して行動の責任を持つようにする行為拘束的 (commissive) な意味があるか、他人に対して行動を起こすようにしむける行為指示的 (directive) な意味があるかによって決まる。promise というのは、通常は行為拘束的な意味を持ち、主語がコントローラーになるが、be allowed to が従属節に入ると行為指示的

な意味に変わるのでコントロールの関係が変わるのである。ただし，persuade は語彙的に行為指示的な意味が強いので，たとえ be allowed to が従属節に現れてもコントロール関係の反転はむずかしい。いずれにせよ，受身の可能性は次のような法則にまとめることができる。

(90) to 不定詞の前に仮定される PRO のコントローラーが主節の目的語である場合は主節の受身化が可能であるが，PRO のコントローラーが主節の主語である場合には受身化できない。

この法則は，最初にそれに気づいた研究者（F. Th. Visser）の名前をとって「ヴィッサーの一般化（Visser's generalization）」と呼ばれる（Bresnan 1982）。

4.4　order タイプの述語

コントロールと上昇の区別は，常に明確なわけではなく，区別のつけにくい例も存在することは Davies and Dubinsky (2004) などが指摘している。order, command, permit, allow は，従属節での受身により意味が変化するタイプの述語である。たとえば，order を含む(91a)と(91b)は意味が異なる。

(91) a. John ordered the doctor to examine Mary.
　　　b. John ordered Mary to be examined by the doctor.

order は(92)のように受身化も可能である。

(92) The doctor was ordered to examine Mary.

order は目的語に対して命令が下されると解釈されるために，コントロール構造を持っていると仮定できる。それにもかかわらず，order はまるで上昇述語のように，虚辞の there を目的語に受け入れることもできる。

(93) Susan ordered there to be a celebration party in the park.

(92)と(93)を比べると，一見，コントロールと上昇の区別が曖昧になっているように見える。しかし，(93)は，誰かに直接命令を下すのではなく事態の成立を求めている文なので，コントロール構造でも上昇構造でもなく，Susan ordered [there to be...] という埋め込み構造を持っていると考えるのがよい。Radford (1988) は次のような例を挙げている。

(94) The judge ordered that the sentence be carried out.

(94)の例は，order という動詞が命令の受け手を明示的に表出する必要が

ないことを示唆している。実際, Bresnan (1979) は, (95)のような例を挙げ, order がコントロール構造でない補文構造を取る可能性を示唆している。

(95) a. She has ordered the bodies to be dragged away.
b. She ordered last night for the bodies to be dragged away.
c. *The bodies have been ordered to be dragged away.

(95a)は容認されるが, この文が容認されるためには, the bodies は従属節に現れていなければならない。なぜなら, the bodies (死体) に直接命令することはできないからである。実際, (95b)のように副詞を介在させると, 補文標識 for が現れるので, (95a)も, [the bodies to be dragged away] がひとまとまりの埋め込み節になっていると考えることができる。これに対して, (95c)では, 受身化によって the bodies が主節の主語として現れているため, コントロール構造をとらなければならない。しかし, コントロール構造では the bodies のような無生の名詞句はコントローラーになれないため (コントローラーは通常, 有生名詞, とくに人間名詞), (95c)は非文になるのである。Bresnan (1979) が示唆しているように, 話者によって判断に多少違いが出る可能性もあるが, order に関する上のような事実は, 1つの動詞が複数の構造を取る可能性があることを示している。

4.5 日本語の複合動詞構文

上昇とコントロールの一番大きな違いは, 埋め込み節の述語の主語に当たる名詞句が主節の述語に意味的に選択されているかどうかということである。主節の述語が主節の主語に対して意味的な選択制限を課す場合はコントロール構文であり, 主節の主語が主節の述語によって意味的に選択されていなければ上昇構文であると捉えてよい。日本語の統語的な複合動詞においてコントロール構文と上昇構文の区別があるとすると, これまで英語について述べてきたような構文的な性質を反映する特性が日本語にも当てはまることが予測される。

Shibatani (1973), 久野 (1983), 影山 (1993), Nishigauchi (1993), Koizumi (1999) などでしばしば議論されているように, 日本語の統語的

な複合動詞には，上昇述語とコントロール述語の区別が存在する。日本語においては，天候を表す it や虚辞の there に相当するものはないので，虚辞などを用いて判断することはできない。しかしながら，主語の選択制限を見たり，「閑古鳥が鳴く」のような主語イディオムを用いることによって，複合動詞の後部動詞が，主語に対する制限を課すコントロール動詞であるか，あるいは，そのような制限を課さない上昇動詞であるかを見分けることができる。

たとえば，「～始める/続ける/かける/出す/過ぎる」といった複合動詞は(96)のように，有生物でも無生物でも主語に取ることができるから，上昇構文の用法を持つ動詞であると言える。

(96) a. 有生物主語：課長は秘密をしゃべり{始めた/続けた/かけた/出した/過ぎた}。
b. 無生物主語：雨が降り{始めた/続けた/かけた/出した/過ぎた}。

これに対して，「～忘れる/終わる/終える/損ねる/飽きる」などは，(97b)が不適格であることから分かるように有生物主語に限られる。したがって，これらはコントロール構文をとる動詞である。

(97) a. 有生物主語：課長は昼の定食を食べ{忘れた/終わった/終えた/損ねた/飽きた}。
b. 無生物主語：*雨が降り{忘れた/終わった/終えた/損ねた/飽きた}。

上昇構文とコントロール構文の違いは，主語を含むイディオムが使えるかどうかにも反映される。(98a)と(98b)を比べてみよう。

(98) a. この店では閑古鳥が鳴き{始めた/続けた/かけた/出した/過ぎた}。〈イディオムの意味に解釈できる〉
b. この店では閑古鳥が鳴き{忘れた/終わった/終えた/損ねた/飽きた}。〈イディオムの意味に解釈できない〉

「閑古鳥が鳴く」には，「閑古鳥(＝カッコウ)が鳴く」という文字通りの解釈と「お客さんが来なくなる」というイディオムの解釈が可能である。(98a)では文字通りの解釈とイディオムの解釈が存在するが，(98b)では文字通りの解釈しかない。これは，英語の The cat is likely/eager to be out of the bag. で説明したのと同じことであり，(98a)と(98b)のイディオ

ム解釈の違いは，(99)に示す構造の違いに還元することができる。

(99) a. [＿＿［閑古鳥が 鳴き］始めた]〈上昇構文〉

b. ［閑古鳥$_i$が［PRO$_i$ 鳴き］終わった]〈コントロール構文〉

(99a)のように，主語がもともと埋め込み節にあったような文においては，イディオムの解釈が可能である。しかし，(99b)では，主節の主語はもともと主節にあるため，イディオムの解釈を得るには主語が他の要素と離れ過ぎている。

なお，イディオム解釈による診断方法では，「～終わる」がコントロール構造に分類される。この動詞は，たとえば「ベルが鳴り終わった」のように無生物主語が可能なので，その点では上昇構文ではないかと思われるかもしれない。しかし，「ベル」は人に時間などを知らせるという自律的な活動を行うから，この無生物主語の例は，(12)の英語例で触れた「擬似コントロール」という現象であり，統語構造としては上昇構文ではなくコントロール構文であると考えられる。

Perlmutter (1970) は，begin のようなアスペクト動詞は，上昇動詞とコントロール動詞の2つの用法があるとしている（これと異なる考え方については，Newmeyer (1973) 参照）。Perlmutter がそう考える理由は，begin が(100)のように有生物（人間）を主語に取って意図的な行為を表すことも，(101)のように無生物やイディオムの一部を主語に取って自然発生的な出来事を表すこともできる，ということである。

(100) a. Zeke began to work.

b. Begin to work!〈命令文〉

c. I tried to begin to work.〈try の補文〉

(101) a. There began to be a commotion.〈虚辞の there〉

b. Heed began to be paid to urban problems.

〈イディオムの一部〉

c. It began to rain.〈天候の it〉

英語に関する Perlmutter の議論は，Shibatani (1973) や久野 (1983) の日本語に関する議論に引き継がれ，日本語の「始める」「続ける」も上昇構文とコントロール構文の曖昧性がある動詞と見なされる。形態的な面から見ると，「始める」「続ける」は，それだけで本動詞として使用された

場合には，自動詞(102a)と他動詞(102b)で形が異なる。
(102) a. 仕事が {*始めた/始まった/*続けた/続いた}。
b. 彼が仕事を {始めた/*始まった/続けた/*続いた}。

他方，「始める」「続ける」が複合動詞の後部として使用された場合には，節に現れる項の数に関係なく形態が決まることがあり，本動詞の場合と厳密に対応しない。
(103) a. ベルが鳴り {始めた/*始まった/続けた/*続いた}。
b. 彼はベルを鳴らし {始めた/*始まった/続けた/*続いた}。

同じようなことが，本動詞の「出す/出る」とアスペクト動詞「出る」にも見られる。なお，「続く」は「雨/雪が降り続く」のように天候を表す動詞が補文として埋め込まれた場合にのみ使用できる。さらに，自動詞と他動詞の関係を基本的に保持するような「終わる/終える」のような動詞もある。
(104) a. 先生が早めに授業を {終わった/終えた}。
b. 授業が早めに {終わった/*終えた}。
(105) a. 先生が書類を片づけ {終わった/終えた}。
b. ベルが鳴り {終わった/*終えた}。

このように，アスペクト動詞（複合動詞の後部）は，他動詞の用法と自動詞の用法があったとしても，本動詞での形態的な区別がしばしば中立化してしまい，本動詞と同じような形態の対応がなくなる場合がある。

アスペクト動詞の「始める」において自動詞と他動詞の形態の対立がなくなっているということは，「始める」が，英語のbeginと同じように上昇動詞とコントロール動詞の2つの用法を持っているということと関係している。このことを確認するために，ここでは主語尊敬語化の可能性について見てみる。日本語の複合動詞においては尊敬化の形態素「お～になる」が前部動詞だけに付くか，それとも複合動詞全体に付くかが，上昇構文とコントロール構文で異なることが観察される。上昇構文の場合は，主語尊敬語化の形態素は(106a)のように前部動詞のみに付く。(106b)のように複合動詞全体に付くと不自然になる。
(106) a. 先生は本を {お読みになりかけた/お読みになり出した}。
b. ?*先生は本を {お読みかけになった/お読み出しになっ

た｝．

他方，コントロール構文ではこれと正反対のことが起こる．すなわち，主語尊敬語は(107a)のように複合動詞全体に付くのが自然であり，前部動詞だけに付くと容認性が下がる（久野1983, Kuno 1987 など）．

(107) a. 先生は手紙を｛<u>お書き忘れになった</u>/<u>お書き終えになった</u>｝．
b. ⁇*先生が手紙を｛<u>お書きになり忘れた</u>/<u>お書きになり終えた</u>｝．

そうすると，上昇構文に対しては前部動詞だけに尊敬語化が可能で，コントロール構文に対しては複合動詞全体にのみ主語尊敬語化が適用できるという一般化が成り立つことになる．

ここで「始める」の尊敬語化に目を向けると，(108)のように，主語尊敬語化は前部動詞だけに適用することも，複合動詞全体に適用することも可能であることが分かる．

(108) 先生がこの本を｛<u>お読みになり始めた</u>/<u>お読み始めになった</u>｝．

尊敬語化の可能性を見ると，「～始める」は上昇構文とコントロール構文の2つの用法があることになる．そうすると，「始める」（および「続ける」）には，(95)のように主語の選択制限のない上昇述語の用法以外に，選択制限が課されるコントロール述語の用法もあるということになる．

英語の begin の場合は，埋め込み動詞が意図的な行為を表すときにコントロール用法が可能になる．日本語も英語と同様な制限があるとすると，「始める」は埋め込まれた動詞が意図的な行為を表す場合にコントロール述語としての用法を持つと考えることができる．そうすると，「わかる」のような自己制御性を持たない述語が前部に現れると，「始める」は上昇述語としてしか解釈されなくなり，コントロールの尊敬語化のパターンができなくなることが予測される．実際，柴谷(1978)，久野(1983)が観察しているように，意図的な行為を表さない動詞が「始める」に埋め込まれた場合には，コントロール動詞に対して可能な複合動詞全体への主語尊敬語化は成立しにくくなる．

(109) a. スミス先生は日本語が<u>おわかりになり</u>始めた．
b. ⁇*スミス先生は日本語が<u>おわかり始めになった</u>．

ただし，尊敬語化の判断については微妙な場合があり，異なる判断が報告

がされている場合もある（久野1983,影山1993, Matsumoto 1996）。このような判断の揺れの一つの原因として，アスペクト動詞は，上昇構文あるいはコントロール構文をとる動詞であると同時に，二つの節があたかも一つの節になったように再分析される再構成（restructuring）の規則がかかるタイプの動詞でもあるということが考えられる（Rizzi 1982, Koizumi 1999, 岸本2005, Kishimoto 2007）。

4.6 他動性とブルツィオの一般化

　日本語の統語的な複合動詞構文では，主節の主語へ埋め込み節の主語が上昇したり，主語が埋め込み節のPROコントローラーになったりするという点で，英語の主語上昇構文と主語コントロール構文と同じ性質を示す。英語の主語上昇述語と主語コントロール述語は，述語に対して受身化の操作ができないという制約が観察される。

　　(110)　a. *Sandy was appeared to be honest.
　　　　　b. *Sandy was tried to be honest.

しかし，日本語の統語的な複合動詞では，英語とは異なり，（上昇述語あるいはコントロール述語に分類される）後部述語に対して受身化が可能なものとそうでないものがある。以下では，日本語のこのような受身の現象が「ブルツィオの一般化」と呼ばれる法則によって説明できることを示す。

　まず，主語上昇述語と主語コントロール述語に分類される後部動詞に対して直接受身が可能かどうかを見ることにする。純粋な上昇述語は，以下に示されているように，後部動詞に対して受身化をかけることができない。

　　(111)　この学生が先生にほめ {?*過ぎられた/?*出された/*かけられた}。

上昇構文では，前部動詞が他動詞であれば，その前部動詞に対して受身化を適用することは可能である。

　　(112)　この手の本が世間でほめられ {過ぎた/出した/かけた}。

これに対して，コントロール動詞では，後部動詞への受身化が可能なものと不可能なものがある。「直す」「終える」「尽くす」などの動詞は受身化が可能である。

　　(113)　a. この論文がようやく {書き終えられた/書き直された}。

第5章 補文をとる動詞と形容詞

　　　　　b. このテーブルの料理は食べ尽くされた。

コントロール動詞の中でも「終わる」「そこなう」「損ねる」などは受身を作ることができない。

　(114)　子供が叱り{*終われた/*そこなわれた}。

コントロール構造を持つ節の前部動詞に対する受身化は，しばしば，容認性に差が出たり，判断に個人差が生じたりもする（由本2005）。

　(115)　a. 時間割りが{?組まれ直した/組み直された}。
　　　　　b. 子供がようやく{?しかられ終わった/*しかり終われた}。
　(116)　a. ?*リポートが書かれ終えた。
　　　　　b. 電話が{?*かけられ忘れた/?*かけられそこなった}。

前部動詞に対する受身化の操作が適用できる可能性は，後部動詞が補文にどの程度の制御性を要求しているのかによって変わってくると考えられる。後部動詞が前部動詞が表す出来事に対して，動作主性を強く要求するようなタイプの動詞（たとえば，「終える」）の場合は，前部動詞の受身が作りにくい。これに対して，動作主性の要求が比較的弱いタイプの動詞（「直す」「終わる」）などでは，前部動詞の受身が比較的やりやすくなる。

　日本語の上昇述語とコントロール述語（後部動詞）への文法操作の可能性に着目すると，直接受身の可能性は表5のように整理できる。ここでは，直接受身の可能なコントロール動詞を他動詞タイプ，不可能なものを自動詞タイプと呼ぶことにする。

【表5】複合動詞全体の受身の可能性

後部動詞のタイプ		複合動詞全体の受身の可能性
上昇動詞		×
コントロール動詞	自動詞タイプ	×
	他動詞タイプ	○

4.5節で議論した「始める」や「続ける」のようにコントロールと上昇の2つの用法がある複合動詞では，前部動詞に対しても複合動詞全体に対しても受身の操作が適用可能である。

　(117)　a. その本は読まれ{始めた/続けた}。

　　　　b. その本は読み{始められた/続けられた}。

このタイプの動詞は複合動詞全体（つまり後部動詞）が受身になった場合はコントロール動詞であると考えられるので，コントロール動詞の受身可能なタイプ（表5の他動詞タイプ）に分類される。なお，コントロール動詞と本動詞には受身化に関して（動詞の形態と同様に）絶対的な相関関係はない。「直す」「尽くす」などのように受身を許すコントロール動詞は，本動詞のときにも受身を許すことが多いが，たとえば，「そこなう」は本動詞として使用された場合には，直接受身が可能であるが，コントロール動詞の場合は受身ができなくなる。

(118)　a.　ここの景色は，あの建物によってそこなわれた。
　　　　b.　*この手紙は，メアリーによって書きそこなわれた。

　問題は，なぜ受身に関して表5のような違いが出てくるのかということである。一般に，受身の操作は，目的語を主語に昇格させる操作であると考えられる（☞第3章）。その際には，動詞の外項（つまり，主語として働く動作主や経験者の項）が付加詞に降格し，かつ動詞自体の対格（ヲ格）の付与が抑制されることによって目的語の主語への昇格が可能になる。そうすると，日本語の上昇構文とコントロール構文の受身化の可能性は，「動詞が外項（external argument）を与えるときに限り，その動詞が対格（accusative case）を与えることができる」というブルツィオ（ブルジオともいう）の一般化（Burzio's generalization）によって説明できることになる。

(119)　ブルツィオの一般化（Burzio 1986）
　　　　　外項（external argument；典型的には動作主と経験者）を
　　　　　与える動詞だけが，目的語に対して対格（accusative case）を
　　　　　与えることができる。

　上昇動詞は，外項をもともと持たない動詞なので，ブルツィオの一般化から動詞が対格を与えることはない。そうすると，このタイプの動詞に対しては，受身化することによって，動詞の持つ主語（外項）を付加詞に降格させたり，動詞の持つ対格を抑制したりすることはできないことになる。その帰結として，上昇動詞に対しては，受身の操作ができないということになる（この事実は，英語にも当てはまり，英語の上昇動詞に対して受身化をすることはできない）。

これに対して，コントロール動詞は外項（動作主，経験者のような人間主語）を持つので，ブルツィオの一般化より，対格を与えることができる動詞である（実際には，対格を与えてもよいし，対格を与えなくてもよい）。対格を与えるタイプの動詞（他動詞タイプ）であれば，受身化は可能であるということになる。つまり，他動詞タイプのコントロール動詞では，外項が主語として選択されるので，動詞が受身化されると，その外項が付加詞に降格する。さらに，この受身化によりコントロール動詞の対格が抑制され，能動文で目的語であった名詞句が受身の主語となるのである。対格を与えないタイプ（自動詞タイプ）であれば，当然のことながら，受身化はできない。自動詞タイプのコントロール動詞も，外項を主語として選択する動詞なので，受身化すると外項を付加詞に降格させることができるはずである。しかし，このタイプの動詞はもともと対格を与えないので，受身化によって対格の抑制をすることはできない。したがって，このタイプの動詞では，後部動詞に受身の形態素を付けて（直接）受身文を作ることはできない。このようなことから，コントロール構文では，受身化ができるものとできないものに分かれることになる。

　統語的な複合動詞では，1つの名詞句が主節と従属節で上昇あるいはコントロールの関係を持つことになる。このような構文において，本動詞が他動詞の場合には，対格が前部動詞から与えられるという可能性と後部動詞から与えられるという2つの可能性がある。受身化の可能性を見ると，後部動詞から対格が目的語に与えられるのは，他動詞タイプのコントロール動詞に限られると考えられる。このことは，コントロール動詞を可能形にして格パターンが変わるかどうかで調べることができる（Kishimoto 2007）。

　まず，(120)が示すように，通常の他動詞は「ガ・ヲ」の格パターンのみをとる。しかし，同じ動詞が，「(ら)れ」の接辞を伴って可能形になった場合には，もとの動詞では不可能であった「ニ・ガ」の格パターンが可能になる。

　　(120)　a. ジョンが論文を書く。
　　　　　　b. ジョンに論文が {*書く/書ける}。

ここで，複合動詞の後部動詞を可能形にして文中に現れる項の格標示を見ると，受身可能なコントロール動詞は，（少なくとも可能の「られ」が表

す意味と整合する限りにおいて）「ニ・ガ」パターンをとることができることが分かる。

(121) a. ジョンに論文が一時間で {書き終えられる/書き直せる}。
b. ジョンにはこの店の料理が食べ尽くせる。

これに対して，「終わる」「損ねる」のような直接受身が不可能な動詞の場合には，(122)で示されているように，「ニ・ガ」パターンを取ることができない。

(122) a. ?*ジョンに手紙が書き終われる。
b. *ジョンに子供がほめ損なえる。

なお，「終わる」が本動詞で用いられた場合には，「あの先生には（早目に）授業が終われる（はずだ）」のように動詞を可能形にすることができる。しかし，上昇動詞が用いられる構文では，(123)で示されているように上昇動詞の可能形を派生することはできない。

(123) ジョンに本が {?*読み出せる/?*読みかけられる/*読み過ぎられる}。

「ジョンは，いつでも本を読み出せる」のような形式は可能であるが，これは，目的語の格形式が前部動詞によって決定されている（つまり，対格が前部動詞の「読む」から与えられている）からである。コントロール用法と同時に上昇用法が可能な「始める」「続ける」は可能形を作ることができる。

(124) いつでもジョンに本が {読み始められる/読み続けられる}。

このような事実は，「始める」「続ける」にはコントロール動詞の用法があり，この動詞が対格を目的語に対して与えることができるということを示している。以上のように，直接受身化の可能性と「ニ・ガ」パターンを持つ可能動詞の可能性とは相関関係があることがわかる。

5 まとめ

英語の to 不定詞節の意味上の主語に当たる要素が上位節に現れるように見える現象がある。このような構文には，不定詞節の中から名詞句の上昇が起こり主節に現れる上昇構文と，主節の主語が不定詞の主語をコントロールにすることによってこの両者が結びつけられるコントロール構文の

2つのタイプが存在する。上昇述語は，意味的に主語を選択しないから，不定詞節の主語が主節に上昇することを許す。このタイプの述語には，likely や seem のように認識や判断の意味を表すものが多い。これに対してコントロール述語は，典型的に人間名詞（経験者や動作主）を主語として取り，不定詞に付く PRO をコントロールすることになる。この2つの構文の区別は，虚辞主語の可否やイディオム解釈の有無など様々な統語的・意味的相違として現れる。

　同じ区別は日本語の統語的な複合動詞にも存在する。統語的な複合語は前部動詞によって表される動詞句が後部動詞の補部として現れる補文構造を取り，後部動詞によって，上昇構文になる場合とコントロール構文になる場合とがある（「始める」のように両方の可能性を持つ動詞もある）。上昇とコントロールの構造的区別は，イディオム解釈や主語尊敬語化など様々な言語現象に反映される。

　以上のように，英語の動詞＋to 不定詞構文も，日本語の統語的な複合動詞も，どちらも上昇構文とコントロール構文という共通の構造様式によって分析することができる。英語と日本語の違いは，英語は主動詞と to 不定詞が別々の単語であるが，日本語のほうは複合動詞という形態を取るということだけである。

6 さらに理解を深めるために

- Bresnan. 1979. *Theory of complementation in English syntax.*
  ［MIT の博士論文が出版されたもので，英語の to 不定詞節だけでなく，他のタイプの補文構造が詳細に分析されている。英語の補文構造に関する記述的な一般化が提示されている。］
- Davies and Dubinsky. 2004. *The grammar of raising and control.*
  ［生成文法における上昇構文とコントロール構文の分析の歴史的な推移が詳しく解説されている。］
- 影山太郎. 1993.『**文法と語形成**』［日本語の複合動詞の詳しい記述とともに補文構造を持つ統語的な複合語について分析されている。］

（岸本秀樹）

第6章　形容詞から作られた動詞

◆基本構文
(A) 1. The food is warm.
　　 2. The food is warming up in the oven.
　　 3. She warmed the food in the oven.
(B) 1. a.　The guitarist perfected his technique by hard practice.
　　　 b.　*The guitarist's technique perfected.
　　 2. a.　The sun cleared the morning mist.
　　　 b.　The morning mist cleared up.
　　 3. a.　The waitress cleared the table for us.
　　　 b.　*The table cleared (up).
(C) 1. The room emptied {in/*for} an hour.
　　 2. The soup cooled {in/for} an hour.
(D) 1. a.　風の勢いが弱まった。
　　　 b.　風が勢いを弱めた。
　　 2. a.　台風で雨が急に強まった。
　　　 b.　*台風が雨を急に強めた。
(E) 1. このドラマは{面白い/長い}。
　　 2. 子供達はこのドラマを{面白がった/*長がった}。

【キーワード】接辞化，状態変化，段階性，完結性，自他交替，自発性，認識動詞，主観性

1　なぜ？

　英語の形容詞は，転換（基本構文 A の warm のように形はそのままで品詞だけが変わる）あるいは接辞化（tender → tenderize, soft → soften

のように接尾辞が付いたり，able → enable のように接頭辞が付く）といった語形成の操作によって動詞に変わるものが多い。そのようにして作られた動詞を形容詞由来動詞と呼んでおく。形容詞由来動詞は，自動詞の場合は主語，他動詞の場合は目的語の性質や状態が変化することを表し，ほとんどは，(A2, 3)の warm のように自動詞にも他動詞にも使える。しかし，(B1) perfect のように他動詞に限定されるものもある。さらに，同じ clear という動詞でも，(B2)では自他両方が可能なのに，(B3)では他動詞しか成り立たない。どのような法則で自動詞と他動詞が決まってくるのだろうか。

状態変化を表す動詞は，一般に in an hour のような変化が完了する終点を表す時間副詞をとり，for an hour のような継続時間を表す副詞とは共起しない（例：The ice broke {*in*/*for} ten seconds.）。継続時間副詞は活動動詞と共に使われるのが一般的である（例：The dog barked for an hour.）。しかし形容詞由来動詞では，(C1) empty のように in の時間副詞しか取れないものがある一方，(C2) cool のように in と for のどちらの時間副詞でも取れるものが存在する。これはなぜだろう。

日本語では，「温かい→温める/温まる」のように形容詞に「-める（他動詞化）/-まる（自動詞化）」という接辞を付けて動詞が作られるが，この場合も，自動詞用法と他動詞用法に何らかの制限がある。(D1)では自動詞も他動詞も可能であるが，(D2)では他動詞が成り立たない。

英語でも日本語でも，自動詞と他動詞の区別は「文法」の問題だとされる。しかし実は自他の区別は文法ではなく意味の問題である。なぜなら，たとえば(D2b)の例が不自然なのは，「強める」という他動詞が存在しないからではなく，一緒に使う主語・目的語の組み合わせが悪いからである。「強める」という他動詞そのものは，「首相は語気を強めた」のように立派に存在する。どのような意味の性質によって自他が決まるのだろうか。

最後に，日本語では「-がる」という接尾辞が形容詞を動詞に変えることができるが，「面白がる」(E1)とは言えるのに，なぜ「長がる」(E2)は不自然なのだろうか。

2 形容詞から作られた動詞とは

　英語で品詞を変える語形成には，接辞による場合と語形が変化しない場合がある。たとえば，動詞から名詞を作るには，act という動詞がそのまま名詞（act「行為」）として使われたり，-ion という接尾辞がついて action「行動」という派生名詞ができたりする。また，hammer, mail など名詞が接辞なしで動詞になるものが数多く存在する。これは，英語では動詞に対する形態的な制限がないためで，形容詞もまた，基本構文で見たように形を変えずにそのまま動詞として使われるものがある。このような語形成は普通，転換（conversion）と呼ばれる。

　形容詞から動詞を派生する英語の代表的な接辞は -en, -ify, -ize である。このうち -en には音韻的な制約があり，1音節の形容詞に付くのが基本である。しかも t, d, p, k, s など閉鎖音や破擦音の子音で終わる形容詞には付くが r, l, n, m, w, g や母音で終わるものには付きにくい。色を表す形容詞を例にとると，whiten, blacken, redden に対して，green, grey, yellow は -en ではなく接辞なしで動詞化する。また long, strong, high のように g や母音で終わる形容詞は名詞化した形に -en が付いて lengthen, strengthen, heighten となる。さらに -en が t で終わる子音連鎖に付く soften と moisten は t が発音されない。-en と転換の両方を許す形容詞もあり，quiet/quieten（静める）のように意味に差がない場合と，loose（放つ，解く）/loosen（ゆるめる）など意味が異なる場合がある。

　次に，-ify も1音節または2音節の比較的短い形容詞に付き，音韻的変化を引き起こす接辞である。clear → clarify では形容詞の母音が変わるし，-ify の直前の音節に強勢（アクセント）が来るので，húmid → humídify, sólid → solídify のように元の形容詞のアクセントを移動させることがある。これに対して，-ize は音節数の多い形容詞にも付き，語形や発音を変化させることはない。m, n, r, l で終わる形容詞に付くことが多く（randomize, modernize, popularize），特に名詞に -al が付いてできた形容詞には必ず -ize が付く（industrialize, spiritualize など）。

　最後に，接頭辞 en- が付いて作られた動詞（enlarge など）も存在するが，接尾辞 -en と異なり，他動詞用法に限られて例の数も少ない。

全体的に見ると，英語の形容詞は1音節のものは転換または -en が付いて動詞になることが多く，-ize は音節数の多い派生語に付くという傾向がある。また，-ify と -ize は形容詞だけではなく名詞から動詞を派生するのにもよく使われる接辞である (-ize, -ify, -en が付く音声的条件については Plag 1999, Dixon 2008 などを参照)。

　日本語で英語の形容詞由来動詞にもっとも近いのは，形容詞の語幹（語幹とは単語から屈折語尾を除いた部分）に接尾辞「-まる（正確には -mar-)/-める（正確には -me-)」が付いてできる動詞である。たとえば，形容詞「強い」の語幹「強」に接辞「-まる」がついて「強まる」という動詞が形成される。しかし「-まる/-める」が付いてできる動詞は数が限られ，よく使われるものは十数語にとどまる。なお，「太る，細る，鈍る，弱る」のように，一見したところ形容詞の語幹（「太，細」など）に直接，屈折語尾「-る」が付いているように見える動詞が少数ある。これらは実際には「切る（否定形：切らない）」などと同じ五段活用をする動詞で，語幹 huto- に -r- という接尾辞が付いて動詞として活用すると考えられる。つまり，語幹 huto- が hutor- となり，現在形 hutor-u，否定形 hutor-a-nai となる。名詞から作られた動詞「事故る ziko-r-u,（事故らない）」も含めて他の品詞から作られた動詞はすべて五段活用をする。このように，英語では名詞および形容詞がそのままの形で動詞に転換されるのに対して，日本語では名詞や形容詞の語幹に -r- という接尾辞が付いて動詞が形成される。

　これ以外で形容詞語幹を含む動詞としては，「荒げる（←荒らげる，荒らぐ），古びる」など，形容動詞の語幹を含む動詞としては「和らぐ」など散発的な例があるだけで，これらは古語の名残ではないかと思われる。これに対して，漢語では名詞および形容動詞から動名詞 (Verbal Noun：「する」が付いて動詞として使われる名詞) を作る「-化」という接尾辞があり，これは漢語1字の語根（「強-化」など）と2字以上の語幹（「単純-化」）の両方に付き，非常に生産的である。

　「寒い→寒がる，懐かしい→懐かしがる，不思議（だ）→不思議がる」のように，生理的・心理的状態や主観的判断を表す形容詞や形容動詞から動詞を派生する日本語の接尾辞「-がる（正確には -gar-)」は日本語独特で，英語には対応するものがない。この接尾辞は，基体になる形容詞が意

味的条件を満たす限り，生産的に動詞を形成する。これに対して，「悲しむ，懐かしむ，明るむ」などに見られる「-む（正確には -m-）」は，限られた形容詞にしか付くことができない（例：*怖む，*面白む）。

このように日本語では形容詞・形容動詞から派生した動詞が少ないので，代わりに「なる/する」を用いた述語表現が使われる。

(1)　a.　外が暗くなる。肉が柔らかくなる。生活が豊かになる。
　　　b.　部屋を暗くする。ウェストを細くする。表面を平らにする。

対照的に，日本語では生産的な「-がる」を使った動詞化が英語にはないので，強いて英語に訳そうとすると，(2)のように認識動詞と形容詞から成る構文で表すことになる。

(2)　a.　John feels sad/hot/lonely.
　　　b.　John finds the story interesting/amusing/painful/mysterious.

しかし，英語の feel や find はあくまで主語の内面的な感情や判断を表すのに対して，日本語の「-がる」が付く動詞は，感情を外向きに態度で表すという意味を持つことが多いので，「形容詞＋-がる」にぴったり当てはまる英語はないと言ってよいだろう。

3　形容詞由来動詞の代表例

【英語の形容詞由来動詞】

転換（接辞なし）：blind, blunt, brown, clear, clean, cool, crisp, dim, dirty, double, dull, empty, even, firm, idle, level, loose, mellow, muddy, narrow, pale, quiet, round, slack, slim, slow, smooth, sober, sour, steady, tame, tense, thin, triple, warm, yellow

-en：blacken, brighten, broaden, cheapen, coarsen, dampen, deafen, darken, deepen, fatten, freshen, flatten, gladden, harden, lessen, lighten, madden, moisten, neaten, quicken, redden, ripen, sharpen, shorten, sicken, soften, stiffen, straighten, sadden, sweeten, thicken, tighten, weaken, whiten, widen, worsen

-ify：amplify, certify, diversify, falsify, humidify, intensify, justify, purify, rigidify, simplify, solidify, verify

-ize（イギリス英語では -ise と綴ることがある）：actualize, centralize, civilize, criminalize, equalize, familiarize, formalize, idealize, internationalize, legalize, liberalize, modernize, naturalize, neutralize, normalize, popularize, radicalize, randomize, realize, regularize, socialize, spiritualize, stabilize, tenderize, trivialize, tranquillize, visualize, vitalize, vulgarize, westernize

en-：enable, embitter, embolden, enlarge, ennoble, enrich, ensure

【日本語の形容詞由来動詞】

-まる：高まる, 近まる, 長まる, 深まる, 暖まる, 低まる, 細まる, 固まる, 狭まる, 早まる, 清まる, 強まる, 丸まる, 広まる, 弱まる, 緩まる, 静まる

-める：高める, 深める, 暖める, 低める, 細める, 固める, 狭める, 早める, 清める, 強める, 丸める, 広める, 弱める, 緩める, 静める

-がる：悔しがる, 懐かしがる, 悲しがる, 寂しがる, うれしがる, 惜しがる, 苦しがる, 寒がる, 暑がる, 危うがる, 痛がる, 憎らしがる, 煙たがる, 珍しがる, 欲しがる, 煙たがる, 怖がる, 恐ろしがる, 面白がる, つらがる, 書きにくがる, 迷惑がる, 不思議がる, 哀れがる, いやがる

-む：懐かしむ, 悲しむ, 惜しむ, 苦しむ, あやぶむ, 憎む, いとおしむ, いやしむ, はかなむ

-化：悪化, 激化, 硬化, 軟化, 弱化, 強化, 鈍化, 深化, 俗化, 同化, 異化, 劣化, 老化, 老朽化, 多様化, 正常化, 高度化, 複雑化, 単純化, 先鋭化, グローバル化, デジタル化, スリム化, コンパクト化, ポータブル化, カジュアル化, ポピュラー化

4 問題点と分析

4.1 形容詞由来動詞の自他交替と意味構造

4.1.1 形容詞由来動詞の意味と用法

形容詞由来動詞のほとんどは、(3)に示すように自動詞と他動詞の2つの用法がある。

(3) a. Mary's hair dried quickly.
b. Mary dried her hair with a towel.

(3a)の自動詞は「髪がdryな状態になる」という状態変化（ある状態から別の状態に変化する）という意味を表し、(3b)の他動詞は「メアリーが髪をdryな状態にする」という状態変化使役（ある状態から別の状態への変化を引き起こす）という意味を表す。つまり、形容詞由来動詞は自動詞用法でも他動詞用法でも「ある状態への変化」が含まれている。これは、転換で形容詞を動詞に変える場合も接辞によって形容詞を動詞化する場合も同じである。転換による動詞には動作（活動）の様態を表すものもある（Adams 2001）。たとえば、shrill「甲高い声で叫ぶ」、idle「怠ける、何もせずに過ごす」などだが、これらも動作に加えて状態変化の意味も表せる（shrill one's voice, idle the engine）ことから、動作の意味は特殊なもので、基本的にはやはり変化を表すと言うことができる。

自動詞と他動詞の区別について言うと、英語の形容詞由来動詞はすべて他動詞用法を持つが、自動詞にはなれないものがある（影山 1996）。次の例で「他のみ」と書いてあるのは他動詞用法のみ、または、自動詞用法があっても稀なものである。

(4) a. 転換：［自他］black, dim, lower, mature, narrow, pale, slow；［他のみ］busy, tame, perfect, blind, numb, smooth

b. -en：［自他］blacken, brighten, dampen, darken, deepen, widen, quicken, worsen；［他のみ］gladden, madden, sadden

c. -ize：［自他］modernize, randomize, civilize, liberalize, equalize, stabilize, westernize；［他のみ］actualize,

familiarize, formalize, idealize, italicize, legalize, tenderize, visualize（以上，影山 1996）
d. -*ify*：［自他］clarify, purify, solidify；［他のみ］falsify, humidify, justify, simplify
e. *en-*：［自他］なし；［他］enable, enlarge, enrich, ensure

このように，形容詞由来動詞は他動詞用法が基本であり，その一部が自動詞用法も持つ，つまり自他交替を示すことがわかる。

では，どのような場合に自動詞用法が可能になるのだろうか。形容詞由来動詞が他動詞以外に自動詞としての用法も持つ場合，その状態変化は自律的なものでなければならないことが指摘されている（影山 1996, Kiparsky 1997）。基本構文(B1b)*His guitar technique perfected. を例にとると，演奏技術は自然に完成するのではなく，練習などの行為があって初めて完成させることができるので，perfect を自動詞で使うことはできないわけである。それに対して，(B2b) The morning mist cleared up. では，朝もやは自然に晴れる，つまり内在的に変化する性質を持っているので自動詞用法が可能だと言える。内在的に変化できるかどうかは，形容詞自体の意味による場合もあるが，同じ形容詞から作られた動詞でも表す事象によって解釈が異なる場合もある。clear の場合，(B2)では自然現象なので内在的変化の解釈が許されるが，(B3a) の clear the table は片付けるという人為的行為なので，自然に片付くということはありえず，したがって *The table cleared (up). とは言えない（Levin and Rappaport-Hovav 1995）。さらに，変化が自律的かどうかは我々の認識や経験によっても左右されるものであることが，次の(5a, b) の対照（影山 1996）から分かる。

(5) a. Her cotton skirt shortened.
b. *Her cotton skirt lengthened.
Cf. The waiting line lengthened.

(5b)が容認されないのは，木綿のスカートが洗濯などで縮むことはあっても，長くなることはない（ニットのスカートならば着ているうちに自然に伸びることはありうるが）という，我々の日常的な経験的知識によるものである。

4.1.2　能格動詞の意味構造

　こういった特徴を持つ形容詞由来動詞の意味は，基本的に，能格動詞 (break のように同じ形で自動詞と他動詞の使役交替を示す動詞) と同じように説明できる。能格動詞の自他交替については，『動詞編』第1章で詳しく説明した (さらに詳しくは影山 1996)。たとえば break の他動詞と自動詞の意味の関係は **反使役化** (anti-causativization) というメカニズムで次のように公式化できる。

(6)　a.　他動詞 break の意味構造

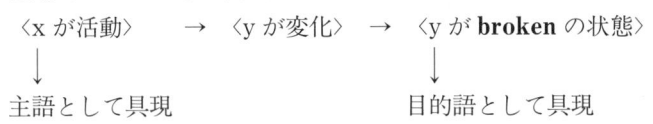

　　　　〈x が活動〉　→　〈y が変化〉　→　〈y が **broken** の状態〉
　　　　　　↓　　　　　　　　　　　↓
　　　　主語として具現　　　　　目的語として具現

　　　b.　反使役化による自動詞化

　　　　〈x＝y が活動〉　→　〈y が変化〉　→　〈y が **broken** の状態〉
　　　　　　⋮　　　　　　　　　　　↓
　　　　統語構造には現れない　　　主語として具現

この公式は，他動詞 (I broke the vase.) では動作主である外項(x)と対象を表す内項(y)が異なるものであるのに対して，自動詞 (The vase broke.) では，動作主と対象が同定される (x＝y) ことを示している。この操作 (反使役化) は，変化を起こす要因が外部の力ではなく内在的な力や性質であることを表し，外項と内項が同定されて1つになるので，自動詞となるわけである。(6b)の公式の「活動」というのはやや不自然に感じられるかもしれないが，花瓶が自らを壊す行為をするという意味ではなく，自らの内在的性質によって変化を起こす「自発性」を表している。能格自動詞は all by itself という表現による修飾が可能である (The glass broke all by itself.) ことからも，主語が自発性を持つことがわかる。それに対して〈変化〉→〈状態〉という意味構造しか持たない非対格動詞は，同じ修飾ができない (*The accident happened all by itself.：影山 1996)。このように能格動詞の自他交替は他動詞から反使役化によって自動詞ができるという考え方を取ると，自動詞になれるかどうかは対象の性質に左右されることになる。実際に，同じ動詞 break を使っても *The promise broke. のように自動詞にできない例があるのは，対象である「約束」は動作主がいないと破られない，つまり自発的に壊れる (破れる)

内在的な性質を持たないと認識されるからだと説明できる。

　形容詞由来動詞も，能格動詞の自他交替の公式を使って，意味構造の「結果状態」の部分に形容詞を組み入れることで表すことができる。

(7) a. Mary(x) dried her hair(y).
　　　〈x が活動〉→〈y が変化〉→〈y が **dry** の状態〉
　　b. Her hair(y) dried.
　　　〈x＝y が活動〉→〈y が変化〉→〈y が **dry** の状態〉

(7a)では動作主の活動によって変化が起きるが，(7b)では対象（彼女の髪）が自ら変化を引き起こしている。このように，形容詞由来動詞は，形態的に形容詞と接辞(-en, -ize, -ify, 転換の場合は無形)から成るので，接辞の部分が〈活動〉→〈変化〉→〈状態〉という(6)の能格動詞の公式部分の意味を担い，それが形容詞の意味と合体すると考えることで，形容詞由来動詞の意味を構成的にとらえられる。

　以上をまとめると，英語の形容詞から動詞を作る語形成は，能格動詞を作るプロセスだと言える。(6)のような反使役化の公式によって，内在的性質による変化が可能な場合にのみ自動詞用法が可能になるという形容詞由来動詞の特徴を，能格動詞の自他交替と同じように説明できる。

4.1.3　他動詞構造の基本性

　形容詞由来動詞の反使役化の構造(6)からは，自動詞用法がどの場合に可能であるかが予測できるのに加えて，もう一つ重要な一般化が得られる。つまり，一般の能格動詞と同様に，形容詞由来動詞は他動詞の構造が基本だということである。この点についてさらに掘り下げて考えてみよう。『動詞編』第1章に詳しく説明されているように，英語で break などの能格動詞の自他交替については，(ア)自動詞を基本として使役化によって他動詞を派生する，(イ)他動詞を基本として反使役化によって自動詞を派生する，(ウ)1つの動詞だが自動詞は〈活動〉を欠くと規定する，という3つの異なる立場がある。『動詞編』第1章では(イ)の分析を支持する議論をしているが，ここで取り上げる形容詞由来動詞において，他動詞用法が自動詞用法よりも優位であるという事実も，(イ)の証拠としてあげることができる。

　ドイツ語とオランダ語でも，英語と同じように接辞によって形容詞から動詞が作られる（訳語は原著のまま英語）：reifen 'ripen', leeren 'empty', ver-kurzen 'shorten', be-feuchten 'moisten', er-warmen 'warm', ver-armen 'become/make poor', be-korten 'shorten'（オランダ語）。これらも基本的に使役の他動詞であり，意味的要因によって自動詞用法を持つということが報告されている（Stiebels 1998, Wunderlich 1997, Lieber and Baayen 1993）。

このように英語，ドイツ語，オランダ語の形容詞から派生された動詞に共通して他動詞用法があり，その一部で自他交替があることは，(6) の能格動詞の公式によってとらえられる。しかし，die, arrive などの例からもわかるように，変化を表す動詞のすべてが他動詞を基本とするわけではない。たとえば die は単純な状態変化の意味（〈y が変化〉 → 〈y が **dead** の状態〉）を持ち，他動詞として使われることはない。これに対して，なぜ形容詞由来動詞は他動詞を基本とする能格動詞の自他交替を示すのだろうか。少なくとも意味的にはそのような必然性はないように思われる。たとえば，英語，ドイツ語，オランダ語の形容詞から動詞を作る接辞に使役の意味が内在していると仮定しても，ドイツ語についてはその可能性を否定する研究があり（Wunderlich 1997），英語ではそもそも接辞なしの転換の例が多いので，それを受け入れるのはむずかしい。

4.1.4　派生語と事象構造

ここで参考になると思われるのが，Pustejovsky（1995）で提案されている事象構造（event structure）である。その概略を説明すると，break のような能格動詞の事象構造は，〈活動〉と〈状態〉という 2 つの事象から成り，状態変化使役の意味はこの 2 つの事象の推移関係（〈活動〉 → 〈状態〉）として表される。さらに，どちらの事象が主要部（head）になるかによって，異なったアスペクトの動詞を表す。主要部が〈活動〉であれば，状態変化使役動詞（他動詞）break の事象構造となり，結果の〈状態〉の意味は事象構造の一部として含意はされるが背景化される。逆に〈状態〉が主要部となれば，〈活動〉は背景化されるためにそこに含まれる外項(x)は文に現れない。したがって，break などの能格動詞が示す自他交替は，その事象構造が内在的に持っている多義性（polysemy）によって説明される。これに対して，自動詞用法しかない動詞 arrive などは，例外として〈状態〉が主要部であることが辞書（レキシコン）で指定されるため，自他交替の多義性を持たない。

このように，Pustejovsky (1995) は，break（自）/break（他）のように主要部の指定がなく自他交替を示す事象構造を標準形（デフォルト）だとする。この考え方にもとづいて，他の品詞から作られた派生語は屈折変化において標準形（規則変化）を示す傾向が強いという事実（例：名詞から派生した動詞 fly「(野球で) フライ (fly) を打つ」→（過去形）flied/*flew」）を考え合わせると，英語の形容詞由来動詞がすべて他動詞構造を基本とするのは，派生語であるために標準形の事象構造を持つためだと考えることができる。

　以上，形容詞由来動詞の自他交替と意味は他動詞を基本とする能格動詞の意味公式で表すことができ，自動詞用法は変化が自律的な場合にのみ可能であることを見てきた。さらに，他動詞用法が基本であることは派生動詞が標準的な状態変化使役の事象構造を持つためと考えられる。次節では形容詞由来動詞の意味的特徴について見ていこう。

4.2　形容詞由来動詞の意味的特性

4.2.1　形容詞の意味条件

　動詞を作る形容詞には，意味的な制限があることが知られている。Dixon (1982) は，意味カテゴリーとして物理的な特徴，温度，色を表す形容詞が動詞になりやすく，人間の性質を表す形容詞 (proud, modest など) は動詞になりにくいと指摘している。さらに Levin and Rappaport-Hovav (1995: 96) では，一時的な性質を表す形容詞（場面レベル述語：本書第2章）は動詞になれるが，時間と共に変化しない個体の属性（個体レベル述語）は動詞化されにくい，という興味深い観察が示されている。たとえば smart という形容詞には，「格好良い」という場面レベルの一時的な性質と「頭がいい，聡明である」という個体レベル属性の意味があるが，派生動詞 smarten は普通，「格好良くする/なる」という意味で使われる。何を一時的性質と見なすかということは，話者の認識や経験にもとづく面がある。たとえば，体重は増減するので，形容詞 fat は一時的と感じられて fatten という動詞が使われる（例：He fattened.）が，身長の場合は，個体の属性であると認識されるために tall から派生する動詞は存在しない（例：*He talled.）。このような意味の制約があるのは，4.1節で見たように形容詞由来動詞が外からの要因による他動詞構造を持つため

だと考えられる。つまり，一時的性質は時間とともに変化するため，外因によって変化する可能性があるが，個体レベルの属性は変化しない（変化しにくい）と認識されるため，一時的性質のみが形容詞由来動詞を作ることができる，と Levin and Rappaport-Hovav (1995) は説明している。

確かに，転換または接辞 -en によって作られた動詞は一時的性質を表す形容詞に基づくものが多いようだが，しかしそれはすべての形容詞由来動詞に当てはまる特徴とは言えない。たとえば，接辞 -ize の付く動詞 modernize, formalize や -ify の付く動詞 diversify, simplify などの語基となる形容詞——modern（近代的な），formal（正式な），diverse（多様な），simple（単純な）——は，一時的ではなく変化しにくい属性を表している。（この点については，4.5節で日本語の接辞「-化」に関連して再び取り上げる。）

4.2.2　形容詞由来動詞のアスペクト特性

Dowty (1979) などによって古くから指摘されてきたように，形容詞由来動詞のアスペクトは一般の状態変化動詞とは異なっている。動詞の語彙的アスペクトは大きく分けて完結（telic）の意味を持つ状態変化と未完結（atelic）の意味を持つ活動とに分けられ，第1節でもふれたように，前者（自動詞の melt など）は終点を表す副詞（in an hour）を取れるのに対して，後者（bark など）は継続時間を表す副詞（for an hour）を取れる。この区別では，変化は基本的に瞬間的にある時点において起こるものと認識されていることになる。ところが，形容詞由来動詞には(8)のようにその両方の副詞と共起できるものがある。

(8)　a. The soup cooled in ten minutes.
　　　b. The soup cooled for ten minutes.　　(Dowty 1979: 88)

(8a)は「スープが10分で冷めた」という完結の意味を表すが，(8b)は「10分間，冷め続けた」という継続，つまり未完結の意味を持つ。このため，Dowty (1979) は，cool のような形容詞由来動詞を，「段階性到達動詞（degree achievement verb）」と呼び，一般の到達動詞（achievement verb）とは区別している。ここで重要なのは，変化には瞬間的ではなく，徐々に時間をかけて起こると認識されるものがあり，cool のような動詞は cool という状態へ向けた段階的な変化を表すということである。つまり，より冷めた状態に徐々に変化するので，変化の終点を表す時間副詞

(in an hour) と共に現れるだけでなく，変化の過程を修飾する時間副詞 (for an hour) も伴うことができるわけである。上で見たように，形容詞由来動詞は時間と共に変化することが可能な一時的性質を表す形容詞から成るため，後者の段階的な状態変化の解釈が可能になっていると言える。

この段階的な変化というアスペクト特性をとらえるためには，形容詞由来動詞の意味構造の公式に〈変化〉ではなく(9)のように〈移動〉が含まれると考えるのがより適切である (Jackendoff 1990, 影山 1996, 2008b, Plag 1999 など)。

　　(9)　〈y が移動〉→〈y が cool の状態〉

ここでの〈移動〉は変化の一種で，物理的な場所の移動ではなく，ある状態から別の状態へ段階的に変化するという意味である。〈移動〉は時間をかけて起こるので，(9)の意味公式によって継続の時間副詞 (for an hour など) による修飾が可能であることが説明できる。

4.2.3　形容詞由来動詞の段階性と完結性

ただし，形容詞由来動詞がすべて cool のように段階的変化を表すわけではない。これはどのような要因によるのだろうか。まず，形容詞が表す属性・性質は，次に例を示すように「上限」を持つ場合と持たない場合との2種類に分けられる。

　　(10)　a.　[＋上限]：straight, full, flat, empty, dry, dark
　　　　　b.　[－上限]：long, short, fast, slow, wide, narrow, cool

(10a)の straight は完全な直線になればそれが限界で，それ以上に真っ直ぐなることは考えられないから，[＋上限] である。他方，(10b)の長さ (long) や速さ (fast) などは相対的な概念であり，「それ以上は長くならない／それ以上は速くならない」という限界はないので，[－上限] である。両者は completely という副詞で修飾できるかどうかによって区別される。[＋上限] の形容詞は最高値を持つので「完全に」という修飾が可能である (completely straight) のに対して，上限の値を持たない形容詞は「完全に」を付けることができない (*completely long/fast)。このような上限の有無は，日本語では「真-」という接辞の付加に関係する。「真-」は「完全に」という意味を表すので (杉岡 2006など)，[＋上限] の形容詞に付加して「真っ直ぐ，真っ平ら，真っ暗」と言えるが，[－上

限] の形容詞に付加して「*真っ長い, *真っ広い」などとは言えない。

このような分類をもとに, Hay et al. (1999) は, [＋上限] の形容詞から作られた動詞は完結アスペクト (telic) を持つ到達動詞になり, [－上限] の形容詞は未完結アスペクト (atelic) の動詞になると述べ, その証拠として, 進行形の解釈の違いをあげている。第1章で述べたように, 到達動詞の進行形 (He is arriving.) はその行為が行われたこと (He has arrived.) を含意しないが, 活動動詞の進行形 (He is walking.) はそれを含意する (He has walked.)。このテストを使うと, (11a, b) に示すように, [＋上限] の形容詞は到達動詞を作るのに対して, [－上限] の形容詞から作られた動詞は非完結の解釈を持つことがわかる。

(11) a. [＋上限] They are straightening the rope.
　　　　$\not\Rightarrow$ They have straightened the rope.
　　　b. [－上限] They are lengthening the rope.
　　　　$\Longrightarrow$ They have lengthened the rope.

(Hay et al. 1999: 136)

ただし, [－上限] の形容詞であっても次の(12)のように文脈によって上限が与えられることもあり, その場合は [＋上限] の形容詞と同様に振舞う。

(12) The tailor is lengthening my pants.
　　　$\not\Rightarrow$ The tailor has lengthened my pants.

(Hay et al. 1999: 136)

(12)では, 本来は上限がない lengthen が「ちょうど良いパンツの丈にする」という意味を文脈によって与えられて終点を持つため, 進行形はまだ行為を開始していないという意味しか持てない。(8)で見た The soup cooled の例も, cool は本来は [－上限] であるので未完結の意味 (for ten minutes) を持つが,「室温 (あるいは望ましい温度) まで冷めた」という解釈での cool は完結の解釈 (in ten minutes) が可能になる。さらに, completely を加えて [＋上限] にしか解釈できなくすると, cool は次のように完結の意味しか持てなくなる。

(13) The soup *completely* cooled {in/??for} an hour.

(Hay et al. 1999: 138)

このように, 形容詞由来動詞が完結の解釈を持つかどうかを形容詞の上

限の有無から導くという Hay et al. (1999) の提案はかなり妥当なものであるが、問題がないわけではない。Kearns (2007) によると、completely で修飾可能な ［＋上限］の形容詞には、(14) の empty のように普通の文脈では未完結の解釈を持てないものがある一方で、(15a, b) の darken, ripen など未完結の解釈を許して継続の時間副詞と共起できるものも存在する。

(14) #The tank emptied *for an hour*.
(15) a. The sky darkened *for an hour*.
　　 b. The fruit ripened *for another week*. (Kearns 2007: 53)

(15a)は「空が1時間のあいだ暗かった（そしてまた明るくなった）」（〈yが移動〉→〈y が dark の状態〉という意味構造の〈状態〉の部分を for an hour が修飾する）とも解釈できるが、ここで問題にしているのは、「空が1時間の間どんどん暗くなっていった」という未完結の解釈も可能だという点である。このように ［＋上限］の形容詞でも未完結の動詞を作れることから、Kearns (2007) は、形容詞由来動詞は empty のようなまったく段階性を持たない形容詞から作られた動詞を除いて、基本的に段階的変化を表すと主張している。

以上から、形容詞由来動詞が完結の解釈を持つためには形容詞が ［＋上限］という性質を持つ必要があるが、逆は必ずしも当てはまらないことが分かる。つまり、形容詞が ［＋上限］であっても、そこに至る変化が段階的であることは可能なので、(15)のように段階的変化の解釈から未完結の意味が出てくるケースがあるわけである。（形容詞の意味と段階的変化の形式化については、Kennedy and Levin (2008) を参照。）

最後に、形容詞由来動詞は特に自動詞として使われるときに up, down などの不変化詞（小辞；☞第9章）を伴うをことが多い。

(16) a. The mist cleared *up*.
　　 b. The well dried *up*.
　　 c. The room quieted *down*.
　　 d. The train slowed *down*.
　　 e. The temperature warmed *up*.

［＋上限］の形容詞から作られた動詞に不変化詞が付く場合 (16a-c) は、up, down によって変化の終点の意味を加えることで上限に到達したこと

（霧がすっかり晴れた，井戸がすっかり枯れた，部屋が完全に静かになった）を強調する構文になっている。それに対して，[－上限]の形容詞に付く場合（16d, e）は変化の程度の大きさを強調する働きをしている。このように，形容詞の意味に上限が有る無しにかかわらず不変化詞による強調が可能であることからも，形容詞由来動詞が基本的にある状態への段階的変化をあらわすことがわかる。

以上見てきたように，英語の形容詞由来動詞のアスペクトには，基体である形容詞が持つ「段階性」や「上限の有無」といった意味の特性が大きく関与している。

4.3 動詞化接辞「-める」・「-まる」と使役交替

日本語で形容詞から動詞を派生する接辞として，他動詞を作る「-める」（高める，深める）と自動詞を作る「-まる」（高まる，深まる）を取り上げる。これらは第2節でも述べたようにそれほど生産性が高いとは言えないが，それぞれの意味特徴には英語の形容詞由来動詞との共通点と相違点が見られる。

形容詞から名詞を作る接辞として，程度を表す「-め」（固め，早め）という接尾辞があり，これは，「速めに歩く，固めにゆでる」のように，基体となる形容詞が表す「早さ」や「固さ」の尺度（スケール）上の一定の度合いを意味すると言える。一方，動詞化接辞の「-める (-me)/-まる (-mar)」は，スケール上での程度の変化を表すと考えられる。したがって，日本語でも「-める/-まる」が付く形容詞由来動詞の意味は一時的な性質の変化に限られ，「室温が高まる」は良いが「*身長が高まる」や「*塀を高める」はおかしい。室温は時間と共に高くなったり低くなったりするが，身長や塀の高さは簡単には変化しないからである。

4.3.1 脱使役化による自動詞化

形容詞に「-める/-まる」が付加して派生する動詞には，次のような他動詞形と自動詞形の対応が観察される。

 (17) a. 花子がスープを温めた。
    b. スープが温まった。
 (18) a. 市当局が道路の幅を狭めた。
    b. 道路の幅が狭まった。

これらのペアでは，自動詞と他動詞のどちらが基本と考えればよいだろうか。まず，自動詞「温まる」から使役化によって他動詞「温める」ができるという可能性は，次の理由で考えにくい。第一に，日本語の他動詞化の接辞には -e（進む/進める）と -as（乾く/乾かす）があるが，「-める/-まる」が属する -e/-ar という交替は自動詞化（曲げる/曲がる）に見られるものである（影山 1996 など）。さらに，(17)(18)の例で「形容詞語幹＋-まる」が表す変化の性質を考えると，スープは勝手に温まらず，道路の幅は自然に狭まらないので，これらは自然に起こるものではなく働きかけによって起こる変化だと言える。これは，次のように「-める」が付く動詞の主語が動作主でなく原因（具体物や事象）である場合も，同様である。

(19) a. 貿易問題が日米両国の溝を深めた。
→日米両国の溝が深まった。
Cf. *両首脳が日米両国の溝を深めた。　　（影山 1996: 181）
b. 万全の管理が製品の安全性を高めた。
→製品の安全性が高まった。

(18)(19)のような他動詞と自動詞の関係は，次の(20)の自他交替に見られるものと同じだと考えられる。

(20) 庭師が木を植える→木が植わる

つまり，「木が植わる」という自動詞文でも，木は勝手に植わった状態にはなれず，誰かが木を植えたということが示唆される。このタイプの自他交替は，-e と -ar という語尾を持つ他動詞と自動詞のペア（決める/決まる，集める/集まる，助ける/助かる）に見られるもので，影山（1996）で提案されている**脱使役化**（de-causativization）という自動詞化の過程として，(21)のように公式化できる。

(21) a. 〈x が働きかけ〉 → 〈y が変化〉 → 〈y が z の状態〉
↓
b. 　 φ 　　　　　〈y が変化〉 → 〈y が z の状態〉

脱使役化は，状態変化使役動詞の公式(21a)から，動作主や原因を表す外項(x)が隠された形(21b)と分析できる。外項は隠されて統語構造には現れないので(21b)は自動詞の構造となるが，外項の存在は示唆される。つまり，(21b)は，〈x が働きかけ〉という事象が意味的に示唆される点で，

単純な状態変化「〈y が変化〉→〈y が z の状態〉」(例:「氷が融ける」)
とは異なっている。ここで問題にしている(17)-(19)の「-める/-まる」の
交替も,たとえば(17b)の「スープが温まった」が(17a)の「花子がスー
プを温めた」から脱使役化によって得られると考えることで,その意味を
正しくとらえることができる。

4.3.2 日本語の「温まる」と英語の cool の違い

この自他交替の公式は,英語の形容詞由来動詞の反使役化の公式(6)と
異なり,これらの動詞のアスペクト特性の違いを反映している。既に見て
きたように英語の cool(自動詞)が未完結の解釈を許す(The soup
cooled for an hour.)のに対して,日本語の「-まる」動詞が共起するの
は時間限定副詞だけであり,継続時間副詞とは共起しない。

(22) a. {5分で/*5分間}スープが温まった。
　　　 b. {3か月で/#3か月間}道路が狭まった。

(22b)で継続の時間副詞「3か月間」に自然な解釈があるとすれば,3か
月間にわたって狭まり続けたという意味ではなく,3か月狭まった状態
があった(そしてその後元に戻った)という結果持続の期間を表す。した
がって,「狭まる」は完結の意味を持つと言える。さらに「-まる」動詞に
テイルを付けると,進行ではなく結果の意味を表す。これは「壊れる,破
れる」など状態変化動詞の特徴である(壊れている=壊れた状態である)。

(23) 　スープが温まっている。(=結果の状態)
　　　 Cf. スープを温めている。(=過程の進行)

これらの証拠から,「温まる」などの「-まる」自動詞は(21b)の脱使役化
による状態変化の意味構造を持つと結論できる。そして,日本語の「温ま
る」と英語の cool の違いは,自動詞になる過程(反使役化と脱使役化)
の違いによるものと説明することができ,日本語においては接辞 -e/-ar
がその自他交替を特徴づけていると言うことができる(影山 1996)。

しかし4.4節で見るように,「-める/-まる」が作る形容詞由来動詞の自
他交替には,別の意味を表す場合もある。

4.4 自発変化動詞と自他交替

4.4.1 自発変化動詞の意味の公式

ここまで「-める/-まる」で作られた動詞で外的要因による変化を表す

ものを見てきたが,「-まる」動詞には,自然に起こる変化を表す例も存在する。まず,自然変化を表す「-まる」動詞には,次に示すように外的要因を含んだ他動詞形との対応が見られない。

 (24) a. 風が弱まった。／*太陽が風を弱めた。 (影山 1996: 182)
    b. 太陽が沈んで闇が深まった。／*彼はローソクを消して闇を深めた。
    c. 台風の接近で雨脚が強まった。／*台風の接近が雨脚を強めた。 (杉岡 2002: 107)

(24)の例はいずれも自然現象で起こる変化で,対象の内在的性質によって引き起こされていることに注意したい。

さらに,これらの自動詞は,前節で見た「-まる」動詞とは異なり,ある一定の時間をかけて変化するという未完結の解釈が可能である。したがって,テイルを付けると結果状態のみならず,進行の解釈も可能である。

 (25) a. 風が強まっている。(進行中/結果状態)
    b. 闇が深まっている。(進行中/結果状態)
    c. 台風の雨脚が強まっている。(進行中/結果状態)

たとえば「風が強まっている」は,結果状態の意味だけでなく,「風が強まり続けている」という進行の解釈も可能である。このように,これらの動詞は英語の形容詞由来動詞に見られる「段階的到達動詞」の特徴を示すので,(6)で示した反使役化の公式(〈x=yが活動〉→〈yが変化〉→〈yがzの状態〉)を当てはめることができる。ただし,英語の場合と違って他動詞からの派生ではないので,変化を引き起こす外項(x)は存在しない。

 (26) 形容詞-まる：〈yが活動〉→〈yが変化〉→〈yがzの状態〉

(26)の「活動」も(7)の反使役化自動詞のdryの場合と同じく,具体的な行為ではなく「自発性」を表している。

この自発変化の「-まる」動詞は,状態変化の非対格自動詞とは異なり〈活動〉を持つため,次のように命令形で現れることも可能である。

 (27) 風はそのまま劫風のように無限に強まり,私もろとも金閣を倒壊させる兆候のように思われたのである。「強まれ！　強まれ！　もっと迅(はや)く！　もっと力強く！」

                (三島由紀夫『金閣寺』)

また，(24)で見たようにこれらの自動詞が外部要因による使役を表す「-める」動詞とは交替しないことは，(26)の公式にすでに〈yが活動〉という原因が含まれているためさらに外的要因を加えることができないことから，自然に説明できる。

　ある変化が完全に自発的なものであるかどうかは，4.1節で英語の形容詞由来動詞についても見たように，実世界についての知識や認識によって左右されることがある。たとえば「コンクリートが固まる」という例は内在的な性質による変化(26)の解釈では「コンクリートを固める」とは言わず，「固まらせる」という自動詞の使役形で表す（影山 1996）。しかし，コンクリートは人造物なので働きかけによって変化を起こすことが可能だという解釈では，他動詞が可能になる（[砂は] コンクリートを固めるにも，欠かすことの出来ない原料だ：安部公房『砂の女』）。逆に，脱使役化の例としてあげた(19a)の例「日米両国の溝が深まる」などでは，溝が自然に深まるという解釈が可能な文脈もありえるが，その場合は未完結の性質を示すと予測される（日米両国の溝が深まっている＝進行中）。

4.4.2　自発変化動詞の他動詞化

　「-まる」自動詞には，次のような関連する他動詞構文が存在する。

(28) a. 雨の勢いが弱まった。→雨が急に勢いを弱めた。
　　　b. 彼女の胸の鼓動が早まった。→彼女の胸は鼓動を早めた。
　　　c. モーターの回転が速まった。→モーターが回転を速めた。
　　　d. 秋の色が深まった。→秋がその色を深めた。

これらの他動詞は，4.3節で見た「花子がスープを温める」のような例とは異なり，主語（雨，胸など）が動作主や外的要因ではなく変化の主体であり，目的語が主語の一部か属性（モーターの回転，秋の色など）を表すという特徴がある。また，自動詞も他動詞も基本的な意味はほぼ同じで，意図的な使役ではなく，自然に起こる変化を表している。

　このことから，(28)の他動詞構文は，対応する自発変化の自動詞の公式(29a)から(29b)のように導くことができる。

(29) a. 〈yが活動〉 → 〈yが変化〉 → 〈yがzの状態〉
　　　　［例］風の勢い(y)が強まった。
　　　b. 〈xが活動〉 → 〈yが変化〉 → 〈yがzの状態〉
　　　　ただし，x⊃y（xが全体で，yはその一部分である関係）

[例] 風(x)がその勢い(y)を強めた。

「風が強まる」などの自動詞は(29a)の自発変化の構造を持っているが，(29b)では，変化の主体（風）が外項xとして取り立てられ，変化の対象（勢い）を表す内項yと分離されるために他動詞の構造を持つ。しかし(29b)のxとyは全体と部分の関係であるため，実際には内在的な変化を表す再帰的な意味を表すと言える。そのため，(29b)は自動詞に近い意味となり(29a)とほぼ同じ現象を表すのである。

(29b)の他動詞構文では，xは変化の外的要因ではなく変化の主体にすぎないため，動作主や原因が主語の場合とは異なり，受身化することができない。

(30) a. *回転がモーターによって速められた。
　　　　Cf. モーターの回転が技術者によって速められた。
　　　b. *勢いが雨によって強められた。

さらに，(21)で見た脱使役化の「-まる」動詞の場合は，〈活動〉が統語的に反映されない（(21b) φ 〈yが変化〉 → 〈yがzの状態〉）ため，次に示すように同種の再帰的な自他交替はできないことが予測できる。

(31) a. 工事で川の幅が狭まる。→*工事で川が幅を狭める。
　　　b. 社長の指示で会議の日程が早まる。→*会議が日程を早める。

しかし，そもそも(28)のような他動詞構文では，なぜ自動詞で表現できる状態変化を他動詞にして表すのだろうか。

4.4.3　自発変化と過程の焦点化

まず，(29a, b)の公式で表される自他交替の意味を比べてみよう。

(32) a. 台風の雨脚が強まった。
　　　b. 台風が雨脚を強めた。
(33) a. 車輪の回転が速まっている。
　　　b. 車輪が回転を速めている。

基本的な意味は同じだが，他動詞文の方で自動詞の場合より変化が強調されている。特に(33)のテイル形では，変化が進行中であるという解釈が他動詞の「速めている」の方により強く感じられる。

このように自発変化を表す他動詞構文において変化の過程が強調されるのは，これらの形容詞由来動詞が段階的な程度変化を表すという点と密接に関わっている。4.2節で述べたように，段階的変化は一種の移動ととら

えられるので，その進行過程を焦点化しやすいと考えられる。

Levin and Rappaport-Hovav（1995: 172）では，cool などの形容詞由来動詞と同じアスペクト特徴を持つ動詞として，純粋に位置変化を表す rise, fall などをあげているが，日本語の位置や程度の変化を表す動詞（例：上がる，増す）にも，興味深いことに自発変化の「-まる」動詞とよく似た他動詞用法が存在する。

(34) a. 銀行株が値を上げた。(Cf. 銀行株の値が上がった。)
b. 頬が赤みを増した。(Cf. 頬の赤みが増した。)

これらの動詞はまさに段階的変化そのものを表すため，変化の進行の強調が変化を推進させる主体を想起させ，(29b)に示した自発変化の他動詞構文が自然に感じられるのではないかと考えられる。

4.4.4 「-める/-まる」で作られた動詞のまとめ

4.3節と4.4節で見てきた「-める/-まる」で作られた動詞の自他交替は次の2種類にまとめられる。

(35) a. 状態変化使役と脱使役化：
スキー客がストーブで身体を暖める。/身体が暖まる。
b. 自発変化と変化過程の焦点化による他動詞化：
風の勢いが弱まる。/風が勢いを弱める。

脱使役化は他動詞が基本であるのに対して，自発変化の他動詞構文は自動詞を基本とする。また，その意味を表す公式(21)と(29)は形容詞由来動詞に限られず，それぞれ，脱使役を表す動詞と再帰的変化を表す動詞全般に当てはめることができる。

これに加えて，非対格の状態変化の意味（〈y が変化〉→〈y が z の状態〉）を持つ形容詞由来動詞も少数ながら存在し，「地面が固まる（影山 1996: 182），かんな屑が丸まった」のような例がそれにあたる。「形容詞語幹＋-る」の派生動詞は例が少ないが，自動詞の状態変化の解釈を持ち（体が弱る，ウエストが太る，理解力が鈍る，食が細る），他動詞としては使われない（*体を弱る/Cf. 弱らせる）。これらの動詞はテイル形が進行ではなく結果状態のみを表す（かんな屑が丸まっている，体力が弱っている）ことからも，非対格動詞であると考えられる。

以上，英語の形容詞由来動詞はすべてが他動詞用法を持つという規則性を示すのに対して，日本語の場合は「-まる/-める」という接辞の生産性

が低く，また動詞全体が語彙化されているため，形容詞由来動詞の自他交替は単一ではないことを述べた。

4.5 漢語接辞「-化」

漢語接尾辞「-化」は，名詞，形容詞相当語根（「悪」，「強」など1字漢語），形容動詞語幹（ナ形容詞），および漢語動詞（サ変動詞の語幹）について漢語動詞語幹を作る。「-化」は状態変化を表す動詞を作るという点で「-まる/-める」と共通した意味を持ち，次に示すように，形容詞に相当する語に「-化」が付いてできる動詞には，自動詞用法が主なもの，自他両用のもの，他動詞用法が主なものがある。

(36)　a. 自動詞：悪化，激化，軟化，硬化，深化，劣化，老化，鈍化，軟弱化，強硬化，脆弱化，貧弱化，過激化，幼稚化，巨大化，温暖化，無気力化，低俗化，深刻化
　　　b. 自他両用：強化，単純化，自由化，正常化，多様化，活発化，綿密化，高級化，スリム化
　　　c. 他動詞：美化，正当化，神聖化

(37)　a. 頭痛が悪化した。／*お酒が頭痛を悪化した。(Cf. 悪化させた)
　　　b. 日本と中国の首脳が国交を正常化した。／日中の国交が正常化した。
　　　c. 大統領はイラク戦争を正当化した。／*イラク戦争が正当化した。(Cf. 正当化された)

田窪（1986）によると，「-化」によって作られた動詞の自他は，形容詞/形容動詞の意味に左右され，自動詞になるものには望ましくないネガティブな意味の形容詞が多く（36a, 37a），他動詞になるものは望ましい状況を表す形容詞が多い（36b, cと37b, c）。これは，好ましい方向への変化は人間の意図が働きやすいので他動詞用法が可能になるが，それ以外の好ましくない変化は自動詞用法になるからだと説明できる。動詞語幹を含めてさまざまな品詞に付く「-化」を論じている小林（2004）は，「-化」が付いて作られた動詞全般には，自他両用の場合にも，自動詞が基本のものと他動詞が基本のものの両方があると述べている。実際に，ナ形容詞から作られた例に限ってみても，「自由化，単純化」などは他動詞の意味の方

が標準的だが,「多様化,活発化」などは自動詞の用法が多いようである。

したがって,「-化」という接辞に固有の意味は「変化」という部分のみで,(36a)の「悪化する＝悪くなる」のように単純な状態変化の自動詞の場合,(36b)の「自由化」のように自他両用で他動詞から脱使役化で自動詞になる場合と「グローバル化」のように自動詞から他動詞が限定的に作られる場合,(36c)の「美化」のように他動詞の意味しか持たない場合,というようにその自他は多様だと言える。これは,「-化」自体が漢語で,和語の動詞語尾のように自他を表示しないためということもあるが,それに加えて,4.1節で見たように英語が他動詞の使役事象構造(「する」)を基本とするのとは対照的に,影山(1996)でも述べられているように,日本語では変化の基本を自動詞の「なる」と認識する傾向が強いことにも起因すると考えられる。

次に,「-化」が付くことができる語の意味的特徴に目を転じると,影山(2008a)では「-化」を「内在的属性に特化した言語形式」であると論じている。この「内在的属性」というのは,モノや人が本来的に持つ性質(例:女性である,大型である)のことで,時間と共に変化しにくい属性のことである。本章で取り上げる形容詞に絞って例をあげると,「地球が温暖化する」というのは,地球の本来的な気候がより温暖になったという意味であり,一時的に気候が温暖になったという解釈はできないということである。同じ理由から,一時的な状態を表す「病気」などには「-化」が付かず,「*父が病気化した」(影山2008a)とは言えない。これに対して,より永続的な状態を表す「病弱」の場合は,「父が高齢のため病弱化した」はそれほど不自然ではないと感じられる。

このような「-化」の特徴は,4.2節で見た英語のcoolなどの動詞や4.3節で見た「-まる」「-める」が作る動詞が一時的な性質を表す形容詞から作られるという指摘や観察とは対照的である。この違いの要因として,上で見てきたようにcoolや「弱まる」などが変化の段階性に言及するのに対して,「-化」が結果の状態(の固定)に言及する(影山2008a)という点があげられるかもしれない。ただし,「-化」が作る動詞の中にも「頭痛が悪化した(37a)」や「彼は急に態度を硬化させた」など,必ずしも永続的な属性を表すとは言えないものも少数ながら含まれるので,形容詞が表す属性と派生動詞の意味の関係については,さらに考察が必要である。

4.6 感情を表す動詞の派生

日本語の接辞「-がる」「-む」は，以下の例のように感情や認識を表す形容詞や形容動詞の語幹に付いて，「○○と感じる」という意味の動詞を作る。

(38) a. 学生達は卒業をうれしがった（＝うれしいと感じた）。
b. 子供達は流れ星を不思議がった（＝不思議だと感じた）。

(39) a. 老人は昔を懐かしんだ（＝懐かしいと感じた）。
b. 牧師は罪人を哀れんだ（＝哀れだと感じた）。

「哀れむ」のように形容詞語幹に「-む」が付いた動詞は数が限られるが，「-がる」は以下で説明するような意味の条件に合えば，かなり生産的に動詞を作ることができる。

4.6.1 認識動詞構文との平行性

第3節で触れたように英語には「-がる」に相当する接辞が存在せず，それに近い意味を表そうとすると，認識を表す動詞 find などを使った構文（「認識動詞構文」）を使うことになる。

(40) a. John finds the story amusing.
b. John finds that the story is amusing.

(40a)のような認識動詞構文の目的語と形容詞 "the story amusing" は，(40b)と同じく "the story is amusing" という主述関係の解釈を持つが，時制がないため，小節（small clause）と呼ばれる。日本語でも(41a, b)のような構文が，「-がる」の付いた動詞を含む文と平行して存在する。

(41) a. ジョンはゲームを面白く感じた/面白がった。
b. ジョンはゲームが面白いと感じた。

(41a)では「ゲーム」は目的語としてヲ格で表されるが，(41b)の埋め込み文を持つ構文と同じように「ゲーム」が「面白い」の主語として解釈される。したがって，接尾辞「-がる」は公式(42)に示すように，認識動詞「感じる」に相当する意味を持つと考えられる（杉岡 2007）。

(42) -がる：〈x（経験者）が y（事態）を感じる〉

一方，(43a)の「面白い」のような主観的判断を表す形容詞は，「長い」などの客観的性質を表す形容詞が対象だけを項として取るのとは異なり，

経験者と認識の対象という2つの項を取る(43b)。形容詞は動作ではなく状態を表すので、「(ジョンに解答が) わかる」などの状態動詞と同じように、「ニーガ」という格助詞のパターンで表される (☞第2章)。

(43) a. ジョンにゲームが面白い。
　　 b. 面白い：〈x（経験者）に y（対象）が面白い〉
　　　　 Cf. 長い：〈y（対象）が長い〉

(43b)と(42)が合わさってできた「面白がる」という動詞は、平たく言うと「面白く感じる」という意味を持ち、以下の(44)のように表すことができる。「-がる」は(42)に示したように「ある事態を感じる」という意味を持ち、(41a)の例でその「事態」とは「ジョンにゲームが面白い」である。そこで、次に示すように、(44a)「面白＋-がる」の意味は、「-がる」の内項（y＝事態）を(43b)の「面白い」の公式〈x（経験者）に対象(y)が面白い〉で置き換えることで得られる(44b)。

(44) a. 〈x（経験者）に対象(y)が面白い〉＋〈経験者(x)が事態(y)を感じる〉
　　 b. 〈x（経験者）が〈x（経験者）に y（対象）が面白い〉を感じる〉
　　 c. x（経験者）が y（対象）を面白-がる

(44b)の2つの「経験者」の項は同一のものを指すので、右側の「x（経験者）」が削除される。その結果、(44b)は、下線部が動詞「面白がる」と同じ意味となり、(44c)に対応する。この「面白がる」は「感じる」と同じく状態性動詞ではなく、普通の他動詞の「ガーヲ」という格助詞パターンを持つ。

(39)の「懐かしむ」や「哀れむ」も同じ公式(44)によって説明できるが、「-む」の付く動詞は、前述のように数が限られるので、「哀れむ」「懐かしむ」などの動詞はすべて辞書（レキシコン）に登録されている。これに対して、「-がる」の接辞化は、多くの主観的判断や感情を表す形容詞や形容名詞に付くことができるだけではなく、新語の形容詞に付くことも可能である（ウザい→ウザがる、キモい→キモがる、など）ことから、生産的な規則だと言うことができる。

4.6.2　形容詞の種類

「-がる」を付加できるかどうかは、形容詞の意味カテゴリーによって次

のように整理できる（杉岡 2007）。
  (45) a. 感情・心理：可（例：嬉しがる，面白がる，こわがる，うらやましがる，嫌がる）
     b. 生理的感覚：可（例：暑がる，痛がる，うるさがる，臭がる，酸っぱがる，痒がる，苦しがる）
     c. 主観的判断：可（例：もったいながる，書きにくがる，ほしがる，汚ながる）
     d. 大きさや量など：不可（例：*大きがる，*長がる，*少ながる，*薄がる）
     e. 客観的判断：不可（例：*正しがる，（子供を）*馬鹿がる，*真面目がる）

このように，「-がる」が付くことのできる形容詞は，感情，生理的感覚，主観という意味特徴を持ち，その項として感情，感覚，主観の主体である経験者を必要とする形容詞である。このことは，(44b)の意味公式では「-がる」が選択する事態が経験者を含むという形で表されている。ただし，主観的な認識と客観的な判断の違いが微妙な場合もあり，たとえば「汚ながる」と比べて「??きれいがる」や「??美しがる」が不自然なのは，「美しい」に比べて「汚い」は主観や感覚が入りやすいためと考えられる。さらに，大きさなど客観的に判断される属性でも「部屋を狭がる」などが可能になる文脈は，実際に部屋に入ってみて「狭い」と感じる場合，つまり居住者の立場から見ている場合である。

4.6.3　「-がる」の意味と主語の人称制限

　久野（1973），Kuroda（1973），寺村（1982）などで古くから指摘されているように，「暑い，悲しい，うれしい」といった形容詞は，(46a)のように話者（1人称）が現時点で内的に知覚・体験している感情や感覚を直接的に表出するという働きがあるため，(46b)のように話者以外の主語（2人称，3人称）について現在形で使うことは極めて不自然である。2人称・3人称を主語に置くには，(46c)のように現在の感情・感覚なら推量の「そうだ」，判断の「のだ」，伝聞の「らしい」などの助動詞を付けて，内的感情・感覚を外的な事実として表現しなければならない。過去形の場合でも，「?そのとき彼/キミはうれしかった」と断定するのは，その当人と心理的に同化しない限り不自然である。

(46) a. 私は卒業がうれしい。私は暑い。
　　 b. *彼/キミは卒業がうれしい。*彼/キミは暑い。
　　 c. 彼/キミは暑そうだ（ね）/暑いようだ（ね）/暑いんだ(ね)。

助動詞を使わずに(46b)を正しい日本語にする方法は，形容詞に「-がる」という接尾辞を付けることである。「-がる」動詞は，(46a)(46b)と正反対のパターンを示し，2・3人称(47a)が自然で1人称(47b)は不自然である。

(47) a. 彼は暑がっている/卒業を嬉しがっている。
　　 b. *私は暑がっている/卒業を嬉しがっている。

ここまで「-がる」の意味を単に「感じる」と表してきたが，このような人称制限も含めて考えると，「-がる」は内的な感情や感覚の認識だけではなく，それを外から見えるように表出するという意味を併せ持つと言える。そのために，(47b)の1人称では自分の内的状態を外から記述するという視点の矛盾が生じ，不自然になるのである。以下では，この「-がる」動詞の特性を，[＋表出]という素性で公式に加えることにする。ここでいう「表出」には，意図的な表現の動作（例：わざと嬉しがる）と非意図的な内的感情の表出（例：思わずこわがる）があり，また，態度にはっきりとあらわさない場合（例：内心うらやましがる）も含まれる。

4.6.4 「-がる」の自動詞用法

「-がる」は，「さびしい」のように特定の対象を持たない感情の形容詞にも付くことができ，その場合は目的語が存在しないため自動詞を作る。

(48) a. ジョンはさびしがっている。
　　 b. 〈x（経験者）が 〈x（経験者）がさびしい〉を感じる［＋表出］〉
　　　 → x（経験者）がさびし-がる

上でも述べたように，「さびしがる」は「さびしいと感じそれを表す」という意味を持つ。さらに，「-がる」は願望の接辞「-たい」にも付くが，この場合もヲ格を伴わない自動詞的な用法が可能である。

(49) a. ジョンは［田舎に行きた］がっている。
　　 b. メアリーは［子供に早く会いた］がった。

「-がる」が作る動詞には，このように他動詞(38)と自動詞(48)の両方があり，日本語の動詞と動詞を作る接辞のほとんどが自他の区別を形態で示

す（「-める（弱める）」「-まる（弱まる）」）のと対照的である。これは，「思う」や「感じる」など認識動詞の特徴だと考えられる。つまり，感覚や感情を持つ際には，対象に対して物理的に働きかけるわけではないから対象は直接的な影響を受けない。(50)に示すように，「-がる」が付く動詞は，他動詞用法でも自動詞用法でも主語は経験者である。そこが，「温める/温まる」のような状態変化使役の自他交替(51)と異なっている。

(50) a. 面白がる：〈x が 〈x た y が面白い〉を感じる [＋表出]〉
b. ひもじがる：〈x が 〈x がひもじい〉を感じる [＋表出]〉

(51) 温める：〈x が働きかけ〉→〈y が変化〉→〈y が温かい状態〉
温まる：φ 〈y が変化〉→〈y が温かい状態〉

さらに，自動詞の「-がる」には，上記とは異なり客観的判断を表す形容詞に付く用法もある（杉岡 2007）。

(52) a. 男だからといって，無理に強がるのはよせ。
b. ジョンは，粋がってパイプをふかしていた。
c. 一人で真面目がっていても，仕方ない。(Cf.(45e))

(52)の動詞は，認識ではなく「振舞う」という意味だけを持つ。例えば，「強がる」は「強く感じる」ではなく「強いように振舞う」（〈x が 〈x が強い〉ように振舞う〉）という意味で，含意としては「見かけほど強くない」というニュアンスを持つ。この「-がる」の用法は，[表出] という意味だけが強調された結果と考えられる。

以上，形容詞に「-がる」「-む」という接辞が付いて作られた動詞が，認識動詞と小節を含む構文と平行的にとらえられることを見てきた。「-がる」が作る動詞の主語は感情や感覚の経験者であるので，認識動詞を作る「-がる」が付加する形容詞には，主観性という意味特徴が見られ，そのために客観的な性質を表す形容詞には付きにくい（例：*長がる）。さらに，「-がる」は内的感情の表出という意味も持つため，3 人称の主語が自然で 1 人称の主語が不自然になるという特徴を示す。

5 まとめ

転換および複数の異なった接辞によって作られた英語の形容詞由来動詞は，状態変化使役を表す他動詞の用法を持ち，内在的性質による変化が可

能な場合に自動詞用法も可能になる。この自他交替は，能格動詞と同じ特徴を示し，外項と内項の同定という「反使役化」の公式で説明できる。これに対して，日本語の「-まる/-める」という接辞で作られた形容詞由来動詞の自他交替は，他動詞（-める）が基本と考えられるケースと自動詞（-まる）が基本と考えられるケースがあり，漢語接辞「-化」が作る動詞の自他交替も多様である。

　英語の形容詞由来動詞が，状態変化を表すにもかかわらず未完結の解釈を持つ場合があるのは，形容詞が表す属性の段階的な変化を表すためで，特に段階性に上限のない形容詞から作られた動詞は未完結の意味を持ちやすい。つまり，個々の形容詞の語彙的な特性が，形容詞由来動詞のアスペクトに反映される。この段階的変化という意味特徴は，日本語の自発変化を表す他動詞にも見られるものである。

　日本語には感情や感覚を表す形容詞を動詞に変える接辞「-がる」がある。この接辞は主観的な事象の認識を外に表すという意味を持ち，そのために１人称主語を取ると不自然な文となる。

　本章で見てきたように，形容詞から作られた動詞の性質は，基になる形容詞の意味特徴（段階性の上限の有無，主観性など）に大きく左右される。このことは，派生語をその構成要素に分解する公式を使った分析の有用性を示していると言える。

6　さらに理解を深めるために

- Lieber. 2004. *Morphology and lexical semantics*.［英語の形容詞や名詞から動詞を作る語形成を取り上げ，語彙概念構造を使って -ize, -ify などの接辞の意味素性を詳しく考察している。］
- 影山太郎．1996．『動詞意味論』［第 4 章で自動詞と他動詞の交替を論じる中で，英語の形容詞転換動詞が他動詞用法を基本とすることや日本語の接辞「-まる/-める」の意味についても述べている。］
- Kearns. 2007. Telic senses of deadjectival verbs.［形容詞由来動詞のアスペクトと元の形容詞の意味特徴の相関性について，Hay, Kennedy and Levin（1999）等の先行研究の検証をもとに新しい提案を行っている。］

・杉岡洋子．2002．「形容詞から派生する動詞の自他交替をめぐって」［日本語の「-まる」と「-める」が作る動詞の自他交替に2種類の異なるパターンがあることを論じている。］

(杉岡洋子)

第7章　名詞を含む複合形容詞

◆基本構文
(A) 1. People are becoming more and more *health conscious*.
2. Enjoy the *mouth-watering* and *finger-licking* desserts.
3. This shirt is *machine washable*./*This machine is *shirt washable*.
4. My new teacher is *Oxford educated*./*Oxford is *teacher educated*.
5. an *oil-rich* country/*country-rich* oil

(B) 1. あの人は {意地悪い/口達者だ/*家白い}。
2. 母親譲りの美貌/*母親譲りの指輪

(C) 1. 彼女は {けいこ熱心/*ピアノのけいこ熱心} だ。
2. その話し方は {女性独特/京都の女性独特} だ。

【キーワード】形容詞，複合語，状態，属性，形態的緊密性，主要部

1 なぜ？

　基本構文(A)ではイタリック体の部分が「複合語」である（英語では複合語を表記するとき，①2つの単語をくっつけて書く，②間にハイフンを入れる，③ハイフンを付けずに離して書くという3つの方法があり，どの書き方になるかは個々の単語や慣習によって異なるし，必ずしも統一されていない場合がある。本章では表記方法は問題にしない）。
　(A)のイタリック体部分は，be動詞の補語になったり名詞を修飾したりしているから，品詞としては「複合形容詞」である。複合形容詞には様々な品詞の組み合わせがあり，(A1) health conscious（健康に気をつかっている）は名詞と形容詞，(A2) mouth-watering（よだれが出そうな），

finger-licking（おいしそうな）は名詞と動詞現在分詞，(A3) machine washable（洗濯機で洗える）は名詞と -able 形容詞，(A4) Oxford educated（オックスフォード大学卒の）は名詞と動詞受身分詞の組み合わせである。(A3)と(A4)では，斜線の左側が正しい表現で，右側は間違っている。正しい複合語と間違った複合語を区別するのにどのような法則があるのだろうか。

(B)は日本語で形容詞ないし形容詞的な働きをする複合語である。(B1)では，「意地が悪い」に対応して「意地悪い」と言えるのに，「家が白い」に対して「*家白い」と言えないのはなぜだろう。また，「意地悪い」と「意地が悪い」は，はたして同じ意味なのだろうか。(B2)では同じ「母親譲り」という複合語でも，修飾する名詞によって成否が分かれる。「母親譲りの美貌」と言えるのに，なぜ「*母親譲りの指輪」はおかしいのだろうか。

(C1)からは，「けいこ熱心」の「けいこ」に「ピアノ」のような修飾語を付けることができないことが分かる。複合語の一部分に修飾語を付けることができないのは，どの言語にも通じる普遍的な法則である。しかし(C2)の「女性独特」は例外的で，「女性」に「京都の」のような修飾語が付けられる。このような例外はどう説明すればよいのだろうか。

2 複合形容詞とは

複合形容詞（compound adjective）とは，複合語の中で形容詞の働きをするものを指すが，本章では日本語の形容動詞や形容詞的な名詞も含め，名詞を修飾したり叙述したりして形容詞的な働きをする複合語の性質について説明する。複合形容詞はあくまで複合語（compound word）の一種であるから，本論に入る前に，複合形容詞も含めた複合語全般の特徴を，①形態・音声，②構造，③意味，④生産性に分けて概観しておこう。

2.1 複合語の形態的・音声的な特徴

複合語とは，名詞，動詞，形容詞などの単語を組み合わせた「語」であるが，複合語全体の品詞はどのようにして決まるのだろうか。次の例のイタリック体の部分を見てみよう。斜線の左側が統語的な「句」，右側が

「複合語」である。

(1) a. a *blue bird*（青い鳥）/a *bluebird*（ツグミの一種）
   b. (He is) *reading a book.*（本を読む）/*book-reading*（本読み）
   c. (She is) *conscious of her health.*（健康に気づかっている）/(She is) *health conscious.*
   d. (She) *boiled the eggs soft.*（半熟にゆでる）/*soft-boiled* (eggs)

(1a)は「青い鳥」という名詞句と「ルリツグミ」という名詞で，どちらの場合も blue と bird の語順は同じである。しかし(1b, c, d)では左側と右側で語順が逆になり，右側の複合語は book-reading, health conscious, soft-boiled という順番になっている。(1a)から(1d)に共通することは，後ろに来る単語が複合語全体の **主要部** (head)（すなわち，全体の品詞と意味を決定する中心部分）になっているということである。(1a)の bluebird は後ろが bird（名詞）であるから，全体も複合名詞となり，意味としては「青」ではなく「鳥」の一種を表す。同様に(1b)の book-reading も reading（読むこと）が名詞であるから全体は複合名詞で，意味としては行為を表す。(1c)の health conscious では conscious が形容詞であるから，health conscious 全体は複合形容詞となる。(1d)の soft-boiled も同様で，過去分詞の boiled が形容詞として働くから，soft-boiled 全体も複合形容詞となる。一般的に言うと，複合語では後ろ側（右側）に来る単語の品詞によって，複合語全体の品詞が決まってくる。この法則を **右側主要部の規則**（Righthand Head Rule：Williams 1981）という（☞『動詞編』第9章）。

日本語では統語構造の主要部は一貫して右側に来るから，「黒い板」と「黒板」，「ばかにでかい」と「ばかでかい」，「教育に熱心」と「教育熱心」のように，句構造でも複合語でも主要部の位置が同じ右側になる。

多くの複合語は意味的に近い句表現に書き換えることができるが，あくまで「語（word）」であり，「句（phrase）」ではない。「語」と「句」の間には明確な違いがある。一般的に，「句」を作る要素は「語」の内部には現れることができない。たとえば，「本読み」の「本」に「分厚い」のような修飾語を加えると「分厚い本」という名詞句となるが，これを複合

語の中に入れると「*[分厚い本]読み」となり，日本語として成り立たなくなる。このように，語というのは形態的に緊密なまとまりを作っているので，その内部に「句」に関係する要素は入り込むことができない（**語の形態的緊密性**（lexical integrity）☞第9章）。「句」に関係する要素というのは，①時制語尾，②名詞の複数語尾，③冠詞や指示詞，④前置詞や助詞，⑤接続詞，⑥副詞語尾など「機能範疇」と呼ばれる要素で，複合語の内部ではこれらが脱落する。(2)の例で斜線の左側（句）と右側（複合語）を比べてみよう。

(2) a. thin *like* paper/paper-thin （紙のように薄い）
　　b. The country is rich *in* oil./an oil-rich country
　　c. He is ten-year*s* old./a ten-year-old boy
　　d. He speaks soft*ly*./He is soft-spoken.

（言葉遣いが穏やかな）

　　e. 腹が黒い/腹黒い
　　f. 誉めるのが上手だ/誉め上手

左側に現れる前置詞(2a, b)，複数語尾 -s(2c)，副詞語尾 -ly(2d)，日本語の助詞(2e)，時制語尾(2f)は右側の複合語の内部には現れていない。

　複合語は，音声的にも句と異なる特徴を持っている。英語では「複合語の前の要素に第一強勢を置く」という基本的な規則がある。この規則はBLACKboard, WINDOWshopping（大文字は第一強勢の単語を表す）のように複合名詞の場合にうまく当てはまる。複合形容詞でもHEART-breaking, MOUTH-wateringなどでは前部が強い。しかし複合形容詞のアクセントは様々で，handmade, duty-free, ice-cold, soft-spokenなどでは前部と後部が同じ程度か，むしろ後部のほうが強く発音される。複合形容詞のアクセントの法則はまだはっきり解明されていない。日本語では，「腹が黒い」と「腹黒い」，「力が不足だ」と「力不足」を比べると分かるように，複合語は間に切れ目を置かずにひと繋がりのアクセントで発音されるのが特徴である。また，「くろい→(腹)ぐろい」，「ふそく→(力)ぶそく」のように連濁（複合語の後ろ要素（特に和語）が無声子音で始まる場合，それが有声音になる）が起こる。アクセントも連濁も，複合語の「単語としてのまとまり」を表明する役割を果たしている。

2.2 構造的な制約

統語構造は，基本的に**修飾関係**（hot coffee のように形容詞が名詞を修飾したり，He ran fast. のように副詞が動詞を修飾したりする関係），**項関係**（The children grew.（主語と動詞），Eat this apple.（動詞と目的語），rich in oil や depend on him（形容詞・動詞とその後の前置詞補部）のような関係），および**等位関係**（today and tomorrow のような接続関係）で成り立っている。これと同様に，複合語の構造も修飾関係，項関係，または等位関係で分析できる。複合語内部の修飾関係というのは，paper-thin, ice-cold, soft-spoken や「蒸し暑い」「ばかでかい」などであり，項関係というのは book-reading（目的語の関係）や class-conscious（of 〜 という補語の関係），日本語では「腹黒い（ガ格の関係）」や「研究熱心（ニ格補語の関係）」などである。また，等位関係は bitter-sweet, Japan-China (relationship),「甘酸っぱい」「日中（関係）」などである。

修飾関係では前の要素が後ろの要素を何らかの意味で修飾していればよい。他方，項関係は，主要部（book-reading では read(ing) という動詞部分，class-conscious では conscious という形容詞）が持つ項構造が重要である。read という動詞は主語と目的語を取る他動詞であるから，その**項構造**をわかりやすく書くと(3a)のようになり，同様に conscious という形容詞は主語と of 補語を取るから，項構造は概略，(3b)のようになる。

(3) a. read の項構造：主語（read（目的語））
b. conscious の項構造：主語（conscious（of 補語））

動詞を名詞化した reading は(3a)の項構造をほとんどそのまま受け継ぐと考えられる。(3)と同じことを枝分かれ構造で表すと(4)のようになる。

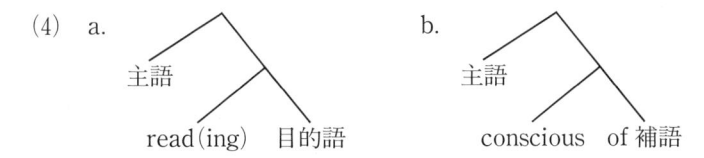

(4) a.
```
      主語
     /   \
        /   \
   read(ing) 目的語
```
b.
```
      主語
     /   \
        /    \
   conscious  of 補語
```

主要部をその項と複合させるときは，主要部に最も近い項（簡単に，**内項**と呼んでおく）が複合される。その結果，The boy reads books.（少年が

第 7 章　名詞を含む複合形容詞　227

本を読む)に対応する複合語は book-reading(本読み)となる。遠いところにある主語を複合させて *boy-reading (of books)「*(本の)少年読み」とすることは不可能である。さらには，*quick-reading (of books)(本を早く読むこと)のように，目的語があるのにそれをさしおいて副詞を複合することもできない。要するに，基体動詞の性質をそのまま受け継ぐ名詞が主要部になる複合語では，その内部には必ず内項(目的語か補語)が現れる。述語が形容詞の場合も同じで，(5a)はよいが，(5b)は不適格となる。

(5) That country is rich in oil. (in oil が rich の補部)
  a. an oil-rich country
  b. *country-rich oil

ただし，述語であっても，目的語も補語も取らないもの(つまり，完全自動詞)は内項がないから上の法則によって規制されない。そのような述語は，項関係ではなく修飾関係で複合語を作ることが許される。たとえば，rise(起きる)は自動詞であるから，副詞(early)と複合して early riser(早起きする人)となるし，speak を自動詞的に用いると，その前に副詞要素を付けて soft-spoken が作られる。(述語を主要部とする複合語の項構造制約については，『動詞編』第9章のほか，Roeper and Siegel 1978, Selkirk 1982, Lieber 1983, 影山 1993などを参照。)

2.3 意味の特徴

一般に単語というのは，意味が特殊化する場合が多い。極端なのは主要部を持たない「外心複合語」で，たとえば「サルスベリ」というのは「スベリ」の一種ではなく，全体で特定の樹木の名前になっている。そこまでいかなくても，多くの複合語は意味の偏りや特殊化を被っている。「彼は腹が黒い」と言うと，(i)「邪悪な」という比喩的な意味と(ii)「腹にペンキか何かを塗って物理的に黒い」という文字通りの意味に解釈できるが，「彼は腹黒い」となると，(i)の意味しかない。class という名詞は「学級，授業，社会階級」などの意味があるが，class-conscious という複合語は「社会階級」の意味に限定され，しかも「社会階級の中で自分の立場がどうなのかを気にする」という意味になる。そのような意味の特殊化は，たとえば paper-thin が「物理的に薄い」だけでなく「口実などが見え透い

ている」を意味するように，比喩的な意味にも広がっている。「罪作りな人」というのも，法律的な意味での「罪」を犯すのではなく，純粋な人をだますというような意味を表す。複合語の意味を考える際には，文字通りの意味だけではなく，複合語が定着していくに従ってプラスされた意味も考慮することが必要である。

3 名詞を含む複合形容詞の代表例

　本章では前部に名詞を含む複合形容詞（および日本語の複合形容動詞）を扱う。日本語では「幅広い」のように「-い」で終わる形容詞と「気弱な」のように「-な」で終わる形容動詞のほかに，「分相応な」に対する「分相応の」や「ひのき造りの」のように「の」で終わるものもある。これら「の」が付く表現も「形容詞的な名詞」と呼んで考察に加える。

◇英語
【名詞＋単純形容詞】
①形容詞と補語との項関係

　　N-conscious（Nを強く意識している）：class-conscious, eco-conscious, fashion conscious, health conscious
　　N-dependent（Nに依存している）：theory-dependent, temperature-dependent, alcohol-dependent
　　N-free（Nがない，Nが必要ない）：alcohol-free, care-free, cholesterol-free, fat-free, duty-free, rent-free, sugar-free, tax-free, toll-free, tuition-free, wrinkle-free
　　N-mad（Nに熱中している）：power-mad, money-mad, sports-mad
　　N-crazy（N狂いの）：football-crazy, girl-crazy, game-crazy
　　N-resistant（Nに対して抵抗力のある）：fire-resistant, heat-resistant, moth-resistant, water-resistant
　　N-rich（Nに富んでいる）：oil-rich, protein-rich, water-rich
　　N-sensitive（Nに敏感な）：light-sensitive, appearance-sensitive
　　N-specific（Nに固有の）：language-specific, species-specific, gender-specific
　　N-thirsty（Nを求めている）：bloodthirsty

N-weary（Nに疲れた）：travel weary, war-weary, love-weary
②修飾関係

pitch-black, N-blue (midnight-blue, sky blue), N-green (bottle-green, jade-green), N-white (snow-white, lily-white), N-pink (salmon-pink), N-red (brick-red, cherry-red), N-high (knee-high, sky-high), N-deep (knee-deep, skin-deep), N-long (week-long), crystal-clear, ice-cold, needle-fine, rock-hard, feather-light, razor-sharp, dog-tired, wafer-thin（とても薄い）, whisper-quiet（とても静かな）

【名詞，形容詞＋動詞派生語】
①受身分詞を主要部とするもの

chauffeur-driven, college-trained, French-based, government-owned, government-funded, ice-covered, manmade, profit-oriented, radar-equipped, safety-tested, storm-related, student-run, time-honored, weather-beaten

②現在分詞を主要部とするもの

eye-catching, heartbreaking, law-abiding, man-eating, mouth-watering, night-blooming, ocean-going, record-breaking, time-consuming

③V-able/-ibleを主要部とするもの

hand-washable, machine-readable, stem-attachable, tax deductible, teacher-trainable, wheelchair-accessible

④過去分詞を主要部とするもの

ill-behaved, plain-spoken, soft-spoken, well-conducted, well-traveled

【self＋形容詞，過去分詞】

self-confident, self-conscious, self-evident, self-contradictory, self-acting, self-adjusting, self-denying, self-abandoned, self-addressed, self-contained

◇日本語
【名詞＋形容詞】
①ガ格主語に当たる名詞との複合

意地汚い, 意地悪い, 縁遠い, かさ高い, 数少ない, 数多い, 格式高い, 香り高い, 気前良い, 筋骨たくましい, 口うるさい, 口軽い, 口堅い, 口ぎたない, 心優しい, 目ざとい, 腹黒い, 幅広い, 名高い, 見目麗しい, 印象深い, 奥深い, 遠慮深い, 興味深い, 草深い, なじみ深い, 欲深い

②その他

ばか-A（ばかでかい）, 空恐ろしい, N-臭い（青臭い, カビ臭い）, 塩辛い, 世知辛い, 肌寒い, 涙もろい

【名詞＋形容動詞，形容詞的な名詞】

①ガ格主語に当たる名詞との複合

意気盛んな, 意味深長な, 色鮮やかな, 経験豊富な, 口達者な, 口まめな, 色彩豊かな, 心身健全な, 神経過敏な, 注意散漫な, 弁舌さわやかな, X-可能な（再現可能）, X-困難な（改訂困難）, X-自由な（貸し出し自由）

②補語に当たる名詞との複合

近所迷惑な, 親不孝な, X-熱心な（仕事熱心）, X-一流の（首相一流）, X-固有の/な（日本固有）, X-相応の/な（身分相応）, X-特有の/な（関西特有）, X-独特の/な（女性独特）, X-同然の（家族同然）, X-独自の（作者独自）

【名詞＋形容詞が形容動詞ないし形容詞的な名詞になったもの】

性悪な, 尻軽な, 骨太な, 鼻高々な, 欲深な, きめ細かな, 気長な, 気短な, 気弱な, 甲高な/の, 色白な/の, 面長な/の, 胴長な/の, 足早な/の

【名詞＋連用形動詞】

①動詞と内項の複合

男勝りな, 気がかりな, 期待はずれな, 罪作りな, 人騒がせな, 的外れな, X-かぶれの/な（西洋かぶれ）, 都会暮らしの, ゲテモノ食いの, X-入りの（箱入り，炭酸入り）, X-思いの（兄弟思い）, X-付きの（風呂付きの）, X-詰めの（瓶詰め）, X-任せな/の（風任せ）, 泥まみれの, 心づくしの

②動詞と付加詞の複合

【材質・材料】ひのき造りの, モヘヤ編みの, 二色刷りの

【手段・道具】手編みの，機械織りの，ワープロ書きの，二度塗りの
【結果状態】白塗りの，X切りの（薄切り，乱切り，輪切り，微塵切り）
【時・場所】朝採りの，昭和生まれの，外国育ちの，パリ仕込みの

4 問題点と分析

　複合語の研究において，複合名詞と複合動詞に関する文献はたくさんあるが，複合形容詞に関するものは極めて少ない（並木1988a, Meys 1975, 由本1990, Bauer and Huddleston 2002, 影山1993など）。本節では，前部に名詞を含む複合形容詞の類を，alcohol-free（ノン・アルコールの）のように主要部（後部）が元々形容詞である場合と，heart-breaking（心が張り裂けそうな）のように主要部に動詞が含まれる場合とに大別して，それぞれの特徴と問題点を整理する。

4.1　英語の動詞由来複合形容詞の形態構造

　英語では act → act*ive*, agree → agree*able*, satisfy → satis*factory* のように，動詞に付いて形容詞を作る接尾辞がたくさんあるが，とりわけ生産的なのは現在分詞（striking, moving など）と受身分詞（baked, frozen など）で，これらはさらに前に名詞や副詞を伴って fast-moving や home-baked のような複合形容詞を作ることがある。本節ではこのように動詞をベースにした複合形容詞を「動詞由来複合形容詞」と呼び，その構造と意味を考察する。

　まず問題になるのは，このタイプの複合語の内部がどのような構造かということである。man-eating (sharks) と government-supported (projects) を例にとって考えてみよう。可能性としては2つの分析が考えられる。1つは(6a)のように，まず名詞と動詞が複合されてN＋Vという複合動詞になり，次にそれ全体に -ing ないし -ed が付いて複合形容詞になるという分析であり，もう1つは(6b)のように，先に動詞に -ing, -ed が付いて形容詞を作り，次にそれが名詞と結合して複合形容詞になるという分析である。

(6)　a.　　　　　　　　　　　　　　b.

```
              A                              A
             / \                            / \
            V   \                          N   A
           / \   \                         |  / \
          N   V   \                        |  V  \
          |   |    \                       |  |   \
         man eat  -ing                    man eat -ing
    government support -ed           government support -ed
```

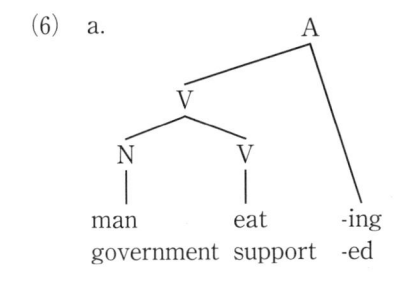

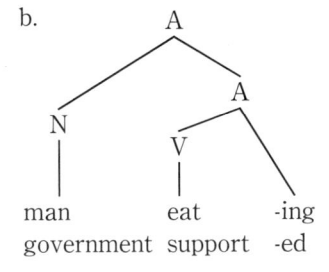

(6a)の構造は Lieber (1983) や伊藤・杉岡 (2002) などで，(6b)の構造は Selkirk (1982) や Lieber (1992, 2004) などで仮定されている。

　接辞が -ing の場合，man という名詞は eat (ing) という動詞の目的語に当たるから，(6a)の構造も(6b)の構造も2.2節で述べた項関係の制約を満たしている。実際，現在分詞が主要部の場合，基体動詞が他動詞なら必ず目的語と複合し，主語とは複合しない。man-eating sharks は必ず「人を食べる鮫」と解釈され，「人が食べる鮫」という意味にはなり得ない。また，自動詞の場合は fast-moving (cars) や night-blooming (flowers) のように通常，付加詞と結合する（例外的に，mouth-watering（美味しそう）は His mouth watered. のような自動詞の主語を含むように思われる）。

　(6a)と(6b)の構造で違いが出るのは，主要部（右側）が supported のような受身分詞（形容詞的受身）の場合である。(6a)では，先に government が他動詞 support と複合しているから，項関係の制約によってこの government は support の目的語と取られ，「政府を支援する」という間違った意味に解釈される。もちろん正しい解釈は「政府によって支援された」ということで，government が動作主（受身文の by 句に当たる）の意味を表している。実際，主要部に受身分詞を持つ複合形容詞は，man-made, student-run, chauffeur-driven のように受身文の by 句に当たる名詞が複合されることが多い。

　他方，(6b)の構造では，supported という受身形が先に作られるので，それと複合される名詞は目的語以外なら，動作主（government）でもよいし，あるいは well-supported の well（様態），home-baked の home（場所），handmade の hand（手段）のような付加詞でもよいということになる。

(6a)の構造で最大の問題は，man-eat, government-support という複合動詞を先に作ることになるが，英語では「名詞＋動詞」という複合動詞は基本的に非常に少なく (Selkirk 1982, Booij 1988)，あったとしても window-shopping や pinch hitter という名詞からそれぞれ window-shop, pinch-hit という動詞が無理やり作られる **逆形成**（backformation：島村 1990, 影山・由本 1997) に当たるという点である。さらに，逆形成による複合動詞であっても，ほとんどの場合は前の名詞が付加詞であり，目的語を含むものは原則的に不適格である (Kiparsky 1983)。次の(7)のように一見，目的語を含む複合動詞も存在する。しかし，もし複合語の中の名詞が目的語なら，複合動詞全体は自動詞になるはずであるのに，実際には (7)では複合動詞全体が他動詞として働いて，別の目的語を取っている。

(7) a. They {babysat/hero-worshipped} the prodigy.
    b. They {fingrprinted/brainwashed} the suspect.
    　　　　　　　　　　　　　　　　　(Rice and Prideaux 1991)

以上のことから，英語では(6a)はあり得ず，正しい英語の複合語構造は (6b)であるという結論になる。

これに対して，日本語では「傷つける，垢抜ける」のような名詞＋動詞型の複合動詞がかなり存在する（影山 1993）から，日本語ではNとVを直接複合させた(6a)の構造があり得る。

さらに，日本語では他動詞的な漢語の述語（動名詞；p. 238 を参照）が動作主と結合し目的語を修飾する(8)のような複合語が生産的に作られる（影山 2007）。

(8) a. ［スピルバーグ監督｜制作］の映画，［政府｜主催］の説明会
    b. この映画は［スピルバーグ監督｜制作］です。

ただし(8)タイプの複合語は，英語の -ed のように目的語を取り立てる接辞を持たず，また，名詞と述語（「制作，主催」）の間に短い休止（(8)の縦線部分）を伴うといった点で特殊ではある。このように動作主が他動詞と直接複合することは特殊であるので，(6a)のような構造を英語の一般的な動詞由来の複合語に対して想定するのは妥当性に欠けるということになる。

4.2　英語の動詞由来複合形容詞の意味機能

では，(6b)の構造を持つ英語の動詞由来複合形容詞はどのようにして意味を解釈されるのだろうか。第4章で述べたように，形容詞的受身は対象物が変化した後の結果状態を浮き彫りにすることにより，形容詞的な働きを担う。その結果，形容詞的受身は These eggs are boiled. や boiled eggs のように単独で形容詞として使われるときは基体動詞（boil）の目的語（対象物 Theme）に当たる名詞（eggs）を叙述ないし修飾することになる。目的語の変化状態を描写するという性質は，受身分詞が複合語になった場合も同じで，government-supported（projects）なら，基体動詞 support の目的語に当たる名詞（projects）を修飾することになる。言い換えると，形容詞的受身が複合される場合，前に来る名詞は基体動詞の目的語以外のもの（つまり，動作主，手段，場所，補語，あるいは副詞）になる。

(9) a. *a shelter-constructed mountainside (a mountainside whereupon shelters are constructed という意味では不可)
　　b. often-constructed, home-constructed, Aztec-constructed
　　　　　　　　　　　　　　　　　　　（以上，Selkirk 1982: 42）

この制限のため，My teacher is Oxford educated. は良いが，*Oxford is teacher educated. は不適格となる。-able という接尾辞も形容詞的受身と同じように基体動詞の目的語を主語に取り立てるから，This shirt is machine washable. が適格なのと対照的に，*This machine is shirt washable. は不適格になる。形容詞的受身の前に付く単語を整理してみよう。

(10) a. 動作主＋形容詞的受身：moth-eaten, Disney-produced
　　 b. 場所＋形容詞的受身：London-born, foreign-born, home-made
　　 c. 手段＋形容詞的受身：hand-written, oven-baked
　　 d. 前置詞補部＋形容詞的受身：drug-related, radar-equipped
　　 e. 副詞＋形容詞的受身：clean-shaven, new-born, well-known

(10)の例のほとんどは，形容詞受身だけでは意味が不十分であり，修飾する名詞の性質を描写するためには，前に名詞や副詞を補って複合語にする

必要がある。たとえば produced movies（制作された映画）だけでは意味が不十分だが，Disney-produced movies とすることでその映画の性格が分かる。同様に，I am born. だけでは意味をなさないが，I am foreign-born. とすることで主語の属性が表される。さらに，第2章で触れたように，名詞修飾用法の形容詞は，修飾する名詞をカテゴリー化する機能がある。たとえば，hand-written invitations（手書きの招待状）は印刷された招待状と区別され，homemade pies（自家製パイ）は市販のパイと区別される。

この観点から見ると，生成文法の初期に想定されていた複合語の派生方法は適切でないということが明白である。生成文法の初期の複合語形成というのは，文あるいは句をもとにして，そこから複合語を作るという考え方で，たとえば Meys（1975）は(11)のような「派生」を提案していた。

(11)　a.　tourists（who are）worshipping the sun
　　　　　→ sun-worshipping tourists
　　　b.　clothes（which are）eaten by moths
　　　　　→ moth-eaten clothes　　　　（Meys 1975: 132, 145）

(11)では，矢印の前と後が同じ意味のように見えるが，詳しく見ると意味の違いがある。たとえば moth という名詞は「蛾」であるから，どのような蛾でもよいはずだが，moth-eaten の moth は「衣蛾 clothes moth」を指す。しかも，衣類を「食う」のは衣蛾だけでなく，シミ（silverfish）や他の虫もいるわけだが，それらを総称して moth-eaten と呼んでいる。そして，moth-eaten という複合語はさらに「使い古しの，時代遅れの」といった比喩的な意味にもなるが，そのような意味の広がりは be eaten by moths という動詞句には見られない。つまり，moth-eaten という複合語はひとつの単語として特殊化された意味を持っている。それは，日本語でたとえば「入院した」というと治療目的のために病院に入ることに限られるが，「病院に入った」というだけでは，患者が治療のために入ったのか，医師が病院に就職したのか，あるいは通行人がトイレを借りるために入ったのか分からない，といったこと（影山 1980）と同じである。このように，英語の複合形容詞を文や句から直接派生するという方法は色々な点で不都合があり，現在の理論では認められない。

なお，-ing 複合語で注意したいのは，名詞修飾用法と叙述用法の使い方

が微妙に違う場合があることである。次の(12a)に挙げるような形容詞（多くは心理的感情や生理的感覚を表すもの）は段階的（gradable：比較表現などにできる）な概念を表し，名詞修飾用法でも叙述用法でも使うことができる。これと比べると，(12b)のような形容詞は名詞前位修飾用法で使われることが多く，叙述用法は不可能ではないが稀なようである（Cf. Bauer and Huddleston 2002: 1658）。

(12) a. awe-inspiring, breath-taking, heart-breaking, thought-provoking, mouth-watering, thirst-quenching
　　　　［用法］a (very) thought-provoking lecture／The lecture was (very) thought-provoking.
　　b. animal-loving (people), cost-cutting (programs), degree-conferring (institutions), ocean-going (ships), winter-flowering (pansies), record-breaking (sales)
　　　　［用法］a (*very) degree-conferring institution／?This institution is degree-conferring.

(12b)がもっぱら名詞前位修飾用法で用いられるのは，これらの複合形容詞が非段階的で分類的な機能しか持たないからではないかと考えられる。たとえばa degree-conferring institutionは「学位を授与する権限のある機関」という意味で，学位授与の権限のない機関と区別し，ocean-going ships（遠洋航海の船）は遠洋航海でない船と区別しているのである。

4.3　日本語の形容詞的な複合名詞

　動詞を元にした形容詞的な複合語は日本語にも見られる。ここでは「名詞＋和語動詞連用形」型の複合名詞を取り上げる。「爪切り」や「くず入れ」のような具体物を指す名詞は除外して，出来事や状態を表すものを整理すると，大きく分けて次の3種類になる。

(13) a. 出来事名詞：栗拾いをする，山登りをする，耳鳴りがする
　　b. 動名詞（動詞的名詞）：肌が日焼けする，下着を陰干しする
　　c. 形容詞的な名詞：黒こげの魚，石造りの建物，千切りの大根

(13a)は「〜を/がする」と言えるが，基本的には名詞である。出来事名詞であることは，「する」の代わりに，「(山登りを) 行う」，「(耳鳴りが）

起こる」と言えることから分かる。これに対して，(13b)の複合語は直接「する」を付けて動詞として機能する。この場合,「する」を「行う」と取り替えて「*日焼けを行う」のようには言えない。このように直接「する」が付いて動詞として機能するものを動詞的名詞（略して，動名詞 Verbal Noun：影山 1993）と呼ぶ。これに対して，(13c)の複合語は「する」も「をする」も付かない (*黒こげ（を）する)。代わりに，「～の」を伴って形容詞的に名詞を修飾し（黒こげの魚），同時に「だ」を付けて述語としても機能する（魚が黒こげだ）。(13c)のタイプを「形容詞的な名詞」と呼んでおこう。(なお，出来事名詞でも，たとえば「栗拾いの名人」のように「の」で名詞を修飾することができるが，同じ意味で「*その名人は栗拾いだ」とは言えないから，「栗拾い」は形容詞的な名詞ではない。)

これら3種類の名詞がそれぞれ「名詞」,「動詞」,「形容詞」としての働きを持っているということは，単に「をする」が付くかとか，「の」が付くかといった形式の違いだけでなく，それぞれの語形成の仕組みが異なるためではないかと推測することができる。まず，出来事名詞(14)と動名詞(15)では項の取り方に歴然とした違いが見られる。

  (14) a. 健は筆で［宛名書き］をした／*宛名の［筆書き］をした。
     b. 裏山で［キノコ狩り］をした／*キノコの［山狩り］をした。
  (15) 手紙を［ペン書き］した。壁を［二度塗り］した。セーターを［水洗い］した。

(14)では基体動詞の目的語に当たる「宛名，キノコ」は必ず複合語の内部に含まれなければならない。「山でキノコ狩り」はよいが「*キノコの山狩り」は不適格である。これに対して，(15)の動名詞では「ペン書き＝ペンで書く」「二度塗り＝二度，塗る」「水洗い＝水で洗う」のように道具などの付加詞と動詞連用形が複合し，目的語「手紙を，壁を，セーターを」は複合語の外部に表されるのが特徴である。

両者の違いをもう少し詳しく見ると，出来事名詞(13a)は，「本読み」なら book reading,「子育て」なら child rearing のように英語の N＋V-ing 型の複合名詞と似ている。このタイプでは「動詞と目的語を結びつける」という項関係の制約（2.2節）が英語にも日本語にも共通して当てはまる。その理由は，名詞というものの本質と関係している。すなわち，名

詞というのはそれだけで自律したまとまりであり，たとえば「栗拾い」は「私は栗拾いが好きだ」とか「栗拾いで怪我をした」のように文の中で様々な働きをする。出来事名詞は，あくまで名詞であるので，動詞と，それに最も密接に関係する目的語を結合するだけで，独立したまとまりを作ることができる。

　これに対して，動名詞(13b)の場合は「する」と結合して述語として機能する（もちろん，「動詞的名詞」と言っても「名詞」には違いないから，「糊付けは嫌だ」のように普通の名詞としても使える）。このタイプの重要な特徴は，基体動詞が自動詞であれ他動詞であれ，複合語の内部には項（目的語あるいは主語）ではなく付加詞が現れるということである。

(16) 　a. 自動詞：早起きする，ひとり立ちする，バカ騒ぎする
　　　b. 他動詞：（ワイシャツを）水洗いする，（汚れ物を）二度洗いする，（週刊誌を）斜め読みする，（布団を）陰干しする，（安物を）衝動買いする

(16b)のように基体動詞が他動詞のときは，目的語は外部にヲ格で表出され，複合語の内部には付加詞が現れる。「ワイシャツを水洗いする」は適格であるが，「*水でワイシャツ洗いする」は不適格になる。一見，この法則を破っているように思えるのが(17)のような例である（影山 1999, 2002）。

(17) 　運賃を値上げする。煮物を味見する。

(17)では，「値上げ」は「値を上げる」，「味見」は「味を見る」と言い換えられるから，目的語が複合されているように見える。しかしもしこれらが本当に目的語なら，その前にさらに別の目的語を付けることができないはずであるが，実際には「運賃を値上げする」「煮物を味見する」のようにヲ格目的語が取れる。つまり，「値上げ」の「値」は目的語のように見えるだけで，本当の目的語は「運賃を」である。では，「運賃」と「値」の関係，「煮物」と「味」の関係はどうなっているのだろうか。「運賃」と「値」は意味論の用語では包摂関係（hyponymy）に当たる。包摂関係とは，「果物」と「リンゴ」，「衣類」と「セーター」のように一般概念とその下位の種類との関係である。「値（段）」は一般概念であり，値段の下位分類として「乗り物の値段」＝「運賃」，「学校で勉強するための値段」＝「授業料」などがある。これに対して，「煮物」と「味」は包摂関係ではな

く,「煮物の味, 煮物が持っている味」と言い換えられるから全体と部分の関係（meronymy）である。この違いを捉えるには, 単に, 名詞と動詞が複合するというだけではなく,(18)のようにもう少し複雑な構造を想定しなければならない。

  (18) a. 運賃を［値上げ］する b. 煮物を［味見］する
        包摂関係   全体・部分の関係

包摂関係, 全体・部分関係というのは意味的な関係であるから, それに依存する動名詞は項構造ではなく意味構造で形成されると考えるのが妥当である（影山 1999, 2002, 由本 2009）。

 このように(13b)タイプの動名詞は, 他動詞の場合, 目的語を外部に出して表現しようとする性質があり, そのことは, 他動詞と目的語が単純に複合しただけの(13a)タイプの複合名詞とは著しい対照をなす。なぜ(13b)タイプの動名詞は目的語を外部に表出するのだろうか？ それは動名詞が「述語」としての機能を持つからである。述語というのは, 主語や目的語を取って,「何が何をどうした」と叙述するのが基本的な働きである。したがって,「値上げする」だけで済まさずに,「何」の値上げなのかを表現するために目的語（運賃を）が必要になる。これは, 以前に(7)で紹介した逆形成の動詞が目的語を取る傾向があるという英語の現象と並行している。「水洗い, 糊付け, 陰干し, 斜め読み」のように付加語（手段, 道具, 場所, 様態など）を含む複合語も同様で, 他動詞に付加詞を結合することで, どのようにして動作を行うかを表現している。この場合も, 目的語はヲ格で表出される。

 では, 本章の中心となる形容詞的な複合語（上掲(13c)）はどうなるのだろうか？ 先述の動名詞が手段や様態などの付加詞を複合するのに対して, 形容詞的な名詞は,「黒こげの魚, 石造りの建物, 千切りの大根, 大学出のサラリーマン」のように対象物（Theme）が変化した後の状態を描写し, そのため, 動詞連用形の前には結果状態を表す表現が付く。「黒こげ」は魚が焦げて黒くなることであるし,「石造り」は出来上がった建物が石で出来ているということである。「大学出」では,「大学」そのものは結果とは言えないものの, 大学を出ることで「大学卒」という経歴ができるから, その経歴が結果状態と見なされる。「フランス帰りの（シェ

フ)」や「風呂上がりの（父）」なども同様に、「フランスから帰ったばかり」つまり「技術を修得している」、「風呂から上がったばかり」つまり「さっぱりしている」という結果状態が含意される。対象物の結果状態を具体的に表現するという働きのため、このタイプの複合名詞は当然、形容詞的に使われる。「フランス帰りのシェフ」を逆にして「*シェフ帰りのフランス」と言えないのは、シェフが帰ってしまったことがフランスという国の特徴にはなり得ないためである。

　さて、これら日本語の複合語で興味深いのは、単純に名詞と動詞を複合しただけで「結果」という重要な性質を表現できるという点である。他方、英語では stone-*built*, thin-*sliced*, college-*educated* のように動詞から派生した形容詞的受身分詞を主要部とする複合語が必要になる。形容詞的受身は結果状態を際立たせる機能を持っているから、それを含む複合形容詞が結果状態を表すのは当然である。なぜ、日本語では形容詞的受身を作る接辞がないのに、複合という操作だけで結果状態を表すことができるのだろうか。

　ここでは、日本語では複合という操作そのものが「述語」を作る働きを持っていると考えておく。先の動名詞では、付加詞と動詞を組み合わせるという複合操作が他動詞を作り出したように、結果表現と（ある種の意味構造を持った）動詞連用形を複合することで、形容詞的な複合名詞が作られる。述語の形成に複合という操作が重要であることは、もし複合語から前部を削除すると、(19)のように成り立たなくなることから分かる。

　(19)　*こげの魚、*造りの建物、*切りの大根、*出のサラリーマン
これに対して、英語では必ずしも複合語という形を取らなくても、形容詞的受身だけでも成り立つ。

　(20)　*burned* fish, *sliced* onion, *educated* people, *knitted* sweaters
また、英語では情報が必要な場合、複合語以外にも、(21a)のように副詞を補うこともできる。しかし日本語では(21b)のように、そのような修飾語句を付けても良くならない。

　(21)　a.　a *neatly* woven sweater, a *stoutly* built house
　　　　b.　*{きちんと/きれいに/きれいな} 編みのセーター
　　　　　　*{がっしりと/頑丈に/頑丈な} 建ての家

　以上をまとめると、英語ではまず先に基体動詞が接尾辞 -ed, -ing,

-able によって形容詞に変わり（(6b)の構造図を参照），その派生形容詞を主要部として複合語が作られる。そのため，項関係による制約で取り扱うことができる。他方，日本語の「黒こげ」タイプの形容詞的な複合名詞は，接尾辞によるのではなく，複合という語形成操作のみによって作られる。英語の形容詞的受身なら -ed 接尾辞そのものが行為連鎖の中の結果状態を焦点化する役目を担っているが，日本語の複合語にはそのような接辞が含まれていない。そのため，日本語の形容詞的な複合名詞は，項関係ではなく意味構造に直接作用することで形成されると考えることができる。その意味構造とは序章で簡単に説明した行為連鎖に基づく意味構造である。

(22)　　局面1：行為　　　　　局面2：変化　　　　　局面3：結果
　　　〈xがyに働きかける〉　→　〈yが変化する〉　→　〈yが状態にある〉

　基本的な考え方としては，副詞類は行為連鎖の3つの局面のどの部分でも修飾できるが，どの部分を修飾するかによって，動詞的な複合名詞になるのか形容詞的な複合名詞になるのかが決まってくるということである。まず，動作の様態や手段・道具などは局面1「行為」を修飾するから，これらの付加詞と動詞を複合すると，(23)のような動詞的な複合名詞ができる（Sugioka 2001，伊藤・杉岡 2002）。

(23)　a.　動作様態：［速歩き］する（≒速く歩く），ビールを［一気飲み］する（≒一気に飲む）
　　　b.　道具：芋を［釜ゆで］する（≒釜でゆでる），セーターを［水洗い］する（≒水で洗う）
　　　c.　時間：［昼寝］する（≒昼に寝る），［夜遊び］する（≒夜に遊ぶ）

これに対して，局面3の「yの結果状態」を具体的に描写するような要素が動詞と複合すると，次のように形容詞的な複合名詞が得られる。

(24)　a.　結果の状態・様子：［黒こげ］のパン（≒黒くこげた），［びしょ濡れ］のスーツ（≒びしょびしょに濡れた），［白塗り］の顔（≒白く塗った），［固ゆで］の卵（≒固くゆでた），［半乾き］の洗濯物（≒半分ほど乾いた），［千切り］の大根（≒千ほどにも細かく切った）
　　　b.　［毒入り］の饅頭（≒毒が入った），［パック入り］のご飯

また，(24)で見たようにこれらの自動詞が外部要因による使役を表す「-める」動詞とは交替しないことは，(26)の公式にすでに〈yが活動〉という原因が含まれているためさらに外的要因を加えることができないことから，自然に説明できる。

　ある変化が完全に自発的なものであるかどうかは，4.1節で英語の形容詞由来動詞についても見たように，実世界についての知識や認識によって左右されることがある。たとえば「コンクリートが固まる」という例は内在的な性質による変化(26)の解釈では「コンクリートを固める」とは言わず，「固まらせる」という自動詞の使役形で表す（影山1996）。しかし，コンクリートは人造物なので働きかけによって変化を起こすことが可能だという解釈では，他動詞が可能になる（［砂は］コンクリートを固めるにも，欠かすことの出来ない原料だ：安部公房『砂の女』）。逆に，脱使役化の例としてあげた(19a)の例「日米両国の溝が深まる」などでは，溝が自然に深まるという解釈が可能な文脈もありえるが，その場合は未完結の性質を示すと予測される（日米両国の溝が深まっている＝進行中）。

4.4.2　自発変化動詞の他動詞化

　「-まる」自動詞には，次のような関連する他動詞構文が存在する。

(28)　a. 雨の勢いが弱まった。→雨が急に勢いを弱めた。
　　　b. 彼女の胸の鼓動が早まった。→彼女の胸は鼓動を早めた。
　　　c. モーターの回転が速まった。→モーターが回転を速めた。
　　　d. 秋の色が深まった。→秋がその色を深めた。

これらの他動詞は，4.3節で見た「花子がスープを温める」のような例とは異なり，主語（雨，胸など）が動作主や外的要因ではなく変化の主体であり，目的語が主語の一部か属性（モーターの回転，秋の色など）を表すという特徴がある。また，自動詞も他動詞も基本的な意味はほぼ同じで，意図的な使役ではなく，自然に起こる変化を表している。

　このことから，(28)の他動詞構文は，対応する自発変化の自動詞の公式(29a)から(29b)のように導くことができる。

(29)　a. 〈yが活動〉 → 〈yが変化〉 → 〈yがzの状態〉
　　　　［例］風の勢い(y)が強まった。
　　　b. 〈xが活動〉 → 〈yが変化〉 → 〈yがzの状態〉
　　　　ただし，x⊃y（xが全体で，yはその一部分である関係）

[例] 風(x)がその勢い(y)を強めた。

「風が強まる」などの自動詞は(29a)の自発変化の構造を持っているが、(29b)では、変化の主体（風）が外項xとして取り立てられ、変化の対象（勢い）を表す内項yと分離されるために他動詞の構造を持つ。しかし(29b)のxとyは全体と部分の関係であるため、実際には内在的な変化を表す再帰的な意味を表すと言える。そのため、(29b)は自動詞に近い意味となり(29a)とほぼ同じ現象を表すのである。

(29b)の他動詞構文では、xは変化の外的要因ではなく変化の主体にすぎないため、動作主や原因が主語の場合とは異なり、受身化することができない。

(30)　a. *回転がモーターによって速められた。
　　　　　Cf. モーターの回転が技術者によって速められた。
　　　b. *勢いが雨によって強められた。

さらに、(21)で見た脱使役化の「-まる」動詞の場合は、〈活動〉が統語的に反映されない（(21b) ϕ 〈yが変化〉 → 〈yがzの状態〉）ため、次に示すように同種の再帰的な自他交替はできないことが予測できる。

(31)　a. 工事で川の幅が狭まる。→*工事で川が幅を狭める。
　　　b. 社長の指示で会議の日程が早まる。→*会議が日程を早める。

しかし、そもそも(28)のような他動詞構文では、なぜ自動詞で表現できる状態変化を他動詞にして表すのだろうか。

4.4.3　自発変化と過程の焦点化

まず、(29a, b)の公式で表される自他交替の意味を比べてみよう。

(32)　a. 台風の雨脚が強まった。
　　　b. 台風が雨脚を強めた。
(33)　a. 車輪の回転が速まっている。
　　　b. 車輪が回転を速めている。

基本的な意味は同じだが、他動詞文の方で自動詞の場合より変化が強調されている。特に(33)のテイル形では、変化が進行中であるという解釈が他動詞の「速めている」の方により強く感じられる。

このように自発変化を表す他動詞構文において変化の過程が強調されるのは、これらの形容詞由来動詞が段階的な程度変化を表すという点と密接に関わっている。4.2節で述べたように、段階的変化は一種の移動ととら

えられるので，その進行過程を焦点化しやすいと考えられる。
　Levin and Rappaport-Hovav (1995: 172) では，cool などの形容詞由来動詞と同じアスペクト特徴を持つ動詞として，純粋に位置変化を表す rise, fall などをあげているが，日本語の位置や程度の変化を表す動詞（例：上がる，増す）にも，興味深いことに自発変化の「-まる」動詞とよく似た他動詞用法が存在する。

(34) 　a. 銀行株が値を上げた。(Cf. 銀行株の値が上がった。)
　　　 b. 頬が赤みを増した。(Cf. 頬の赤みが増した。)

これらの動詞はまさに段階的変化そのものを表すため，変化の進行の強調が変化を推進させる主体を想起させ，(29b)に示した自発変化の他動詞構文が自然に感じられるのではないかと考えられる。

4.4.4 「-める/-まる」で作られた動詞のまとめ

　4.3節と4.4節で見てきた「-める/-まる」で作られた動詞の自他交替は次の2種類にまとめられる。

(35) 　a. 状態変化使役と脱使役化：
　　　　　　スキー客がストーブで身体を暖める。/身体が暖まる。
　　　 b. 自発変化と変化過程の焦点化による他動詞化：
　　　　　　風の勢いが弱まる。/風が勢いを弱める。

脱使役化は他動詞が基本であるのに対して，自発変化の他動詞構文は自動詞を基本とする。また，その意味を表す公式(21)と(29)は形容詞由来動詞に限られず，それぞれ，脱使役を表す動詞と再帰的変化を表す動詞全般に当てはめることができる。

　これに加えて，非対格の状態変化の意味（〈y が変化〉→〈y が z の状態〉）を持つ形容詞由来動詞も少数ながら存在し，「地面が固まる（影山 1996: 182），かんな屑が丸まった」のような例がそれにあたる。「形容詞語幹＋-る」の派生動詞は例が少ないが，自動詞の状態変化の解釈を持ち（体が弱る，ウエストが太る，理解力が鈍る，食が細る），他動詞としては使われない（*体を弱る/Cf. 弱らせる）。これらの動詞はテイル形が進行ではなく結果状態のみを表す（かんな屑が丸まっている，体力が弱っている）ことからも，非対格動詞であると考えられる。

　以上，英語の形容詞由来動詞はすべてが他動詞用法を持つという規則性を示すのに対して，日本語の場合は「-まる/-める」という接辞の生産性

が低く，また動詞全体が語彙化されているため，形容詞由来動詞の自他交替は単一ではないことを述べた。

4.5　漢語接辞「-化」

漢語接尾辞「-化」は，名詞，形容詞相当語根（「悪」，「強」など1字漢語），形容動詞語幹（ナ形容詞），および漢語動詞（サ変動詞の語幹）について漢語動詞語幹を作る。「-化」は状態変化を表す動詞を作るという点で「-まる/-める」と共通した意味を持ち，次に示すように，形容詞に相当する語に「-化」が付いてできる動詞には，自動詞用法が主なもの，自他両用のもの，他動詞用法が主なものがある。

(36)　a. 自動詞：悪化，激化，軟化，硬化，深化，劣化，老化，鈍化，軟弱化，強硬化，脆弱化，貧弱化，過激化，幼稚化，巨大化，温暖化，無気力化，低俗化，深刻化
　　　b. 自他両用：強化，単純化，自由化，正常化，多様化，活発化，綿密化，高級化，スリム化
　　　c. 他動詞：美化，正当化，神聖化

(37)　a. 頭痛が悪化した。／*お酒が頭痛を悪化した。（Cf. 悪化させた）
　　　b. 日本と中国の首脳が国交を正常化した。／日中の国交が正常化した。
　　　c. 大統領はイラク戦争を正当化した。／*イラク戦争が正当化した。（Cf. 正当化された）

田窪(1986)によると，「-化」によって作られた動詞の自他は，形容詞/形容動詞の意味に左右され，自動詞になるものには望ましくないネガティブな意味の形容詞が多く（36a，37a），他動詞になるものは望ましい状況を表す形容詞が多い（36b，cと37b，c）。これは，好ましい方向への変化は人間の意図が働きやすいので他動詞用法が可能になるが，それ以外の好ましくない変化は自動詞用法になるからだと説明できる。動詞語幹を含めてさまざまな品詞に付く「-化」を論じている小林(2004)は，「-化」が付いて作られた動詞全般には，自他両用の場合にも，自動詞が基本のものと他動詞が基本のものの両方があると述べている。実際に，ナ形容詞から作られた例に限ってみても，「自由化，単純化」などは他動詞の意味の方

が標準的だが,「多様化,活発化」などは自動詞の用法が多いようである。

したがって,「-化」という接辞に固有の意味は「変化」という部分のみで,(36a)の「悪化する＝悪くなる」のように単純な状態変化の自動詞の場合,(36b)の「自由化」のように自他両用で他動詞から脱使役化で自動詞になる場合と「グローバル化」のように自動詞から他動詞が限定的に作られる場合,(36c)の「美化」のように他動詞の意味しか持たない場合,というようにその自他は多様だと言える。これは,「-化」自体が漢語で,和語の動詞語尾のように自他を表示しないためということもあるが,それに加えて,4.1節で見たように英語が他動詞の使役事象構造（「する」）を基本とするのとは対照的に,影山（1996）でも述べられているように,日本語では変化の基本を自動詞の「なる」と認識する傾向が強いことにも起因すると考えられる。

次に,「-化」が付くことができる語の意味的特徴に目を転じると,影山（2008a）では「-化」を「内在的属性に特化した言語形式」であると論じている。この「内在的属性」というのは,モノや人が本来的に持つ性質（例：女性である,大型である）のことで,時間と共に変化しにくい属性のことである。本章で取り上げる形容詞に絞って例をあげると,「地球が温暖化する」というのは,地球の本来的な気候がより温暖になったという意味であり,一時的に気候が温暖になったという解釈はできないということである。同じ理由から,一時的な状態を表す「病気」などには「-化」が付かず,「*父が病気化した」（影山 2008a）とは言えない。これに対して,より永続的な状態を表す「病弱」の場合は,「父が高齢のため病弱化した」はそれほど不自然ではないと感じられる。

このような「-化」の特徴は,4.2節で見た英語のcoolなどの動詞や4.3節で見た「-まる」「-める」が作る動詞が一時的な性質を表す形容詞から作られるという指摘や観察とは対照的である。この違いの要因として,上で見てきたようにcoolや「弱まる」などが変化の段階性に言及するのに対して,「-化」が結果の状態（の固定）に言及する（影山 2008a）という点があげられるかもしれない。ただし,「-化」が作る動詞の中にも「頭痛が悪化した(37a)」や「彼は急に態度を硬化させた」など,必ずしも永続的な属性を表すとは言えないものも少数ながら含まれるので,形容詞が表す属性と派生動詞の意味の関係については,さらに考察が必要である。

4.6 感情を表す動詞の派生

日本語の接辞「-がる」「-む」は，以下の例のように感情や認識を表す形容詞や形容動詞の語幹に付いて，「○○と感じる」という意味の動詞を作る。

(38) a. 学生達は卒業をうれしがった（＝うれしいと感じた）。
 b. 子供達は流れ星を不思議がった（＝不思議だと感じた）。
(39) a. 老人は昔を懐かしんだ（＝懐かしいと感じた）。
 b. 牧師は罪人を哀れんだ（＝哀れだと感じた）。

「哀れむ」のように形容詞語幹に「-む」が付いた動詞は数が限られるが，「-がる」は以下で説明するような意味の条件に合えば，かなり生産的に動詞を作ることができる。

4.6.1 認識動詞構文との平行性

第3節で触れたように英語には「-がる」に相当する接辞が存在せず，それに近い意味を表そうとすると，認識を表す動詞 find などを使った構文（「認識動詞構文」）を使うことになる。

(40) a. John finds the story amusing.
 b. John finds that the story is amusing.

(40a)のような認識動詞構文の目的語と形容詞 "the story amusing" は，(40b)と同じく "the story is amusing" という主述関係の解釈を持つが，時制がないため，小節（small clause）と呼ばれる。日本語でも (41a, b) のような構文が，「-がる」の付いた動詞を含む文と平行して存在する。

(41) a. ジョンはゲームを面白く感じた/面白がった。
 b. ジョンはゲームが面白いと感じた。

(41a)では「ゲーム」は目的語としてヲ格で表されるが，(41b)の埋め込み文を持つ構文と同じように「ゲーム」が「面白い」の主語として解釈される。したがって，接尾辞「-がる」は公式(42)に示すように，認識動詞「感じる」に相当する意味を持つと考えられる（杉岡2007）。

(42) -がる：〈x（経験者）が y（事態）を感じる〉

一方，(43a)の「面白い」のような主観的判断を表す形容詞は，「長い」などの客観的性質を表す形容詞が対象だけを項として取るのとは異なり，

経験者と認識の対象という2つの項を取る(43b)。形容詞は動作ではなく状態を表すので，「(ジョンに解答が) わかる」などの状態動詞と同じように，「ニーガ」という格助詞のパターンで表される (☞第2章)。

(43) a. ジョンにゲームが面白い。
　　　b. 面白い：⟨x (経験者) に y (対象) が面白い⟩
　　　　　Cf. 長い：⟨y (対象) が長い⟩

(43b)と(42)が合わさってできた「面白がる」という動詞は，平たく言うと「面白く感じる」という意味を持ち，以下の(44)のように表すことができる。「-がる」は(42)に示したように「ある事態を感じる」という意味を持ち，(41a)の例でその「事態」とは「ジョンにゲームが面白い」である。そこで，次に示すように，(44a)「面白＋-がる」の意味は，「-がる」の内項 (y=事態) を(43b)の「面白い」の公式⟨x (経験者) に対象(y)が面白い⟩ で置き換えることで得られる(44b)。

(44) a. ⟨x (経験者) に対象(y)が<u>面白い</u>⟩ ＋ ⟨経験者(x)が事態(y)を<u>感じる</u>⟩
　　　b. ⟨x (経験者) が ⟨x̶ ̶(̶経̶験̶者̶)̶ ̶に y (対象) が <u>面白い⟩ を感じる</u>⟩
　　　c. x (経験者) が y (対象) <u>を面白-がる</u>

(44b)の2つの「経験者」の項は同一のものを指すので，右側の「x (経験者)」が削除される。その結果，(44b)は，下線部が動詞「面白がる」と同じ意味となり，(44c)に対応する。この「面白がる」は「感じる」と同じく状態性動詞ではなく，普通の他動詞の「ガーヲ」という格助詞パターンを持つ。

(39)の「懐かしむ」や「哀れむ」も同じ公式(44)によって説明できるが，「-む」の付く動詞は，前述のように数が限られるので，「哀れむ」「懐かしむ」などの動詞はすべて辞書 (レキシコン) に登録されている。これに対して，「-がる」の接辞化は，多くの主観的判断や感情を表す形容詞や形容名詞に付くことができるだけではなく，新語の形容詞に付くことも可能である (ウザい→ウザがる，キモい→キモがる，など) ことから，生産的な規則だと言うことができる。

4.6.2　形容詞の種類

「-がる」を付加できるかどうかは，形容詞の意味カテゴリーによって次

のように整理できる（杉岡2007）。

(45) a. 感情・心理：可（例：嬉しがる，面白がる，こわがる，うらやましがる，嫌がる）
b. 生理的感覚：可（例：暑がる，痛がる，うるさがる，臭がる，酸っぱがる，痒がる，苦しがる）
c. 主観的判断：可（例：もったいながる，書きにくがる，ほしがる，汚ながる）
d. 大きさや量など：不可（例：*大きがる，*長がる，*少ながる，*薄がる）
e. 客観的判断：不可（例：*正しがる，（子供を）*馬鹿がる，*真面目がる）

このように，「-がる」が付くことのできる形容詞は，感情，生理的感覚，主観という意味特徴を持ち，その項として感情，感覚，主観の主体である経験者を必要とする形容詞である。このことは，(44b)の意味公式では「-がる」が選択する事態が経験者を含むという形で表されている。ただし，主観的な認識と客観的な判断の違いが微妙な場合もあり，たとえば「汚ながる」と比べて「??きれいがる」や「??美しがる」が不自然なのは，「美しい」に比べて「汚い」は主観や感覚が入りやすいためと考えられる。さらに，大きさなど客観的に判断される属性でも「部屋を狭がる」などが可能になる文脈は，実際に部屋に入ってみて「狭い」と感じる場合，つまり居住者の立場から見ている場合である。

4.6.3 「-がる」の意味と主語の人称制限

久野（1973），Kuroda（1973），寺村（1982）などで古くから指摘されているように，「暑い，悲しい，うれしい」といった形容詞は，(46a)のように話者（1人称）が現時点で内的に知覚・体験している感情や感覚を直接的に表出するという働きがあるため，(46b)のように話者以外の主語（2人称，3人称）について現在形で使うことは極めて不自然である。2人称・3人称を主語に置くには，(46c)のように現在の感情・感覚なら推量の「そうだ」，判断の「のだ」，伝聞の「らしい」などの助動詞を付けて，内的感情・感覚を外的な事実として表現しなければならない。過去形の場合でも，「?そのとき彼/キミはうれしかった」と断定するのは，その当人と心理的に同化しない限り不自然である。

(46) a. 私は卒業がうれしい。私は暑い。
　　　b. *彼/キミは卒業がうれしい。*彼/キミは暑い。
　　　c. 彼/キミは暑そうだ（ね）/暑いようだ（ね）/暑いんだ（ね）。

　助動詞を使わずに(46b)を正しい日本語にする方法は，形容詞に「-がる」という接尾辞を付けることである。「-がる」動詞は，(46a)(46b)と正反対のパターンを示し，2・3人称(47a)が自然で1人称(47b)は不自然である。

(47) a. 彼は暑がっている/卒業を嬉しがっている。
　　　b. *私は暑がっている/卒業を嬉しがっている。

ここまで「-がる」の意味を単に「感じる」と表してきたが，このような人称制限も含めて考えると，「-がる」は内的な感情や感覚の認識だけではなく，それを外から見えるように表出するという意味を併せ持つと言える。そのために，(47b)の1人称では自分の内的状態を外から記述するという視点の矛盾が生じ，不自然になるのである。以下では，この「-がる」動詞の特性を，[＋表出]という素性で公式に加えることにする。ここでいう「表出」には，意図的な表現の動作（例：わざと嬉しがる）と非意図的な内的感情の表出（例：思わずこわがる）があり，また，態度にはっきりとあらわさない場合（例：内心うらやましがる）も含まれる。

4.6.4 「-がる」の自動詞用法

　「-がる」は，「さびしい」のように特定の対象を持たない感情の形容詞にも付くことができ，その場合は目的語が存在しないため自動詞を作る。

(48) a. ジョンはさびしがっている。
　　　b. 〈x（経験者）が 〈x（経験者）がさびしい〉を感じる [＋表出]〉
　　　　→ x（経験者）がさびし-がる

上でも述べたように，「さびしがる」は「さびしいと感じそれを表す」という意味を持つ。さらに，「-がる」は願望の接辞「-たい」にも付くが，この場合もヲ格を伴わない自動詞的な用法が可能である。

(49) a. ジョンは[田舎に行きた]がっている。
　　　b. メアリーは[子供に早く会いた]がった。

　「-がる」が作る動詞には，このように他動詞(38)と自動詞(48)の両方があり，日本語の動詞と動詞を作る接辞のほとんどが自他の区別を形態で示

第6章　形容詞から作られた動詞

す（「-める（弱める）」「-まる（弱まる）」）のと対照的である。これは，「思う」や「感じる」など認識動詞の特徴だと考えられる。つまり，感覚や感情を持つ際には，対象に対して物理的に働きかけるわけではないから対象は直接的な影響を受けない。(50)に示すように，「-がる」が付く動詞は，他動詞用法でも自動詞用法でも主語は経験者である。そこが，「温める/温まる」のような状態変化使役の自他交替(51)と異なっている。

(50) a. 面白がる：〈x が 〈x に y が面白い〉を感じる［＋表出］〉
     b. ひもじがる：〈x が 〈x がひもじい〉を感じる［＋表出］〉
(51) 温める：〈x が働きかけ〉→〈y が変化〉→〈y が温かい状態〉
     温まる：ϕ〈y が変化〉→〈y が温かい状態〉

さらに，自動詞の「-がる」には，上記とは異なり客観的判断を表す形容詞に付く用法もある（杉岡 2007）。

(52) a. 男だからといって，無理に強がるのはよせ。
     b. ジョンは，粋がってパイプをふかしていた。
     c. 一人で真面目がっていても，仕方ない。(Cf.(45e))

(52)の動詞は，認識ではなく「振舞う」という意味だけを持つ。例えば，「強がる」は「強く感じる」ではなく「強いように振舞う」（〈x が 〈x が強い〉ように振舞う〉）という意味で，含意としては「見かけほど強くない」というニュアンスを持つ。この「-がる」の用法は，［表出］という意味だけが強調された結果と考えられる。

以上，形容詞に「-がる」「-む」という接辞が付いて作られた動詞が，認識動詞と小節を含む構文と平行的にとらえられることを見てきた。「-がる」が作る動詞の主語は感情や感覚の経験者であるので，認識動詞を作る「-がる」が付加する形容詞には，主観性という意味特徴が見られ，そのために客観的な性質を表す形容詞には付きにくい（例：*長がる）。さらに，「-がる」は内的感情の表出という意味も持つため，3人称の主語が自然で1人称の主語が不自然になるという特徴を示す。

5 まとめ

転換および複数の異なった接辞によって作られた英語の形容詞由来動詞は，状態変化使役を表す他動詞の用法を持ち，内在的性質による変化が可

能な場合に自動詞用法も可能になる。この自他交替は，能格動詞と同じ特徴を示し，外項と内項の同定という「反使役化」の公式で説明できる。これに対して，日本語の「-まる/-める」という接辞で作られた形容詞由来動詞の自他交替は，他動詞（-める）が基本と考えられるケースと自動詞（-まる）が基本と考えられるケースがあり，漢語接辞「-化」が作る動詞の自他交替も多様である。

英語の形容詞由来動詞が，状態変化を表すにもかかわらず未完結の解釈を持つ場合があるのは，形容詞が表す属性の段階的な変化を表すためで，特に段階性に上限のない形容詞から作られた動詞は未完結の意味を持ちやすい。つまり，個々の形容詞の語彙的な特性が，形容詞由来動詞のアスペクトに反映される。この段階的変化という意味特徴は，日本語の自発変化を表す他動詞にも見られるものである。

日本語には感情や感覚を表す形容詞を動詞に変える接辞「-がる」がある。この接辞は主観的な事象の認識を外に表すという意味を持ち，そのために1人称主語を取ると不自然な文となる。

本章で見てきたように，形容詞から作られた動詞の性質は，基になる形容詞の意味特徴（段階性の上限の有無，主観性など）に大きく左右される。このことは，派生語をその構成要素に分解する公式を使った分析の有用性を示していると言える。

6 さらに理解を深めるために

- **Lieber. 2004.** *Morphology and lexical semantics*.［英語の形容詞や名詞から動詞を作る語形成を取り上げ，語彙概念構造を使って-ize, -ify などの接辞の意味素性を詳しく考察している。］
- **影山太郎．1996．『動詞意味論』**［第4章で自動詞と他動詞の交替を論じる中で，英語の形容詞転換動詞が他動詞用法を基本とすることや日本語の接辞「-まる/-める」の意味についても述べている。］
- **Kearns. 2007. Telic senses of deadjectival verbs.**［形容詞由来動詞のアスペクトと元の形容詞の意味特徴の相関性について，Hay, Kennedy and Levin（1999）等の先行研究の検証をもとに新しい提案を行っている。］

・杉岡洋子．2002．「形容詞から派生する動詞の自他交替をめぐって」［日本語の「-まる」と「-める」が作る動詞の自他交替に2種類の異なるパターンがあることを論じている。］

(杉岡洋子)

第7章　名詞を含む複合形容詞

◆基本構文
(A) 1. People are becoming more and more *health conscious*.
　　2. Enjoy the *mouth-watering* and *finger-licking* desserts.
　　3. This shirt is *machine washable*./*This machine is *shirt washable*.
　　4. My new teacher is *Oxford educated*./*Oxford is *teacher educated*.
　　5. an *oil-rich* country/*country-rich* oil
(B) 1. あの人は {意地悪い/口達者だ/*家白い}。
　　2. 母親譲りの美貌/*母親譲りの指輪
(C) 1. 彼女は {けいこ熱心/*ピアノのけいこ熱心} だ。
　　2. その話し方は {女性独特/京都の女性独特} だ。

【キーワード】形容詞，複合語，状態，属性，形態的緊密性，主要部

1　なぜ？

　基本構文(A)ではイタリック体の部分が「複合語」である（英語では複合語を表記するとき，①2つの単語をくっつけて書く，②間にハイフンを入れる，③ハイフンを付けずに離して書くという3つの方法があり，どの書き方になるかは個々の単語や慣習によって異なるし，必ずしも統一されていない場合がある。本章では表記方法は問題にしない）。

　(A)のイタリック体部分は，be動詞の補語になったり名詞を修飾したりしているから，品詞としては「複合形容詞」である。複合形容詞には様々な品詞の組み合わせがあり，(A1) health conscious（健康に気をつかっている）は名詞と形容詞，(A2) mouth-watering（よだれが出そうな），

finger-licking（おいしそうな）は名詞と動詞現在分詞，(A3) machine washable（洗濯機で洗える）は名詞と -able 形容詞，(A4) Oxford educated（オックスフォード大学卒の）は名詞と動詞受身分詞の組み合わせである。(A3)と(A4)では，斜線の左側が正しい表現で，右側は間違っている。正しい複合語と間違った複合語を区別するのにどのような法則があるのだろうか。

(B)は日本語で形容詞ないし形容詞的な働きをする複合語である。(B1)では，「意地が悪い」に対応して「意地悪い」と言えるのに，「家が白い」に対して「*家白い」と言えないのはなぜだろう。また，「意地悪い」と「意地が悪い」は，はたして同じ意味なのだろうか。(B2)では同じ「母親譲り」という複合語でも，修飾する名詞によって成否が分かれる。「母親譲りの美貌」と言えるのに，なぜ「*母親譲りの指輪」はおかしいのだろうか。

(C1)からは，「けいこ熱心」の「けいこ」に「ピアノ」のような修飾語を付けることができないことが分かる。複合語の一部分に修飾語を付けることができないのは，どの言語にも通じる普遍的な法則である。しかし(C2)の「女性独特」は例外的で，「女性」に「京都の」のような修飾語が付けられる。このような例外はどう説明すればよいのだろうか。

2 複合形容詞とは

複合形容詞（compound adjective）とは，複合語の中で形容詞の働きをするものを指すが，本章では日本語の形容動詞や形容詞的な名詞も含め，名詞を修飾したり叙述したりして形容詞的な働きをする複合語の性質について説明する。複合形容詞はあくまで複合語（compound word）の一種であるから，本論に入る前に，複合形容詞も含めた複合語全般の特徴を，①形態・音声，②構造，③意味，④生産性に分けて概観しておこう。

2.1 複合語の形態的・音声的な特徴

複合語とは，名詞，動詞，形容詞などの単語を組み合わせた「語」であるが，複合語全体の品詞はどのようにして決まるのだろうか。次の例のイタリック体の部分を見てみよう。斜線の左側が統語的な「句」，右側が

「複合語」である。

(1) a. a *blue bird*（青い鳥）/a *bluebird*（ツグミの一種）
b. (He is) *reading a book.*（本を読む）/*book-reading*（本読み）
c. (She is) *conscious of her health.*（健康に気づかっている）/(She is) *health conscious.*
d. (She) *boiled the eggs soft.*（半熟にゆでる）/*soft-boiled* (eggs)

(1a)は「青い鳥」という名詞句と「ルリツグミ」という名詞で、どちらの場合も blue と bird の語順は同じである。しかし(1b, c, d)では左側と右側で語順が逆になり、右側の複合語は book-reading, health conscious, soft-boiled という順番になっている。(1a)から(1d)に共通することは、後ろに来る単語が複合語全体の **主要部**（head）（すなわち、全体の品詞と意味を決定する中心部分）になっているということである。(1a)の bluebird は後ろが bird（名詞）であるから、全体も複合名詞となり、意味としては「青」ではなく「鳥」の一種を表す。同様に(1b)の book-reading も reading（読むこと）が名詞であるから全体は複合名詞で、意味としては行為を表す。(1c)の health conscious では conscious が形容詞であるから、health conscious 全体は複合形容詞となる。(1d)の soft-boiled も同様で、過去分詞の boiled が形容詞として働くから、soft-boiled 全体も複合形容詞となる。一般的に言うと、複合語では後ろ側（右側）に来る単語の品詞によって、複合語全体の品詞が決まってくる。この法則を**右側主要部の規則**（Righthand Head Rule：Williams 1981）という（☞『動詞編』第9章）。

日本語では統語構造の主要部は一貫して右側に来るから、「黒い板」と「黒板」、「ばかにでかい」と「ばかでかい」、「教育に熱心」と「教育熱心」のように、句構造でも複合語でも主要部の位置が同じ右側になる。

多くの複合語は意味的に近い句表現に書き換えることができるが、あくまで「語（word）」であり、「句（phrase）」ではない。「語」と「句」の間には明確な違いがある。一般的に、「句」を作る要素は「語」の内部には現れることができない。たとえば、「本読み」の「本」に「分厚い」のような修飾語を加えると「分厚い本」という名詞句となるが、これを複合

語の中に入れると「*[分厚い本]読み」となり，日本語として成り立たなくなる。このように，語というのは形態的に緊密なまとまりを作っているので，その内部に「句」に関係する要素は入り込むことができない（**語の形態的緊密性** (lexical integrity) ☞第9章）。「句」に関係する要素というのは，①時制語尾，②名詞の複数語尾，③冠詞や指示詞，④前置詞や助詞，⑤接続詞，⑥副詞語尾など「機能範疇」と呼ばれる要素で，複合語の内部ではこれらが脱落する。(2)の例で斜線の左側（句）と右側（複合語）を比べてみよう。

(2) a. thin *like* paper/paper-thin（紙のように薄い）
 b. The country is rich *in* oil./an oil-rich country
 c. He is ten-year*s* old./a ten-year-old boy
 d. He speaks soft*ly*./He is soft-spoken.
 　　　　　　　　　　　　　　　（言葉遣いが穏やかな）
 e. 腹が黒い/腹黒い
 f. 誉めるのが上手だ/誉め上手

左側に現れる前置詞(2a, b)，複数語尾 -s(2c)，副詞語尾 -ly(2d)，日本語の助詞(2e)，時制語尾(2f)は右側の複合語の内部には現れていない。

　複合語は，音声的にも句と異なる特徴を持っている。英語では「複合語の前の要素に第一強勢を置く」という基本的な規則がある。この規則は BLACKboard, WINDOWshopping（大文字は第一強勢の単語を表す）のように複合名詞の場合にうまく当てはまる。複合形容詞でも HEART-breaking, MOUTH-watering などでは前部が強い。しかし複合形容詞のアクセントは様々で，handmade, duty-free, ice-cold, soft-spoken などでは前部と後部が同じ程度か，むしろ後部のほうが強く発音される。複合形容詞のアクセントの法則はまだはっきり解明されていない。日本語では，「腹が黒い」と「腹黒い」，「力が不足だ」と「力不足」を比べると分かるように，複合語は間に切れ目を置かずにひと繋がりのアクセントで発音されるのが特徴である。また，「くろい→（腹）ぐろい」，「ふそく→（力）ぶそく」のように連濁（複合語の後ろ要素（特に和語）が無声子音で始まる場合，それが有声音になる）が起こる。アクセントも連濁も，複合語の「単語としてのまとまり」を表明する役割を果たしている。

第Ⅲ部
形容詞と副詞

　第Ⅲ部では，形容詞だけでなく，形容詞と似た副詞に論を広げていく。

　第8章「副詞と二次述語」は，形容詞が副詞的に用いられた二次述語を取り上げる。二次述語には結果述語（結果構文で用いられる結果述語）と描写述語があるが，本章では He ate the carrot *uncooked*.「彼はニンジンを生で食べた」のような描写述語に焦点を絞り，通常の副詞との違いを見ていく。

　第9章「句動詞」では，put on the jacket（上着を着る）のように動詞と副詞（小辞）の組み合わせがひとつの述語として機能する表現を取り上げ，その統語的，形態的，意味的性質を多角的に見ていく。また，句動詞に意味的に対応する日本語の複合動詞にも触れる。

　第10章「副詞と分の焦点」では，John even ate a frog.（ジョンはカエルさえ食べた／ジョンはカエルを食べることさえした）のように文中のあるものを強調する副詞（焦点化詞）に注目して，その意味的，統語的特徴を整理する。英語の even, only, also を解説すると共に，日本語で対応する「さえ」や「だけ」とも比較する。

第8章　副詞と二次述語

◆基本構文
(A) 1. Strangely (enough), he was smiling.
　　　（不思議なことに，彼は微笑んでいた）
　 2. He was smiling strangely.
　　　（彼は不思議な微笑みをたたえていた）
(B) 1. Gwen dyed her hair {blonde/beautifully}.
　 2. He left the room {angry/angrily}.
(C) 1. 彼女は布を {藍色に/丁寧に} 染めた。
　 2. 彼の娘は美しく {成長した/舞った}。
(D) 1. They both played tennis barefoot.
　　　（二人は裸足でテニスをした。）
　 2. I ate the carrots uncooked.（私はニンジンを生で食べた。）
　 3. The man jumped into the ocean naked.
　　　（その男は {裸で/#裸のままで} 海に飛び込んだ。）

【キーワード】叙述的副詞，二次述語，結果述語，描写述語，結果の副詞，様態の副詞

1　なぜ？

　基本構文(A1, A2)に示されるように，英語の副詞の多くは現れる位置によって2通りの解釈を持つ。strangely が文の先頭に現れて Strangely, he was smiling. となると，he was smiling という文の内容に対して話者が「それは奇妙だ」と判断を加え，全体としては「奇妙なことに，彼は微笑んでいた」という意味になる。他方，He was smiling strangely. とすると，「彼は奇妙な笑い方をしていた」というように動作の様態を表

す。どうしてそのような違いが起こるのだろうか。

　(B)では，文末に形容詞と副詞のどちらでも使うことができる。たとえば(B2)で angry を使ったときと angrily を使ったときで，どのような違いがあるのだろうか。(B)の英語と似た現象は日本語(C)にも見られる。(C1)の「藍色に」と「丁寧に」はどちらも「に」が付いているが，意味や統語的な働きはどう違うのだろうか。また，(C2)のように同じ表現（「美しく」）でも，共起する動詞によって意味解釈が異なる場合がある。日本語の副詞的表現はどのような構造をもっているのだろうか。

　(D)の barefoot（裸足で），uncooked（調理しないで），naked（裸で）は形容詞なのに，意味としては副詞的な働きをしている。(D)の文はいずれも，played tennis, ate the carrots, jumped into the ocean だけで文が完結するのに，なぜその後ろに形容詞を追加することができるのだろうか。

2　副詞と二次述語とは

　文の骨組みは述語（predicate）とその項（argument）で構成される。John ate dinner. という文では動詞 eat が述語，主語 John と目的語 dinner が項であり，項は述語にとって必須の要素である。これに対して，副詞（adverb；付加詞 adjunct とも言う）は任意で，あってもなくてもよいが，John ate dinner の後に joyfully（様態），with his family（同伴者），in the restaurant（場所），last evening（時間）などを付けることで文の骨組みに意味の肉付けをすることができる。

　このように，述語と項と副詞の3つが文の主要な構成要素であるが，副詞と述語の中間的な働きをするものもある。基本構文(B2)で，He left the room *angrily*. とすると，angrily は明らかに副詞であるが，He left the room *angry*. とすることもできる。普通なら，He left the room の後に形容詞を追加することはできない。この angry の正体は何なのだろうか。

　angrily と angry の意味を比べてみよう。He left the room angrily. というのは「彼は怒った様子（態度）で部屋を出て行った」ということだから，実際に怒っていないのに怒ったそぶりだけをしていたという場合でも

適切である（Aarts 1995: 90, Rothstein 2006: 210）。逆に，He left the room angry. とすると，必ずしも怒った態度を表に示さなくてもよいが，心の中で腹を立てていることが必要である。なぜなら，この angry は副詞的な使い方ではあるものの，あくまで形容詞なので，名詞（この場合は主語 He）を修飾するからである。つまり，angry は He に対する「述語」の働きをし，He left the room angry. という文は He was angry when he left the room. と言い換えることができる。このように，He left the room angry. という文には，"He is angry." という主語－述語の関係が隠されている。ただし，この文の本当の述語は left という動詞であるから，angry は二次的な述語，つまり**二次述語**（secondary predicate）と呼ばれる。

　本章では，英語の「形容詞＋ly」型の副詞と日本語の副詞的表現，および，副詞に似た働きをする二次述語に焦点を当てて考察する。

2.1　叙述的副詞

　英語の -ly 副詞の多くは，叙述的副詞（predicational adverb）と呼ばれ，動詞修飾用法と文修飾用法の２つの用法がある（副詞の基本的な分類は Greenbaum 1969, Quirk et al. 1985, 岡田 1985, 中右 1994など，より専門的で精緻な分類は Cinque 1999, Tenny 2000, Ernst 2002 などを参照）。動詞修飾用法とは，(1)のように，基本的には動詞より後ろに付いて，動詞が表す動作・変化・状態の様子を表す。これに対して文修飾用法の副詞は，基本的には(2)のように文の先頭に現れ，すぐ後にコンマ（短い休止）を伴って文全体を修飾する。

(1)　動詞修飾副詞としての用法
　　a. He was smiling *strangely*. (BNC)
　　b. George answered *directly* and *honestly*. (BOE)
(2)　文修飾副詞としての用法
　　a. *Strangely (enough)*, he was smiling at that time.
　　　　　　　　　　　　　　　　　　　　　　　【命題指向】
　　b. *Honestly (speaking)*, George answered directly. 【話者指向】

(1a, b)の strangely と honestly は，微笑み方，話し方の様態を表し，He was smiling in a strange manner. のように "in a ... manner" と言い

換えられるから，**様態副詞**（manner adverb）とも呼ばれる（Greenbaum 1969）。

他方，文修飾副詞には色々な意味がある。(2a)の strangely は It was strange that he was smiling at that time. と言い換えることができる。あるいは，Stupidly, I left my umbrella at home.（うかつにも，傘を家に置いてきた）なら It was stupid of me to leave my umbrella at home. のように言い換えられる。このように It is＋形容詞で言い換えられる場合を「命題指向」と呼んでおこう。命題というのは文が伝える内容の骨格で，「私が傘を忘れてきた」という事実に対して，それは愚かな（stupid）ことだと評価を下している。(2b)の honestly（speaking）は to be honest（with you）とも言い，"I speak to you honestly."（正直に話しますが）というように，文の内容に対する話者の態度を伝えている。これを「話者指向」と呼んでおく。

このように，-ly 叙述的副詞の多くは文修飾と動詞修飾の2つの用法があり，現れる位置によって意味解釈が異なる。しかし，すべての -ly 副詞がこの2通りの用法を持つわけではなく，一方の意味用法しかない場合もある。

(3) a. *Probably*, David quit his job.
    *David quit his job *probably*.
  b. *Loudly, Eva shouted at John.
    Eva shouted at John *loudly*.

(3a)の probably や maybe のような法副詞（modal adverb）は文末にくると非文になる。また，(3b)の loudly のように文頭には現れない様態副詞もある。

英語は語順が厳しく固定されている言語であるが，副詞の位置は一箇所だけに限られない。上では，文修飾副詞は文頭に置かれてコンマ（休止）を伴うと説明したが，(4a)のように主語の後あるいは文の最後にポーズを置いて，その後に文修飾副詞を続けることもある。また，動詞修飾副詞でも文末だけでなく，(4b)のように動詞句の内部で他の位置にも現れる。

(4) a. George, *strangely enough*, was smiling.
    George was smiling, *strangely enough*.
  b. George spoke *directly* to her.

George *directly* spoke to her.

叙述的副詞を含む種々の副詞が出現する位置を大雑把に図解すると，下の(5)のようになる（VP=動詞句，S=文（命題：いつどこで誰が何をどうしたという部分），S'は命題より大きいまとまりを表す）。(5a)の①〜④は副詞の種類とそれぞれが現れる基本位置を示している。①から④の具体的な副詞の種類は(6)に例示する。副詞は基本位置以外の場所に「移動」することができるので，可能な移動先を(5b)に概略している（移動先では①'のようにダッシュを付けておく）。

(5) a. 副詞の基本位置

    [s' ① [s 主語 助動詞 ② [VP 動詞 目的語 ③] ④]]

  b. 副詞の移動

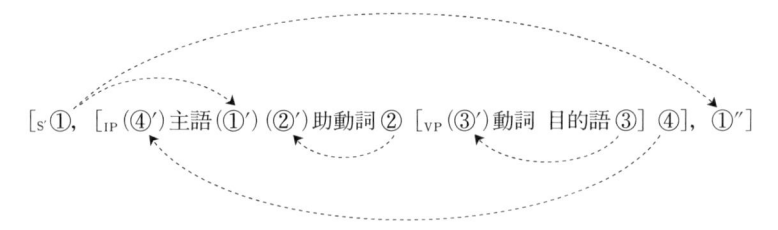

[s' ①, [IP (④')主語(①')(②')助動詞 ② [VP (③')動詞 目的語 ③] ④], ①'']

(6) 出現する副詞の例

① 叙述的副詞（文副詞解釈）：stupidly, seriously, probably
[① *Stupidly*], John [①' *stupidly*] has mispronounced the word [①'' *stupidly*].

② 頻度：frequently, sometimes, usually
強調・程度：really, entirely, certainly, absolutely, definitely
尺度：partly, completely, nearly, almost
John [②' *frequently*] has [② *frequently*] mispronounced the word.

③ 叙述的副詞（様態副詞解釈）：stupidly, rudely, loudly
John has [③' *stupidly*] mispronounced the word [③ *stupidly*].

④ 時間：yesterday, before, afterward
[④' *Yesterday*] John mispronounced the word [④ *yester-*

day].

2.2 二次述語

drunk という形容詞に注目して，次の 3 つの例文を比べてみよう．
(7) a. Bill was hit by a *drunk* driver.【名詞を修飾する形容詞】
b. Bill drank himself *drunk*.【結果述語】
c. Bill drove his car *drunk*.【描写述語】

同じ drunk でも，a，b，c で意味機能が異なる．(7a) の drunk は名詞修飾の形容詞で，これは説明する必要はないだろう．本章で取り上げるのは b と c の用法である．(7b) は「ビルは酒を飲み，その結果，酔っぱらった」という意味で，drunk は酒を飲み過ぎた結果，主語 Bill が酩酊状態になったことを表現する．この drunk のような表現を **結果述語**（resultative predicate）と言う．結果述語は『動詞編』第 6 章で説明したが，(8) に例を挙げておこう．

(8) a. My boyfriend punched the burglar *unconscious*.
(私のボーイフレンドは泥棒に一撃を食わせ気絶させた．)
b. The nurse sang the girl *to sleep*. (看護師は歌をうたって少女を寝かしつけた) [to sleep は不定詞ではなく前置詞句]
c. 川の水がカチカチに凍った．

(8a) では泥棒に一撃を加えた結果，その泥棒は気絶状態に変化したのであり，(8b) は看護師が歌をうたった結果，少女は睡眠状態に入ったのである．(8c) の日本語も同じように，川の水が凍った結果，川はカチカチの状態に変化したという意味である．

これに対して，(7c) は「ビルは酔っぱらって車を運転した」という意味で，drunk は車を運転していたときの主語の状態を表している．このような形容詞を **描写述語**（depictive predicate）と言う．別の例を追加しておこう．

(9) a. He had to sleep *naked/dressed*.
(彼は，裸で/服のままで寝なければならなかった)
b. Ken ate the shrimps *alive/uncooked*.
(健は小エビを生きたままで/熱を加えずに食べた)
c. 家具をすべて新品で揃えた．

(9a)では寝ているときに，主語は裸状態/着衣状態なのであり，(9b)では健が食べたときにエビは生きている状態だった。(9c)の日本語でも，家具は買った時点で新品状態だったのである。

まとめると，次のようになる。

- 結果述語：動作や出来事の結果として主語/目的語がある状態に変化したことを表す。
- 描写述語：動作が開始あるいは進行するときに，主語/目的語がどのような状態にあるのかを表現する。

なお，(10)の black は描写述語でも結果述語でもなく，動詞（prefer, would like, want）が必要とする補文（小節 small clause）の中の述語である。

(10)　I {prefer/would like/want} [my coffee *black*].（私はコーヒーはブラックが良いです／コーヒーをブラックにして欲しい）

(10)から black を削除して I prefer/would like/want my coffee. とすると，意味が大幅に異なってしまう。他方，描写述語の場合は，省略しても主語＋動詞（＋目的語）の部分の意味には影響がない。

結果述語と描写述語になることができる品詞は，英語では形容詞が最も一般的である。naked, dressed, uncooked などの -ed 形も形容詞（☞第4章）である。二次述語は前置詞句の場合もある（特に結果述語）が，名詞は稀である。分詞構文の -ing は二次述語とは見なされない。日本語の結果述語は「カチカチに凍る」のような「擬態語＋に」や「塀を白く塗る」のようなク形の形容詞で表され，描写述語は「車を中古で買う」や「泥酔状態で家に帰る」のようにデ形で現れる。

(11)　二次述語と品詞

	結果述語	描写述語
形容詞	He shot the tiger *dead*.	He came home *breathless*.
前置詞句	He shot the tiger *to death*.	He came home *out of breath*.
名詞	He painted the fence *a vivid shade of blue*.	He left the hospital *a shade of his former self*. (Rothstein 2006)

普通，文の中で時制のついた述語を「一次述語」と言う。これに対して，結果述語と描写述語は時制を伴わずに主語ないし目的語の様子を叙述するから，「二次」述語である。そして，これら二次述語を含む文を結果構文 (resultative construction)，描写構文 (depictive construction) と言う。次の(12)のように until や while といった接続詞を含んだ文では，unconscious, naked はもはや二次述語ではないので，結果構文，描写構文と見なすことはできない。

(12) a. I punched the burglar *until* he got unconscious.
 b. Ken ate the shrimps *while* they were alive.

結果述語も描写述語も，文の最後にコンマ（休止）なしで置かれる。結果述語の前にコンマをつけて，*He shot the man, dead. や*He shot the man, to death. とすることができないのは当然だが，描写述語は，一見したところコンマを伴うように見える場合(13a)があるし，また文頭に現れるように見える場合(13b)もある。

(13) a. John went home, *drunk*.
 b. *Drunk*, John went home.

しかし，小さなコンマ（発音するときのポーズ）の有無でも統語的には大きな違いがある。次の否定文の解釈を見てみよう (Simpson 2005: 73)。

(14) a. He didn't arrive *drunk*.
 a'. He didn't arrive, *drunk* (as usual).
 b. He didn't eat the meat *raw*.
 b'. He didn't eat the meat, *raw* (as it was).

(14a)と(14b)は否定の掛かり方が2通りにとれる。ひとつは，drunk, raw を否定して，「酔っぱらっては来なかった（つまり，しらふで来た）」，「生では食べなかった（つまり，焼いて食べた）」という意味であり，もうひとつは，arrive drunk, eat the meat raw という動詞句全体を打ち消して，「もともと，来なかった/肉を食べなかった」という意味である。ところが，コンマを付けた(14a', b')は，「彼はいつものように酔っぱらっていたために，来なかった」，「生だったので，その肉を食べなかった」という全然違う意味になる。したがって，コンマを伴う形容詞は描写述語ではなく，付帯状況を表す独立分詞構文と考えるのが適切である。

叙述的副詞と二次述語の違いを整理すると次のようになる。

・叙述的副詞：通常，-ly 語尾が付き，出来事や動作の様子を表現。
・二次述語：形容詞のままで，主語/目的語の状態を描く。

-ly 副詞は動詞または文が表す動作や出来事を修飾するから，事象指向（event-oriented）と捉えることができる。これに対して，二次述語は事象全体を修飾するのではなく，目的語や主語という名詞がどういう状態かを叙述するから，参与者指向（participant-oriented）と言える。

3 副詞と二次述語の代表例

　ここでは，英語の -ly 副詞の代表的な例を挙げる。二次述語の例は，以下の本文で紹介する。

【文副詞に限られるもの】
　apparently, certainly, definitely, fortunately, hopefully, luckily, necessarily, politically, possibly, preferably, presumably, probably, surely, surprisingly, unfortunately

【様態副詞に限られるもの】
　brightly, delightedly, intentionally, limply, loudly, quickly, slowly, smoothly, softly, tightly, willingly

【文副詞と様態副詞の曖昧性があるもの】
1. 文修飾の場合に命題指向のもの：appropriately（適切に；適切なことには），clearly（明瞭に；疑いもなく），cleverly（巧みに；巧妙にも），clumsily（不器用に；ぶざまにも），conveniently（都合良く；好都合にも），curiously（興味深そうに；奇妙なことに），foolishly（愚かな方法で；愚かにも），happily（うれしそうに；幸いなことに），interestingly（興味をひくように；おもしろいことに），naturally（自然に；当然のことながら），normally（正常に；通常は），oddly（おかしな風に；奇妙なことに），rightly（正しく；当然ながら），strangely（おかしな風に；奇妙なことに），stupidly（愚かに；うかつにも），wisely（抜け目なく；賢明なことに）
2. 文修飾の場合に話者指向のもの：briefly（ちょっとの間；簡潔に言えば），candidly（率直に；率直に言うと），confidentially（内密に；ここだけの話だが），frankly（ざっくばらんに；率直に言うと），hon-

estly（正直に；正直に言うと），roughly（乱暴に；大雑把に言うと），seriously（真剣に；まじめな話しだが），simply（単純に；はっきり言って），reluctantly（いやいや；言いにくいことだが）
3. 文修飾の場合に接続詞的なもの：accordingly（そのように；その結果），equally（均等に；それと同時に），similarly（類似のように；同様に）

　日本語の場合は，副詞という文法範疇が英語ほど明瞭ではないので，副詞的表現（仁田 2002）と呼んでおく。副詞的に使われる形容詞のク形と形容動詞のニ形には次のようなものがある。

【日本語の副詞的表現】
1. 結果の副詞：赤く，真っ白に，熱く，厚く，薄く，大きく，小さく，細かく，細く，粉々に，固く，やわらかく
2. 様態の副詞：優しく，丁寧に，静かに，慎重に，さわやかに，不気味に，美しく，朗らかに，きつく，楽しく，ぶっきらぼうに
3. 程度の副詞：おそろしく，ひどく，すごく，極端に，猛烈に，強烈に，著しく，激しく，強く，軽く，かすかに，わずかに，ほのかに
4. 文副詞：幸運にも，明らかに，残念にも（残念なことに）/ひょっとしたら，願わくば，驚いたことに

4 問題点と分析

4.1 -ly 副詞の位置と修飾関係

　第 2 節で触れたように，英語の叙述的副詞には文修飾と動詞修飾の 2 つの用法を持つものがあり，位置によって意味が異なる。これにもうひとつ「文中」の位置を加えて整理してみよう。

(15) a. {*Cleverly*/*Clumsily*} (,) John dropped his cup of coffee.
　　 b. John dropped his cup of coffee {*cleverly*/*clumsily*}.
　　 c. John {*cleverly*/*clumsily*} dropped his cup of coffee.
　　　　　　　　　　　　　　　　　　　　(Jackendoff 1972: 49)

(15a) の cleverly, clumsily は文頭に現れ，John dropped his cup of coffee. という文全体を修飾する。これを文副詞（sentence adverb）と呼ぶ。

文副詞は It was clever/clumsy of John to drop his cup of coffee.（巧妙にも/ぶざまにもカップを落とした）と言い換えられる。しかし同じ副詞が (15b) のように動詞修飾用法で使われると、John dropped his cup of coffee in a clever/clumsy manner.（巧みに/ぎこちなく）のように、動詞が表す動作がどのような様態で行われるかを表す。これを様態副詞 (manner adverb) と言う。さて、これらの副詞が (15c) のように主語と動詞の間に生じる場合は、文副詞の解釈か様態副詞の解釈かで曖昧性が生じる (Jackendoff 1972)。統語構造で言うと、この曖昧性は副詞の位置が動詞句 (VP) の内側か外側かの違いとして捉えることができる。

(16) a. 動詞句内：[$_{VP}$ -ly V O]（様態副詞としての解釈）
　　　b. 動詞句外：-ly [$_{VP}$ V O]（文副詞としての解釈）

副詞の位置が動詞句内であれば、動詞句が表す事象を修飾するので様態副詞の解釈になり、外側であれば、文全体を修飾する文副詞の解釈になる。

しかし、McConnel-Ginet (1982) は、そのような曖昧性はないと主張している。

(17) a. Louisa [$_{VP}$ departed *rudely*].
　　　b. Louisa *rudely* [$_{VP}$ departed].

(McConnell-Ginet 1982: 160)

(17a) の場合は rudely が動詞の後ろに来ているから、様態の解釈で問題ない。他方、(17b) のように rudely が動詞の前に出たときは、(16a) の構造はなく、(17b) = (16b) の構造しかない、と McConnell-Ginet は言う。つまり、rudely が departed より前に来ると、「失礼にも、ルイーザは退出した」という文副詞の解釈のみになると McConnell-Ginet は述べている。この見解が妥当かどうかを考えてみよう。

(18) a. *Cleverly*, Paula answered the questions.
　　　b. Paula answered the question *cleverly*.   (Ernst 2000: 335)

Ernst (2000) は、(18a) の cleverly の解釈は、答え方の内容がどうであれ「Paula が答えたことが clever である」という意味であり、他方、(18b) のように様態副詞として用いた場合は、たとえ答えた内容が愚かであっても、Paula の答え方が clever であるという解釈になると述べている。この解釈を踏まえて、(19) を見てみよう。

(19) a. Ed *rudely* asked Salma's number, but the way he asked it

was not rude.（エドは失礼にもサルマの電話番号を聞いたが，聞き方は失礼ではなかった。）
b. Ed *rudely* asked Salma's number, but asking the number itself was not rude.（エドはサルマの電話番号を失礼な態度で聞いたが，電話番号を聞くこと自体は失礼なことではなかった。）

もし主語と動詞の間に位置する rudely に様態の解釈がないとするなら，rudely に様態の解釈が要求される(19b)は容認されないはずである。しかし，筆者のインフォーマントによると，(19a)の文副詞の解釈も容認できるが，(19b)の様態解釈の方がより自然に受け入れられるという判断であった。したがって，主語と動詞の間に位置する叙述的副詞は，Jackendoff (1972)の言う通り，解釈に曖昧性が生じるということになる。

Geuder (2000) は，心理状態 (angrily) や生理状態 (hungrily) を表す副詞（透明な副詞（transparent adverb）と呼んでいる）が動詞の前に置かれたときに得られるおもしろい解釈を指摘している。

(20) a. John *angrily* shouted at the people. (Geuder 2000: 193)
Cf. John shouted at the people *angrily*.
（ジョンは怒りをむき出しにして，彼らをどなりつけた）
b. I *hungrily* opened the fridge. (Geuder 2000: 193)
Cf. He opened the fridge *hungrily*.
（彼はひもじそうに冷蔵庫のドアを開けた）

動詞の前に置かれた angrily, hungrily は実際に，主語が angry/hungry だったという主語の内的な心理/生理を表現する。そのため，(20a)は「ジョンは腹が立ったので，彼らをどなった」，(20b)は「私はお腹がすいたので，冷蔵庫を開けた」という解釈が可能で，この場合，angry/hungry であるという主語の内面的状態が主張されるため，動詞句が表す動作はその状態が原因で起こったという因果関係の読みになる。このような因果関係の読みは，angrily, hungrily が文末に置かれときは消滅し，John shouted at them *angrily.*/I opened the fridge *hungrily.* では動作の様態を表す意味しかない。

この種の心理状態を表す副詞を Ernst (2002) は心的態度の副詞 (mental-attitude adverb) と呼び，Geuder が指摘したのと同じような，

位置による意味の差異を観察している。

(21) a. Though her emotions were in turmoil, she managed to leave the room *calmly*.
   b. ??Though her emotions were in turmoil, she *calmly* had left the room. (a, b とも Ernst 2002: 37)

(21a)は,「彼女は,気持ちが動揺していたけれど,なんとか冷静をつくろって部屋を退出した」という意味で,文末に置かれた calmly は規則通り,動作様態副詞として機能している。これに対して,同じ calmly でも動詞の前に置かれた(21b)では,She was calm.(彼女の心は冷静だった)という内面的状態が主張されるから,そのため,(21b)の前半(気持ちが動揺していた)と意味的に矛盾してしまうのである。

本節では,同じ副詞が複数の位置に現れたときの解釈を説明してきた。しかし,純粋に動作様態しか表さない副詞もあり,それらは動詞の後ろの位置に限定される。たとえば,He ran fast. に対して*He fast ran. は非文法的である。また,一般的に言うと副詞は任意的な飾りであるが,動詞によっては副詞が必須の場合もある。behave や word がその例である。

(22) a. He *behaved* {admirably/badly/oddly/bravely/generously}.
   Cf. He *behaved* {as a gentleman/according to the rules}.
   b. The letter was *worded* {carefully/vaguely/clearly/poorly}.
   Cf. The letter was *worded* in such a way as to permit a variety of interpretations.

これらの例で副詞が必要なのは,動詞 behave, word だけでは意味が不足するからである。人間が何らかの振舞い(behave)をするのは当たり前だし,手紙が言葉で書かれる(word)のは当たり前だから,behave, word だけでは情報が足りず,副詞によって意味のある情報を補う必要がある(☞第2章4.6節)。

4.2 結果述語と様態副詞

結果述語の基本的な性質は『動詞編』第6章で詳述しているので,ここでは結果述語と,それに類似した副詞との違いを説明する。

4.2.1 英語の -ly 副詞と結果述語

　結果述語は，文が表す出来事や動作から直接生じる結果状態を表現する。たとえば，She ironed the shirt *flat*. というのは，彼女がシャツにアイロンをかけ，その直接の結果としてシャツが flat（しわのない状態）に変化したということである。この条件に合わない表現は結果述語ではなく，何か別の副詞であると考えられる。たとえば(23)を見てみよう。

(23)　a.　I applied the paint *flatly*.
　　　b.　He lies *flat/flatly* on the floor

(23a)は，私がペンキを塗った結果としてペンキが flat に（たいらに，均一に）変化したということではない。flatly は「ペンキが均一になるように」というペンキ塗りの様態を表す副詞である。(23b)では flat でも flatly でも使えるが，形容詞 flat を使った場合でも，彼が横たわった結果として，彼が flat になったのではない。むしろ，flat は彼が寝転がっている様子を表す付加詞（影山（1996）で「結果様態」と呼ぶもの）である。実のところ，lie は状態動詞だから，もともと「変化の結果」は関係しない。

　Geuder（2000）は，(24)の elegantly のような副詞を副詞的結果述語 (adverbial resultative) と呼び，様態副詞と意味的に異なると論じている。

(24)　She dressed *elegantly*. (Geuder 2000)

Geuder は，この elegantly には①着衣した結果が elegant であるという結果の解釈と②着衣の動作が elegant であるという様態の解釈があると述べている。なるほど，②は明らかに様態副詞としての用法であるが，①を結果述語の一種と見なすのは妥当でないだろう。なぜなら，彼女が服を着たことの直接の結果として，彼女自身がエレガントに変化したわけではないからである。-ly が付いているものは結果述語ではなく，結果の様態を表す副詞として捉えるべきである。

　正規の結果述語なら，動詞の表す事象によって引き起こされる直接的な結果を客観的に表すが，elegantly という副詞は話者の主観的な判断を述べている。もし elegantly のような副詞が副詞的結果述語であるとすれば，通常の結果述語とは共起しないはずである。しかし実際は，両者が共起することができる。dress では適切な例が作れないので，dye を使うと，

(25) Ralph dyed his hair black *beautifully*.

(25)では beautifully という主観的な副詞と，結果述語 black が共起している。通常，結果述語は一文にひとつしか現れないという一般的な制約がある (Tenny 1994, Goldberg 1995, Rothstein 2004 など)。

(26) *Brad beat the man unconscious *black and blue*.（ブラッドがその男をなぐったので，その男は青あざができて気を失った）

結果述語は，動詞が表す事象の終点における対象物の状態を述べる述語である。1つの文に2つの結果述語を設けるということは，事象の終点を2つ設けることになり，文として意味的な矛盾が生じてしまう。すると，(25)では black が結果述語であるから，その後ろの beautifully は結果述語ではないということになる。

4.2.2　日本語の様態副詞と結果述語

仁田 (2002) は副詞の分類の一部として「結果の副詞」，「様態の副詞」，「程度量の副詞」を挙げ，その中で，結果の副詞を「動きの結果の局面を取り上げ，動きが実現した結果の，主体や対象の状態のありように言及することによって，事態の実現のされ方を限定し特徴づけたもの」と規定している。代表的な結果の副詞は(27)のようなものである。

(27)　がりがりに（やせる），飴色に（濁る），ぐでんぐでんに（酔う），かちんかちんに（凍る），からからに（乾燥する），こなごなに（壊れる），小さく（ちぎる），二つに（引き裂く）

結果の副詞は，「V した結果，(N が) ～く/～になる」という言い換えが可能である。たとえば，「がりがりにやせる」は「やせた結果，がりがりになる」という意味である。これらは基本的に，影山 (1996) や『動詞編』第6章で「本来的結果述語」として挙げられている例と一致する。これら結果述語（結果の副詞）の重要な働きは，動詞そのものによって含意される変化結果を意味的に補足するということである。「やせる」という動詞自体が「身体の肉が落ちて細くなる」という結果状態を含意し，「がりがりに」はその動詞固有の結果状態を具体的に述べているにすぎない。同じように，「凍る」というのは氷状態に変わることを意味するから，「パンがカチカチに凍る」と言える。逆に，動詞が直接的に含意しないような状態を自由に結果述語として付けることはできない。たとえば，「*ぐでんぐでんにやせる」や「*こなごなに凍る」のように言うことはできない。

一方，様態の副詞はそのような動詞の含意とは関係がない。

(28) 賢三は悲しげに話した。(≠話した結果，悲しげになった。)

「話す」という動詞自体は「主語が悲しくなる」という変化を含意しない。「悲しげに」は「話す」という行為の様態を表す副詞である。様態の副詞はいろいろなものが自由に付けられ，「うれしそうに/大声で/熱心に/淡々と」などバラエティが豊かである。

形容詞ないし形容動詞で表される様態副詞の多くは，仁田が「動き様態の副詞」と呼んでいるもので，「動きの展開過程の局面を取り上げ，それに内属する諸側面……のありように言及することによって，事態の実現のされ方を限定し特徴づけているもの」(仁田 2002: 36) になる。

(29) 激しく (揺さぶる)，軽く (押さえる)，優しく (見守る)，そっけなく (言う)，けたたましく (鳴る)，静かに (笑う)

また，程度量の副詞には次のようなものがある (仁田 2002)。

(30) ため息が出るほど (美しい)，まぶしいほどに (鮮やかだ)，真昼のように (明るい)，猛烈に (悲しい)，無茶苦茶に (暑い)

以上の区別を踏まえて，次の例を考えてみよう。

(31) バランスのよい食事を腹八分食べる。(宮腰 2006)

宮腰 (2006) は，「主語が腹八分になる」というような解釈を想定して，(31)を結果述語の例として挙げている。しかしながら，「太郎はご飯を腹八分食べた」と言っても，「食べた結果，ご飯が腹八分に変化する」わけではないし，「食べた結果，太郎 (あるいは太郎の胃袋) が腹八分に変化する」のでもない。「腹八分」は単に「腹八分まで (食べる)」という意味の程度量の副詞に過ぎない。次はどうだろうか。

(32) a. 毛筆で，字を美しく書く。
　　　b. ジャケットをかっこよく着る。(b は宮腰 2006)

(32)の下線部は，一見したところ，結果の副詞のように見える。特に，(32b)の「かっこよく」は先に(24)で指摘した Geuder (2000) の副詞的結果述語 (elegantly) に似ている。しかしながら，結果述語の定義を厳密に当てはめると，これらも結果述語ではないことが分かる。すなわち，「毛筆で字を書いた結果として，字が美しい状態に変化する」わけではなく，また，「ジャケットを着た結果として，ジャケット (あるいはそれを着る人) がかっこよい状態に変化するわけでもない。そもそも，「美しい」

とか「かっこよい」といった話者の主観的判断を表す形容詞は、英語でも日本語でも結果述語になることができない。むしろこれらは、「書いた結果の出来上がりの文字がきれいな姿をしている」、「ジャケットを着た結果の着衣状態がかっこよく見える」ということで、出来上がった物の姿を表し、影山 (1996) で「結果様態」の副詞と呼んだものに相当する。「テンプラがカラッと揚がった」や「ご飯がふっくらと炊けた」なども同じである。

仁田 (2002: 60) は、姿勢変化動詞が結果の副詞を取る場合として次のような例を挙げている。

(33) 男の人が {うつぶせに/仰向けに} 倒れている。

これも「倒れた直接の結果として、うつぶせ状態/仰向け状態に変化する」わけではない。「倒れる」の結果述語というのは、実は「床に倒れる」の「床に」のような着点がそれに当たる。つまり、倒れたことの直接の結果として、床の上に存在するのである。「床に」が結果述語だとすると、「うつぶせに/仰向けに」は結果述語ではなく、倒れている姿を表す「結果様態」の副詞として捉えるべきである。

結果述語と結果様態副詞の違いを理解するために(34)を見てみよう。

(34) a. ニンジンを大きく切る。(ニンジンが大きい)
 b. ニンジンを乱暴に切る。(*ニンジンが乱暴だ)

(34b)の「乱暴に」が明らかに様態の副詞であるのと比べると、(34a)の「大きく」は一見、結果述語のように見える。しかし、ここでも結果述語の定義を当てはめると、うまくいかない。(34a)は、「ニンジンを切った直接の結果として、ニンジンが大きい状態に変化した」という意味ではない。「大きく」は、切った後のニンジンの切片の姿を表す結果様態副詞である。

これに類する英語の例を Washio (1997) も指摘している。

(35) Mary cut the meat *thin/thick*. (Washio 1997)

thin（薄く）、thick（分厚く）は、切られた肉片の姿（結果様態）を表す副詞で、thinly, thickly と -ly 副詞で置き換えることができる。これらを Washio は擬似結果述語と呼び、真正の結果述語と区別している。

以上、結果述語に似てはいるものの、厳密な意味での結果述語には該当しない副詞として、「結果様態」の副詞を紹介した。結果述語というのは、

動詞が表す出来事や動作が展開し，その直接的な結果として生じる状態を表す。したがって，結果述語には出来事・動作から状態への推移 (transition) が重要である。他方，上で結果様態と呼んだ副詞はすべて，出来事・動作から状態へ推移した後の変化結果（とりわけ，変化の結果として生じる産物）の姿を描写している。このように，出来事の展開（行為連鎖）の観点からも，結果述語と結果様態副詞は似て非なるものと考えられる。

4.3 描写述語と様態副詞

4.3.1 英語の描写述語と -ly 副詞

次の2文で happily と happy を比べてみよう。

(36) a. My dog came home *happily*.
 b. The groomer was experienced and my dog came home *happy and clean*.

(36a)の happily は叙述的副詞で動作様態を表すから，イヌが家に戻ってくるときに嬉しそうに尻尾を振ったり吠えたりしている様子を描いている。他方，(36b)の happy は描写述語で，イヌが毛をきれいに刈ってもらい幸せそうにしている姿を表現している。この場合，尻尾を振ったり吠えたりという動作は必ずしも必要ない。

描写述語は主動詞が表す事象が進行する際の主語や目的語の状態を表す述語である。描写述語には，主に形容詞句が用いられるが，全ての形容詞が描写述語として機能できるわけではない。

(37) a. Vanessa was sitting on the couch *fully dressed*.
 b. *Vanessa was sitting on the couch *blue-eyed*.

描写述語には，fully dressed のような一時的な状態を表す**場面レベル述語**が適格になり，blue-eyed のような恒久的な状態を表す**個体レベル述語**は不適格になるという制限がある (Rothstein 1983, Nakajima 1990, Rapoport 1991, Winkler 1997；場面レベルと個体レベルの違いは第2章を参照)。また，個体レベル述語は，（派生的）結果述語としても容認されないことが指摘されている (Pustejovsky 1995, Winkler 1997)。

二次述語は様態副詞と意味的に類似することがある。

(38) a. John drove the car *drunk*.

　　　　b. John drove the car *drunkenly*. (Rothstein 2004: 64)

(38a)は「ジョンは酔って車を運転した（いわゆる，飲酒運転）」という意味であるが，(38b)は「ジョンは酔ったようにフラフラと車を走らせた」という意味になる。この違いは，(38a)，(38b)の後ろに although he was sober（しらふだったけれど）といった表現を付けられるかどうかで分かる。

(39)　a. *John drove the car *drunk*, although he was sober.
　　　b. John drove the car *drunkenly*, although he was sober.
　　　　　　　　　　　　　　　　　　　　　　　(Rothstein 2004: 64)

(39a)は，drunk（酔っている）と sober（酔ってない）が矛盾している。他方，(39b)の drunkenly は車の走らせ方を表すだけであるので，主語 John が実際に酔っていなくてもよい。

　描写述語は，主語指向と目的語指向があるから，次の(40a)の sad は曖昧で，主語を指すとも目的語を指すとも解釈できる。

(40)　a. John$_i$ left Mary$_j$ *sad*$_{i/j}$.
　　　b. John$_i$ left Mary$_j$ *sadly*$_{i/*j}$.　　　(Geuder 2004: 156)
　　　　（sad, sadly に付けられた指標（$_i$，$_j$）はそれぞれ John を指すか Mary を指すかを表す）

ところが，(40b)の sadly（悲しそうに）は動作主指向の副詞であるから，主語（John）の態度しか表さない。このように，-ly 形の叙述的副詞は，動作主指向（または，話者指向）のどちらかであり，動作主，話者という意味的な概念によって決まっている。他方，描写述語は主語，目的語という統語的な概念で決まる。

　以上では，描写述語に主語指向と目的語指向の 2 種類があることを述べた。ここでおもしろいのは，次の unannounced の使い方である。

(41)　One, who dropped in *unannounced*, made a great impact on my life. (BOE)

この unannounced は「予告なしに」という意味で，到着や訪問を表す動詞と一緒に使われるのが普通である。基になる動詞は announce であるから，(41)は一見，「彼の訪問が予告されていなかった」と解釈され，unannounced が主語ではなく出来事を叙述しているように見える。しかし英語辞書には "without previous notice or arrangement and therefore unexpected" という意味の形容詞として記載されており，an unannounced visitor のように人を修飾することもできる。したがって，(41) の unannounced は主語指向の描写述語と見なせる。実際，次のように別の主語指向描写述語と一緒に現れることもできる。

(42) Owen visited his brother *drunk and unannounced.*

なお，インターネットの検索では，He arrived *unexpected.* のように unexpected を用いた例も見つかるが，これは unannounced からの類推による間違いだろう。

4.3.2 日本語の描写述語と様態副詞

英語では形容詞がそのままの形で描写述語として働くが，日本語では「名詞＋で」という付帯状況を表す副詞の一部が対応する（Koizumi 1994，矢澤 2000）。付帯状況を表す副詞というのは，「ある動作に付随する状態や，ある動作と同時並行的に行なわれている付随的な動作」（三宅 1995: 441）を表し，仁田（2002）の分類では，様態の副詞の下位分類に入る。

普通，動詞のテ形が付帯状況を表すときは，主語しか指さない。たとえば，「彼らは樽を転がって運んだ」と言うと，「転がって」は主語の彼らの動作を指すと理解され，従って，文全体としてはおかしな解釈になる。樽が転がる場合は，「樽を転がして」のように使役形を用いなければならない。ところが，「名詞＋で」で表される描写述語の場合は，英語と同じように日本語でも主語指向と目的語指向の両方が観察される。

(43) 主語指向の描写述語
 a. 宏は裸足でテニスをした。
  Hiroshi played tennis *barefoot.*
 b. 課長はしらふでその言葉を言った。
  The section manager said the words *sober.*

(44) 目的語指向の描写述語
 a. 宏は鶏肉を生で食べた。
  Hiroshi ate the chicken *raw.*
 b. 課長はコピー機を中古で買った。
  The section manager bought a photocopier *secondhand.*

この 2 つの指向のため，「〜で」を主語と目的語より後ろに置くと，次の

ように2通りの解釈が可能な例文を作ることができる。
- (45) 警官ᵢは犯人ⱼを上半身裸で₁/ⱼ 本署に連行した。(曖昧)

しかし，主語指向の描写述語の位置が自由であるのと比べると，目的語指向の描写述語は目的語の後ろに限定されるようである。
- (46) a. 上半身裸で₁/*ⱼ 警官ᵢは犯人ⱼを本署に連行した。
- b. 警官ᵢは上半身裸で₁/*ⱼ 犯人ⱼを本署に連行した。

「上半身裸で」は(46a)では文頭に，(46b)では主語と目的語の間に来ている。どちらの場合も，目的語「犯人」より前に位置するから，「犯人が上半身裸だ」という解釈は認めにくいようである。

これに対して，「課長は中古でコピー機を買った」という文は「中古で」が目的語の前に来ていても自然である。この文の「中古で」は描写述語のように見えるが，しかし「課長は半額セールでコピー機を買った」と同じように手段（ないし様態）を表わす副詞と捉えることもできるだろう。

Koizumi (1994) は，主語指向描写述語と目的語指向描写述語の生成位置が異なることを擬似分裂文（pseudo-cleft sentence）を用いて論じている。（ただし，(48a)の例では「生で」が目的語の前に置かれている。）
- (47) a. 太郎が裸でかつおを食べた。
- b. 太郎が裸でしたのは［ᵥₚかつおを食べる］ことだ。
- c. 太郎がしたのは［ᵥₚ裸でかつおを食べる］ことだ。
- (48) a. 太郎が生でかつおを食べた。
- b. *太郎が生でしたのは［ᵥₚかつおを食べる］ことだ。
- c. 太郎がしたのは［ᵥₚ生でかつおを食べる］ことだ。

(Koizumi 1994: 34-35)

主語指向の「裸で」は，(47b)が容認されることから，動詞句より外に生成されていると見なせる。しかし(47c)も容認できるから，動詞句内でも生成されると考えられる。他方，目的語指向の「生で」は，(48b)が非文となることから，動詞句内にしか生成されない。そして，もし(45)(46)の観察が正しければ，目的語指向の描写述語は単に動詞句内に位置するだけでなく，目的語の後に生成されるということになる。

日本語の「～で」は実に様々な意味用法があるから，「名詞＋で」という形がすべて英語の描写述語に対応すると見なすことはできない。まず，「～のまま（で）」という表現を見てみよう。

(49) a. 私は裸眼のまま（で）電車の中吊り広告が読める。
　　　b. 父はパジャマ姿のまま（で）玄関を出た。
「パジャマ姿で」の「で」は，「パジャマ姿だ」の「だ」の屈折形であり，ゆえに「パジャマ姿で」を二次述語と見なすのは妥当である。ところが，「～のまま（で）」は「で」を省略して「～のまま」としても意味は変わらない。「～まま」は付随的な状況を表す副詞であり，二次述語ではない。

さらに，「名詞＋で」と「～まま（で）」を比較すると，「～まま（で）」の方はより限定された意味であることが明らかになる。

(50) 父はコーヒーを{ホットで/ホットのままで}飲んだ。
　　　a. 「ホットで」＝父がコーヒーを飲んだとき，そのコーヒーはホットだった。
　　　b. 「ホットのまま（で）」＝父がコーヒーを飲んだとき，そのコーヒーはホットのままだった。

(50a)の解釈は "The coffee was hot when my father drank it." ということで，描写述語の定義と合っている。ところが，(50b)の解釈では「ホットという状態が飲む以前から続いていて，それは好ましくない状態だ」といった余計な意味合いが読み取れる。内丸 (1999) は，「まま」は状態の維持を含意していると述べているが，「まま」には「通常は起こらない，あるいはふさわしくないと見なされる状況」という意味も含まれる（三宅 1995: 445）。そのため，「～まま（で）」は描写述語よりも意味的に限定された範囲でしか使えない。

(51) a. 父はおでんを{冷たいままで/#温かいままで}食べた。
　　　b. Father ate the stew {hot/cold}.

おでんは温めて食べるのが普通であるから，(51a)で「温かいままで」を使うためには特殊な状況が必要である。他方，英語の描写述語(51b)は対象の一時的な状態を表すだけで，その状態が特殊であるとか不適切であるといった語用論的評価は示唆しない。さらに次の英語と日本語を比べると，「ままで」は描写述語が表す状態以外の意味を含むことが分かる。

(52) a. She jumped into the ocean *naked*.
　　　b. 彼女は{裸で/#裸のままで}海に飛び込んだ。

以上から，英語の描写述語に対応する日本語は「名詞＋で」であり，「～まま（で）」は付帯状況を表す副詞であると考えられる。

4.4 結果述語と描写述語

結果述語と描写述語は，文中の何を修飾するか（何の状態を表現するか）によって違いがある。結果述語は内項（他動詞の目的語，または能格自動詞の主語）の変化結果を表し，他動詞の主語と非能格自動詞の主語（いわゆる「外項」）の変化状態を指すことはできない（Levin and Rappaport Hovav 1995，影山 1996，『動詞編』第6章）。

(53) 結果述語の内項制約：結果述語は「内項」を修飾する。

    a. 彼女は家族全員の靴をピカピカに磨いた。

        She polished the shoes *clean*.

    b. *彼女は家族全員の靴をクタクタに磨いた。

        *She polished the shoes *tired*.

次の例では，一見したところ，結果述語が主語を指すように見える。

(54) a. 靴が全部，ピカピカに磨き上げられた。

        The shoes were all polished *clean*.

   b. 冷凍庫に入れてあったパンがカチカチに凍った。

        The bread in the freezer froze *solid*.

しかし(54a)は受身文であるので，the shoes「靴」は，元々は目的語に相当する内項である。(54b)は受身文ではないが，freeze「凍る」の対象となる the bread「パン」は変化対象物であるので，これも「内項」と見なされる。この内項制約のため，外項しか持たない非能格自動詞（cry, dance, shout, sleep のような行為動詞）は，英語では見せかけの目的語（fake object；Simpson 1983）を補うことが必要である。

(55) a. The girl cried herself *to sleep*.

   b. I cried my eyes *blind*. (Simpson 1983)

これに対して，Verspoor (1997) と Wechsler (1997) は，結果述語が外項（意図的な動作主）の結果状態を表す例として，それぞれ(55)と(56)の例を提示している。

(56) a. The wise men followed the star *out of Bethlehem*.

     （賢者は，星を追ってベツレヘムから出て行った）

  b. The sailors managed to catch a breeze and ride it *clear of the rocks*.
   (船乗りたちはたくみに風に乗り，岩場から脱出した)
(57) a. John danced mazurkas *across the room*.
   (ジョンはマズルカを踊りながら部屋を横切った)
  b. The children played leapfrog *across the park*.
   (子供達は公園の端まで馬跳びをして行った)

これを承けて，Rappaport Hovav and Levin (2001) やGoldberg and Jackendoff (2004) なども，それまで定着していた内項制約は間違いであると主張している（それに対する反論はRothstein 2004, Mateu 2005 など）。

 しかしながら，(56), (57)のような例は，実は結果構文ではなく，He ran to school. と同じように主語の移動を表す構文であり，(56), (57)のイタリック部は移動の経路を表すにすぎない。そのことは，次のように途中の移動経過を表すall the way という副詞を付けることができることから分かる (Kageyama 2003)。

(58) a. They followed the star *all the way* out of Bethlehem.
  b. They rode the breeze *all the way* to the island.
  c. Martha danced mazurkas *all the way* down the hall.
  d. The kids played leapfrog *all the way* home.

all the way (～までずっと，はるばる～まで) は移動が徐々に進むことを表しており，このような表現は正規の結果述語とは相容れない。

(59) a. She sang the baby (*all the way) to sleep.
  b. He shot the man (*all the way) to death.

このように，事象の最終点に焦点を絞り込む結果構文と，途中の移動過程を表現する移動構文を区別すれば，(56), (57)のような例は移動構文であるので，結果構文を規制する内項制約とはもともと関係がないとして片付けることができる。

 以上から，結果述語の内項制約に対して反例とされてきたものは実は反例ではなく別の現象であり，したがって，内項制約そのものは修正する必要がないと言える。

 なぜ，結果述語の修飾相手は内項に限られるのだろうか。その理由は，

行為連鎖の意味構造を見れば容易に理解できる。

(60) 〈xのyに対する働きかけ〉→〈yの変化〉→〈yの結果状態〉

結果述語が表現するのは(60)の〈yの結果状態〉の部分で，ここには行為者x（すなわち外項）は全く関与していない。結果状態に関与するのはyであり，このyは統語構造では内項（直接目的語）に対応するのである。

おもしろいことに，描写述語は結果述語とは異なる分布を示す。描写述語は内項に限らず，外項（主語）の様子も表すことができる。なぜなら，描写述語は行為・出来事・状態が起こっている最中の主語ないし目的語の様子を描写するからである。(61)の例は a にも b にも解釈できる。

(61) Mary met John drunk.
    a. Mary was drunk when she met John.
    b. John was drunk when Mary met him.

その結果，たとえば(62)は，文字を見ただけでは3通りに解釈できることになる。

(62) Anna rode her pony tired.
    a. アンナが子馬に乗って子馬が疲れた。【tired が結果述語】
    b. 疲れているアンナが子馬に乗った。【主語指向の描写述語】
    c. アンナは疲れている子馬に乗った。

【目的語指向の描写述語】

Winkler (1997: 301-302) によれば，(62)を普通に発音する場合，結果述語の解釈のときは her pony に強勢があり，tired は弱くピッチも低い。他方，描写述語の解釈では，主語指向，目的語指向ともに，her pony と tired の両方に強勢があり，ピッチはむしろ tired の方が高い。

結果述語と描写述語はそれぞれが表す状態と動詞句の表す事象との時間関係という点で意味的に異なる (Rapoport 1993, Winkler 1997, 金澤 2003, Rothstein 2004)。事象と二次述語の時間関係は次のように図示できる。

(63) a. 結果構文：Chris pounded *the iron* flat.

                                                                                      |flat|
              Chris pounded *the iron* ↓
              ―――――――――――――●

b. 描写構文（主語指向）：*Chris* pounded the iron drunk.

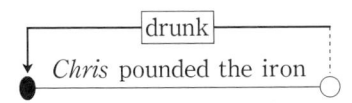

```
        ┌─drunk─┐
    ●───Chris pounded the iron───○
```

c. 描写構文（目的語指向）：Chris pounded *the iron* hot.

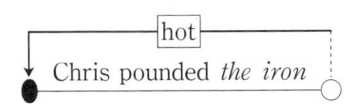

```
        ┌─hot─┐
    ●───Chris pounded the iron───○
```

結果述語は主動詞が表す行為や出来事の結果，どういう状態が生じるかを表現するから，時間の流れで言うと，結果述語はその事象の**終点**（endpoint）(Goldberg 1995；Tenny 1994) を指す。(63a) の横棒は時間の流れを表し，右端の黒丸は時間の最終点を指す。鉄はもともと塊であるが，クリスが何度も叩くことで，最終的に flat な状態に至る。このように結果述語が出来事や行為の最終点を指すのに対して，描写述語はそれ以外のところをカバーする。(63b)，(63c) から分かるように，描写述語は主語指向でも目的語指向でも，その文が表現する事象が発生した時点で主語または目的語がある状態にあることを意味している。(63b) では，おそらくクリスが鉄を打ち始めたときから打ち終わるまで，彼が酔っぱらった状態が続いただろうと推測される。(63c) では，おそらく鉄を打ち始めるときから打ち終わるまで，鉄が高温状態であったということであろう。しかし状況によっては，drunk, hot の状態が最後まで続かないこともあり得る。このことを踏まえると，なぜ (64) が不適格か理解できる。

(64) a. *The potatoes fried *raw*.
　　　　（直訳：ポテトは生で唐揚げになった）
　　 b. *The lobster boiled *alive*.（直訳：ロブスターは生きている状態でゆであがった）　　(a, b とも Rapoport 1999: 655)

ポテトが唐揚げされた時点で，もはやポテトは生ではないし，ロブスターがゆであがった時点で，もはやロブスターは生きていない。一般に状態変化を表す自動詞（fry, boil）は，変化の結果，最終状態に達したことを表明する。そのため，フライが揚がった時点/ロブスターがゆであがった時点でポテト/ロブスターが raw/alive であると言うのは意味的におかしい。これに対して，(64) に対応する他動詞文 (65) は適格である。

(65) a. Jones fried the potatoes *raw*.
   b. Jones boiled the lobster *alive*.

(a, b とも Rapoport 1999: 653)

他動詞は動作主の活動に焦点を置いた表現であるから，目的語指向の描写述語は，少なくとも出来事の開始時においてその状態が成立すればよい。

このことは，主語指向の描写述語にも当てはまる。paint the picture, run to the store は普通なら達成（accomplishment）で有界であるから，in ～ という時間副詞で限定できる。ところが，drunk という描写述語を付けて(66)のようにすると不適格になる。

(66) a. *Jones painted the picture *drunk* in an hour.
     （ジョーンズは泥酔状態で，その絵を一時間で描き終えた）
   b. *Jones ran to the store *drunk* in three minutes.
     （ジョーンズは泥酔状態で，3分で店に駆けつけた）

(Rapoport 1999: 661)

主語指向の場合も目的語指向の場合も，描写述語は場面レベルの一時的な状態を表すから，それ自体で継続的アスペクトを持っていると考えられ，その継続的アスペクトが(66)の in ～ という時間限定副詞と衝突するのである。実際，時間継続副詞を用いて，Jones painted the picture drunk for an hour./Jones ran to the store drunk for three minutes. とすると適格になる。

4.5 描写述語の制約

描写述語は，どのような動詞のどのような主語，どのような目的語でも成り立つわけではない。

4.5.1 描写述語の叙述対象

動詞の後に2つ目的語（ないし補部）を取る動詞を見てみよう。

(67) a. John loaded <u>the hay</u> into the wagon *green*.
   b. *John loaded the wagon with <u>hay</u> *green*.

(Williams 1980)

(67)は場所格交替（壁塗り交替；☞『動詞編』第4章）で，「干し草を緑色のまま荷馬車に積んだ」という意味だが，一般に，前置詞の目的語は描写述語で叙述できない（Halliday 1967）。そのため，green は(67a)のよ

うに直接目的語（動詞の直後）の位置にある the hay しか修飾できない。

では，二重目的語構文（☞『動詞編』第5章）の場合はどうだろうか (Rothstein 1983, Jackendoff 1990)。

(68) a. *John gave the book to Mary *sick*.
b. *John gave Mary the book *sick*. 　　　(Williams 1980)
(69) a. I gave the baby its bottle *full*.
b. I gave the bottle to the baby *full*.

(Hale and Keyser 2002)

(68a)で，前置詞 to の後ろの Mary に資格がないことは分かるが，(68b)のように，Mary が動詞の直後の位置に来ても同じことである。このことから，描写述語が叙述する名詞句は，まず，前置詞が付いていないことが必要だが，それに加えて，意味も重要であることが分かる。(69)を見ると，与えられる品物 (the bottle) は，動詞の直後であっても動詞から離れていても許される。そこで，描写述語の修飾先は移動する物 (Theme) という意味役割に依存すると言える。

このように描写述語が目的語を修飾するとき，その目的語は位置ないし状態の変化を被るという意味的条件が重要になってくる。そのことは，形は二重目的語構文や前置詞句であっても，一語の動詞に近い意味合いを持っている場合は描写述語が比較的許容されるという Simpson (2005) の指摘から裏付けられる。

(70) a. ??Giving him the injection *unconscious* was sensible.

（注射する）

b. ??Giving the injection to him *unconscious* was sensible.
c. ?They operated on her *asleep*. （手術する）

(Simpson 2005: 96-97)

日本語でも，主語指向の描写述語はガ格，目的語指向の描写述語はヲ格の名詞句を修飾するのが基本である。ニ格には様々な用法があるが，ニ格主語構文（☞第2章）のニ格名詞は主語指向描写述語の対象となる。

(71) 先生には裸眼で（も）この文字がお分かりなる。

他方，間接目的語のニ格名詞は描写述語の対象とならない。

(72) a. 首相は功労者にタキシード姿で賞状を授与した。
b. 医者は患者に上半身裸で注射を打った。

(72)の「タキシード姿で/上半身裸で」は「功労者/患者」を指すことはできない。

では,ひとつの文に2つの二次述語が同時に現れることはできるのだろうか。まず,同じ種類の中で見ると,結果述語はひとつの文の中で2つ重なることができない。なぜなら,ひとつの事象が表す変化の結果はひとつに限られるからである（Tenny 1994, Goldberg 1995；ただし影山 1996では結果を表す表現が二重に出現する場合があることを述べている）。

(73)　*John kicked the door$_i$ open$_i$ to pieces$_i$.

これに対して,描写述語はひとつの文の中で2つが共起することが可能である（Rothstein 1983, 2004, Winkler 1997）。

(74)　a. They ate the meat$_i$ raw$_i$, tender$_i$.
　　　　b. They$_j$ ate the meat$_i$ raw$_i$ tired$_j$.　　　　(Winkler 1997: 7)

(74a)の raw と tender は共に目的語（the meat）を叙述し,(74b)では raw が目的語を,tired が主語（they）を描写する。おもしろいことに,raw と tired の順番を入れ替えて(75)のようにすると,解釈が交差してしまい,許容できない文になる。

(75)　*They ate the meat tired raw.

描写述語と結果述語を組み合わせるとどうだろうか。その場合は結果述語が描写述語より前にくる（Rothstein 1983, Aarts 1995, Winkler 1997）。

(76)　a.　I dyed my hair red unwashed.
　　　　　　　　　結果　描写
　　　　（私は髪を洗わないまま,赤く染めた）
　　　　b. *I dyed my hair unwashed red.　　　　(Aarts 1995: 96)

まとめると,他動詞と一緒に用いられた二次述語は次の順序で共起する。

(77)　二次述語の順序：

　　　　　結果述語＞目的語指向描写述語＞主語指向描写述語
　　　　［主語［$_v$目的語　結果　目的語指向描写］　主語指向描写］

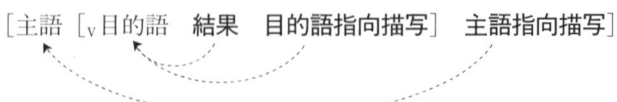

ただし,Simpson (2005) によれば,たとえ(77)の語順に従っていても,

結果述語と描写述語を一緒に並べると許容しにくいそうである。

(78) a. ??Hammering metal <u>flat</u> *hot* makes sense.
b. *After shooting the man <u>dead</u> *asleep*, they completed their paperwork. （a, b の例文と判断は Simpson 2005: 86）

おそらくこれは，結果述語（a の flat, b の dead）が変化結果の最終状態を述べるから，その時点では描写述語の状態（a の hot, b の asleep）がもはや成立していないからだろう（上述(64)を参照）。

4.5.2 描写述語と行為連鎖

描写述語は行為連鎖に基づく動詞の語彙的アスペクトに左右される。まず，典型的な他動詞である使役変化他動詞では主語指向，目的語指向のどちらの描写述語も可能である。

(79) a. 主語指向：<u>Nicole</u> painted the floor *barefoot*.
ニコールは裸足で床のペンキを塗った。
b. 目的語指向：Angie cut <u>the bread</u> *frozen*.
アンジーはパンを冷凍状態で切った。

(80) 〈x が活動〉 → 〈y が変化〉 → 〈y が状態〉
　　　　　　　　　　⇓　　　　　　　⇓
　　　(79a) Nicole was barefoot　(79b) the bread was frozen

〈変化〉→〈状態〉を表す到達動詞も同じである。

(81) Ben met Jenifer happy. (Ben was happy.／Jenifer was happy.)

次に，〈活動〉を表す動詞であるが，自動詞の場合は問題なく描写述語は主語を修飾できる。

(82) <u>They</u> played tennis *barefoot*.
（彼らは裸足でテニスをした。）

しかし，〈活動〉を表す他動詞（つまり，主語が目的語に物理的ないし精神的に働きかけるだけで，目的語の変化を含意しない他動詞）の場合には主語と目的語でかなり明瞭な差が生じる。

(83) a. <u>Jones</u> pushed Smith *sick*. (Jones＝sick のみ可)
b. <u>Jones</u> slapped Smith *sober*. (Jones＝sober のみ可)
c. <u>Mary</u> praised the professor *drunk*. (Mary＝drunk のみ可)　　（a, b は Rapoport 1999, c は Koizumi 1994）

これらの例でsick, sober, drunkは主語を指すとしか解釈できない。この点は日本語でも同じである。

(84) a. <u>太郎</u>が次郎を<u>泥酔状態</u>で蹴った。
（太郎＝泥酔状態の解釈のみ）
b. <u>太郎</u>が次郎を<u>半裸</u>でなじった。　（太郎＝半裸の解釈のみ）

これは，描写述語が目的語を修飾するとき，その目的語は変化を被るもの（行為連鎖で言うと，〈yが変化〉または〈yが状態〉のyに該当するもの）でなければならないということになる。

しかし，なぜ働きかけ他動詞の目的語が描写述語の対象となれないのかという理由ははっきりしない。4.4節で述べた描写述語のアスペクト的性質からすると，働きかけ他動詞は継続アスペクトであるから，描写述語を用いても何も問題がないはずである。Koizumi (1994) とRapoport (1999) はそれぞれ，統語構造を用いた独自の分析を提示しているが，別の考え方としては意味構造による説明も考えられる。影山 (1996) では働きかけ他動詞の語彙概念構造を次のように表示している。これは行為連鎖の〈活動〉の部分をより詳しく表したものである。

(85) [x ACT ON-y]　　　（「xがyに働きかける」という意味）
注：ACTは継続的な活動，ONはその活動が向かう対象を表す。

push, slap, kick, praiseなどは，見かけは他動詞であるが，(85) の意味構造では自動詞ACTプラス前置詞ONという形を取っている。「太郎が次郎を蹴った」なら，"x ACT"の部分は太郎が足を振るという動作を表し，"ON-y"が「その動作（足）が次郎に当たった（命中した）」ということを表す。このように，働きかけ動詞を意味構造では自動詞として分析すると，その目的語はONという前置詞の目的語に当たるから，通常，前置詞の目的語が描写述語のターゲットとならないのと同じように扱うことができる。実際，kickやslapなどはkick at, slap atのように前置詞を伴って自動詞的に使われることもできる（動能構文（conative construction）と呼ばれ，「〜をめがけて動作をする」という意味になる）。この場合も，当然，atの目的語を描写述語で修飾することはできない。

(86) *She kicked at <u>Bill</u> *drunk*. (drunk が she を指すのは可)

4.5.3 描写述語の語用論的制限

これまでは，主として生成文法の研究で明らかになった描写述語の構造

的制限を見てきた。しかし描写述語の実際的な使用にはかなり語用論的な制限が絡んでいるようである。日本語に関して次の例を比べてみよう。

(87) 私は卵を<u>生で</u> {飲んだ/[?]*冷蔵庫に入れた/*床に落とした}。

「卵を生で飲む」という行為は自然だが,「冷蔵庫に入れる/床に落とす」となると許容度が下がってくる。それは「卵を生で飲む」という行為に健康法などの語用論的な意義があるためである。このような語用論的な条件についてはこれまでのところ研究がない。

5 まとめ

　叙述的副詞が動詞や文が表わす動作や出来事を修飾する事象指向であるのに対し，二次述語は，動詞の項である主語や目的語の状態を叙述する参与者指向である。二次述語は客観的な状態を叙述しているが，副詞は話者の主観的な判断を表している。たとえば John drove the car {drunk/drunkenly}.では，描写述語の drunk は John が酔っているという客観的事実を表すが，様態副詞の drunkenly は John が酔ったようにふらふらと運転したという話者の主観的判断にすぎない。結果を含意するように見える副詞も同様のことが言える。日本語で「字を美しく書く」の「美しく」のように話者の主観的判断を表す表現は「書いた結果の出来上がりの文字がきれいだ」という結果様態を表す副詞であり，結果述語ではない。また，日本語の描写述語は「名詞＋で」という付帯状況副詞の一部が対応しており，形容詞のク形や形容動詞のニ形で表される様態副詞とは明確に区別することができるが，「名詞＋で」句が現れる位置によっては，描写述語ではなく副詞の解釈になる。このように日英語とも二次述語と副詞は形態的にも意味的にも類似しているが，本質的に異なると言える。

6 さらに理解を深めるために

- **Ernst. 2002.** *The syntax of adjuncts.* ［英語の叙述的副詞の意味的な分類に基づいて，統語的な特徴や解釈の違いが極めて詳細に考察されており，叙述的副詞のデータも豊富に挙げられている。］
- **仁田義雄. 2002.** 『**副詞的表現の諸相**』［組織的に分類されていなかった

日本語の副詞的表現を5種類に大別し，日本語の副詞的表現の体系化を図っている。]
- **Simpson. 2005. Depictives in English and Warlpiri.** [オーストラリア原住民言語との比較を通して，英語の描写述語の統語的，意味的制限を明らかにしている。]

（松井夏津紀・影山太郎）

第9章　句動詞——動詞と小辞の組み合わせ

◆基本構文
(A) 1. The van *ran down* the hill. (トラックは坂を走り降りた)
　　　*The van *ran* the hill *down*.
　　2. The van *ran down* a pedestrian.
　　　(トラックが通行人をひいた)
　　　The van *ran* a pedestrian *down*.
(B) 1. The van ran down the hill.→ The van ran down it.
　　2. The van ran down a pedestrian.→ *The van ran down him.
(C) 1. I *looked up* the word in the dictionary.
　　　(辞書でその単語を引いた)
　　　*I looked the word.
　　2. She *wiped off* the dirt. (彼女は汚れを拭きとった)
　　　*She wiped the dirt.　Cf. She wiped the table.
(D) 1. The student *talked down* the teacher.
　　　(?学生は先生をしゃべり負かした)
　　2. He *slept off* the hangover.
　　　(*彼は二日酔いを眠り治した)

【キーワード】句動詞, 小辞（不変化詞）, 結果構文, 複合動詞

1　なぜ？

　(A1)と(A2)のイタリック部は同じ〈動詞＋down〉の組み合わせなのに, downと目的語の語順を換えると違いが出る。(A1)ではdown the hill を the hill down と書き換えられないが, (A2)では down a pedestrian を a pedestrian down としても良い。語順の入れ替えができるとき

とできないときは，どのようにして見分けることができるのだろうか。また，(A2)で語順を入れ替えた場合，意味の違いはあるのだろうか。

(B)では，(A)と同じ例文で目的語だけ，代名詞に置き換えている。(B1)は ran down it と言えるのに，(B2)では ran down him は間違いで，正しくは ran him down としなければならない。目的語が代名詞であることが，なぜ語順に影響するのだろうか。

up, off, away など，前置詞あるいは副詞と一般に呼ばれている単語が動詞と組み合わされると，特別な意味用法が生まれる。(C1)の look は自動詞であるから，look the word と言えないのに，up を付けると look up the word（または look the word up）となり，目的語が出現する。(C2)の wipe は他動詞であるが，普通なら wipe the table のようにテーブルや床などが目的語になり，*wipe the dirt（汚れを拭く）とは英語で言えない。しかし，off を付けると，wipe off the dirt または wipe the dirt off（汚れを拭き取る）と言える。一体どのような仕組みで，自動詞が他動詞になったり，他動詞の目的語の種類が変わったりするのだろうか。

wipe off なら日本語では「拭き取る」あるいは「ぬぐい取る」という複合動詞で表現できる。しかし(D1)talk down を「しゃべり負かす」というのは少し不自然だし，(D2)sleep off を「*眠り治す」と言うことは到底不可能である。このような英語表現の意味はどこまで可能なのだろうか。

2 句動詞とは

句動詞（phrasal verb）とは，carry out（実行する）や give in（降参する）のように**動詞**と**小辞**（particle：学校文法では「副詞」と呼ばれる）を組み合わせて，ひとまとまりの意味（多くの場合，一語ずつの直訳では表せない熟語的な意味）を表すものを言う。句動詞は全体として自動詞として機能するものと他動詞として機能するものがある。give in（降参する），come about（起こる，生じる），drop by（立ち寄る），come to（意識が戻る）などは自動詞，make out（理解する），bring about（もたらす，生じさせる），take over（引き継ぐ）などは他動詞である。さらに warm up（温まる/温める）や take off（離陸する/服を脱ぐ）のように自

動詞にも他動詞にも使える動詞もある。

句動詞（およびそれに類するもの）はドイツ語やスウェーデン語などゲルマン言語に共通するが，日本語にはない。日本語でそれに近い意味を表そうとすると，cut down なら「切る＋倒す」→「切り倒す」，use up なら「使う＋切る」→「使い切る」のように複合動詞を使うことが必要である。言い換えると，英語の He cut down the tree. という文には「彼が木を切った」という事象と「彼が木を倒した（より正確には，木が倒れた）」という事象の2つが含まれている。形の上では「切り倒す」も cut down もひとまとまりの動詞であるが，意味としては複数の事象を表している。そのため，英語の句動詞や日本語の複合動詞などをひっくるめて，**複雑述語**（complex predicate）と呼ぶことがある。

句動詞の特徴は**小辞**（**不変化詞**とも呼ばれる）である。小辞は，多くの場合，about, along, by, down, in, off, on, through, up のように物理的な移動の経路を表す前置詞が副詞的に使われたものを指すが，back, away, forth, ahead, aside のような副詞に対応する場合もある（しかしこれらの副詞も意味としては移動の経路を表している）。参考書や辞書によっては，put up with（我慢する），do away with（廃止する），look down on（見下す）など動詞＋副詞のあとに前置詞を伴う**群動詞**も句動詞と呼ぶことがあるが，本章では群動詞は除外する。また，take advantage of（〜につけこむ）のような動詞＋名詞＋前置詞のイディオムも句動詞に該当しない。熟語的な意味を持っていても，do without（〜をなしで済ませる），call on（〜を訪ねる），look for（〜を探す）のような**前置詞付き動詞**（prepositional verb；☞第1章）も句動詞ではない。

小辞をもう少し具体的に見てみよう。
  (1) a. 小辞として機能する前置詞
        about, across, along, (a)round, by, down, in, off, on, over, past, through, under, up
       b. 小辞として機能する副詞
        aback, ahead, apart, aside, away, back, forth, out, together

(1)の単語はいずれも，移動（物の動き）の方向や経路を表す。これに対して(2)の単語は小辞として使えない。

(2) a. 小辞として機能しない前置詞
    after, against, among, as, at, between, for, from, into, of, onto, to, towards, upon, with, without
  b. 小辞として機能しない副詞
    carefully, slowly など -ly で終わる副詞, now, then など時を表す副詞, upward, forward などの副詞

では，小辞と前置詞はどのように違うのだろうか．まず，発音上は，前置詞は弱く，小辞は強く発音されるのが基本である．

(3) a. He walked BY.（小辞）
  b. He walked by the house.（前置詞）

しかし前置詞でも，対比や強調のためにアクセントを置くことがある．小辞と前置詞の確実な違いは統語的な性質の違いである．

◇**小辞と前置詞の統語的な違い**

①前置詞は必ずその後に名詞を必要とするが，小辞は単独で現れる．

(4) a. He walked *by* my house without noticing me.【前置詞】
    （彼は私に気づかずに私の家を通り過ぎて行った）
  b. He walked *by* without noticing me.【小辞】
    （彼は私には気づかずに，すたすたと通り過ぎて行った）

②小辞は目的語の前にも後ろにも来る（基本構文 A2）が，前置詞は目的語の後に来ることはできない（基本構文 A1）．

(5) a. Mary called *on* her friend.／*Mary called her friend *on*.
    （メアリーは友達を訪ねた）   【前置詞】
  b. Mary turned *on* the light.／Mary turned the light *on*.
    （メアリーは明かりをつけた）   【小辞】

③目的語が代名詞の場合，前置詞は代名詞の前に現れる（基本構文 B1）のに対して，小辞は必ず代名詞の後ろに回る（基本構文 B2）．

(6) a. Mary called *on* {her friend/*him*}.【前置詞】
  b. Mary turned *on* {the light/*it}.
    Mary turned {the light/*it*} *on*.【小辞】

(6b) で Mary turned on it. という文自体は文法的だが，その場合は on が前置詞となり，「メアリーはその上で回転した」という意味になる．

④副詞は動詞と前置詞の間には介入できるが，動詞と小辞の間には割り

込めない。

(7) a. Mary called *angrily* on her friend.【前置詞】
    b. *Mary turned *suddenly* on the light.【小辞】

以上のような特性は，前置詞が後ろの名詞句とまとまって前置詞句を作るのに対し，小辞は前の動詞と一緒にひとまとまりになるという構造的な違いに基づいている。

(8) a. 前置詞句の構造
       call [前置詞句 on her friend]
    b. 句動詞の構造
       [句動詞 turn on] the light

(8a)の構造のように，前置詞はその後の名詞と一緒になって「前置詞句」というかたまりを作る。他方，小辞は，(8b)のように，動詞と一緒になってひとまとまりの複雑述語（すなわち句動詞）を形成する。

このように，見かけは同じ形態であっても前置詞の場合と小辞の場合では構造が異なる。そのため，同じ形の単語が小辞（前のほう）と前置詞として並んで現れることもある（小辞は強く，前置詞は弱く発音する）。

(9) a. He went BY [by the house].（彼は家のそばを通り過ぎた）
                                         (Cf. Bolinger 1971: 33)
    b. The needle went THROUGH [through the cloth].
       （針が布を貫通した）   (Cf. Bolinger 1971: 33)
    c. He ran UP [up the stairs].（彼は階段を駆け上がった）
    d. Go OUT out of my kingdoms without any delay.（BNC）
       （直ちに私の王国から立ち去れ）

3　代表的な句動詞

句動詞は，語源的にはゲルマン語系の短い動詞と小辞を組み合わせたもので，たとえば submit（提出する）に対する turn in, extract（抽出する）に対する take out のように，ラテン語系の一語の動詞を使うと難解で堅苦しい響きがするところを，句動詞を用いると日常的なくだけた文体になる。そのため，句動詞は通常，口語的で比較的くだけた文体で用いられる。

句動詞を構成する主動詞は come, fall, get, give, go, keep, make, put, take など「もっともありふれた…典型的には空間的移動や状態に関連した」(Quirk et al. 1985: 1151 fn.) 動詞であり、小辞は up, out, off, in, on, down が最も頻繁に用いられる (Collins COBUILD *Dictionary of Phrasal Verbs*)。基本的には小辞が付加される動詞（基体動詞と呼んでおく）が自動詞なら句動詞も自動詞用法、他動詞なら他動詞用法を示すが、なかに〈他動詞＋小辞〉が自動詞になったり、〈自動詞＋小辞〉が他動詞になったりする場合もある。

意味の成り立ちという観点で句動詞を整理すると、3つのタイプに大別できる。

◇**句動詞の意味分類**

A：単純合成タイプ

小辞が元来の空間的な意味を残し、他動詞用法の時には、基体動詞の目的語をそのまま引き継いでいる句動詞

> run back 走って戻る、bring back 連れ帰る、play around 遊び回る、carry {about/around} 運び回る、take along 連れていく、pull away 引き離す、go away 去る、roll down 転がり落ちる、cut down 切り倒す、knock down 殴り倒す、dive in 飛び込む、throw in 投げ入れる、fall off 取れて落ちる、chop off 切り落とす、try on 試着する、eat out 外食する、call over 呼び寄せる、heave up 積み重ねる、rise up 上昇する、pick up 取り上げる

B：純イディオムタイプ

小辞の空間的意味が消失し、〈基体動詞＋小辞〉で基体動詞とは関連のない独立した意味を表す句動詞

> look up 訪ねる、have in 招く、take on 対戦相手にする、break in はき慣らす、bring up（人を）育てる、let on 白状する、turn in 破棄する、take in だます、run off コピーする、throw out 解雇する、give up 断念する、

C：折衷タイプ

小辞がある程度空間的意味を残しているが、〈基体動詞＋小辞〉がもはや基体動詞からは予測できない新たな意味を表す句動詞

> do up 締まる、make off 出発する、make out わかる、run down 見

下す，put out 消す，leave out 省く，bring out 明らかにする，ride down 踏み倒す，rub in すり込む，wash down 流し込む，work out 解決する，run up 揚げる

　以上3タイプのうち，A：単純合成タイプは動詞と小辞の意味から句動詞の意味も容易に推測できるので，以下には主としてB：純イディオムタイプとC：折衷タイプの句動詞を代表的な意味の訳語を付けて列挙する。

【自動詞＋小辞→自動詞】
　　come about 向きが変わる，come along 暮らしていく，stand in 代役をする，go off 切れる，come out 出る，blare out 炎を上げる，go out すたれる，black out 気絶する，come through 切り抜ける，sit up 寝た姿勢から体を起こす

【他動詞＋小辞→自動詞】
　　kick about うろつく，break away はずれる，waste away 衰弱する，set in 始まる，break in 押し入る，take off 離陸する，cut over 横切る，reach over 手を伸ばす

【他動詞＋小辞→他動詞】
　　brush aside はねつける，set aside 無視する，knock back ぐいぐい飲む，get behind 支持する，lay by 蓄える，{nail/pin} down はっきり言わせる，flag down 旗でとめる，put down 抑圧する，{hand/put/turn} in 提出する，pen in 囲いに入れる，{knock/run} down 非難する，count in 仲間にいれる，see off 引き起こす，take off 脱ぐ，tie on 結びつける，zip up ジッパーを締める，rush on 駆り立てる，spy out こっそり探り出す，draw out 計画を立てる，put out 消す，leave over 延期する，turn over 引き渡す，think through 考え抜く，coop up 閉じこめる，tear up 引き裂く

【自動詞＋小辞→他動詞】
　　laugh {away/off} 笑い飛ばす，sleep {away/off} 眠って治す，cry off 取り消す，rain off 雨で延期する，sweat out 汗をかいて（熱を）下げる，（体重を）落とす，work off 働いて忘れる，live out 実現させる，work out 解決する，talk over 話し合う

4 問題点と分析

　句動詞に関して興味深い点は，目的語が普通の名詞句であれば小辞の前後どちらにも現れるという点である．すると，どのようなときに，なぜ一方の語順が選ばれるのだろうか，ということが問題になる．本節ではまず，談話情報に基づいて小辞と目的語の語順交替の要因を考察する（4.1節）．次に句動詞が「語」としてのまとまりを示すことを述べ（4.2節），「語」としての特性を形態的・統語的な観点からさらに詳しく検証する（4.3節）．その一方で，句動詞が「句」の特性も持ち合わせることを示し，「語」と「句」の二面性を説明できる有効な解決法を示唆する（4.4節）．4.5節では句動詞と意味的に類似した結果構文との比較・対応を手がかりに，小辞と目的語の語順交替を意味構造の違いとして捉える．さらに小辞が新たな目的語を導入する句動詞を取り上げ，複雑述語形成における小辞の役割を述べる（4.6節）．最後に英語の句動詞の特徴をさらに明確にするために，日本語の複合動詞との比較にも触れる（4.7節）．

4.1　語順交替と談話情報

　句動詞の最大の特徴は，take out the garbage と take the garbage out のように，他動詞の場合に小辞と目的語の語順の入れ替えが可能であるという点である．しかも，語順が入れ替わった場合，何を強調するかといった談話的な意味の違いはあっても，出来事や動作などの概念的な意味は変化がない．このように語順が違っても意味は同じであることを説明するために，Emonds (1972), Kayne (1985), Ross (1986) をはじめとする生成文法の統語的なアプローチでは，どちらか一方を基本とし，移動変形によって他方を派生するという考え方が定着している．

(10)　a.　John *looked up* the information.　〈動詞＋小辞＋目的語〉
　　　　　　　⇕　　　移動規則
　　　b.　John *looked* the information *up*.　〈動詞＋目的語＋小辞〉

どちらの語順を基本と考えるか，あるいはどのような移動変形がかかるかなどで，学者によって分析に細かい差異はあるが，共通しているのは，どちらの語順を選んでも意味の上では大きな差はないと考えられている点である．ただし，2つの語順はいつでも自由に交替するわけではなく，どち

らか一方が義務的,もしくは優先的に選ばれる場合がある。一方の語順を選ぶ条件の中で特に重要と思われる統語的な環境を以下にまとめておく。
【〈動詞＋目的語＋小辞〉が選ばれる環境】
①目的語が代名詞のとき
 (11) a. John tried {the jacket/*it*} on.
   b. John tried on {the jacket/*it}.
②小辞が前置詞句や副詞を伴うとき
 (12) a. He put the junk down *onto the floor*.
     ?He put down the junk *onto the floor*. (Gries 1999: 110)
   b. He put the toys *right* back.
     *He put *right* back the toys.
【〈動詞＋小辞＋目的語〉が選ばれる環境】
①目的語が前置詞句や関係節によって修飾された複雑な名詞句のとき
 (13) a. She sewed on [the sleeve with lace around the cuff].
     ??She sewed [the sleeve with lace around the cuff] on.
   b. He brought back [the books that he had left at home for so long].
     ??He brought [the books that he had left at home for so long] back. (Gries 1999: 110)
②目的語名詞句の一部が wh-（疑問詞）によって取り出されたとき
 (14) John filled out the forms from *his wife's office*.
   → *Which office* did John *fill out* the forms from?
   →*Which office did John *fill* the forms from *out*?
               (Dehé 2002: 89)

他動詞の目的語と小辞の語順交替については,古くは Creider (1979) などから比較的最近の Gries (1999) や Dehé (2002) まで,談話情報に基づく説明がポピュラーになっている。
 (15) a. Q：What happened to the cat?
     A：Someone locked the cat in.
   b. Q：Who/What did you lock in?
     A：I locked in the cat.   (Dehé 2002: 87)
たとえば(15a)では,最初に「そのネコに何が起こったの？」という質

問があり，the cat は既に話題に出ている。したがって，この質問に対する答えとしては Someone locked the cat in.（誰かがそのネコを閉じこめたんだ）のように「閉じこめた」という部分が新しい情報となる。一般に，英語では新しく伝えたい情報は文の最後に置かれる傾向があるから，lock in の in を文末に持ってきて，Someone locked the cat in.（この場合，in が強く発音される）あるいは Someone locked it/her in. のように答えるのが自然である。これと対照的に，(15b)では「あなたは，何を閉じこめたのですか？」という質問であるから，その答えとしては the cat を強調する必要がある。その結果，適切な答えは I locked in the cat. となり，この場合，文末の the cat に強勢が置かれる。このように質問と答えという談話においては，(15a)と(15b)の質問に対しては，それぞれ(15a)と(15b)の答えが対応する。答えを入れ替えると，ちぐはぐな会話になってしまう。

　Gries や Dehé はこのような談話の原則によって，伝統文法以来観察されてきた語順交替の現象のほとんどが説明できると主張する。とりわけ問題になるのは，目的語が代名詞で表されるときである。既に(11)でも例を出したが，(15)の例で the cat を代名詞に換えると，

　　(16)　a.　Someone locked it in.
　　　　　b.　*Someone locked in it.

となり，代名詞を文末に置いた(16b)は非文になる。代名詞は談話の中で既に出てきた名詞を指す旧情報であるが，他方，文末は焦点や新情報が置かれる位置である。したがって，目的語が代名詞のときは，〈動詞＋代名詞目的語＋小辞〉という語順が選ばれる，ということになる。ただし，代名詞でも，他のものと対比されたり談話の中で特別に重要な意味を担って強く発音される場合には，文末に来ることが可能である。

　　(17)　He brought back *him* (not *her*)!　　　　(Gries 1999: 109)

先に(12)で例を挙げたように，小辞に副詞や前置詞句の修飾語が付くと，小辞が目的語より後ろに来る（(12b)の例文を(18)に繰り返す）。

　　(18)　a.　He put the toys right *back*.
　　　　　　（おもちゃをきちんと元に戻した）
　　　　　b.　*He put right *back* the toys.［right がなければ適格］

談話情報からの説明によれば，小辞に修飾語が付くと，小辞が単独で現れ

たときと比べて情報量が豊富になるため，文末位置が選ばれて，〈動詞＋目的語＋小辞〉の語順になる。Gries や Dehé はコーパスからの収集例と，母語話者に語順を選択させるという実験を通して，談話情報の分析が正しいことを論じている。

　しかし，このような情報構造に基づく説明には問題がある。まず「情報量」を算定する基準が明確ではない。情報量というのは相対的なものであるから，たとえば，上の(18b)で right back より the toys のほうが情報量が多ければ，受け入れられる文になるのだろうか。確かに，the toys に特別強い強勢を置いて He put right back the TOYS. と発音すれば良くなるのだろうが，それは重名詞句転移（heavy NP shift）という別の規則が絡んでいる。重名詞句転移というのは，次のように，重くて長い名詞句を文末に移すという規則である。

　(19)　a.　He introduced *a famous American movie star* to me.
　　　　b.　He introduced to me *a famous American movie star*.

当然，(19b)で文末に回された長い名詞句は強く発音され，新しい情報を提示する。

　このように，句動詞の性質を解明するには，情報量や談話機能よりむしろ，小辞そのものの形態的・統語的性質を調べなければならない。次節では句動詞の語彙的な性質を述べる。

4.2　句動詞は「句」か「語」か？

　英語の説明に入る前に，同じゲルマン系言語の一つであるドイツ語を見てみよう。ドイツ語で句動詞に相当するものは分離動詞（separable verb）と呼ばれ，基体動詞と小辞が離れて現れることも，一語としてまとまることもある（その場合，小辞は接頭辞として動詞の前にくっつく）。基本的には，主節(20a)では基体動詞と小辞が分離し，従属節(20b)では小辞が基体動詞に付く。

　(20)　a.　Peter *trank* sein Bier *aus*.
　　　　　　Peter drank　his　beer　out
　　　　　　（ペーテルは自分のビールを飲み干した）
　　　　b.　weil　　Peter sein Bier *aus-trank*.
　　　　　　because Peter　his　beer　out-drank

(ペーテルは自分のビールを飲み干したので)

では，英語の句動詞はどうだろうか。英語の小辞はドイツ語のような接頭辞としての機能はない。しかし英語でも，〈[動詞－小辞]＋目的語〉の語順においては基体動詞と小辞がひとつの語としてのまとまりを持つことを示唆する現象がいくつか存在する。

一般に，語（desk のような一単語だけでなく，ice cream のような複合語，homeless のような派生語も含む）は，その内部に統語操作を適用したり，その一部分のみを統語的に修飾したりすることはできないという特徴を持っている。つまり，単語というのは形態的にひとつの塊を作っているので，統語的な操作によってその内部に作用することはできない。これを **語の形態的緊密性**（lexical integrity：☞『動詞編』p. 174）という。句動詞も語の形態的緊密性を備えていることを **空所化**（gapping）に基づいて証明しよう。

空所化とは，同じ動詞が使われる連結文において日本語では前のほうの動詞を，英語では後のほうの動詞を削除するという操作である。

(21) a. 僕は日本酒を飲み，妻はワインを飲んだ。
→僕は日本酒を［飲み］，妻はワインを飲んだ。
b. I drank brandy and my wife drank wine.
→ I drank brandy and my wife [drank] wine.

日本語の複合動詞や英語の接頭辞派生動詞に空所化を適用すると，(22a)(23a) が示すように動詞全体が削除される。しかし，動詞内部の一部分だけを削除することはできない。

(22) a. 僕は日本酒を［飲み過ぎ］，妻はワインを［飲み過ぎた］。
→僕は日本酒を［飲み過ぎ］，妻はワインを［飲み過ぎた］。
b. 僕は日本酒を［飲み過ぎ］，妻はケーキを［食べ過ぎ］た。
→#僕は日本酒を［飲み過ぎ］，妻はケーキを［食べ過ぎ］た。（#は，すぐ上の文と同じ意味には解釈できないことを表す） (影山 1993)

(23) a. John [outran] Bill and Mary [outran] Patrick.
→ John [outran] Bill and Mary [outran] Patrick.
（ジョンはビルよりも，メアリーはパトリックよりも速く走った）

b. John [outran] Bill and Mary [outswam] Patrick.
→*John [outran] Bill and Mary [~~outswam~~] Patrick.
(ジョンはビルより速く走り，メアリーはパトリックより速く泳いだ)　(Bresnan and Mchombo 1995: 189)

共通する要素だけに空所化を適用した(22b)ではもとの文と同意にはならないし，(23b)は非文になる。これは動詞内部の一部分のみを削除した結果，語の形態的緊密性を壊してしまったからである。

この制約は英語の句動詞に当てはまる。(24)を見てみよう。

(24) a. John [took in] the evening paper and Mary [~~took in~~] the morning paper.
b. *John [took in] the evening paper and Mary [~~took~~ out] the morning paper.

(24a)は〈動詞＋小辞〉のまとまり全体を削除しているから文法的である。他方，(24b)は非文法的であり，その理由は，[took out]というまとまりのtookだけを削除したからであると考えられる。つまり，(24a)と(24b)の文法性の違いは，〈動詞＋小辞〉が全体で1つの語としてまとまっていることを示している。

語の形態的緊密性を示すもうひとつの事例は**句排除の制約**（No Phrase Constraint：Roeper and Siegel 1978）と呼ばれるもので，これは，語の内部に句が割り込むことはできないという制約である。例えば[山登り]$_N$の「山」の代わりに[険しい山]$_{NP}$や[山と沢]$_{NP}$のような名詞句を入れると，全体は複合語と理解されなくなってしまう。

(25) *[[険しい山]$_{NP}$ 登り]$_N$，*[[山と沢]$_{NP}$ 登り]$_N$

〈動詞＋小辞〉の組み合わせも句排除の制約に従い，小辞のみを強意語で修飾したり，小辞と小辞をandで連結したりすることはできない。

(26) a. John [brought down] the bottles.
a′. *John [brought [$_{PrtP}$ right down]] the bottles.
Cf. John brought the bottles right down.
b. I [switched on] and [switched off] the light.
b′. *I [switched [$_{PrtP}$ on and off]] the light.
Cf. I switched the light on and off.

(ただし(26b′)は，the lightを他のものと対比して強く発音したり，ある

いは the light のあとに関係節をつけて長くしたりすると良くなる。それは，I switched the light on and off. から the light を強調のため文末に移す重名詞句転移によるもので，当面の句排除の制約とは関係しない。）

以上では，空所化と句排除の制約を使って，句動詞が「形態的緊密性」という「語」の一般的な特徴を備えていることを見た。〈動詞＋小辞〉が「語」であるとすると，4.1節で紹介した語順の制限も，談話情報ではなく，形態論の観点からすんなりと説明がつけられる。

たとえば(18b) *He put right *back* the toys. では，right が back を修飾して，「きちんと元の位置に（戻す）」という意味の副詞であるから，統語構造は次のようになっている。

(27)　*He [v put [Particle Phrase right back]] the toys.

すなわち，[put right back] 全体が一語の動詞(V)であり，その内部に [right back] という句 (Particle Phrase) が含まれている。これは句排除の制約に違反している。次のような例も同様。

(28)　a.　He took his leggings completely off.
　　　b.　*He [took completely off] his leggings.
(29)　a.　We pulled the blinds six inches up.
　　　b.　*We [pulled six inches up] the blinds.

(Bolinger 1971: 161)

(30)のような例も，動詞と小辞の間に副詞が介入しているが，しかし副詞の働きが(27)，(28)，(29)とは異なる。

(30)　*They *called* unwillingly *off* the strike.

unwillingly（いやいや）という副詞は動作主が動作を行うときの態度を表すから動詞修飾副詞で，統語構造では動詞句(VP)に付くと考えられる。したがって，(30)の統語構造は概略，(31)のようになる。

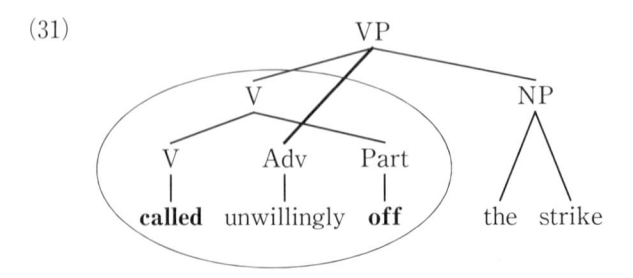

(31)

```
              VP
         ╱────┴──────╲
        V             NP
   ╱────┼────╲       ╱ ╲
  V    Adv   Part   the strike
  │     │     │
called unwillingly off
```

(31)の図では，丸で囲んだ called off がひとまとまりの動詞(V)であるのに，その中に，VP から枝分かれした副詞（Adv：unwillingly）が割り込んでいる。その結果，副詞の枝（太い線）と V から Part への枝が交差することになり，「統語構造の枝は交差してはならない」という統語構造の基本的な条件に違反している。それだけでなく，(31)では単語（called off）の内部に統語的な要素（副詞）が外部から侵入しているから，形態的緊密性にも違反している。

では，人称代名詞（特に it）が句動詞より後ろに現れてはいけないという制限はどのように説明できるだろうか。これと類似の制限は二重目的語構文（☞『動詞編』p. 141）でもよく知られている。

(32) a. *They called off *it*.（it＝the strike）
b. *He gave the girl *it*.（少女にそれをあげた）

句動詞と二重目的語構文で代名詞が文末に来ることができないという現象は，一見，談話情報の分析が有効であるように見えるが，別の形態論的な説明も可能である。

ヨーロッパの多くの言語で，人称代名詞は接語（clitic）と呼ばれ，音韻的あるいは形態的に動詞にくっつく性質を持っている。たとえばフランス語で "I love you." は(33)のように表現される。

(33) Je t'aime.
I you-love 'I love you.'

フランス語は普通，SVO の語順だが，目的語が代名詞のときは動詞の前に移って，動詞にくっつく。(33)では，二人称単数の代名詞（te）が動詞（aime）の前に接語化されて t' となる。そこで，Zwicky (1977: 4-5) が述べているように英語の目的語代名詞 it も接語（clitic）で，動詞にくっつかなければならないと考えてみよう。ただし，フランス語の目的語代名詞は動詞の前に付く「前接語」であるが，英語の目的語代名詞は動詞の後ろに付く「後接語」とする。実際，音声的には，I love it. を普通に発音すると I lov'it. のように love と it をくっつけて発音され，it はアクセントを持たず曖昧母音で発音される。そこで，わかりやすいように it を動詞にくっつけて表記すると(34a)のようになる。

(34) a. They called-*it* off.
b. *They called off *it*.（＝(32a)）

ところが(34b)の語順では，it の前に off があるため，これが邪魔をして it は動詞 called にくっつくことができない。そのため，(34b)は非文となる。

二重目的語構文の場合も同様の説明が成り立つ。

(35) a. He gave-*it* to the girl.
b. *He gave the girl *it*. (=(32b))

(35a)の it はすぐ前の動詞 gave にくっついて正しい構造となる。他方，(35b)の語順では，it のすぐ前に the girl があるため，it は gave に接語化できず，したがってこの文は非文となる。it 以外の人称代名詞の場合は，対比（contrast）などの特別な強勢（アクセント）を置けば，接語化しなくても，単独で成り立つ性質を持っている。

(36) a. Let's leave out HIM, not HER.
b. The commissioner gave the team HIM.

以上見たように，代名詞目的語が小辞の前に来なければならない理由は，談話情報による説明（4.1節）や代名詞の接語化という形態論の説明（4.2節）が可能であるが，最も有効な解決法は未だ明らかにされていない。

4.3 句動詞の語彙的性質

前節では，句動詞が複合語のようなまとまりを形成することを述べた。本節では，句動詞の語としての性質をさらに別の現象で検証する。

4.3.1 行為名詞形

the singing of the national anthem のような行為名詞形（action nominal）が句動詞ではどのようになっているか考えてみよう。普通，動名詞は I enjoyed driving the new car. の driving のように，他動詞ならすぐ後ろに目的語を取る。これに対して，行為名詞形というのは，例えば上の文の場合，the driving of the new car のように，目的語の前に of を必要とする。

(37) a. his *looking up* of the information
b. *his *looking* of the information *up* (Chomsky 1970: 193)
(38) a. The *running off* of scurrilous pamphlets has got to stop.
b. *The *running* of scurrilous pamphlets *off* has got to stop.

(Kayne 1985: 102)

句動詞を行為名詞形にすると，(37a)，(38a)のように小辞は動詞の直後に現れ，その後に of 〜（目的語に当たる名詞句）が続く。(37b)，(38b)のように小辞を基体動詞(-ing)から離して目的語の後ろに置くことはできない。このように，〈動詞＋小辞〉がまとまって名詞化されるということは，〈動詞＋小辞〉がひとかたまりの動詞であることを示している。

4.3.2　他動詞の自動詞化

英語では同じ形で自動詞にも他動詞にも使われる動詞が多数あるが，なかでも重要なのは open, freeze, drop, shut, sink など対象物の状態変化を表す能格動詞（ergative verb）が関わる場合である。

(39)　a.　他動詞：The boy broke *the vase*.
　　　b.　自動詞：*The vase* broke.

この構文交替は他動詞文を基本にして自動詞が派生される（**反使役化**）と考えられる。すなわち，他動詞の目的語に当たる変化対象物（(39a)では the vase）がそれ自体の性質によって自然に変化することを自動詞として表現するのが(39b)である（影山 1996，『動詞編』第 1 章；Levin and Rappaport Hovav 1995 も参照）。反使役化によって他動詞から自動詞が出来る日本語の例には「壊す－壊れる/破る－破れる/煮る－煮える」などがある。

他方，次のような日本語の組は同じく他動詞から自動詞が派生されると考えられるが，それに当たる自動詞が英語に欠けている。

(40)　見つける－見つかる，植える－植わる，捕まえる－捕まる
　　　（英語の find, plant, arrest は他動詞しかない）

たとえば「庭に木が植わっている」という自動詞文が成り立つためには，誰かがその木を植えたということが前提となる（自然に生えている木に対して，「植わっている」とは言えない）。このように意味構造には動作主が存在するのに，その動作主を表だって表現しないのが(40)の自動詞である。影山（1996）ではこのタイプの他動詞から自動詞の派生を**脱使役化**と呼んでいる（☞『動詞編』第 1 章）。

反使役化と脱使役化の違いは，要するに，動作主が絶対に必要なのに言語として明示しないか（脱使役化），それとも，もともと動作主がなくても対象物の性質で勝手にそうなるのか（反使役化）ということである。

「花瓶が割れた」というのは誰かが意図的に花瓶を割った場合もあるが,そうでなくても,なにかの弾みで勝手に割れてしまったということもある。そういう場合が反使役化である。他方,「木が植わった」という場合,何かの弾みで勝手に木が植わるということはあり得ない。

さて,英語の句動詞の中には他動詞が自動詞として使えるものが少なくない。warm up や cool down のように,もともと基体動詞が能格動詞の場合は自他交替を示して当然であるから,ここでは考慮から外しておく。ここで興味があるのは,基体動詞そのものは能格動詞でないのに,小辞と組み合わされて句動詞になると自動詞用法が可能になるような他動詞である。それらの自動詞用法を整理すると,①他動詞の目的語を省略したもの,②反使役化に当たると思われるもの,③脱使役化のように見えるものの3タイプに分かれる。①の代表例は(41)のようなものである。

 (41) 目的語を省略して自動詞として使える句動詞の例
   a. 再帰目的語の省略
    He showed up.(現れた), The car pulled up.(車が停止した), The army pulled out.(軍隊が撤退した)
   b. 推測できる目的語の省略
    throw up(食べた物を吐く), show off(みせびらかす), kick off(サッカーの試合を開始する)

次に,②反使役化(すなわち主語の性質で自然にそうなる)と分析できる自動詞には(42)のようなものがある。

 (42) a. The pressure from creditors was *building up*. (BNC)
    (債権者からの圧力が増大してきた)
   b. The shoes *wore out* very quickly.
    (すぐに靴はすり減った)
   c. Dust *piled up* on the top.(上面に埃が積もった)

これに対して,rub, wash を含む(43)のような例は,一見,③脱使役化に該当するように見える。

 (43) a. A little bit of stain *rubbed off* on the edge.
    (角のところで着色剤が少しはげ落ちた)
   b. Most of the soil *washed away* from his farm.
    (彼の農場からほとんどの土が(雨/洪水で)洗い流された)

c. When I washed the shirt, the color *washed out*.
　　　（シャツを洗ったら，色が落ちた）

(43)のイタリック部では，自然にその現象が起こったというのではなく，それを引き起こす原因が存在している。しかしながら，その原因は意図的に wash あるいは rub する動作主ではない。日本語の「木が植わる/犯人が捕まる」のような脱使役化では，明らかに意図的な動作主が含意されるのに対して，(43a, b)では自然力（雨や風化）が出来事の原因として読み取れるだけである。(43c)は動作主が関わっているように見えるが，しかしそれは前半の I washed the shirt（私はシャツを洗濯した）の部分だけであって，後半の the color washed out の wash には，もはや「洗濯」という意味はない。実際，「シャツを洗濯する」とは言えるが，「色(color)を洗濯する」というのはおかしい。したがって，The color washed out. というのは「洗濯」という意図的な行為とは関係なく，単に「色が流れ落ちた」ということである。

　このように(43)の英語は，日本語で動作主を表現しない脱使役化とは性質が異なる。ここで日本語の複合動詞と比較してみよう。日本語の複合動詞は，基本的には他動詞と他動詞の組み合わせ，あるいは自動詞と自動詞の組み合わせで作られる（影山1993）。たとえば「押し倒す（他動詞＋他動詞）」はよいが，「*押し倒れる（他動詞＋自動詞)」はおかしい。したがって，英語の wash out, pull out は「(汚れを) 洗い落とす」，「(根っこを) 引っこ抜く」のようになるが，これに対応する「?(汚れが) 洗い落ちた」や「?(根っこが) 引っこ抜けた」という自動詞は認められないはずである。しかしながらこれらの自動詞も話者によっては許容できる。ここで重要なのは，「洗い落ちる/引っこ抜ける」のように自動詞になっても，やはり意図的な動作主（洗う人/引っぱる人）の存在が感じ取れ，脱使役化が働いていると見なせるという点である。これに対して，(43)の英語例では「意図的に擦る人/洗う人」は想定できないから，これらは日本語の脱使役化と同等には捉えられない。(43)のイタリック部は，rub, wash が元来の意図的動作の意味を失い，動作様態（rub なら「摩擦で」，wash なら「水の力で」）しか残っていない。(43)のような自動詞がどのようなメカニズムで派生されるのかはっきりしないが，いずれにしても，〈他動詞＋小辞〉が意味変化を経て自動詞化するということは，〈他動詞＋小辞〉

の組み合わせ（つまり句動詞）が，単なる句ではなく，語彙的なまとまりであることを示唆している。

4.3.3　句動詞から名詞への転換

　転換とは，ある単語を接尾辞や接頭辞を用いずに別の品詞に変える語形成操作のひとつである。『動詞編』第9章では名詞から動詞を作る名詞転換動詞が検討されているが，動詞から名詞を作る動詞転換名詞も数多くある（影山1999）。単純動詞からの転換名詞には laugh（笑い），swim（泳ぎ）などの行為名詞をはじめ，産物（catch　捕獲物），動作主（cheat　詐欺師），場所（divide　分岐点）など様々な意味の名詞がある。句動詞も同様に，行為・産物・動作主・場所などを表す名詞に転換される。

(44)　a. He attempted to *hold up* the store.「強奪する」
　　　　 He was arrested after the *holdup*.「強奪」
　　　b. touchdown（着陸），breakup（解散，別離），setback（挫折），handout（配布資料），giveaway（サービス品），drop-out（脱落者），show-off（自慢する人，目だちたがり），
　　　　 drop-off（断崖絶壁）など　　　　　(Cf. Farrell 2005: 103)

このように句動詞全体がひとつの名詞に転換されることも，句動詞が語彙的なまとまりであることを示している。

4.3.4　派生接辞

　句動詞に接尾辞，接頭辞が加わることもある。

(45)　a. The plumber will be out on Monday to *re-hook up* the washer and dryer.
　　　b. You might want to unplug the VCR and then *re-plug in* the unit.
(46)　a. Bring a *pin-upable* or projectable version of this artifact.
　　　b. *rip-offable* GIF and JPEG files
　　　c. a check-offable list, pay-offable loan, wipe-offable crayons, laugh-offable, give-awayable, un-figure-outable
　　　d. giver-upper, thrower-outer（何でも捨てる人），picker-upper, builder-upper, loser-outer, tearer-downer

(45)は句動詞の前に接頭辞が付いた例，(46)は句動詞の後に接尾辞がついた例である（例は主に Farrell (2005: 102-103, 108) に依るが，インター

ネットから取ったものもある）。

　(45)の re- は，見かけ上は動詞とだけハイフンで繋がれているが，しかし*re-hook the washer up, *re-plug the unit in とは言いにくいし (Farrell 2005: 102, fn. 9)，また意味的にも re- は動詞単独（hook ひっかける，plug ふさぐ）ではなく句動詞（hook up 組み立てる，plug in 差し込む）を修飾しているから，re- は，re-[hook up], re-[plug in] のように句動詞全体に付いていると考えられる。

　(46d)はおもしろい例（文法的には間違った言い方）で，-er が二重に付いている。Bolinger (1971: 115-116) によると，このような二重 -er は1920年代から1930年代にかけて見られるようになった。ここでも見かけは，たとえば thrower-outer は [thrower] と [outer] が並んでいるように見えるが，正しくは(47)のように分析すべきである。

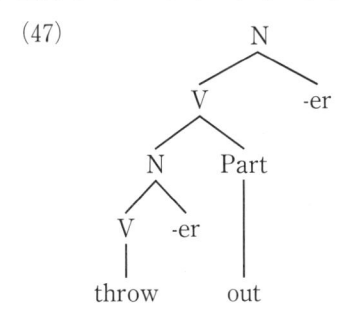

(47)
```
            N
           / \
          V   -er
         / \
        N   Part
       / \    |
      V  -er  |
      |       |
    throw    out
```

-er は基本的に動詞に付くが，小辞には付かないから，二番目の-er は out だけに付くのではなく，[thrower out] 全体に付くと考えねばならない。

　いずれにしても，re-, -able, -er は動詞について新たな単語を作る非常に生産性の高い接辞であるから，句動詞全体にこれらの接辞が付くということは，句動詞自体が「語」としての性質を獲得しているということになる。

4.4　句動詞の「句」としての特性

　前節では句動詞全体が一語の動詞のような性質を備えていることを見た。しかしその一方で，句動詞は，動詞と小辞がくっついていても「句」としての性質を示すことがある。そのひとつはアクセントの位置である。通常，英語の複合動詞は grándstand（スタンドプレーをする），bábysit

（ベビーシッターをする）のように前要素に強勢が来るか，あるいは，double-check のように両方の要素に強勢があるかである。ところが，句動詞のアクセントは，ごく普通には小辞のほうに強勢が置かれ，break úp, wipe óff のようになる。このように後ろの要素に強勢が来るのは「句」の特徴である。

　もうひとつは，屈折接辞の現れる位置である。句動詞を複合動詞とすると，過去形の -ed, 現在分詞を作る -ing などの屈折語尾は句動詞全体，つまり小辞の右側に付加されるはずである。

　(48)　a. John {*[look up]-ed/looked up} the information.
　　　　b. John is {*[look up]-ing/looking up} the information.

しかし実際には，屈折語尾は基体動詞だけに付加され，*[look up] -ed ではなく [looked] [up] となる。このように内部に屈折語尾が適用できるということは，4.2節で述べた形態的緊密性に明らかに反している。したがって，アクセントと屈折語尾の付き方を見る限り，動詞と小辞の組み合わせはむしろ「句」であると言うことになる。

　本節と前節の考察を総合すると，句動詞には「語」と「句」の二面性があると言わざるを得ない。この二面性をどのように分析するのが一番良いかは，今のところ明確ではない。ひとつの考え方は，語であるが，しかし句としての側面も備えている言語単位として「語⁺ (word plus)」というものを仮定することである。語⁺ とは，日本語の「前｜総理大臣」，「非｜ピリン系」，「貿易会社｜社長」のように「｜」のところに短い休止を置いて発音する表現で，単語でありながらも，アクセントなどにおいて句としての特徴も備えている（影山 1993, Kageyama 2001）。英語の句動詞も，アクセントと屈折語尾に関しては「句」的であるが，それ以外の点では形態的緊密性を備えた「語」であるという点で，語⁺ に相当するまとまりとして分析できる可能性がある。

　それ以上に厄介な理論的問題は，動詞と小辞がくっついたときは語あるいは語に近い性質を持つのに，動詞と小辞が分離したときは明らかに句であるという違いをどのようにして捉えるかということである。

　(49)　a. 語（に近いまとまり）としての句動詞
　　　　　　He [gave up] his plan.
　　　　b. 句動詞が動詞と小辞に分かれた場合

He gave his plan up.

(49a)と(49b)を関係づける理論的な方法としては，①両者を別々に生成しておいて，意味的な関係は何らかの対応規則で捉える，②(49b)の構造を基にしてそこから小辞を動詞にくっつけて(49a)の構造を作る（編入 incorporation），③(49a)を基にしてそこから小辞を切り離して(49b)の構造を作る（放出 excorporation）といったことが考えられる。それらの詳細については Haiden（2006）およびそこで取り上げられている文献を参照。

4.5 句動詞の意味構造

ここまで，基体動詞と小辞がくっついた句動詞(49a)は語彙的な性質を持つが，(49b)のように両者が分離したときは明らかに語のまとまりを持たないことを述べてきた。この構造の違いは意味の違いにつながる。He gave up his plan. と He gave his plan up. で談話情報の違いがあることは既に説明したので，本節では行為連鎖の意味構造において違いがあることを示唆する。

句動詞の多くは，結果構文（☞『動詞編』第6章）と共通し，基体動詞が表す行為の結果として，小辞が表す状態が発生することを述べている。

(50) a. 結果構文
    John broke the plate to pieces.（皿をコナゴナに割った）
  b. 句動詞を分離した結果構文
    John broke the branch off.（枝を折り取った）

これらは(51)の意味構造を共有している。

(51) 〈行為〉→〈変化〉→〈結果状態〉
    主語（ジョン）の行為によって目的語（the plate, the branch）に変化が起こり，最終的に目的語名詞が to pieces, off の状態になる。

(50a)でも(50b)でも，文末の to pieces と off が行為連鎖の最終局面（結果状態）に対応している。言い換えると，(50a)と(50b)の構文は時間の流れに沿った出来事の発生順序を反映していて，非常に理にかなった構文であると言える（意味と言語形式が対応していることを類像性（アイコニシティ，iconicity）と言う）。

そこで生じる疑問は，John broke the branch off. を John broke off the branch. に変えた場合，行為連鎖や，意味と言語形式の類像性はどうなるのかということである。off を break の直後に持って行ったからといって，行為連鎖の流れそのものが変わるわけではない。John broke off the branch. も，John broke the branch off. と同じように，〈行為〉→〈変化〉→〈結果状態〉という流れは崩されない。しかし，動詞と小辞がくっつくことで，〈行為〉と〈結果状態〉がより密接なまとまりとなることは予想できる。

通常の SVOC 型の構文では，行為から変化結果までに時間的な幅があると考えられる。つまり，John broke the branch off. なら，まずジョンが枝をつかんで力を加えるという行為があり，それからおそらく数秒後に枝が切り離される。このような時間の幅があるとすると，次の表現では必ず動詞と小辞が離れていなければならないことが予想できる。

(52) a. She *cried* her eyes *out*./*She *cried out* her eyes.
 b. I read Ibsen's plays consecutively to *work* myself *up*. (BNC)/*I read Ibsen's plays consecutively to *work up* myself.

(52a)では泣いてから目が腫れるまでにある程度の時間の経過が必要であるし，(52b)でも戯曲を何冊か読んでいくうちに，段々神経が高ぶってきたと考えられる。このように行為の開始から最終状態の達成までに時間がかかると思われる状況では，SVOC 構文が適切である。

これに対して，基体動詞と小辞が一体化されて句動詞になると，〈結果〉より〈行為〉に重点を置いた表現になる。なぜなら，〈結果〉を表すはずの小辞が動詞にくっついているからである。そのため，動詞が do や分裂文によって強調されている場合は句動詞のほうが適切になる。

(53) a. He DID *show off* his new car./??He DID *show* his new car *off*.
 b. It was to *stir up* trouble that he intended./??It was to *stir* trouble *up* that he intended.

(Olsen 1997: 60f. cited in Dehé 2002: 89)

行為を重視するということは，動作主の意図性を表明するということである。したがって，意図的な行為を強調するときは，〈動詞＋小辞＋目的

語〉の語順が好まれる。

(54) a. Come and *check out* the house.
   ??Come and *check* the house *out*.　　(Dehé 2002: 90)
   b. Mary tried to *drink away* the pressure.
   ?Mary tried to *drink* the pressure *away*.

逆に，動作主の意図が関係しない生理作用を表す動詞では，小辞が文末に来る傾向がある。

(55) a. *Mary *sneezed away* the powder sugar.
   b. ?Mary *sneezed* the powder sugar *away*.

(55a)ではうっかりくしゃみをして，目の前の粉砂糖が飛んでしまったという状況を想定すると，句動詞は認められないが，小辞が文末に来た(55b)は微妙ではあるが容認性が上がると判断される。

しかしながら，生理作用の動詞でも句動詞の語順が認められるものがあるし(56a)，意図を持たない自然物が主語になる句動詞もある(56b)。

(56) a. Mary *coughed out* the aspirin
   （咳込んでアスピリンを吐き出した）
   b. This gas, in the presence of oxygen, *gives off* an intensely hot flame.（この気体は酸素があると強烈に熱い炎を放つ）

いずれにしても，句動詞の語順の決定には談話情報以外に意味的および語彙的な性質が関わっていることは否めない。

4.6　小辞による複雑述語の形成

句動詞という名称からすると，基体動詞が主，小辞は従と思われやすい。しかし第2節でも触れたように，小辞が付くことで，他動詞が自動詞に変わったり自動詞が他動詞に変わったりする。したがって，小辞は単なる基体動詞の飾りではなく，新しい複雑述語を作り上げる重要な力を持っていると考えなければならない。そのことを如実に物語るのは，小辞が非能格自動詞（あるいは他動詞でも目的語を省略して自動詞的に使えるもの）と組み合わされる場合である。

(57) a. He tried to *laugh off* the insult by his colleagues.
   *He tried to laugh the insult by his colleagues.
   b. It's a good idea to *sleep away* the jet lag on the first

night.

　　　　　*It's a good idea to sleep the jet lag on the first night.
(58)　a.　She always *eats away* the frustration after work.
　　　　　*She always eats the frustration after work.
　　　　　Cf. She always eats chocolate after work.
　　　b.　*Rub in* this ointment before going to bed.
　　　　　*Rub this ointment before going to bed.
　　　　　Cf. Rub your hair dry so that you won't catch cold.

(57)と(58)の目的語（波線部）は小辞がなければ現れることができない。したがって，これらの目的語は基体動詞ではなく，むしろ小辞によって要求されると考えられる。

　この性質は，動詞と小辞が一体になる場合だけでなく，laugh the insult off, sleep the jet lag away のように小辞が目的語の後ろに回る構文（いわゆる結果構文）でも成り立つ。なお，結果構文で文末に来るのは小辞だけでなく，形容詞や前置詞句もある。

(59)　a.　前置詞句が結果述語になる場合：He shot the bear to death.
　　　b.　形容詞が結果述語になる場合：He shot the bear dead.

前置詞句は主動詞とくっつくことはできないが（*He shot to death the bear），形容詞は動詞と一体化できる場合がある（He shot dead the bear）（Bolinger 1971, Taniwaki 2006）。

　小辞が新たな目的語を導入する場合を(60)にまとめておこう（Cf. Ishikawa 1999, McIntyre 2003 など）。

(60)　a.　基体動詞が自動詞の場合，小辞（結果述語）が付くことで新たな目的語が作られる。
　　　　　sweat out {the fever/the weight} 汗をかいて{熱を下げる/体重を落とす}, sleep off the hangover 眠って二日酔いを治す, {dance/talk} away the night {踊り/語り}明かす, {run/swim/walk} off the extra weight {走って/泳いで/歩いて}余分な体重を落とす, work off the debt 働いて借金を返す
　　　b.　基体動詞が他動詞だが，小辞（結果述語）が付くことで，

基体動詞が選択しない新たな目的語が導入される。

{wipe/rub/rinse} off the dirt 汚れを {拭き/擦り/洗い} 落とす，kick up a cloud of dust もうもうとほこりを立てる，kick off the game 試合を始める，knock off 10% from the price 定価を10%割り引く，talk out the problem 話し合って問題を解決する

(60a)では基体動詞が自動詞で，それ自体では目的語を取ることができないのに，小辞が付くことで目的語が発生する。たとえば，sleep は自動詞で，*sleep the hangover とは言えないが，off を付けて sleep off the hangover（あるいは sleep the hangover off）とすると，「よく眠って二日酔いを治す」という意味になる。(60b)は基体動詞が他動詞の例で，たとえば wipe や rub は，それ自体では拭いたり擦ったりする場所を目的語に取り，汚れや埃などを目的語にすることはできない。

(61) a. He wiped/rubbed the floor.
　　　b. *He wiped/rubbed the dirt.

しかし off を付けて wipe/rub off the dirt（あるいは wipe/rub the dirt off）とすると，「汚れを拭き取る/擦り取る」という意味で成立する。

このように新しい目的語を導入する小辞は，傾向としては，分離や除去を表す away, off, out が多い（Jackendoff (1997) の "time away" 構文も参照）。しかし，どのような動詞・小辞・目的語の組み合わせのときに，なぜこのような現象が生じるのかは，まだ正確に解明されていない。

なお，新しい目的語の導入は，小辞が目的語の後ろに置かれた場合にも成立するし，また，結果構文（影山1996や『動詞編』第6章で「派生的結果構文」と呼ばれるもの）にも共通する。

(62) a. She sang the baby *to sleep*. (*sing the baby)
　　　b. They laughed the actor *off the stage*. (*laugh the actor)
　　　c. They shouted themselves *hoarse*. (*shout themselves)

このように小辞（あるいは結果述語）が基体動詞とは直接関係しない目的語を新たに創出できるということは，小辞が基体動詞と連携して複雑述語（complex predicate）を作る働きをしているということになる。その点で，日本語の「拭き取る」のような動詞＋動詞型の複合動詞と似た役割を果たしていると言える。次節では，英語の句動詞と，それに意味的に対

応すると思われる日本語の複合動詞を比較して，両者の類似点と相違点を明らかにする。

4.7 句動詞に対応する日本語の複合動詞

英語の句動詞を日本語に訳そうとすると，cut down →「切り倒す」，push aside →「押しのける」のように，動詞＋動詞型の複合動詞が必要になることが多い。しかし，あらゆる句動詞に対応する複合動詞があるわけではない。take along →「連れて行く」のように前半の動詞がテ形になったり，idle away →「ぶらぶら過ごす」のように様態副詞で意味を補わなければならないこともある。本節では英語の句動詞と日本語の複合動詞を比較し，両言語の述語形成の仕組みを検討する。

動詞＋動詞型の複合動詞は2つの動詞で構成されるから，前の動詞をV1，後の動詞をV2としておく。V1とV2の意味的な関係からみると，並列・様態・手段・原因・補文関係の5つに分類できる（影山1999，由本2005）。対応する英語の句動詞も挙げながら，表1に例を示してみよう。なお，これらは「語彙的」複合動詞と呼ばれるもので，「～始める，～忘れる，～続ける」のような「統語的」複合動詞（影山1993および本書第5章）はここでは除外する。

4.7.1 小辞と動詞の意味範囲の違い

表1から分かるように，英語の句動詞には並列関係を表すものがない。日本語の複合動詞は2つの動詞で構成されるために，類似した2つの行為を並列させることができる。他方，英語の句動詞は，動詞と小辞という異なる品詞の組み合わせで構成されるから，類似概念を並列させることはできない。したがって，並列の意味を表す句動詞は存在しない。

第2節で見たように，小辞は基本的に空間的な位置を表すから，句動詞全体としてもkick outのように位置変化を表すことが多い。他方，日本語の複合動詞はV1にもV2にも様々な意味の動詞を用いることができ，「蹴り飛ばす」「蹴り殺す」などのように，位置変化も状態変化も表せる。

別の言い方をすると，ほとんどの英語句動詞は，「基体動詞が表す行為・出来事の結果として，小辞の位置・状態になった」というひと繋がりの行為連鎖（☞4.5節）の意味構造で表すことができる。他方，日本語複合動詞の意味構造はもっと複雑で，「蹴り飛ばす」なら「蹴る」という動

【表1】英語の句動詞と日本語の語彙的複合動詞

	日本語 （語彙的）複合動詞	英語 句動詞
A：並列（2つの類似の行為が同時に起こることを表す）	忌み嫌う，耐え忍ぶ，恐れおののく，ほめたたえる	×
B：様態（V1はV2が表す行為の様態を描写する）	転げ落ちる，駆け上る，歩き回る，遊び暮らす，尋ね歩く，忍び寄る，すすり泣く，降り注ぐ	roll down, run up, walk around
C：手段（V1はV2が表す行為の手段を表す）	切り倒す，投げ飛ばす，勝ち取る，泣き落とす，言い負かす	cut down, knock down, throw away, push aside
D：因果関係（V1はV2が表す結果の原因を表す）	ふきこぼれる，抜け落ちる，待ちくたびれる，歩き疲れる，酔いつぶれる，溺れ死ぬ	boil over, blow off, erode away, rain off, snow in
E：補文（「V1すること{が/を}V2する」という意味関係）	見逃す，書き落とす，使い果たす，寝つく，呼び習わす，売れ残る	use up, sleep on, talk away, read through

詞が持つ行為連鎖と，「飛ばす」という動詞が持つ行為連鎖がひとつに融合されることになる。

表1のE「補文関係」というのは日本語複合動詞の分析における用語だが，英語の句動詞でこれに該当するのは up, on, away という「アスペクトを表す小辞（aspectual particle）」である。

(63) a. The lake dried *up*. （干上がった）

b. He talked *on* but I was no longer listening.
　　　　　　　　　　　　　　　　（しゃべり続けた）

c. They worked *away* for the rest of the night. （働き続けた）

この up, on, away は行為連鎖の内部に位置づけられるのではなく，行為連鎖全体を修飾して，(63a) なら "The lake dried" という出来事が完了 (up) した，(63b) なら "He talked" という行為が継続 (on) した，(63c) なら "They worked" という行為が開始・継続 (away) したという意味になる。これはたとえば，「見逃す」が「見るという行為を逃す」と言い換えられるように，「逃す」が「見る」という行為全体を修飾するのと似ている。

4.7.2　主語と目的語の現れ方

既に触れたように，日本語の複合動詞は V1 と V2 の両方が他動詞，あるいは両方が自動詞という組み合わせが普通である（自動詞と他動詞が混ざったときの組み合わせについては影山 1993, 1999, 松本 1998, 由本 2005 を参照）。とりわけ，複合動詞全体が他動詞のときは，V1 も V2 も他動詞になるのが基本である。

(64)　a.　少年時代，ワシントンは桜の木を切り倒した。
　　　　　ワシントンが桜の木を切る［他動詞］＋ワシントンが桜の木を倒す［他動詞］
　　　b.　*ワシントンは桜の木を切り倒れた。
　　　　　ワシントンが桜の木を切る［他動詞］＋桜の木が倒れる［自動詞］

この形態論的な条件によって，ほとんどの場合，V2 の主語は V1 の主語と同じものを指し，V2 の目的語は V1 の目的語と同じものを指す。V1 と V2 の主語が一致しない場合のひとつは，「私は宝物を父から譲り受けた」のような例で，「父が私に宝物を譲った」＋「[?]私が父から宝物を受けた（もらった）」という組み合わせになるが，こういう例は珍しい。他方，V1 と V2 の目的語が一致しないケースは比較的多い。

(65)　a.　服を洗う＋服の汚れを落とす
　　　　　→母は｛服の汚れ/*服｝を洗い落とした。
　　　b.　ニワトリの首を絞める＋ニワトリを殺す
　　　　　→｛ニワトリ/*ニワトリの首｝を絞め殺した　　（影山 1993）

複合動詞は右側が主要部 (head) であるという一般的な性質によって，V1＋V2 では V2 の項関係が複合語全体に引き継がれる。そのため，「洗い落とす」では，洗うのは服，落とすのは汚れであるから，「汚れを洗い落

とす」はよいが,「*服を洗い落とす」はおかしい。このようにV1とV2の目的語が同一物でないときは，V2の目的語が複合語全体の目的語として選ばれるが，その際，V1とV2の目的語は「服の汚れ/ニワトリの首」のように全体と部分の関係によって意味的な関連性が保証される。このように日本語では複合動詞の形態的な制約によって，V1とV2が意味的に緊密な関係を持っている。

これと比べると，英語の句動詞の場合，たとえばcut downはcutが他動詞，downは自動詞的という組み合わせになる。

(66) Washington cut down the cherry tree.
    ＝Washington cut the tree. ＋ The tree was down.

4.6節で触れたように，英語の句動詞では基体動詞が自動詞のときは，小辞が新たな目的語を導入する。したがって，その新たに導入された目的語は基体動詞と直接的に関係がなくてもよい。その結果，{run/swim} off the weight (*体重を{走り/泳ぎ}減らす)，play away the weekend (*週末を遊びつぶす)，{eat/drink} away the frustration (*ストレスを{食べ/飲み}忘れる)，sleep your wrinkles away (Levin and Rappaport Hovav 1995) (*顔のしわを眠り延ばす)，sleep off the hangover (*二日酔いを寝治す) など，日本語の複合動詞では到底表せないような出来事まで表現することができる。

5 まとめ

本章は〈動詞＋小辞〉の組み合わせから成る英語の句動詞をとりあげ，特徴的な統語特性である目的語と小辞の語順交替の要因を検討し，その語順によって「複合語」と「動詞句」という両方の特性を兼ね備えている点を示した。さらに英語の結果構文や日本語の複合動詞と比較し，意味構造や語形成の仕組みにおいて，どのような類似点と相違点があるのかを検討した。本章では現象の観察に重点を置いて述べてきたが，文法のどの部門で動詞と小辞が複合されて句動詞が形成されるのか，代名詞目的語がなぜ小辞の前に置かれなければならないのかなど，句動詞に関しては理論的に未解決の問題も多く残っている。

6 さらに理解を深めるために

- **Bolinger. 1971. *The phrasal verb in English*** ［単独の小辞のみならず，形容詞や複合前置詞との組み合わせによる句動詞まで含め，英語の句動詞を包括的に記述している。目的語・小辞の語順交替の意味的・語用論的要因を母語話者としての著者の鋭い直感に基づいて記述している。］
- **den Dikken. 1995. *Particles*** ［句動詞が二重目的語構文などと共起する時の小辞と目的語の語順を観察し，主に格付与の観点から句動詞の生成を統語的に分析している。］
- **Dehé, Jackendoff, McIntyre, and Urban (eds.) 2002. *Verb-particle explorations.*** ［英語・ドイツ語・オランダ語・スウェーデン語などゲルマン諸語の〈動詞＋小辞〉を取り上げ，統語・形態・意味・習得・解析など幅広い観点から分析した論文集。］

（谷脇康子・當野能之）

第10章　副詞と文の焦点

◆基本構文
(A) 1. John sells only apples.
　　 2. John sells even apples.
(B) 1. John only sells apples.
　　 2. John even sells apples.
(C) John also sells apples.

【キーワード】焦点，主強勢，作用域，動詞句内主語仮説

1　なぜ？

　基本構文に含まれる only，even，also という単語は一般に「副詞」に分類されるが，(A1,2)「ジョンはりんごだけ/さえを売る」では only と even は apples を修飾しているように見える。apples は名詞であり，名詞を修飾するのは副詞でなく形容詞のはずである。それに対して，(B1,2) では only と even がたしかに動詞 sell(s)（ないしは動詞句 sell(s) apples）を修飾しているように見え，John always sells apples の always などと同様に，副詞のように働いている。さらに(B1,2)は「ジョンはリンゴを売ること{だけ/さえ}する」のような日本語で考えると，(A1,2) の意味（「ジョンはりんごだけ/さえを売る」）と共通する部分も持っているように見える。(A)と(B)とは，文法的に，また意味的にどのように関係しているのだろうか。(C)に目をやると，事情はさらに複雑であることが分かる。(C)の also は，「ジョンはリンゴを売ることもする」のように，動詞句 sell(s) apples を修飾しているとも，「ジョンもリンゴを売る」のように，名詞 John を修飾しているともとれる。これと平行的な解釈は(B2)にもあり，(B2)は「ジョンさえリンゴを売る」と解釈することもで

きる。ところが(B1)には「ジョンだけリンゴを売る」のような解釈はない。すなわち，even はある側面では only と共通し，別の側面では also と共通しているのである。これはいったいどういうことだろうか。

2 焦点とは

焦点（focus）というのは，簡単に言うと，文の中で話者が最も伝えたい部分で，強勢（ストレス（stress），強く発音すること）と密接にかかわっている。(1)の例文を見てみよう。

(1) John teaches physics.

このような単純な文でも，使われる文脈によって，どこを伝えたいか，どこを強調したいかが変わってくる。(1)が次の3つの質問の答えとして使われる場合を考えてみよう。

(2) a. Which subject does John teach, physics or mathematics?
b. Does John teach physics or study it?
c. Who teaches physics?

(2a)はジョンが教えている科目は何かを尋ねている。その何かの部分を埋めるのは目的語に対応する部分であるので，(2a)の答えとして(1)が使われた場合は目的語の physics が焦点となり，その physics に文の中で最も強いストレス（**主強勢**という）が置かれて John teaches PHYSICS. と発音される（全部大文字の単語はそこに主強勢が来ることを表す）。他方，(2b)はジョンが物理学を教えているのか学んでいるのかを問うている。したがって(2b)の答えとして(1)が使われた場合は動詞の teach が焦点となり，John TEACHES physics. と発音される。最後に(2c)は，物理学を教えるのは誰かを問うているので，(1)がその答えとして使われた場合は主語の John が焦点となり，JOHN teaches physics. となる。

焦点は1つの単語に限られるわけではない。たとえば次のような例を考えてみよう。

(3) What does John do?

これは，John の仕事は何かを尋ねる質問として使われる。これに対する答えとして(1)が使われた場合は，teaches physics（物理学を教えている/物理学の先生をしている）という，動詞と目的語の2語が焦点となる。

動詞とその目的語とは通例まとまって動詞句（Verb Phrase, VP）を形成する。では，そのような動詞句全体が焦点になるときは，動詞と目的語の両方に主強勢が置かれるのだろうか。そうではない。主強勢というのは，文の中で最も強く発音される単語だから，1つの文には1つしかない。文を構成する要素やまとまりをその文の「構成素（constituent）」というが，複数の単語からなる構成素（この場合は teaches physics という動詞句）が焦点になるときは，その構成素の右端の単語（この場合は physics）に主強勢が与えられ，John [vp teaches PHYSICS] となる。

さらに，(1)は次のような文脈で使うこともできる。

(4) Guess what I heard from Susan. John teaches physics!
（スーザンから聞いたことを教えてあげよう。ジョンが物理学を教えているんだって！）

(4)では，Susan から聞いたこととして，John teaches physics. という文全体をまるごと聞き手に伝えている。この場合は John teaches physics. という文全体が焦点ということになる。しかし主強勢は1つの単語にしか置けないので，John teaches physics という構成素（つまり「文」）の中で一番右側の単語である physics が最も強く発音され，John teaches PHYSICS. となる。

以上をまとめると，次のように一般化できる。

(5) a. 文の焦点となる構成素は，当該の文の中で主強勢を持つ。
    b. ただし，その焦点となる構成素が複数の語から成る場合は，右端の語に主強勢が置かれる。

以下，(5)の一般化を少し複雑な例文で確認してみよう。

まず次の(6)を見てみよう。

(6) a. [s John is [vp teaching physics to MARY]]
    b. [s John is [vp teaching PHYSICS to Mary]]
    c. [s John is [vp teaching Mary PHYSICS]]
    （S は Sentence（文））

(6a)は Mary に主強勢があるので，Mary という名詞（句）だけが焦点である場合（たとえば Who is John teaching physics to? の答えとして使われる場合）がまずある。次に，Mary はそれを含むより大きな構成素である VP（＝teaching physics to Mary）の右端の要素なので，その VP が

焦点となることもある。たとえば What is John doing? の答えとして使われる場合である。さらに Mary は文(S)全体の右端の要素でもあるので，文全体が焦点となる場合もある。たとえば(4)のように Guess what I heard from Susan! とかあるいは Look! などと言って発話者が相手の注意を引き，次に何か注目すべきことがらを文としてまるごと伝えようとする場合や，あるいは相手から Any news? や What's happening over there? のように聞かれて，その応答として相手に伝えるような場合である。

これに対し，physics に主強勢がある(6b)は，physics が焦点となる場合（たとえば What is John teaching to Mary? の答えとして使われる場合）しか使えない。とりわけ，動詞句全体が焦点になる場合（たとえば What is John doing? の答えになるような場合）に(6b)を使うことはできない。なぜなら(6b)の physics は VP の中の右端ではないからである。ただし(6b)を二重目的語構文に変えて(6c)のようにすれば，主強勢のある physics が VP の右端に来るので，その physics だけが焦点となる場合だけでなく，VP や S が焦点となる場合も可能になる。

今まで見た例では，主語や目的語などの名詞句が John や physics のような1語の場合だったが，複数の語からなる場合を考えてみよう。

(7) [$_S$ John is [$_{VP}$ reading [$_{NP}$ a book [$_{PP}$ about poems]]]]
(NP は名詞句 (Noun Phrase)，PP は前置詞句 (Prepositional Phrase))

この例では，a book about poems 全体で1つの名詞句 NP を形成し，read の目的語となっている。さらにこの名詞句の内部は，about poems で前置詞句 PP を形成している。この例を使って主強勢の位置を見てみよう。

(8) a. [$_S$ John is [$_{VP}$ reading [$_{NP}$ a book [$_{PP}$ about POEMS]]]]
b. [$_S$ John is [$_{VP}$ reading [$_{NP}$ a book [$_{PP}$ ABOUT poems]]]]
c. [$_S$ John is [$_{VP}$ reading [$_{NP}$ a BOOK [$_{PP}$ about poems]]]]

(8a)では，poems に主強勢が置かれているので，最も単純には poems という一単語だけが焦点になり，下の(9a)の質問に対する答えとなる。

(9) a. What is John reading a book about?
b. What kind of book is John reading?
c. What is John reading?

    d. What is John doing?
    e. What is that voice?

しかしそれだけではない。(8a)の poems は，前置詞句 PP，目的語 NP，動詞句 VP，文 S のすべてにおいて右端に位置するので，これら PP, NP, VP, あるいは S 全体が焦点になる場合にも使える。PP 全体が焦点になるのは(9b)に答えるような場合，目的語 NP 全体が焦点になるのは(9c)のような場合，動詞句 VP 全体が焦点になるのは(9d)のような場合，そして文 S 全体が焦点になるのは(9e)に答えるような場合である。

(8a)に対し，(8b)では about が主強勢を持ち，(8c)では book が主強勢を持っている。about や book は PP や NP の右端の要素ではなく，また VP や S の右端の要素でもない。したがって(8b)は about だけが焦点になる場合，(8c)は book だけが焦点となる場合にしか使えない。たとえば次の(10)，(11)の A の質問に対する B の答えである。

(10)　A：Is John reading a book of poems?
　　　　　　　（a book of poems：詩が書いてある本，詩集）
　　　B：No, he is reading a book ABOUT poems.（a book about poems：詩についての本（詩について論じている本））
(11)　A：Is John reading an article about poems?
　　　　　　　（an article about poems：詩についての論説記事）
　　　B：No, he is reading a BOOK about poems.

今度は，主語が複数の単語でできている次のような例を考えてみよう(Reinhart (2006: 157-161) を参照)。

(12)　[s [NP The man with GLASSES] teaches physics].

(12)では，主語名詞句 the man with glasses（眼鏡をかけた男）の一部である glasses に主強勢が来ている。したがって，まずその glasses が焦点になる場合がある。たとえば次のような会話である。

(13)　A：Does the man with contact lenses teach physics?
　　　B：No, the man with GLASSES teaches physics.

また(12)の glasses は，主語名詞句 NP 全体の右端にあるので，この主語名詞句全体が焦点になる場合もある。たとえば次のような場合である。

(14)　A：Who teaches physics?（=(2c)）
　　　B：The man with GLASSES teaches physics.

しかしながら，(12)の glasses は，主語名詞句の右端の要素ではあっても，文S全体の右端の要素ではない。したがって，次のように文全体が焦点になるような文脈では(12)は使えない。(#はこの文脈で逸脱していることを示す。)

(15) Guess what I heard from Susan.
a. #The man with GLASSES teaches physics!
b. The man with glasses teaches PHYSICS!

この文脈で適切なのは，(15a)ではなく，文全体の右端の構成素である physics に主強勢を置いた(15b)である。

3 代表的な焦点化詞

前節では文の焦点と主強勢の関係を説明したが，焦点と関係しているのは強勢のような音声的な要因だけではない。音声的要因のほかに，焦点と密接に関係した構文形式と単語がある。

焦点と関係する構文としては，次の例に見られるような，分裂文(cleft sentence)や擬似分裂文(pseudo-cleft sentence)がある。

(16) What does John teach?
a. *It is* physics *that* John teaches. (分裂文)
b. *What* John teaches *is* physics. (擬似分裂文)

(16a)が分裂文（学校文法では強調構文と呼ばれるもの），(16b)が擬似分裂文で，どちらも physics を焦点化している。

焦点と関係する単語としては，especially, exactly, particularly のような強意副詞もあるが，とりわけ強勢との関係で興味深いのは，焦点を引きつけるような働きを持つ焦点化詞(focus particle)と呼ばれるものである。英語の焦点化詞は極めて少数で，only, even, also, too の4つぐらいである。これらは，働きとしては副詞のように見えながら，統語的には名詞句と結びついているような場合もある点で，形容詞に類似した側面も持っている。たとえば次の(17)の例では，左側から修飾するか右側からかの違いこそあれ，いずれも「ジョン{だけ/さえ/も}……」のように主語名詞句 John を修飾している。(なおこの例のように，特に焦点化詞とそれが修飾（焦点化）する要素（ここでは主語）とが隣接している場合，

その要素に主強勢が置かれない場合もあるが，以下の議論では話を分かりやすくするため強勢が置かれた場合で説明する。)

(17) a. {Only/Even} JOHN teaches physics to Mary.

b. JOHN {also/too} teaches physics to Mary.

(17)では，焦点化詞の修飾する主語 John に主強勢が置かれ，「ジョン{だけ/さえ/も} メアリに物理学を教える」という意味になる。

おもしろいことに，焦点化詞は主強勢を持つ単語と隣接している必要はない。たとえば次の(18)の例では，only, even, also は動詞句 VP の前に位置したままで，右端にある焦点要素 MARY を「修飾」することができる。(ただし，too はもともと右方向への修飾はできない。)

(18) John [{only/even/also/*too}[$_{VP}$ teaches physics to MARY]].

(ジョンはメアリに {だけ/さえ/も} 物理学を教える)

このように，焦点化詞と，実際に焦点が当たっている要素とを結びつけることを「焦点の結びつけ」(association with focus (Jackendoff 1972：247, Rooth 1985))と呼ぶことにする。

さらに，even, also, too は文の末尾に置かれて，その文の主語に焦点を当てることもできる。(特に even のこの用法は口語的である。)

(19) [[$_S$ JOHN teaches physics to Mary], {even/also/too/*only}].

(19)の例では，主強勢を持つ主語 John と焦点化詞が結びついて，「ジョン{さえ/も} メアリに物理学を教える」と解釈することが可能である。このように焦点化詞が文末から文頭の主語にまでいわば「手が届く」のは，これらの焦点化詞が，(19)の角カッコで示したように，主語を含む文(S)全体に付加しているからであると考えることができる。ただし only はこのような用法は不自然である (Kayne 2000: 272, n. 75)。

(18)のような主語と動詞句の間の位置や，(19)のような文末の位置というのは，一般に動詞句や文を修飾する副詞が現れる位置である (☞第8章)。その点で，焦点化詞は統語的に副詞と共通する分布を持つことになる。しかしそのような副詞的位置に現れていても，遠く離れた焦点名詞句

と結びつけることができ，意味解釈としては形容詞のように名詞を修飾しているように見えるのである。

一方，(17a)のように文頭にある only や even は，S 全体に付加しているとは考えられない。もし only や even が文頭で S に付加して次の(20)のような構造になることができるのなら，文末の MARY を修飾して(18)の場合と同じような解釈ができてもよいはずであるが，実際には(20)の文はそのような解釈ができない。

(20) *{Only/Even} [s John [vp teaches physics to MARY]].

したがって，(17a)のように only, even が文の先頭にあるように見える場合は，文修飾副詞（☞第 8 章）のように文(S)全体を修飾しているのではなく，直後の主語名詞句に付加して，それを焦点化しているのである。

このように，only と even は動詞句の前や文の末尾に付くだけでなく，主語や目的語といった名詞句に左から直接付加することもでき，その点で普通の副詞とは異なる性質を持っている。その結果，動詞と目的語の間に一見割り込んでいるような，often などの通常の副詞では許されない語順も，次の例のように出てくることになる。

(21) John kisses {only/even/*often} Mary.
（ジョンはメアリに {だけ/さえ/しばしば} キスする）

4 問題点と分析

4.1 焦点の結びつけを決める一般原則

前節で見たことからもある程度分かるように，焦点化詞はある構成素 X に付加し，X あるいは X 内部の要素と焦点の関係を結ぶ（ただし X は文そのものである場合も含む）。

(22) 焦点の結びつけ規則

焦点化詞は構成素 X に付加し，X または X 内部の構成素と結びついてそれを焦点とする。

これは，焦点化詞が付加した X や，その内部の構成素はどれも，潜在的にはその焦点化詞の焦点となり得るということである。言い換えれば，焦

点化詞が付加したXが，焦点になり得る最大の領域（Jackendoff（1972: 249）の用語では range）ということになる。たとえば，焦点化詞が付加したXが1つの単語だけの場合は，必然的にその単語が問題の焦点化詞の焦点となる。XがAとBの2語からなっていれば，焦点化詞の焦点はAかBかX全体かのいずれかになる。

次の例で，only が phoned という1語からなる VP に付加しているとしよう（(23)(24)は Taglicht 1984 による）。

(23) John [*only* [VP phoned]].

そうすると，only の焦点は phoned ということになり，「ジョンは電話だけをした（それ以外の行為はしなかった）」という意味になる。それに対し，phoned Mary という2語からなる VP に only が付加した次の(24)では，only の焦点に関して，(25)に示す3通りの解釈が可能になる。

(24) John [*only* [VP phoned Mary]].

(25) a. only の焦点が VP=phoned Mary：「ジョンは<u>メアリへ電話をかけること</u>だけをした（それ以外の行為，たとえばメアリの親に会うというようなことはしなかった）」
   b. only の焦点が Mary：「ジョンは<u>メアリにだけ</u>電話をかけた（メアリ以外には電話をかけなかった）」
   c. only の焦点が phoned：「ジョンは<u>電話だけ</u>をメアリにした（それ以外の行為は彼女に対してはしなかった）」

焦点化詞が付加している X 内部の構成素のうちどれが実際の焦点となるかは，X の中の主強勢を持つ要素と関係している。第2節で，主強勢と文の焦点との関係を(5)のように一般化した。(5)は文の焦点についてのものだったが，焦点化詞を含む文の場合は，焦点化詞の焦点（焦点化詞と結びつけられる焦点）という見方をしなければならない。しかし基本的には(5)と同様の原理(26)が焦点化詞の場合も働いている。

(26) a. 焦点化詞の焦点となる構成素は，当該の焦点化詞が付加している X の中で主強勢を持つ。
   b. ただし，その焦点となる構成素が複数の語からなる場合は，右端の語に主強勢が置かれる。

例(24)=John only phoned Mary で，(26)がどう関わっているかを見てみよう。この例文で only の焦点が Mary または phoned という1語だ

けのときは，その Mary または phoned が主強勢を持つ。これが(26a)に当てはまる。ところが，only の焦点が，それが付加した VP 全体 (phoned Mary) のときは，問題の VP が 2 語からなっているので，(26b)により，VP の右端要素である Mary に主強勢が置かれる。その結果，John only phoned Mary で Mary に主強勢が置かれている場合は，(25a)の解釈にも(25b)の解釈にもなるが，phoned に主強勢が置かれている場合は，(25c)の解釈だけになる。

これから，also (4.2節)，even (4.3節)，only (4.4節)の順番で詳しく見ていこう。

4.2 also の焦点

まず次の(27)の例を見てみよう。

(27) John [*also* [$_{VP}$ teaches physics to MARY]].

第 3 節で見たように，(27)はまず，主強勢を持つ Mary と also が結びついて「ジョンは<u>メアリにも</u>物理学を教える」と解釈できる。これは(26a)の規則に当てはまる。しかしそれだけでなく，(27)は，VP 全体が also の焦点になることも可能である。この場合，VP は 4 つの単語から成っているが，主強勢は右端の Mary に置かれており，(26b)の規則に当てはまる。解釈としては，「ジョンは（数学を研究するだけでなく）メアリに物理学を教えることもする」というようなもので，次のような文脈で使うことが可能である。

(28) John not only studies mathematics, but *also* teaches physics to MARY.

今度は，physics に主強勢を置いた次の(29)の例を考えてみよう。

(29) John [*also* [$_{VP}$ teaches PHYSICS to Mary]].

まず，also が physics と結びついて「ジョンはメアリに（数学のほかに）物理学も教える」のように解釈することが可能である。これは主強勢を持つ physics そのものが also の焦点になる場合で，(26a)に該当する。しかし(29)は，(27)の場合と違って，その physics を含む VP 全体が焦点となることはない。なぜなら physics は VP の右端にないからである。したがって，VP を焦点とすることを強制する次の(30a)のような文脈では不適切になる。

(30) a. #John not only studies mathematics, but *also* teaches PHYSICS to Mary.
   b. John not only studies mathematics, but *also* teaches Mary PHYSICS.

ただし，(30a)から to Mary を削除するか，または，(30b)のように二重目的語構文を用いて主強勢を持つ physics を VP の右端に移せば，VP が焦点となることができ，問題はなくなる。

今度は(31)の例を考えてみよう。

(31) John is [*also* [VP reading [NP a book [PP about POEMS]]]].

ここでは，目的語 NP の中の poems に主強勢が置かれているが，これは also が付加している VP の右端にある。今までの説明からすると(31)は，also の焦点として，(a)主強勢を持つ poems 自体の場合，(b)その poems 含む PP＝about poems の場合，(c)さらにそれを含む NP＝a book about poems の場合，(d)さらにそれを含む VP＝reading a book about poems の場合があるはずである。実際，(31)は(32a-d)のような文脈で使うことができる（対比されている焦点部分をイタリック体にしておく）。

(32) a. John is not only reading a book about *novels*, but is also reading a book about *POEMS*. （焦点が poems）
   b. John is not only reading a book *of novels*, but is also reading a book *about POEMS*. （焦点が PP）
   c. John is not only reading *a paper on politics*, but is also reading *a book about POEMS*. （焦点が目的語 NP）
   d. John is not only *watching TV*, but is also *reading a book about POEMS*. （焦点が VP）

さらに，about と book に主強勢を置いた次の例を考えてみよう。

(33) a. John is [*also* [VP reading [NP a book [PP ABOUT poems]]]].
   b. John is [*also* [VP reading [NP a BOOK [PP about poems]]]].

(33)では about と book 自体が also の焦点になって，それぞれ(34a)と(34b)のように使うことができる。

(34) a. John is not only reading a book *of* poems, but is also

reading a book *ABOUT* poems.

  b. John is not only reading an *article* about poems, but is also reading a *BOOK* about poems.

しかし主強勢を持つ about と book は，それを含む PP や目的語 NP の右端の要素ではないから，PP を焦点とする文脈(35a)や目的語 NP を焦点とする文脈(35b)で使うことはできない。

(35) a. #John is not only reading a book *of novels*, but is also reading a book *ABOUT poems*. (Cf.(32b))
  b. #John is not only reading *a paper on politics*, but is also reading *a BOOK about poems*. (Cf.(32c))

以上のことから，第2節の(5)でまとめたような，（文の）焦点と主強勢との関係と基本的に同じ原理(26)が，also のような焦点化詞の焦点と主強勢との関係にも関わっていることが分かる。次に，以上の分析だけでは一見うまくいかない例を考察する。

(26)の規則にとって問題となるのは，次の(36)のように also が主語の右側にあってその主語に焦点を当てる場合である。

(36) JOHN *also* teaches physics.

(36)は「（他の人だけでなく）ジョンも物理学を教える」という意味で使える。これは also が，それより右側にある動詞句 teaches physics にではなく，左側にある主語名詞句 John に付加していることを示しているように見える。つまり構造としては次の(37a)ではなく(37b)である。

(37) a. JOHN [*also* [$_{VP}$ teaches physics]].
  b. [[$_{NP}$ JOHN] *also*] teaches physics.

もし(37a)のように also が VP に付いているのであれば，also の焦点はその VP の中に存在するはずである（(22)参照）。しかし実際には also の焦点となるべき John はその VP の中にはない。他方，もし also が(37b)のように John の右側に付加しているのであれば，(22)の通りに John を also の焦点として結びつけることができる。

ところがこの分析だけでは，焦点化されるべき主語と also が離れている(38)のような例を説明できない（(38c)は Taglicht (1984: 77) に基づく）。

(38) a. JOHN is *also* teaching physics.

    b. JOHN will *also* teach physics.

    c. JOHN has *also* phoned Mary.

上の3例では，also は助動詞（is, will, has）の後ろに位置するが，also がその助動詞を飛び越えて主語の John と結びつき，「(他の人だけでなく) ジョンも…」のように解釈できる。ところが(22)の焦点の結びつけ規則によると，焦点化詞は，それが付加する構成素またはその内部の要素と結びつけられねばならない。もし主語 John と is/will/has という助動詞とが，1つの構成素（統語的なまとまり）をなしていて，それに also が付加しているのであれば問題はないが，しかしそのようなまとまりは，一般に認められていない。助動詞は主語とではなくむしろ後続の VP と構成素をなしているというのが一般的に受け入れられている考え方である。これはたとえば次のような等位接続のテストなどから支持されている。

(39) John <u>is teaching physics today</u> and <u>will teach mathematics tomorrow</u>.

この例では，下線を施した，助動詞（is/will）と後続の動詞以下をひとまとまりとして and で等位接続しており，下線部が統語的なまとまり，構成素をなしていることを示している。

    also が VP に付加してその中の構成素を焦点化することはすでに見たが，これは当然，助動詞を含む場合にも当てはまる。次の例で確認しておこう。

(40) John has *also* [$_{VP}$ phoned MARY].

(40)は Mary のみが also の焦点であるという解釈（「ジョンは（スーザンだけでなく）メアリにも電話した」）と，phoned Mary という VP 全体を焦点とする解釈（「ジョンは（スーザンにメールをするだけでなく）メアリに電話することもした」）とがある。また，VP の中で phoned に主強勢を置いた(41)の例では，

(41) John *has also* [$_{VP}$ PHONED Mary].

phoned のみを also の焦点とする解釈（「ジョンはメアリに，（メールするだけでなく）電話もした」）がある。このように，(40)や(41)で，強勢の位置により VP のどの構成素も also の焦点になれるのは，also がその VP に付加しているからこそである。

    そこで例(38)に戻ると，(38)では助動詞が介在しているので，also が

主語の John に直接付加しているはずはない。また主語と助動詞は also が付加できるような構成素を形成しない。一方，also が VP に付加できることははっきりしている。このことから，(38)の構造は次の(42)のようになる。そこで also が VP に付加したまま，左側に現れる主語 John と結びつくことができる方法を考える必要がある。

  (42) a. JOHN is [*also* [$_{VP}$ teaching physics]].
     b. JOHN will [*also* [$_{VP}$ teach physics]].
     c. JOHN has [*also* [$_{VP}$ phoned Mary]].

ここで，仮に主語の John が助動詞の前ではなく，also が付加している VP の中にあると想定してみよう。すると，(43)のような構造になる。

  (43) a. is [*also* [$_{VP}$ JOHN teaching physics]]. (←42a)
     b. will [*also* [$_{VP}$ JOHN teach physics]]. (←42b)
     c. has [*also* [$_{VP}$ JOHN phoned Mary]]. (←42c)

つまり，主語 John は文頭ではなく，もともとは VP の中にあったと仮定するわけである。

 この考えは一見，突拍子もないように思われるが，主語がもともとは動詞句内にあったとする考え方は，焦点化詞とは別のさまざまな理由から（1つの根拠としては後述の(73)に関する議論を参照），生成文法では広く受け入れられており，**動詞句内主語仮説** (VP-internal Subject Hypothesis) と呼ばれる。VP の内部にあった主語は，多くの場合，助動詞の左側の，表層の主語の位置に移動する。(42b)を例にとると次のようになる。

  (44) 主語の移動
     基底構造：will [*also* [$_{VP}$ JOHN teach physics]]
    →表層構造：JOHN will [*also* [$_{VP}$ ＿＿＿ teach physics]]

このように仮定すると，(42)(=(38))で also が主語 John と結びつくことができるのは，John がもともとは also が付加している VP の内部にあったからだというように説明できる。そうすると，(22)の焦点の結びつけ規則になんら修正を加えなくてすむ。

 この動詞句内主語仮説を用いた分析を支持する証拠として，明らかに移動が起こっている次の例をあげることができる。

  (45) That we could *also* do.   (Taglicht 1984: 76)

(45)は We could also do that. という文の目的語 that を文頭に移動させた「話題化構文 (topic construction)」である。Taglicht (1984) によると，(45)は読み方により「それは<u>我々も</u>できる」のように also が we を焦点化する解釈も，「<u>それも</u>我々はできる」のように that を焦点化する解釈も許す。that は動詞 do の目的語であるから，明らかに VP の中にあったはずである。(45)の also が主語 we や目的語 that を焦点化することができるのは，どちらも元々は also が付加している VP の構成素であったからということになる。

4.3 even の焦点

even についても，also で観察したこととほとんど同じことが当てはまる。すなわち，even は VP に付加することができ，(27)の also を even に置き換えた次の例は，焦点に関して(27)と同様の曖昧性を持つ。

(46) John [*even* [VP teaches physics to MARY]]

このことは，次のどちらの文脈も適切であることから確認できる。

(47) a. John not only teaches physics to Susan, but *even* teaches it to MARY.
b. John not only studies mathematics, but *even* teaches physics to MARY.

(47a)は even が付加した VP の中で主強勢を持つ Mary 自体が even の焦点になっている例で，「ジョンはスーザンにだけでなく，<u>メアリにさえ</u>物理学を教える」という意味になる。(47b)は VP 全体が even の焦点になっている例で，「ジョンは数学を研究するだけでなく，<u>メアリに物理学を教えることさえ</u>する」という意味になる。

また，VP 内で physics に主強勢を置いた次の(48)では，physics 単独が even の焦点になる「(数学だけでなく) <u>物理学さえ</u>メアリに教える」というような読みしかない。

(48) John *even* teaches PHYSICS to Mary (, as well as teaching mathematics to her).

したがって，to Mary が VP の右端にある限り，physics に主強勢を置いたまま VP 全体を even の焦点とすることはできない。(30)と同様の現象が次の(49)にも見られるのである。

(49) a. #John not only studies mathematics, but *even* teaches PHYSICS to Mary.（to Mary がなければ適格）
b. John not only studies mathematics, but *even* teaches Mary PHYSICS.

今度は，次の例を考えてみよう。

(50) a. John has *even* [$_{VP}$ eaten FROGS].
b. John has *even* [$_{VP}$ EATEN frogs] (as well as catching them).

これまでと同様，(50a)は frogs のみが even の焦点になる解釈（たとえば「（カタツムリだけでなく）カエルさえ食べた」のような場合）も，eaten frogs という VP 全体が even の焦点になる解釈（たとえば「（酒を飲むだけでなく）カエルを食べることさえした」のような場合）も両方可能である。他方，(50b)は as well as で始まる丸カッコ内の文脈が示すような，eaten のみが even の焦点となる解釈（「カエルを捕まえるだけでなく，食べさえした」）しかない。したがって，VP 全体が even の焦点であることを強制する文脈では，次の(51)が示すように(50b)でなく(50a)の強勢パターンが選ばれる。

(51) a. John has not only drunk whisky, but *even* eaten FROGS.
b. #John has not only drunk whisky, but *even* EATEN frogs.

さて，もし even による焦点化の可能性が also と基本的に同じ原理に基づいているなら，助動詞のあとに現れた even が，その助動詞を飛び越えて主語を焦点化することもできるはずである。次の(52)のような例である。(52)で John 以下の部分は Kayne (2000: 272, n. 75) からのものであるが，Kayne 自身この主語の John に even の焦点が置かれる可能性を指摘している。

(52) Mary may well have done it, and JOHN could *even* have done it.

そこで，even の場合も，先ほど also について想定した動詞句内主語仮説が適用できることになる。主語が基底構造で動詞句内にあるとするこの仮説が正しいのであれば，見かけ上は左側に来る主語を even が焦点化できることは，むしろ当然のこととして予測できる。その意味で，焦点化詞の振舞いは，動詞句内主語仮説を裏付ける証拠と見ることもできる。

evenの場合もalsoの場合と同様，その焦点となる要素は表層位置への移動の前の位置で決定されるということは，問題の要素が明らかに文中から文頭へ移動している次の(53)からも支持される。

(53)　JOHN, they *even* consider intelligent.

(Kayne 2000: 272, n. 75)

(53)のJohnはもともと次のような位置にあったと考えられる。

(54)　they [*even* [VP consider JOHN intelligent]]

すなわち，Johnは形容詞述語intelligentの主語として(54)のようにevenが付加したVPの中にあったのが，(53)では(45)の場合と同様の話題化で文頭に移動していることになる。もちろん，(54)のままでもJohnはevenの焦点と解釈することができるが，この解釈を保ったまま，(53)の話題化構文が派生されたわけである。

動詞句内主語仮説によると，動詞句は目的語だけでなく主語も（基底構造で）含むわけであるから，動詞句は，主動詞が要求する項（argument）をすべて含む出来事（event）を表すことになる。一方，VPに付加した焦点化詞は，そのVPを潜在的な焦点領域（(22)の説明で触れたrange）とする。今まで見てきた例では，その領域の中で，目的語Oや動詞V，あるいは動詞プラス目的語のVOなどといった，主語を除いた部分が焦点化詞の実際の焦点となるような場合だけを考えてきたが，主語も動詞句の中に（基底構造で）存在するのであれば，その主語Sも含めたSVO全体，つまり1つの出来事が，その動詞句に付加した焦点化詞の焦点となることもできるはずである。この予測が正しいことは，次のような例で示される。

(55)　The results of today's games will be remarkable: Harvard will *even* defeat Loyola.　　　(Jackendoff 1972: 248)

ここでは，その日の試合の中で注目すべき結果になることとして，Harvard大学がLoyola大学に勝つという出来事をあげている。日本語に置き換えると，「ハーバードがロヨラを打ち負かすことさえ起こる」あるいは「ハーバードがロヨラを打ち負かしさえする」のように，主語「ハーバード」を含む下線部全体が，（英語の焦点化詞evenに対応する）サエの焦点になっていることになる。たとえばその日に5つの試合があるとすると，そのうちの1つのハーバードとロヨラの試合が，他の4つよりも，

evenで表現するに値する注目すべき結果になると言っているのである。Herburger (2000: 110ff.) は，even が "noteworthy"（注目すべき）という意味合いを含むことを述べているが，(55)の前半に noteworthy と類義語の remarkable が使われているのは興味深い。このように [Harvard defeat Loyola] という SVO 全体が even の焦点になれるのは，次のように，この SVO の連鎖全体が構成素（VP）として even の付加対象になっているからだということになる。

  (56) Harvard will [*even* [$_{VP}$ ＿＿ defeat Loyola]]

 even が主語に焦点を当てる場合としてさらに次の2つを比較してみよう。

  (57) a. [Even [JOHN]] likes pizza.
     b. JOHN *even* likes pizza.

第3節で述べたように，(57a)では，角カッコのように even が左側から主語の John に直接付加していると見てよい。一方，今までの分析が正しいとすると，(57b)のように even が主語の直後に現れてその主語を焦点化しているような場合，even は問題の主語に直接付加して焦点化しているのではなく，主語を構成素として含む VP に焦点化詞が付加していて，たまたまその VP 内の主語に焦点が当てられた結果であるという分析が可能になる。VP に焦点化詞が付加するのはいずれにせよ認めなければならないのであるから，主語に右側から直接付加することをわざわざ認めることは，そうしなければならないと考える別の証拠がない限り，根拠が弱い。実際，少なくとも目的語名詞句の場合は，even がそれに直接付加できるのは左側からのみである。次の例はそのことをはっきりと示している。

  (58) a. John teaches [*even* [PHYSICS]] to Mary.
     b. *John teaches [[PHYSICS] *even*] to Mary.
     c. John teaches physics [*even* [$_{PP}$ to MARY]].

(58a)は even が目的語名詞句 physics の左側に付加している例で，その physics が even の焦点となって「物理学さえメアリに教える」という解釈になる。しかし(58b)ではそのような意味に解釈できない。目的語と前置詞句との間に現れた even は，左側の目的語ではなく，(58c)のように

右側の前置詞句に付加して,「メアリにさえ教える」というような,その前置詞句(の目的語 Mary)を焦点化することになるのである。この事実は, even は名詞句に右側から付加することはできないことを強く示唆している。

　even が名詞句に直接付加するのは左側からのみ可能であるとすると,同じように主語を焦点化していても,先の(57a)と(57b)とでは構造がまったく違うことになる。すなわち, (57a)は(59a), (57b)は(59b)のようになる。

(59)　a. [even [$_{NP}$ JOHN]] [$_{VP}$ ＿＿ likes pizza]]

　　　b. JOHN [even [$_{VP}$ ＿＿ likes pizza]]

そして,構造が違うのであるから,たとえ主語が even の焦点になっているという点では同じでも,厳密には意味が違うはずである。実際, Erteschik-Shir (1997: 117) によると, Who likes pizza? のような,主語に入る要素が何かを問う疑問文に対しては,答えを埋める主語に even を用いて焦点を与えたければ, (57a)でなく(57b)の形が用いられる。

(60)　A：Who likes pizza?
　　　B$_1$：#*Even* JOHN likes pizza.（＝(57a)）
　　　B$_2$：JOHN *even* likes pizza.（＝(57b)）

これがなぜなのか, Erteschik-Shir 自身は理由を明確に述べていないが, (57a)と(57b)の大きな違いは, even の潜在的な焦点領域(range)にあるので,そのことと関係しているはずである。

　(57a)は even は主語の John に直接付加し,それが even の潜在的な焦点領域(range)であり,かつ実際の焦点である。このことは意味論的には,ピザが好きな人の集合(たとえば John, Bill, Mary の 3 人)があり,その集合の中で John がもっともピザ好きとして注目すべきメンバーであるということを言っていることになる。ところが Who likes pizza? という疑問文はピザ好きの人の集合のメンバーを教えてくれと言っているので,この要求に対して,その集合のメンバーの構成(John, Bill, Mary)を述べずに,その中で John だけを注目すべきものと取り出すのは明らかにちぐはぐな行為ということになる。一方, (57b)は even は

John ではなく VP=[John like(s) pizza] という（広い意味での）出来事を潜在的な焦点領域としている。このことは，{[John likes pizza], [Bill hates Susan], [Tom knows Mary]} のような，「出来事の集合」を引き起こしはするが，(57a)のときのようなピザ好きの人の集合を引き起こしはしない。分かりやすく言えば，(57a)はピザ好きがジョン以外にもいるという，Who likes pizza? の答えとしては不適切なことを想起させてしまっているのに対し，(57b)はそのようなことはなく，単に [John likes pizza] 以外の出来事を想起させるだけである。したがって(57b)は Who likes pizza? に対する答えとして(57a)のときのようなちぐはぐさは出ないということになる。

興味深いことに，(60)と同じようなことは日本語にも見られる。

(61) A：だれがピザを食べたの？
B₁：#和食党の花子さえピザを食べたよ。
B₂： 和食党の花子がピザを食べさえしたよ。

(61A)の質問に対して (61B₁) のように答えるのは，英語の(60B₁) と同じぐらいちぐはぐである。このように答えられては，「ほかにもピザを食べたのがいるんだったらその人たちも教えてくれ」という気持ちにもなるであろう。一方，そのようなことは (61B₂) では起こらない。(61B₁) ではピザを食べた人が花子以外にもいるということを想起させてしまうのに対し，(61B₂) ではそのようなことはなく，単に「和食党の花子がピザを食べる」こと以外の出来事を想起させるだけであるからである。このことは (61B₂) が，英語でeven がVP に付加している場合と同様に，[和食党の花子がピザを食べ] という，統語的には主語を含むVP にサエが付加しそれをサエの潜在的な焦点領域（range）としていることを示唆している。((61B₂) のような文に関しては4.5節を参照。)

4.4 only の焦点

英語の焦点化詞の最後に only を取り上げる。only の焦点については，also や even で説明したやり方がほとんどそのまま当てはまる場合と，一見当てはまらない場合とがある。まず当てはまる場合から見てみよう。最初に次のように動詞句に付加している only の例である。（便宜上，最初は動詞句内主語仮説を無視して考える。）

(62) John [*only* [_{VP} teaches physics to MARY]]

まずVPに付加したonlyが，そのVPの中で主強勢を持つMaryを焦点とする解釈がある。その場合は，「ジョンはメアリにだけ物理学を教える（メアリ以外には教えない）」という意味になる。次に，Maryを右端要素とするVP全体をonlyの焦点とする解釈がある。その場合は，「ジョンは，メアリに物理学を教えるということだけをする（ほかの，数学を研究するといったことはしない）」という意味になる。一方，VP内の主強勢をphysicsに置いた次の(63)では，そのphysicsだけがonlyの焦点となる。

(63) John [*only* [_{VP} teaches PHYSICS to Mary]]

すなわち，「ジョンは物理学だけをメアリに教える（ほかの，数学などはメアリに教えない）」という意味である。alsoやevenで見たのと同じように，このようにVPの右端要素でないphysicsに主強勢を置いた場合はVP全体をonlyの焦点とすることはできない。したがって(63)は(62)とは対照的に，「ジョンは数学を研究するといったことはしない」のような意味合いはない。physicsに主強勢を置いたままこのような意味合いを出すためには，(63)からto Maryを削除するか，対応する二重目的語構文にするなどして，physicsをVPの右端に置く必要がある。

今度は，主語名詞句の右側にonlyが現れる場合を考えてみよう。

(64) [*Only* [_{NP} the man [_{PP} with GLASSES]]] laughed.

角カッコが示すように，onlyは文全体でなく主語NPに付加している。そのNPの中で主強勢を持っているのは，NP内の右端にあるglassesであるから，まず第一に考えられる解釈は，「メガネ」がonlyの焦点になる場合である。すなわち次の(65)のように，帽子をかぶっていた男やネクタイをしていた男は笑わなかったという意味合いである。

(65) *Only* the man with GLASSES laughed—— not the man with a hat nor the man with a tie.

次に，前置詞withを含むPP（with glasses）がonlyの焦点となる場合がある。たとえば，メガネをかけた男だけが笑い，自転車に乗っていた男やその他の男は笑わなかったというような場合である。

(66) *Only* the man with GLASSES laughed——not the man on his bike or any other man there.

さらに，only が付加した主語 NP 全体が only の焦点となる場合がある。

(67) *Only* the man with GLASSES laughed――not the girl sitting beside him nor any other person in the room.

例(64)の only の焦点がこのように 3 通りあるのは，only が付加した主語 NP の中で主強勢を持つ glasses が，その主語 NP の構成素の PP の右端要素でもあり，主語 NP の右端要素でもあって，(26)に則しているからである。

これに対して，次のように PP や主語 NP の右端要素でない with や man に強勢を置くと事情が異なる。

(68) a. *Only* the man WITH glasses laughed――not the man WITHOUT glasses.
b. *Only* the MAN with glasses laughed――not the WOMAN with glasses.

(68a)のように前置詞 with に主強勢を置けばその前置詞だけが焦点となり，他の前置詞と対比される。また，(68b)のように名詞 man に主強勢を置けばその名詞だけが焦点となり，woman などと対比される。このように，only が付加した NP の中で主強勢を持つ単語がその NP の右端要素でない場合は，当該 NP 全体が only の焦点になることはない。したがって(67)とは対照的に，次のような例は不適切になる。

(69) #*Only* the MAN with glasses laughed――not the girl sitting beside him nor any other person in the room.

(67)と(69)の対比は，次の($70B_1$)が主語 NP を文の焦点とすることができ，($70B_2$)がそれができないことと平行的な現象である((70)のような対比は Szendröi (2001) による)。

(70) A : Who laughed?
B_1 : The man with GLASSES laughed.
B_2 : #The MAN with glasses laughed.

このような平行性は，焦点化詞の焦点と強勢との関係を述べた(26)が，文の焦点と強勢との関係を述べた(5)と基本的に同じであることをあらためて示すものである。

今度は，also と even でした説明の仕方が only にはそのまま当てはまらないように見える場合を，動詞句内主語仮説を考慮しながら見てみよ

う。次の(71a)のような例である。

 (71) a. John only phoned Mary.

     ↑——×——┘

   b. Only John phoned Mary.

すでに4.1節で見たように，(71a)でMaryに主強勢を置くとonlyの焦点はMaryあるいはphoned Maryになり，phonedに主強勢を置くと焦点はphonedだけになる。ところが，also, evenの場合とは対照的に，たとえJohnに主強勢を置いても，onlyはその前のJohnを焦点とすることはできない。(ただし(71a)のJohnを代名詞のheにするとそのheを焦点とすることができる。代名詞の場合は例外的に，onlyは右側からも直接付加できるようである。) Johnをonlyの焦点として「ジョンだけがメアリに電話した」という意味を表すためには，(71b)のように言わなければならない(これに関するevenとonlyの違いはJackendoff (1972: 250)を参照)。

 この点は助動詞を用いた次のような例でも同様である。

 (72) John has {only/even/also} phoned Mary.

前に見たように，evenとalsoの場合はあたかも助動詞を飛び越えて主語のJohnを焦点とすることができた。しかしonlyではそれが不可能である(この場合はJohnを代名詞のheにしてもそれを焦点化することはできない。onlyはheと離れているので右から直接付加できないからである)。本章のこれまでの説明では，evenとalsoが(72)のような場合でも主語のJohnを焦点化することができるのは，実はJohnがもともと動詞句内にあって(動詞句内主語仮説)，その主語を含む動詞句にevenやalsoが付加しているからであった。では，なぜ同じ説明が(71a)や(72)のonlyに当てはまらないのだろうか。

 今までは，動詞句を一律にVPとし，主語を含む動詞句と主語を含まない動詞句とを区別しなかった。しかし実際は，動詞句内主語仮説のもとでも，主語を除いた動詞と目的語とでまず1つのまとまりをなし，そのまとまり全体に対して主語が結合してより大きな「動詞句」を作っていると考えるのが自然である。ここでは，そのように考える理由を1つだけ示しておこう。

 (73) John may speak Japanese, but I doubt it.

（ジョンは日本語がしゃべれるかも知れないが，私はそれを疑っている）

(73)はMcCawley（1998: 57）に基づくが，ここでは，代名詞itがJohn may speak Japanese全体を受けているのではないことが重要である。(73)のit（それ）が指す内容は，前の文全体ではなく，そこから「かもしれない」という意味の助動詞mayを取り除いた部分（Johnとspeak Japanese）である。一般にitのような代用表現が指すものは，ひとまとまりの構成素でなければならない。ところが(73)では，Johnとspeak Japaneseとはmayによって分断されていて，表面上はひとまとまりになっていない。しかし主語がもともとは動詞句内にあったと仮定すれば，Johnが表層の主語位置へ移動する前は次のように [John speak English] がひとまとまりの構成素をなしていて，itはそのまとまりを指すと考えることができる。

(74) ＿＿ may [John speak Japanese]

このようなことから動詞句内主語仮説が裏づけられるのであるが，しかし他方では，Johnという主語を除いたspeak Japaneseが1つのまとまりをなしていることを示す現象もある。たとえば(75)のような例である。

(75) John may speak Japanese, and so may Bill.

今度は代用表現soが現れているが，このsoが受けているのは先行文のspeak Japaneseの部分のみである。したがってspeak Japaneseもひとまとまりの構成素を形成していることになる。

最近の生成文法では，動詞句の内部を細かく分けて，まず動詞と目的語のまとまりをVPと表記し，そのVPの上（外側）に主語を含めたより大きなまとまりを設定し，それをvPと表記している。簡単に表すと(76)のようになる。

(76) ＿＿ （助動詞）[$_{v\text{P}}$ 主語 [$_{\text{VP}}$ 動詞　目的語]]
（下線部は表面上主語が入る位置）

そうすると，(71a)や(72)でonlyは左側にある主語Johnを焦点とすることができないという事実は，onlyが付くのは主語を含めたvPではなく主語を除いたVPであると考えることで，うまく説明がつく。つまり次のような基底構造を考えるのである。

(77) ＿＿ (has) [$_{vP}$ John [only [$_{VP}$ phoned Mary]]]
　　　　　　　　　↑ only は大文字 VP に付いている

(77)では，only が VP に付加しており，主語 John はその外側の vP にある。この構造では，John は only の潜在的な焦点領域（range）である VP には含まれず，したがって John が only の焦点になることはない。

　一方 even と also は，(72)のような場合でも，見かけ上左側にある主語 John を焦点とすることができる。それは，even と also が付くのは VP ではなく vP であるからだということになる。基底構造を示すと(78)のようになる。

(78) ＿＿ (has) [even/also [$_{vP}$ John [$_{VP}$ phoned Mary]]]

(78)では，John は even/also の焦点領域である vP の内部に含まれるので，その段階で John は even/also の焦点となることができる。焦点が決まったあとで，John が表面上の主語位置（文頭）に移動するわけである。

　上で述べた分析が妥当であることは，次のような対比から支持される。

(79)　a.　⁇He'd *even only* speak English, if he had to.
　　　b.　*He'd *only even* speak English, if he had to.
　　　　　　　　　　　　　　　　　　(Kayne 2000: 273, n. 83)

(79a)がやや不自然なのは，単に焦点化詞が連続することによって文の処理が煩雑になるためだろうと考えられる。それに対し，(79b)は完全に非文法的と見なされる。(79a)と(79b)は一見 only と even の順序が違うだけであるが，なぜ明確な許容度の差が出るのだろうか。

　上の分析によれば(79a)と(79b)の対比を自動的に説明できる。すなわち，only は VP に付き even は vP に付くとすると，(79a)には次の(80a)のような適切な構造を与えることができるのに対し，(79b)にはそれができないのである。

(80)　a.　＿＿ would [*even* [$_{vP}$ he [*only* [$_{VP}$ speak English]]]]
　　　　　（even は vP に，only は VP に正しく付いている）
　　　b.　*＿＿ would [*only* [$_{vP}$ he [*even* [$_{VP}$ speak English]]]]

もし(79b)に対し(80b)のような構造を与えると，only が vP に，even が VP に付くという，許されない結果になってしまう。(80a)のような構造が許され，(80b)のような構造は許されないということは，even はその焦点領域に only を含めることはできるがその逆は不可能であるということ

第10章　副詞と文の焦点　349

を意味する。これは日本語に当てはめると，(79a)が次の(79a′)のような整合的な解釈ができるのに対し，(79b)は(79b′)のような逸脱した意味になってしまうことと軌を一にしている。

(79)　a′.　彼は（必要に迫られれば）英語を話すこと<u>だけ</u>する，ということ<u>さえ</u>するだろう。
　　　b′. #彼は（必要に迫られれば）英語を話すこと<u>さえ</u>する，ということだけするだろう。

4.5　日本語の焦点化構文と作用域

最後に，日本語の焦点化構文を簡単に見ておくことにしよう。日本語で焦点化詞に当たるのは，日本語文法で「とりたて詞」と呼ばれるモやサエ，ダケなどである。これらは一般的には，それが焦点化する名詞句や後置詞句（名詞句＋格助詞）に直接付いて，次のように使われる。

(81)　a.（和食党の）花子｛さえ/も｝ピザを食べた。

（名詞句＋サエ/モ）

　　　b.　息子が担任教師から｛さえ/も｝いじめを受けている。

（名詞句＋格助詞＋サエ/モ）

　　　c.　花子は恋人｛だけに/にだけ｝悩みを打ち明けた。

（名詞句＋ダケ＋格助詞/名詞句＋格助詞＋ダケ）

これは，英語の even などが *Even Hanako* ate pizza. や My son is being bullied *even by his teacher*. のように名詞句や前置詞句に直接付加することができるのと平行的である。さらに，サエやモは英語の even や also と同じように動詞句に付加していると考えられる場合もある。次のような例である。

(82)　a.　花子がピザを食べ｛さえ/も｝した。
　　　b.　息子が担任教師からいじめを受け｛さえ/も｝した。

この構文では，「食べ」「受け」という，時制のない動詞連用形の後ろにサエ/モが付いているが，それだけでは文が終わらないので，時制を付けるなどのために動詞スルが補われる。便宜上，(82)のような構文を「述部焦点化構文」と呼んでおく（この構文に関する最近の研究としては，高見・久野 2006：第1章，佐野 2009等を参照）。

さて，(82)のような述部焦点化構文で注目したいのは，主語にまで焦点

化詞サエ/モの手が届き，それを焦点化することができるという点である。たとえば次のような場合である（Kuroda 1965 を参照）。

(83) a. きのうはいろいろな人がピザを食べた。洋食好きの一郎が食べ，甘党の二郎も食べ，それを見た<u>和食党の花子がピザを食べ</u>｛さえ/も｝した。

b. 田中教諭は不機嫌な時は生徒をいじめることがあるといううわさだったが，きのうはとうとう<u>おとなしくて真面目な，山田さんの娘さんが彼からいじめを受け</u>さえしたらしい。

(83a)では，「食べ」に後続したサエ/モが，主語の「和食党の花子」を文脈上焦点化している。実際，(83a)の下線部全体を，問題の主語に直接サエ/モを付けた(81a)で置き換えることもできる。(83b)も同様で，下線部の主語「……山田さんの娘さん」が文脈上サエの焦点となっており，下線部を「……<u>山田さんの娘さんさえ</u>彼からいじめを受けた」と言い換えることもできる。

このことは，英語で even や also が，主語を含めた vP に付加できるのと同様に，述部焦点化構文を形成するサエ/モも，次のように vP に付加していることを示唆している。

(84) [[$_{vP}$花子がピザを食べ] さえ/も] した

この分析が正しいとすると，述部焦点化構文を形成する焦点化詞の潜在的な焦点領域（range）は vP ということになり，その vP が表す出来事自体を実際の焦点とすることもできるはずである。次のような文脈である。

(85) 昨日はいろいろなことがあった。午前中には旧友の一郎が訪ねてきたし，お昼には地震が起こった。夕食前には実家から祖母の入院の電話がかかってきた。そして就寝前には<u>子供が熱を出し</u>｛さえ/も｝して，ゆうべはほとんど眠れなかった。

ここでは，「子供が熱を出す」という出来事が，先行文脈で述べられている他の出来事と対比され，サエやモの焦点化の対象となっている。4.3節(55)で見た英語の even の例と同様である。

また，vP は1つの出来事を表すので，表現形式としては能動態だけでなく受動態でもいいはずである。実際次の(86a)に対応して，(86b)のように受身を表す助動詞ラレ（の連用形）にサエやモが付いた述部焦点化構文も可能である。

第10章　副詞と文の焦点　351

(86) a. 担任教師が息子をいじめ{さえ/も}した。
　　　b. 息子が担任教師にいじめられ{さえ/も}した。

　4.4節で，英語のevenやalsoはvPに付加するのに対し，onlyはvPでなくVPに付加するという分析を示した。一方，動詞連用形にとりたて詞を付着させて作る日本語の述部焦点化構文は，前述のようにvPに付加した構造になっていると考えられる。onlyに意味的に類似しているのはダケであるが，もしダケもonly同様，vPに付加することができないとすると，vPへの付加を要求する述部焦点化構文では使えないということになる。実際，次のような例は許容度が低い。

(87) a. ⁾*花子はおかずを食べだけした。
　　　　　　　　　　　(Cf. 花子はおかずだけ（を）食べた)
　　　b. ⁾*花子は恋人に悩みを打ち明けだけした。(Cf.(81c))

(87)のような例は単に「すわりが悪い」という人からほとんど許容不可能という人までいる（その意味で「⁾*」としている）が，サエやモに比べて許容度が下がることははっきりしている。

　onlyに意味的に類似しているのはダケであると述べたが，否定表現と一緒に使われるとりたて詞シカ（…ナイ）もonlyと意味的に類似している。また，述部焦点化構文を形成するとりたて詞としては不適切あるいは不可能という点でシカとダケは共通している。次の(88b)の許容度の低さは(87)と同等である。

(88) a. 　花子はおかずしか食べなかった。
　　　b. ⁾*花子はおかずを食べしかしなかった。

　しかしシカは，**作用域**（scope）が明示されるという点で，ダケやonlyとは決定的に異なる。作用域というのは，簡単に言うと問題の要素（ここでは焦点化詞/とりたて詞）の意味の作用が及ぶ範囲のことである。シカの場合，その作用域を明示しているのは，シカと呼応している否定表現（ナイ）である。たとえば次の2つの例を比べてみよう。

(89) a. [$_{S1}$ 教授は学生に [$_{S2}$ 専門的な本しか読まない] ようにアドバイスした]
　　　b. [$_{S1}$ 教授は学生に [$_{S2}$ 専門的な本しか読む] ようにアドバイスしなかった]

(89a)では，シカと呼応する否定のナイが，シカが現れているのと同じ従

属節 S_2 に現れている。一方(89b)では，シカと呼応する否定が，従属節ではなく主節の S_1 に現れている。これはシカが従属節を作用域としているのか主節を作用域としているのかという違いになり，意味もそれに応じて異なる。(89a)では，もし学生が専門的な本以外の，たとえば入門書を読んだら教授のアドバイスに従わなかったことになり，教授の気分を害することにもなりうる。しかし(89b)はそのようなことはない。(89b)が言っているのは，教授が読むようアドバイスしたのは専門的な本だけだということにすぎず，それ以外のものについては読むようにとも読まないようにともアドバイスしていない。したがって仮に学生が入門書を読んだとしても，(89a)とは違って，教授のアドバイスに従わなかったことにはならない。

シカと呼応するナイの位置で区別される作用域は，呼応する表現を持たないダケや only では明示的には表れない。

(90) [$_{S1}$ 教授は学生に [$_{S2}$ 専門的な本だけ読む] ようにアドバイスした]

例(90)は(89)の2つの文に対応する曖昧性を持っている。まず(89a)が言っているのと同じように，専門的な本だけを読んで他の（入門的な）ものは読まないように教授がはっきりとアドバイスしたという解釈がある。あるいは(89b)が言っているように，教授が読むようにアドバイスしたのは専門的な本だけで，それ以外のものについては読むようにとも読まないようにとも特にアドバイスしていないともとれる。言い換えれば，(90)はダケの作用域が従属節 S_2 にとどまって(89a)と類似の意味になるのか，あるいは作用域が主節 S_1 にまで及んで(89b)に似た意味になるのか，曖昧になる。これとまったく同じ曖昧性が，only を用いた次の英語の例にも見られる。

(91) a. [$_{S1}$ The professor advised that [$_{S2}$ his students read *only* advanced books]].
 b. [$_{S1}$ The professor advised his students [$_{S2}$ to read *only* advanced books]].

that で導かれた従属節 S_2 の中に only が現れる(91a)も，不定詞節 S_2 の中に only が現れる(91b)も，それぞれ(89a)のようにも(89b)のようにも解釈できる。(ただし(91a)は教授のアドバイスは学生に間接に伝えたこ

とを暗示している点で，(91b)とは異なる。)すなわち，ダケの例(90)と同様，onlyの作用域がS_2にとどまるか主節S_1にまで及ぶかで曖昧ということになる。主節作用域の読みは，onlyが付いた名詞句を他と区切って——(91)で言うとonlyとreadの間にポーズを置いて——読むと出やすくなる (Herburger 2000: 149, n. 3)。興味深いことに，日本語の(90)でも「だけ」と「読む」の間にポーズを置くと主節作用域の読みが出やすくなる。

　注意すべきは，作用域 (scope) を焦点 (focus) や潜在的焦点領域 (range) と混同してはならないということである。(89)(90)(91)のどの例についても，シカ/ダケ/onlyは動詞「読む」/readの目的語名詞句（「専門的な本」/advanced books）に付加している。したがってこの名詞句が潜在的焦点領域であり，文脈や音調次第で，実際の焦点はその中の構成素である「専門的な」/advancedになったり（「入門的な」/introductoryなどとの対比），「本」/booksになったり（「論文」/papersなどとの対比），「専門的な本」/advanced books全体になったり（「新聞」/newspapersなどとの対比）するのである。そしてこれは主節作用域の場合でも従属節作用域の場合でも同じである。

5　まとめ

　最後に，基本構文で取り上げ第1節「なぜ？」で問題にした例を説明しながら，本論で触れられなかったことも補って，まとめとしよう。

　　(92)　John sells only/even apples.

(92)では only, even が目的語 apples に直接付いていて，only と even は焦点に関して曖昧性はない。

　これに対して，次の only は一見，動詞に付いているように見える。

　　(93)　John *only* sells apples.

しかしこの only は，実は主語を含まないVPに付いて，そのVPを潜在的な焦点領域 (range) としている。そのVPの中で apples に主強勢が置かれれば，その apples を焦点とする解釈（すなわち(92)の only の例と同様の解釈）と，sells apples というVP全体を焦点とする解釈（「ジョンはリンゴを売ることだけをする（ほかの，野菜を買うなどという行為はし

ない）」）との2通りに取れる。複数の語からなる構成素（ここではVP）の右端の語（ここではapples）に主強勢がある場合，その右端要素そのものが焦点になる場合と，それを含む構成素が焦点になる場合とがあるからである。もしVP内の主強勢が右端要素でないsellsにある場合は，そのsellsがonlyの焦点になる解釈（「ジョンはリンゴに対して売ることだけをし，買ったり育てたりはしない」）しかない。また，onlyは名詞句の右側に付加することができないので，(92)にはonlyがJohnを焦点とするような解釈（「ジョンだけがリンゴを売る」）はない。（ただし4.4節(71)の下で触れたように，代名詞heにするとその限りではない。）

(93)のonlyをevenに変えると焦点の解釈に関して事情が複雑になる。

(94)　John *even* sells apples.

まず(94)のevenはonlyと同様の焦点解釈が可能である。すなわち，applesに主強勢があれば，それを焦点とするような，(92)のevenの例と同様の解釈ができる。さらにsells applesというVP全体を焦点とする解釈も可能で，その場合は「ジョンは（野菜を買うといったことのほかに）リンゴを売るということさえする」といった読みになる。そして主強勢をapplesではなくsellsに置けば，そのsellsがevenの焦点となり，「ジョンはリンゴに対して，育てるといったことだけでなく売ることさえする」といった意味になる。ここまでは(93)のonlyの場合と同様であるが，(94)にはさらに，Johnを焦点とした「（メアリだけでなく）ジョンさえリンゴを売る」といった解釈もある点でonlyとは際立った対照をなす。これは，(94)のように動詞の前に現れるevenは，主語を構成素として含むvPに付加しているからであると考えられる。（一方，(93)のonlyは主語を含まないVPに付加している。）このことと連動して，(94)には，evenが付加したvP全体を焦点とし，「（メアリが野菜を育てることだけでなく）ジョンがリンゴを売るということさえある」という解釈もある。この解釈は文脈なしでは想定しにくいが，適切な単語を用いて状況を整えれば可能になる。

alsoはevenと基本的には同じである。(94)のevenをalsoに代えた次の例は，焦点の可能性に関して(94)の場合と同じような曖昧性を持つ。

(95)　John *also* sells apples.

ただしalsoはevenと違って，名詞句の右側に付加することもできる。こ

れは次のような例で，also が even とは対照的に，直前の目的語名詞句 apples を焦点とし，「ジョンは（バナナだけでなく）リンゴもメアリに売る」という解釈が可能であることからも分かる。

 (96) John sells APPLES {also/*even}, to Mary.

したがって(95)は，also が（主語を基底構造で含んだ）右側の vP に付加している場合と，左側の主語 John に直接付加している場合との2通りの構造があることになる。ただし also と vP とが，probably のような文副詞によって切断されている場合は，also が左側の主語に付加している可能性しかなくなる。次の例を参照されたい。

 (97) John {also/*even/*only}, probably, sells apples.

予測通り，このような場合は also の位置に even や only は現れることはできない。また(95)の場合と違って(97)では also が vP に付加している可能性はないので，(95)の場合には可能な，also が apples や sells を焦点とする読みは(97)にはなく，主語を焦点とする「ジョンも（たぶん）リンゴを売る」というような読みしかない。逆に次の例では，also が右側の vP に付加している可能性しかない。

 (98) John, probably, {also/even/only} sells apples.

やはり予測通り，この場合は also の位置に even や only が現れることも許される。もちろん主語を焦点化した読みは vP に付加できる also には可能であっても，VP に付加する only には不可能である。

6 さらに理解を深めるために

- **Jackendoff. 1972.** *Semantic interpretation in generative grammar.* ［初期の生成文法の解釈意味論に基づいてはいるが，理論の変化に左右されない洞察を含み，発掘された言語事実は今日でも色あせていない。焦点に関しては第6章が関係する。］
- **Taglicht. 1984.** *Message and emphasis.* ［焦点化詞だけでなく，焦点と密接に関連した現象（否定，強調構文，particularly などの副詞との関係など）も論じ，アクセントとの関係にも細かい注意が払われている。］
- **Reinhart. 2006.** *Interface strategies.* ［最近のミニマリストプログラ

ムの枠組みを使った専門書。本章で扱った強勢と焦点との関連性に理論的な基盤を与えている。]

（佐野まさき）

参 照 文 献

(各文献の末尾に[ ]で示した数字は,その文献が引用されている本書の章を表す。)

BLS = *Proceedings of the ... Annual Meeting of the Berkeley Linguistics Society*. Berkeley: Berkeley Linguistic Society.

CLS = *Papers from the ... Regional Meeting of the Chicago Linguistic Society*. Chicago: Chicago Linguistic Society.

Aarts, Bas. 1995. Secondary predicates in English. In Bas Aarts and Charles Meyer (eds.) *The verb in contemporary English*, 75-100. Cambridge: Cambridge University Press. [8]

Ackerman, Farrell and Adele Goldberg. 1996. Constraints on adjectival past participles. In Adele Goldberg (ed.) *Conceptual structure, discourse and language*, 17-30. Stanford: CSLI. [2]

Adams, Valerie. 2001. *Complex words in English*. Harlow: Pearson Education/Longman. [6]

Aikhenvald, Alexandra, R. M. W. Dixon, and Masayuki Onishi (eds.). 2001. *Non-canonical marking of subjects and objects*. Amsterdam: John Benjamins. [2]

Arce-Arenales, Manuel, Melissa Axelrod, and Barbara Fox. 1994. Active voice and middle diathesis. In Barbara Fox and Paul J. Hopper (eds.) *Voice: Form and Function*, 1-21. Amsterdam: John Benjamins. [6]

Bach, Emmon. 1986. The algebra of events. *Linguistics and Philosophy* 91: 5-17. [2]

Baker, Mark. 1988. *Incorporation*. Chicago: University of Chicago Press. [3, 7]

Baker, Mark, Kyle Johnson, and Ian Roberts. 1989. Passive arguments raised. *Linguistic Inquiry* 20: 219-251. [3]

Balcom, Patricia. 1997. Why is this happened? *Second Language Research* 13: 1-9. [4]

Bauer, Laurie and Rodney Huddleston. 2002. Chapter 19: Lexical word-formation. In Rodney Huddleston and Geoffrey Pullum (eds.) *The Cambridge grammar of the English language*, 1621-1721. Cambridge: Cambridge University Press. [7]

Bolinger, Dwight. 1967. Adjectives in English. *Lingua* 18: 1-34. [2]

Bolinger, Dwight. 1971. *The phrasal verb in English*. Cambridge, MA: Harvard University Press. [9]

Bolinger, Dwight. 1975. On the passive in English. *The First LACUS Forum*: 57-77. [3, 4]
Booij, Geert. 1988. The relation between inheritance and argument-linking. In Martin Everaert et al. (eds.) *Morphology and modularity*, 57-74. Dordrecht: Foris. [7]
Bošković, Željko. 1997. *The syntax of nonfinite complementation*. Cambridge, MA: MIT Press. [5]
Bresnan, Joan. 1976. Nonarguments for raising. *Linguistic Inquiry* 7: 485-501. [5]
Bresnan, Joan. 1979. *Theory of complementation in English syntax*. New York: Garland. [5]
Bresnan, Joan. 1982a. Control and complementation. In Joan Bresnan (ed.) *The mental representation of grammatical relations*, 282-390. Cambridge, MA: MIT Press. [5]
Bresnan, Joan. 1982b. The passive in lexical theory. In Joan Bresnan (ed.) *The mental representation of grammatical relations*, 3-86. Cambridge, MA: MIT Press. [3, 4]
Bresnan, Joan. 2001. *Lexical-functional syntax*. Oxford: Blackwell. [7]
Bresnan, Joan, and Sam Mchombo. 1995. The lexical integrity principle. *Natural Language & Linguistic Theory* 13: 181-254. [9]
Burzio, Luigi. 1986. *Italian syntax*. Dordrecht: Reidel. [5]
Carlson, Gregory. 1980. *Reference to kinds in English*. New York: Garland. [2]
Carlson, Gregory N. and Francis Jeffry Pelletier (eds.). 1995. *The generic book*. Chicago: University of Chicago Press. [2]
Carnie, Andrew. 2002. *Syntax*. Oxford: Blackwell. [5]
Chomsky, Noam. 1955. *The logical structure of linguistic theory*. New York: Plenum, 1975. [3]
Chomsky, Noam. 1970. Remarks on nominalization. In Roderick Jacobs and Peter Rosenbaum (eds.) *Readings in English transformational grammar*, 184-221. Waltham: Ginn. [9]
Chomsky, Noam. 1981. *Lectures on government and binding*. Dordrecht: Foris. [4, 5]
Cinque, Guglielmo. 1999. *Adverbs and functional heads*. Oxford: Oxford University Press. [8]
Collins COBUILD *dictionary of phrasal verbs*. 2002. Second edition. London: HarperCollins. [9]
Comrie, Bernard. 1976. *Aspect*. Cambridge: Cambridge University Press. [1]
Couper-Kuhlen, Elizabeth. 1979. *The prepositional passive in English*. Tübingen: Niemeyer. [3, 4]
Creider, Chet. 1979. On the explanation of transformations. In Talmy Givón (ed.)

Syntax and semantics 12: Discourse and syntax, 3-21. New York: Academic Press. [9]
Davies, William, and Stanley Dubinsky. 2004. *The grammar of raising and control*. Oxford: Blackwell. [5]
Davison, Alice. 1980. Peculiar passives. *Language* 56: 42-66. [4]
Dehé, Nicole. 2002. *Particle verbs in English*. Amsterdam: John Benjamins. [9]
Dehé, Nicole, Ray Jackendoff, Andrew McIntyre and Silke Urban (eds.) 2002. *Verb-particle explorations*. Berlin,: Mouton de Gruyter. [9]
den Dikken, Marcel. 1995. Particles: On the syntax of verb-particle, triadic, and causative constructions. New York: Oxford University Press. [9]
Diesing, Molly. 1992. *Indefinites*. Cambridge, MA: MIT Press. [2]
Dixon, R. M. W. 1982. Where have all the adjectives gone. In D. M. W. Dixon, *Where have all the adjectives gone and other essays in semantics and syntax*, 1-62. Berlin: Mouton. [6]
Dixon, R. M. W. 2005. *A semantic approach to English grammar*. New York: Oxford University Press. [3, 4]
Dixon, R. M. W. 2008. Deriving verbs in English. *Language Sciences* 30: 31-52. [6]
Dixon, R. M. W. and Alexandra Aikhenvald (eds.) 2004. *Adjective classes*. Oxford: Oxford University Press. [2]
Downing, Angela. 1996. The semantics of *get*-passives. In Ruqaiya Hasan, Carmel Cloran, and David Butt (eds.) *Functional descriptions*, 179-207. Amsterdam: John Benjamins. [3]
Dowty, David R. 1979. *Word meaning and Montague grammar*. Dordrecht: Reidel. [1, 2, 6]
Emonds, Joseph. 1972. Evidence that indirect object movement is a structure-preserving rule. *Foundations of Language* 8: 546-561. [9]
Emonds, Joseph. 2006. Adjectival passives. In Martin Everaert and Henk van Riemsdijk (eds.) *The Blackwell companion to syntax*, Vol. I, 16-60. Oxford: Blackwell. [4]
Ernst, Thomas. 2000. Manners and events. In Carol Tenny and James Pustejovsky (eds.), *Events as grammatical objects* 335-358. Stanford: CSLI. [8]
Ernst, Thomas. 2002. *The syntax of adjuncts*. Cambridge: Cambridge University Press. [8]
Erteshik-Shir, Nomi. 1997. *The dynamics of focus structure*. Cambridge: Cambridge University Press. [10]
Farrell, Patrick. 2005. English verb-preposition constructions: Constituency and order. *Language* 81: 96-137. [9]
Fernald, Theodore. 2000. *Predicates and temporal arguments*. Oxford: Oxford University Press. [2]

Foley, William and Robert Van Valin. 1984. *Functional syntax and Universal Grammar*. Cambridge: Cambridge University Press. [5]

Fox, Danny and Yosef Grodzinsky. 1998. Children's passive: A view from the *by*-phrase. *Linguistic Inquiry* 29: 311-332. [3]

Fraser, Bruce. 1974. *The verb-particle combination in English*. Tokyo: Taishukan. [3]

Fridén, Georg. 1948. *Studies on the tenses of the English verb from Chaucer to Shakespeare with special reference to the late sixteenth century*. [松浪有（訳）『動詞時制の歴史的研究』（英語学ライブラリー 34）研究社] [4]

Geuder, Wilhelm. 2000. *Oriented adverbs*. Ph.D. dissertation, Universität Tübingen. [8]

Geuder, Wilhelm. 2004. Depictives and transparent adverbs. In Jennifer Austin, Stefan Engelberg, and Gisa Rauh (eds.) *Adverbials*, 131-166. Amsterdam: John Benjamins. [8]

Givón, Talmy. 1984. *Syntax*, Vol. I. Amsterdam: John Benjamins. [2]

Givón, Talmy. 1993. *English grammar*, Vol. II. Amsterdam: John Benjamins. [3]

Givón, Talmy and Lynne Yang. 1994. The rise of the English *get*-passive. In Barbara Fox and Paul J. Hopper (eds.) *Voice*, 119-149. Amsterdam: John Benjamins. [3]

Goldberg, Adele. 1995. *Constructions*. Chicago: University of Chicago Press. [8]

Goldberg, Adele. 2001. Patient arguments of causative verbs can be omitted. *Language Sciences* 23: 503-524. [2]

Goldberg, Adele and Ray Jackendoff. 2004. The English resultative as a family of constructions. *Language* 80: 532-569. [8]

Greenbaum, Sidney. 1969. *Studies in English adverbial usage*. London: Longman. (日本語訳『グリーンボーム英語副詞の用法』研究社, 1983) [8]

Gries, Stefan. 1999. Particle movement. *Cognitive Linguistics* 10: 105-145. [9]

Grimshaw, Jane. 1990. *Argument structure*. Cambridge, MA: MIT Press. [3]

Haegeman, Liliane. 1985. The *get*-passive and Burzio's generalization. *Lingua* 66: 53-77. [3]

Haiden, Martin. 2006. Verb particle constructions. In Martin Everaert and Henk van Riemsdijk (eds.) *The Blackwell companion to syntax*, Vol. V, 344-375. Oxford: Blackwell. [9]

Hale, Ken and Samuel Jay Keyser. 2002. *Prolegomenon to a theory of argument structure*. Cambridge, MA: MIT Press. [8]

Halliday, Michael. 1967. Notes on transitivity, Part I. *Journal of Linguistics* 3: 37-81. [8]

Hay, Jennifer, Christopher Kennedy and Beth Levin. 1999. Scalar structure underlies telicity in "degree achievements." *SALT* IX, 127-144. Ithaca: CLC Publi-

cations. [6]
Herburger, Elena. 2000. *What counts*. Cambridge, MA: MIT Press. [10]
樋口文彦. 1996.「形容詞の分類」『ことばの科学』7: 39-60. むぎ書房. [2]
Hirakawa, Makiko. 1995. L2 acquisition of English unaccusative constructions. In Dawn MacLaughlin and Susan McEwen (eds.) *The 19th annual Boston University conference on language development* Vol. 1, 291-302. Somerville, MA: Cascadilla Press. [4]
Hopper, Paul and Sandra A. Thompson. 1980. Transitivity in grammar and discourse. *Language* 56: 251-299. [3]
Horn, George. 2003. Idioms, metaphors and syntactic mobility. *Journal of Linguistics* 39: 245-273. [3]
Hornstein, Norbert. 1990. *As time goes by*. Cambridge, MA: MIT Press. [1]
Hornstein, Norbert and Amy Weinberg. 1981. Case theory and preposition stranding. *Linguistic Inquiry* 12: 55-92. [3]
Hoshi, Hiroto. 1999. Passives. In Natsuko Tsujimura (ed.) *The handbook of Japanese linguistics*, 191-235. Oxford: Blackwell. [3]
Howard, Irwin and Agnes Niyekawa-Howard. 1976. Passivization. In Masayoshi Shibatani (ed.) *Japanese generative grammar*, 201-237. New York: Academic Press. [3]
Huddleston, Rodney and Geoffrey Pullum. 2002. *The Cambridge grammar of the English language*. Cambridge: Cambridge University Press. [5]
Hudson, Richard. 1975. Problems in the analysis of -*ed* adjectives. *Journal of Linguistics* 11: 69-72. [2]
井上和子. 1976.『変形文法と日本語（上・下）』大修館書店. [3, 4]
Ishikawa, Kazuhisa. 1999. English verb-particle constructions and a V^0-internal structure. *English Linguistics* 16: 329-352. [9]
伊藤たかね・杉岡洋子. 2002.『語のしくみと語形成』研究社. [7]
Jackendoff, Ray. 1972. *Semantic interpretation in generative grammar*. Cambridge, MA: MIT Press. [8, 10]
Jackendoff, Ray. 1990. *Semantic structures*. Cambridge, MA: MIT Press. [1, 6, 8]
Jackendoff, Ray. 1997. Twistin' the night away. *Language* 73: 534-559. [9]
Jackendoff, Ray. 2008. *Construction after construction* and its theoretical challenges. *Language* 84: 8-28. [1]
Jacobsen, Wesley. 1982. Vendler's verb classes and the aspectual character of Japanese *te-iru*. *BLS* 8: 373-383. [1]
Jacobsen, Wesley M. 1992. *The transitive structure of events in Japanese*. Tokyo: Kurosio. [1]
Jaeggli, Osvaldo. 1986. Passive. *Linguistic Inquiry* 17: 587-622. [3]

影山太郎．1980．『日英比較　語彙の構造』松柏社．［7］

Kageyama, Taro. 1989. The place of morphology in the grammar. In Geert Booij and Jaap van Marle (eds.) *Yearbook of Morphology* 2, 73-94. Dordrecht: Foris. ［5］

影山太郎．1990．「日本語と英語の語彙の対照」，玉村文郎（編）『日本語の語彙と意味（講座　日本語と日本語教育第7巻）』1-26．明治書院．［2］

影山太郎．1993．『文法と語形成』ひつじ書房．［5, 7, 9］

影山太郎．1996．『動詞意味論』くろしお出版．［1, 2, 4, 6, 8, 9］

影山太郎．1999．『形態論と意味』くろしお出版．［7, 9］

影山太郎．2000a．「自他交替の意味的メカニズム」，丸田忠雄・須賀一好（編）『日英語の自他の交替』33-70．ひつじ書房．［3］

影山太郎．2000b．「非対格性と第二言語習得」『関西学院大学英米文学』44(1): 47-59．［4］

Kageyama, Taro. 2001. Word plus. In Jeroen van de Weijer and Tetsuo Nishihara (eds.) *Issues in Japanese phonology and morphology*, 245-276. Berlin: Mouton de Gruyter. ［9］

影山太郎（編）．2001．『日英対照　動詞の意味と構文』大修館書店．［9］

影山太郎．2002．「語彙と文法」，斎藤倫明（編）『語彙・意味（朝倉日本語講座第4巻）』170-190．朝倉書店．［7］

Kageyama, Taro. 2003. Why English motion verbs are special. *Korean Journal of English Language and Linguistics* 3: 341-373. ［8］

影山太郎．2003．「動作主属性文における他動詞の自動詞化」，語学教育研究所（編）『市河賞36年の軌跡』271-280．開拓社．［2］

影山太郎．2004．「軽動詞構文としての『青い目をしている』構文」『日本語文法』4巻1号: 22-37．［2］

Kageyama, Taro. 2006. Property description as a voice phenomenon. In Tasaku Tsunoda and Taro Kageyama (eds.) *Voice and grammatical relations*, 85-114. Amsterdam: John Benjamins. ［2, 4］

影山太郎．2006．「日本語受身文の統語構造」影山太郎（編）『レキシコンフォーラム No.2』179-231．ひつじ書房．［3］

影山太郎．2007．「外項複合語と叙述のタイプ」，益岡隆志ほか（編）『日本語文法研究の新地平1：形態・叙述内容編』1-21．くろしお出版．［7］

影山太郎．2008a．「語形成と属性叙述」，益岡隆志（編）『叙述類型論』23-43．くろしお出版．［2, 6］

影山太郎．2008b．「語彙概念構造（LCS）入門」，影山太郎（編）『レキシコンフォーラム No.4』239-364．ひつじ書房．［1, 6］

Kageyama, Taro. 2009. *Isolate*: Japanese. In Rochelle Lieber and Pavol Štekauer (eds.) *The Oxford handbook of compounding*. Oxford: Oxford University Press. ［7］

Kageyama, Taro and Hiroyuki Ura. 2002. Peculiar passives as individual-level predicates. *Gengo Kenkyu* 122: 181-199. [3, 4]

影山太郎・由本陽子. 1997.『語形成と概念構造』研究社出版. [7]

Kajita, Masaru. 1968. *A generative-transformational study of semi-auxiliaries in Present-day American English*. Tokyo: Sanseido. [5]

金澤俊吾. 2003.「NP-V-NP-AP 構文の意味的性質について」『英語語法研究 第10号』70-86. 開拓社. [8]

Kathol, Andreas. 1991. Verbal and adjectival passives in German. *MIT Working papers in linguistics* 14: 115-130. [4]

加藤重広. 2003.『日本語修飾構造の語用論的研究』ひつじ書房. [2]

Katz, Graham. 2008. Manner modification of state verbs. In Louise McNally and Christopher Kennedy (eds.) *Adjectives and adverbs*, 220-248. Oxford: Oxford University Press. [2]

Kayne, Richard. 1985. Principles of particle constructions. In Jacqueline Guéron, Hans-Georg Obenauer, and Jean-Yves Pollock (eds.) *Grammatical representation*, 101-140. Dordrecht: Foris. [9]

Kayne, Richard. 2000. *Parameters and universals*. Oxford: Oxford University Press. [10]

Kearns, Kate. 2000. *Semantics*. London: Macmillan. [1]

Kearns, Kate. 2007. Telic senses of deadjectival verbs. *Lingua* 117: 26-66. [6]

Kennedy, Christopher and Beth Levin. 2008. Measure of changes. In Louise McNally and Christopher Kennedy (eds.) *Adjectives and adverbs*, 156-182. Oxford: Oxford University Press. [6]

Kenny, Anthony J. 1963. *Action, emotion and will*. London: Routledge. [1]

Keyser, Samuel and Paul Postal. 1976. *Beginning English grammar*. New York: Harper & Row. [5]

Kilby, David. 1984. *Descriptive syntax and the English verb*. London: Croom Helm. [3]

金田一春彦. 1950.「国語動詞の一分類」『言語研究』15: 48-63；金田一春彦（編）1976『日本語動詞のアスペクト』（むぎ書房）に再録。[1, 2]

金水敏. 1993.「受動文の固有・非固有性について」『近代語研究』9, 473-508. [3]

金水敏. 1994.「連体修飾の『〜タ』について」田窪行則（編）『日本語の名詞修飾表現』29-65. くろしお出版. [4]

Kiparsky, Paul. 1983. Word formation and the lexicon. In Frances Ingemann (ed.) *1982 Mid-America Linguistics Conference papers*, 3-29. [7]

Kiparsky, Paul. 1997. Remarks on denominal verbs. In Alex Alsina (ed.) *Complex predicates*, 473-499. Stanford: CSLI. [6]

岸本秀樹. 2005.『統語構造と文法関係』くろしお出版. [2, 5]

Kishimoto, Hideki. 2007. Notes on syntactic compound verb constructions in

Japanese. 『神戸言語学論叢』4: 93-109. [5]
Kitagawa, Yoshihisa, and S.-Y. Kuroda. 1992. Passive in Japanese. Ms., University of Rochester and University of California, San Diego. [3]
Klaiman, M. H. 1981. Toward a universal semantics of indirect subject constructions. *BLS* 7: 123-135. [2]
小林英樹. 2004.『現代日本語の漢語動名詞の研究』ひつじ書房. [6]
Koizumi, Masatoshi. 1994. Secondary predicates. *Journal of East Asian Linguistics* 3: 25-79. [8]
Koizumi, Masatoshi. 1999. *Phrase structure in Minimalist syntax*. Tokyo: Hituzi Syobo. [5]
Kratzer, Angelika. 1995. Stage-level and individual-level predicates. In Carlson and Pelletier (eds.) *The generic book*, 125-175. Chicago: Chicago University Press. [2]
Krifka, Manfred, Francis Jeffry Pelletier, Gregory N. Carlson, Alice ter Meulen, Gennaro Chierchia, and Godehard Link. 1995. Genericity: An introduction. In Carlson and Pelletier (eds.) *The generic book*, 1-124. Chicago: Chicago University Press. [2]
工藤真由美. 1995.『アスペクト・テンス体系とテクスト』ひつじ書房. [1]
工藤真由美. 2004.「現代語のテンスとアスペクト」, 尾上圭介（編）『朝倉日本語講座 第6巻 文法II』172-192, 朝倉書店. [2]
Kuno, Susumu. 1973. *The structure of the Japanese language*. Cambridge, MA: MIT Press. [2]
久野暲. 1973.『日本文法研究』大修館書店. [3, 6]
久野暲. 1983.『新日本文法研究』大修館書店. [5]
Kuno, Susumu. 1987. Honorific marking in Japanese and the word formation hypothesis of causatives and passives. *Studies in Language* 11: 99-128. [5]
Kuroda, S.-Y. 1965. *Generative grammatical studies in the Japanese language*. Ph. D. dissertation, MIT. [New York: Garland, 1979] [10]
Kuroda, S.-Y. 1973. Where epistemology, style, and grammar meet. In Stephen Anderson and Paul Kiparsky (eds.) *A festshrift for Morris Halle*, 377-391. New York: Holt, Rinehart and Winston. [6]
Kuroda, S.-Y. 1992. *Japanese syntax and semantics*. Dordrecht: Kluwer. [3]
Lakoff, George. 1970. *Irregularity in syntax*. New York, NY: Holt, Rinehart and Winston. [1]
Lakoff, Robin. 1971. Passive resistance. *CLS* 7: 149-162. [3]
Langacker, Ronald. 1987. *Foundation of cognitive grammar* Vol. 1. Stanford: Stanford University Press. [1, 2]
Lasnik, Howard and Mamoru Saito. 1991. On the subject of infinitives. *CLS 27: The general session*: 324-343. [5]

Leech, Geoffrey. 2004. *Meaning and the English verb*, 3rd ed. New York: Longman. [2]

Levin, Beth. 1993. *English verb classes and alternations*. Chicago: University of Chicago Press. [2]

Levin, Beth and Malka Rappaport. 1986. The formation of adjectival passives. *Linguistic Inquiry* 17: 623-661. [4, 7]

Levin, Beth and Malka Rappaport Hovav. 1995. *Unaccusativity*. Cambridge, MA: MIT Press. [6, 8, 9]

Lieber, Rochelle. 1983. Argument linking and compounds in English. *Linguistic Inquiry* 14: 251-285. [7]

Lieber, Rochelle. 1992. *Deconstructing morphology*. Chicago: University of Chicago Press. [7]

Lieber, Rochelle. 1998. The suffix -*ize* in English. In Steven Lapointe, Diane Brentari, and Patrick Farrell (eds.) *Morphology and its relation to phonology and syntax*, 12-33. Stanford: CSLI. [6]

Lieber, Rochelle. 2004. *Morphology and lexical semantics*. Cambridge: Cambridge University Press. [3, 6, 7]

Lieber, Rochelle and Harold Baayen. 1993. Verbal prefixes in Dutch. In Geert Booij and Jaap van Marle (eds.) *Yearbook of morphology 1993*, 51-78. Dordrecht: Kluwer. [6]

Ljung, Magnus. 1976. -*Ed* adjectives revisited. *Journal of Linguistics* 12: 159-168. [2]

Marantz, Alec. 1984. *On the nature of grammatical relations*. Cambridge, MA: MIT Press. [3]

Marchand, Hans. 1969. *The categories and types of Present-day English word-formation*. München: C. H. Beck. [4, 7]

益岡隆志. 1987.『命題の文法』くろしお出版. [2, 3, 4]

益岡隆志. 2000.『日本語文法の諸相』くろしお出版. [2]

益岡隆志（編）. 2008.『叙述類型論』くろしお出版. [2]

Mateu, Jaume. 2005. Arguing our way to the direct object restriction on English resultatives. *Journal of Comparative Germanic Linguistics* 8: 55-82. [8]

Matsumoto, Yo. 1996. *Complex predicates in Japanese*. Stanford and Tokyo: CSLI and Kurosio. [5]

松本曜. 1998.「日本語の語彙的複合動詞における動詞の組み合わせ」『言語研究』114: 37-83. [9]

松下大三郎（1930）『標準日本口語法』勉誠社. [3]

McCawley, James D. 1998. *The syntactic phenomena of English*, 2nd ed. Chicago: University of Chicago Press. [10]

McCawley, Noriko A. 1972. On the treatment of Japanese passives. *CLS* 8: 256-

270．［3］
McConnel-Ginet, Sally. 1982. Adverbs and logical form. *Language* 58: 144-184. ［8］
McIntyre, Andrew. 2003. Preverbs, argument linking and verb semantics. In Geert Booij and Jaap van Marle (eds.) *Yearbook of morphology 2003*, 119-144. Dordrecht: Kluwer. ［9］
McIntyre, Andrew. 2006. *Get*-passives, silent reflexive/middle morphemes and the deconstruction of causation. http://www.uni-leipzig.de/~angling/mcintyre/get.passive.handout.pdf ［3］
Meys, W. J. 1975. *Compound adjectives in English and the ideal speaker-listener*. Amsterdam: North-Holland. ［7］
三原健一．1994．『日本語の統語構造』松柏社．［3］
三原健一・平岩健．2006．『新日本語の統語構造』松柏社．［3］
三上章．1953．『現代語法序説』刀江書院．（復刻版，1972年，くろしお出版）［2，3］
Milsark, Gary. 1977a. *Existential sentences in English*. New York: Garland. ［2］
Milsark, Gary. 1977b. Toward an explanation of certain peculiarities of the existential construction in English. *Linguistic Analysis* 2: 1-29. ［2］
三宅和宏．1995．「～ナガラと～タママと～テ」，宮島達夫・仁田義雄（編）『日本語類義表現の文法（下）複文・連文編』441-450．くろしお出版．［8］
宮腰幸一．2006．「非目的語志向の結果述語」『日本語文法』6巻1号：3-20．［8］
村木新次郎．2005．「『神戸な人』という言い方とその周辺」，中村明・野村雅昭・佐久間まゆみ・小宮千鶴子（編）『表現と文体』404-415．明治書院．［2］
Nakajima, Heizo. 1990. Secondary predication. *The Linguistic Review* 7: 275-309. ［8］
中右実．1994．『認知意味論の原理』大修館書店．［8］
並木崇康．1988a「複合語の日英対照――複合名詞・複合形容詞」『日本語学』7: 68-78．［7］
並木崇康．1988b．「「可能」という語で終わる日本語の複合語――接尾辞-ableで終わる英語の派生語との対照」『茨城大学教育学部紀要』37: 53-75．［7］
Newmeyer, Frederick. 1975. *English aspectual verbs*. The Hague: Mouton. ［5］
Nishigauchi, Taisuke. 1993. Long distance passive. In Nobuko Hasegawa (ed.) *Japanese syntax in comparative grammar*, 79-114. Tokyo: Kurosio. ［5］
西尾寅弥．1972．『形容詞の意味・用法の記述』秀英出版．［2］
仁田義雄．1998．「日本語文法における形容詞」『言語』27: 27-35．［2］
仁田義雄．2002．『副詞的表現の諸相』くろしお出版．［8］
Nunberg, Geoffrey, Ivan Sag, and Thomas Wasow. 1994. Idioms. *Language* 70: 492-538．［3］
岡田伸夫．1985．『副詞と挿入文』大修館書店．［8］

Olsen, Susan. 1997. Über den lexikalischen Status englischer Partikelverben. In Gisa Rauh and Elisabeth Löbel (eds.) *Lexikalische Kategorien und Merkmale*, 45-71. Tübingen: Niemeyer. [9]

Onozuka, Hiromi. 2007. Remarks on causative verbs and object deletion in English. *Language Sciences* 29: 538-553. [2]

Oshita, Hiroyuki. 1997. *The unaccusative trap: L2 acquisition of English intransitive verbs*. Ph.D. dissertation, University of Southern California. [4]

Parsons, Terence (1990) *Events in the semantics of English*. Cambridge, MA: MIT Press. [1]

Perlmutter, David and Paul Postal. 1984. The 1-advancement exclusiveness law. In David Perlmutter and Carol Rosen (eds.) *Studies in relational grammar* 2, 81-125. Chicago: University of Chicago Press. [3]

Perlmutter, David. 1970. Two verbs *begin*. In Roderick Jacobs and Peter Rosenbaum (eds.) *Readings in English transformational grammar*, 107-119. Waltham: Ginn. [5]

Plag, Ingo. 1999. *Morphological productivity*. Berlin: Mouton de Gruyter. [6]

Postal, Paul. 1974. *On raising*. Cambridge, MA: MIT Press. [5]

Postal, Paul. 1986. *Studies of passive clauses*. Albany: State University of New York Press. [3]

Pustejovsky, James. 1995. *The generative lexicon*. Cambridge, MA: MIT Press. [5, 6, 8]

Quirk, Randolph, Sidney Greenbaum, Geoffrey Leech and Jan Svartvik. 1985. *A comprehensive grammar of the English language*. London: Longman. [2, 3, 4, 8, 9]

Radford, Andrew. 1988. *Transformational grammar*. Cambridge: Cambridge University Press. [3]

Radford, Andrew. 1997. *Syntactic theory and the structure of English*. Cambridge: Cambridge University Press. [5]

Rapoport, Tova. 1991. Adjunct-predicate licensing and D-structure. In Susan Rothstein (ed.) *Perspectives on phrase structure*, 159-187. New York: Academic Press. [8]

Rapoport, Tova. 1993. Verbs in depictives and resultatives. In James Pustejovsky (ed.) *Semantics and the lexicon*, 163-184. Dordrecht: Kluwer. [8]

Rapoport, Tova. 1999. Structure, aspect, and the predicate. *Language* 75: 653-677. [8]

Rappaport Hovav, Malka and Beth Levin. 1998. Building verb meanings. In Miriam Butt and Wilhelm Geuder (eds.) *The projection of arguments*, 97-134. Stanford: CSLI. [1]

Rappaport Hovav, Malka and Beth Levin. 2001. An event structure account of

English resultatives. *Language* 77: 766-797. [8]
Reichenbach, Hans. 1947. *Elements of symbolic logic*. New York, NY: The Free Press. [1]
Reinhart, Tanya. 2006. *Interface strategies*. Cambridge, MA: MIT Press. [10]
Rice, Sally. 1987. *Towards a cognitive model of transitivity*. Ph.D. dissertation, University of California, San Diego. [3]
Rice, Sally, and Gart Prideaux. 1991. Event-packing: The case of object-incorporation in English. *BLS* 17: 283-298. [7]
Rizzi, Luigi. 1982. *Issues in Italian syntax*. Dordrecht: Foris. [5]
Roberts, Ian. 1986. *The representation of implicit and dethematized subjects*. Dordrecht: Foris. [3]
Roberts, Ian. 1989. Compound psych-adjectives and the ergative hypothesis. *NELS* 19: 358-374. [7]
Roeper, Thomas and Muffy E. A. Siegel. 1978. A lexical transformation for verbal compounds. *Linguistic Inquiry* 9: 199-260. [7, 9]
Rooth, Mats E. 1985. *Association with focus*. Ph.D. dissertation, University of Massachusetts at Amherst. [10]
Rosenbaum, Peter. 1967. *The grammar of English predicate complement constructions*. Cambridge, MA: MIT Press. [5]
Ross, John Robert. 1986. *Infinite syntax!* New Jersey: Ablex. [9]
Rothstein, Susan. 1983. *The syntactic forms of predication*. Ph.D. dissertation. MIT. [8]
Rothstein, Susan. 2004. *Structuring events*. Oxford: Blackwell. [8]
Rothstein, Susan. 2006. Secondary predication. In Martin Everaert and Henk van Riemsdijk (eds.) *The Blackwell companion to syntax*, Vol. IV, 209-233. Oxford: Blackwell. [8]
Rydén, Mats and Sverker Brorström. 1987. *The be/have variation with intransitives in English, with special reference to the late modern period*. Stockholm: Almqvist & Wiksell. [4]
佐久間鼎. 1941. 『日本語の特質』育英書院（1995年復刻，くろしお出版）[2]
佐久間鼎. 1966. 『現代日本語の表現と語法』恒星社厚生閣. [3]
佐野まさき. 2009. 「とりたて詞と語彙範疇」, 由本陽子・岸本秀樹（編）『語彙の意味と文法』くろしお出版. [10]
Selkirk, Elisabeth. 1982. *The syntax of words*. MIT Press. [7]
Shibatani, Masayoshi. 1973. Where morphology and syntax clash. 『言語研究』64: 65-96. [5]
柴谷方良. 1978. 『日本語の分析』大修館書店. [3, 5]
Shibatani, Masayoshi. 1985. Passives and related constructions. *Language* 61: 821-848. [3]

Shibatani, Masayoshi. 2001. Non-canonical constructions in Japanese. In Aikhenvald, Dixon, and Onishi (eds.) *Non-canonical marking of subjects and objects*, 307-354. Amsterdam: John Benjamins. [2]

Shibatani Masayoshi and Taro Kageyama. 1988. Word formation in a modular theory of grammar. *Language* 64: 451-484. [7]

Shibatani, Masayoshi and Prashant Pardeshi. 2001. Dative subject constructions in South Asian languages. In Peri Bhaskarrao and Karamuri Venkatsa Subbarao (eds.) *The yearbook of South Asian languages and linguistics*, 311-347. New Delhi: Sage Publications. [2]

島村礼子. 1990.『英語の語形成とその生産性』リーベル出版. [7]

Siegel, Dorothy. 1973. Nonsources of unpassives. In John Kimball (ed.) *Syntax and semantics 2*, 301-317. New York: Academic Press. [4]

Siewierska, Anna. 1984. *The passive*. London: Croom Helm. [3]

Silverstein, Michael. 1976. Hierarchy of features and ergativity. In R. M. W. Dixon (ed.) *Grammatical categories in Australian languages*, 112-171. Canberra: Australian Institute of Aboriginal Studies. [3]

Simpson, Jane. 1993. Resultatives. In Lori Levin et al. (eds.) *Papers in Lexical-Functional Grammar*, 143-157. Indiana University Linguistics Club. [8]

Simpson, Jane. 2005. Depictives in English and Warlpiri. In Nikolaus Himmelmann and Eva Schultze-Berndt (eds.) *Secondary predication and adverbial modification*, 69-106. Oxford: Oxford University Press. [8]

Smith, Carlota. 1991. *The parameter of aspect*. Dordrecht: Kluwer. [1]

Sorace, Antonella. 1995. Acquiring linking rules and argument structures in a second language. In Lynn Eubank, Larry Selinker, and Michael Sharwood Smith (eds.) *The current state of interlanguage*, 153-175. Amsterdam: John Benjamins. [4]

Stein, Gabriele. 1979. *Studies in the function of the passive*. Tübingen: Gunter Narr. [4]

Stiebels, Barbara. 1998. Complex denominal verbs in German. In Geert Booij and Jaap van Marle (eds.) *Yearbook of Morphology 1997*, 265-302. Dordrecht: Kluwer. [6]

Stump, Gregory. 1985. *The semantic variability of absolute constructions*. Dordrecht: Kluwer. [2]

杉岡洋子. 1998.「動詞の意味構造と付加詞表現の投射」『平成9年度COE形成基礎研究費研究成果報告(2)』341-363. 神田外語大学. [7]

Sugioka Yoko. 2001. Event structure and adjuncts in Japanese deverbal compounds. *Journal of Japanese Linguistics*. 17: 83-108. [7]

杉岡洋子. 2002.「形容詞から派生する動詞の自他交替をめぐって」, 伊藤たかね (編)『文法理論:レキシコンと統語』91-116. 東大出版. [6]

杉岡洋子. 2006.「語や接辞の意味が語形成に果たす役割」『日本語学』25(5): 64-74. [6]

杉岡洋子. 2007.「主観的事象表現と複雑述語形成」『慶応義塾大学言語文化研究所紀要』38号, 21-43. [6]

Svartvik, Jan. 1966. *On voice in the English verb*. The Hague: Mouton. [3, 4]

Szendröi, Kriszta. 2001. *Focus and the syntax-phonology interface*. Ph.D. dissertation, University College London. [10]

Taglicht, Josef. 1984. *Message and emphasis*. London: Longman. [10]

高見健一. 1995.『機能的構文論による日英語比較』くろしお出版. [4]

高見健一・久野暲. 2006.『日本語機能的構文研究』大修館書店. [10]

田窪行則. 1986.「-化」『日本語学』5(3): 81-84. [6]

Taniwaki, Yasuko. 2006. Resultative verb-adjective combinations as lexical compounds. 影山太郎（編）『レキシコンフォーラム No.2』251-280. ひつじ書房. [9]

Tenny, Carol. 1994. *Aspectual roles and the syntax-semantics interface*. Dordrecht: Kluwer. [1, 8]

Tenny, Carol. 2000. Core events and adverbial modification. In Carol Tenny and James Pustejovsky (eds.) *Events as grammatical objects*, 285-334. Stanford: CSLT. [8]

Tenny, Carol and James Pustejovsky (eds.). 2000. *Events as grammatical objects*. Stanford: CSLI. [8]

寺村秀夫. 1982.『日本語のシンタクスと意味II』くろしお出版. [2, 6]

角田太作. 1991.『世界の言語と日本語』くろしお出版. [2, 3]

内丸裕佳子. 1999.「『名詞の形式化』に関する一考察」『筑波応用言語学研究』6: 27-40. [8]

Uehara, Satoshi. 1998. *Syntactic categories in Japanese. A cognitive typological introduction*. Tokyo: Kurosio. [2]

上原聡・熊代文子. 2007.『音韻・形態のメカニズム──認知音韻・形態論のアプローチ』研究社. [2]

Van Valin, Robert. 2005. *Exploring the syntax-semantics interface*. Cambridge: Cambridge University Press. [1]

Vendler, Zeno. 1957. Verbs and times. *The Philosophical Review* 66, 143-60. Reprinted in Vendler 1967: 67-121. [1]

Vendler, Zeno. 1967. *Linguistics in philosophy*. Ithaca, NY: Cornell University Press. [1, 2]

Verspoor, Cornelia M. 1997. *Contextually-dependent lexical semantics*. Ph.D. dissertation, University of Edinburgh. [8]

Washio, Ryuichi. 1997. Resultatives, compositionality and language variation. *Journal of East Asian Linguistics* 6: 1-49. [8]

Wasow, Thomas. 1977. Transformations and the lexicon. In Peter Culicover, Thomas Wasow, and Adrian Akmajian (eds.) *Formal syntax*, 327-360. New York: Academic Press.［4］

Williams, Edwin. 1980. Predication. *Linguistic Inquiry* 11: 203-238.［8］

Williams, Edwin. 1981. On the notions 'lexically related' and 'head of a word'. *Linguistic Inquiry* 12: 245-274.［7］

Winkler, Susanne. 1997. *Focus and secondary predication.* Berlin, New York: Mouton de Guyter.［8］

Wunderlich, Dieter. 1997. Cause and the structure of verbs. *Linguistic Inquiry* 28: 27-68.［6］

八亀裕美．2008．『日本語形容詞の記述的研究』明治書院．［2］

山田孝雄．1908．『日本文法論』宝文館．［3］

山岡政紀．2000．『日本語の述語と文機能』くろしお出版．［2］

安井稔・秋山怜・中村捷．1976．『現代の英文法7：形容詞』研究社．［2, 4］

矢澤真人．2000．「副詞的修飾の諸相」仁田義雄・益岡隆志（編）『文の骨格』189-244．岩波書店．［8］

由本陽子．1990．「日英対照複合形容詞の構造」『言語文化研究』16: 353-372．大阪大学．［7］

Yumoto, Yoko. 1991. The role of aspectual features in morphology. *English Linguistics* 8: 104-123.［7］

由本陽子．2005．『複合動詞・派生動詞の意味と統語』ひつじ書房．［5, 7, 9］

由本陽子．2009．「複合形容詞形成に見る語形成のモジュール性」，由本陽子・岸本秀樹（編）『語彙の意味と文法』くろしお出版．［7］

Ziv, Yael, and Gloria Sheintuch. 1981. Passives of obliques over direct objects. *Lingua* 54: 1-17.［4］

Zobl, Helmut. 1989. Canonical typological structures and ergativity in English L2 acquisition. In Susan Gass and Jacquelyn Schachter (eds.) *Linguistic perspectives on second language acquisition*, 203-221. Cambridge: Cambridge University Press.［4］

Zwicky, Arnold M. 1977. *On clitics*. Bloomington: Indiana University Linguistics Club.［9］

【英語コーパス】

BNC=The British National Corpus (http://www.natcorp.ox.ac.uk/). Oxford University Computing Services.

BOE=The Bank of English Corpus (the COBUILD corpus). Harper Collins.

LOB=The Lancaster-Oslo-Bergen Corpus (ICAME CD-ROM). Norwegian Computing Center for the Humanities.

索 引

【事項】

あ行

アクセント 226, 253
アスペクト 15
暗黙の動作主 94
一次述語 266
一時性 31
一時的 49, 55, 58, 66, 68, 70, 202, 215, 252
　　——状態 10
一人称 86
位置変化使役動詞 8
位置変化自動詞 9, 82
イディオム 82, 96, 162, 166, 173, 181
意図 55
移動 37, 98, 213, 264, 301
移動動詞 101
意図性 30, 56, 60, 106, 132
意図的制御 9
意味構造 4, 36
意味の透明性 159
意味の特殊化 228
意味役割 135
色鮮やか 248
ヴィッサーの一般化 179
受身 61, 352
　　——化 79, 89, 101, 104, 145, 162, 171, 179, 185, 212
　　——文 79, 86, 88, 94, 96, 97, 121, 165, 282
　　——分詞 79, 127, 232, 233
　　間接—— 81, 110, 111, 115
　　直接—— 81, 110, 111

埋め込み構造 112
オランダ語 200
音韻的制約 193
音節 193, 194

か行

外項 61, 187, 188, 199, 208, 282
開始 17
外心複合語 228
外置構文 100, 101
ガ格 62
格上げ 80, 84
画理論 112
格下げ 79, 84
過去形 144
過去時制 25
過去分詞 79, 136, 138, 139, 142
活動 18, 19, 21, 23, 36, 41, 53, 55, 59, 61, 200
過程 36, 59
カテゴリー化 70
可能動詞 39
壁塗り交替 135, 286
仮主語 154
完結 203, 205
　　——性 4, 204, 246
　　未—— 203, 205, 206, 209, 210
漢語 62
感情形容詞 49, 67
完成 18
完了形 16
完了の「-た」 145
擬似受身 91, 92, 102

索引　373

――文 145
擬似結果述語 276
擬似コントロール 158
擬似分裂文 280,330
基準時 16
擬態語 266
機能範疇 226
逆形成 234
旧情報 302
境界 19,139
強制 56,57,68
強勢 193,302,308,314,326,347
虚辞 154,162,163,176,179
金田一 58
金田一の4分類 38
句 225,314
空所化 304,305
屈折 202,314
句動詞 294,297,309,313
句排除の制約 305
群動詞 295
経験者 188
継続 17
　――時間副詞 203,204,206,209
　――性 3,6
　――動詞 38,39,58,59
形態的緊密性 105,226,255,304,305,306
形容詞 3,9,44,49,60,64,72,105,126,130,191,193,224,261,266,318
　――的受身 61,81,90,122,125,127,131,139,141,233,235,241
　――的な名詞 224,229,237,238,245
　――由来動詞 192,194,200
形容動詞 9,49,73,74,224,245
結果維持 37
結果構文 267
結果述語 97,265,266,273,274,276,282,284,320
結果状態 5,41,57,144,200,214,241,244,245,282,316
結果の副詞 274

結果様態 273,276
原因 320
現在時制 25,39,46,56,63
現在分詞 232,233
限定用法 69
語 225
語彙概念構造 36
語彙的アスペクト 4,15,17,18,24,35,40,41,203,289
語彙的な複合語 253
語彙的複合動詞 320
項 251,261,341
行為 4
　――受影 116
　――名詞 308
　――連鎖 4,7,36,52,59,87,121,242,315,322
後位用法 69,70
項関係 227,233,238,248
項構造 227,249,251
恒常的 48,66,68,70,252
　――状態 10
構成素 327,337,342
語形成 73,193
語順 300,301
個体レベル 65,66,73,202
　――述語 48,277
語+ 314
語用論 32,291
コントローラー 155,180
コントロール 155
　――構造 160
　――構文 99,101,155,158,167
　――述語 155,162

さ　行

再帰構文 136,144
再帰代名詞 111
再帰的 212
　――動作 82
再帰目的語 310
再構成 185
再分析 103,145
サエ 350

作成　108
作成動詞　84
作用域　352,354
参与者指向　268
使役化　208
使役交替　207
使役構文　131
使役文　112
使役変化他動詞　87
時間限定副詞　27,57,64,209
時間軸　47,48,64
時間的安定性　73
時間幅　19,21,35,47,48
時間副詞　6,192
時間枠　54
思考動詞　39
指示性　254
事象　16,48
　　——意味論　3
　　——指向　268
師匠仕込み　245
事象叙述　64,66,147
時制　15,100
自然発生　91
自他交替　7,199,209,213
自動詞　7,139,197,239,309,318,322
　　——化　208
自発性　199
自発変化　210
習慣　46
修飾関係　227
終点　60,203
修復的解釈　31,32
重名詞句転移　303
終了　17
受影受動文　116
受影性　93,108
主強勢　326,333,345
主語　63,80,83,121,153,157,227,
　　247,248,264,329,336,343
　　——イディオム　164,176
　　——コントロール　156,175
　　——指向　278,279,284,286,289
　　——尊敬語　62

　　——尊敬語　184
手段　233,320
述語　10,40,261
受動文　79
主要部　201,225,227,233,249,323
瞬間動詞　38,39,58,59
照応の島の制約　254
小辞　206,294,295,301,309,315
小主語　249,250
上昇　154
上昇構文　154,158,167
上昇述語　154,162,164,169
小節　65,98,266
状態　4,9,18,21,22,41,44,48,53,57,
　　60,64,89,200
状態形容詞　49,67
状態述語　25,30,46,48
状態動詞　9,38,39,43,53,58,60,61
状態文　46,48
状態変化　39,192,285
　　——使役　197
　　——使役動詞　8
　　——自動詞　8
　　——他動詞　81
状態保持　88
焦点　326,327,335,347
　　——化詞　330,333,349
　　——の結びつけ　331,332
　　——領域　333,343,349,351
省略　84,95,310
叙述　48
　　——関係　251
　　——的副詞　262,264,267,271
　　——用法　69,71,137,237
助動詞　264,337,340
所有格　83,88,113
神経過敏　248
進行　20
進行形　16,19,30,43,45,54,55,125,
　　205
　　——未来——　57
身体特徴　65
身体部分　73
心理形容詞　128

索引　375

心理複合形容詞　251
推移　277
ストレス　326
頭脳明晰な　248
制御　55, 61, 81, 86, 87, 91
　　――性　106
生産性　159
責任性　106
接語　307
接辞化　191
接頭辞　192, 193, 312
接尾辞　74, 192, 214, 232, 235, 242, 312
前位用法　69, 70, 71
前景化　80
全体と部分の関係　240, 250, 252
選択制限　154, 156, 159, 162
前置詞　92, 102, 103, 128, 134, 145, 294, 296
　　――句　266, 297, 329
　　――残留　142
前置詞付き動詞　91, 104, 295
総称主語　67
総称性　67
属性　10, 44, 48, 64, 65, 141, 147, 215, 236, 244, 246
　　――形容詞　49, 68
　　――叙述　64, 147
　　――叙述の受身　81, 145
存在文　65, 163

た　行

-た　144
第一強勢　226
対格　187
対比　308
代名詞　301, 302, 307
第4種動詞　38, 40
第四種の動詞　58
多義性　55, 201
ダケ　350, 352
脱使役化　208, 213, 310, 311
達成　18, 20, 21, 23, 37, 41, 59, 286
他動詞　7, 81, 197, 239, 309, 318, 322
　　――化　213

他動性　93
単一相　33
段階性　57, 207
　　――到達動詞　203
段階的　74, 130, 237
　　――到達動詞　210
　　――変化　204, 213
単文構造　112
談話　84
　　――情報　302, 303, 315
近い未来　46
知覚動詞　66
中間構文　94, 96
直接受身　81, 110, 111
罪作り　245
定形節　100
程度副詞　130
程度量の副詞　274
テイル　38, 58, 60, 213
出来事　48
　　――受影　116
　　――動詞　58
　　――文　46, 48
　　――名詞　237, 238
展開　19, 21, 35, 46, 48, 54
転換　141, 142, 191, 193, 195, 197, 253, 312
　　――名詞　312
ドイツ語　139, 200, 303
等位関係　227
等位接続　128, 146
道具　10
統語的な複合語　158, 159
統語的複合語　255
統語的複合動詞　320
動作　18, 48
　　――主　61, 80, 83, 84, 87, 94, 111, 122, 128, 140, 188, 233, 246, 311, 317
　　――主指向の副詞　94
　　――主指向副詞　106, 116, 132
　　――様態　272
動詞　3, 40, 44, 49, 72, 264, 294
　　――句　102, 264, 306, 327, 329, 336

376

──句内主語仮説　338, 340, 348
動詞修飾　269
　　──副詞　263
　　──用法　262, 61, 81, 122, 125, 127, 128, 130, 131, 141
動詞由来複合形容詞　232, 235
到達　18, 20, 21, 23, 37, 41, 56, 59
動能構文　290
動名詞　194, 234, 237, 238, 239
特性形容詞　49, 67
特徴づけ　146, 243
共働き　245

な 行

内項　61, 199, 227, 282
難易構文　156
ニ受身　110, 114
ニ格　62
　　──主語構文　63
　　──動作主　111, 114
二次述語　262, 267, 277, 288
二重主格構文　63
二重主語構文　249
二重目的語　132
　　──構文　99, 287, 307, 308
二重ヲ格構文　88
二重ヲ格制約　101
ニヨッテ　114, 115
人称制限　85, 218
能格動詞　94, 95, 199, 309
能動文　79, 97, 100, 121, 165

は 行

背景化　80
場所　233, 261
場所格交替　135, 286
裸複数名詞句　66
働きかけ　92
　　──他動詞　8, 82, 87, 88, 290
発話時　16
話者　218
幅広い　248
場面レベル　65, 66, 73
　　──述語　48, 202, 277

反使役化　199, 200, 210, 309
被害　110, 114
非画一理論　111
比較級　57, 131
非対格動詞　9, 137, 140, 214
否定　148
非能格動詞　8, 9, 140, 282
描写構文　267
描写述語　265, 266, 279, 281, 284
付加詞　10, 79, 80, 84, 102, 187, 233, 234, 242, 245, 261, 273
複合形容詞　103, 223, 224
複合語　73, 126, 143, 223, 305
複合動詞　158, 181, 234, 314
複合名詞　242
複雑述語　297, 320
副詞　3, 5, 10, 102, 105, 228, 261, 294, 297, 301, 306, 330
付帯状況　279
不変化詞　206, 295
プラトンの問題　35
フランス語　307
ブルツィオの一般化　187
文修飾　269
　　──副詞　171, 263, 332
　　──用法　262
文体　298
文法的アスペクト　16, 17
文法要素の階層　80, 84
分離不可能所有　250
　　──物　73
分類機能　70, 71, 72
分裂文　330
並列　320, 321
変化　4, 200
　　──結果　277
　　──状態　98
　　──動詞　90
法助動詞　148
包摂関係　239, 240
法副詞　263
補語　227
補部　102, 247
補文　152, 154

索引　377

——関係　320,322
——構造　112
本来的結果述語　274
右側主要部の規則　225
未来時制　25
無形代名詞　113
無生物　88
名詞　49,64,72
——＋ed　71,143
名詞句移動　96,111,113,115
名詞修飾　60,144,236,237
——用法　69
名詞前位用法　137
明示的終点　19,21,27,35
命令形　55,57,210
迷惑　108,110,114
——受身　108
メトニミー　85,323
モ　350,352
目的語　83,88,102,121,134,227,233,234,239,264,280,290,293,301,319,329,342
——指向　278,279,284,289

や　行

有界　20,139
——性　28,32
有生性階層　84,85,110,114
様態　233,261,320
——の副詞　274,275,279

——副詞　53,262,264,270,277
与格構文　99
与格主語構文　63
類像性　316
例外的格標示　172
例外的格付与　99
レキシコン　141
連結動詞　90,130,169
連濁　226,253

わ　行

和語　62
話題　84

be 受身文　107,110,115
by 句　87,94,95,107,125,132,233
ECM 構文　99,101,156
for 時間副詞　28
get 受身　81,105
in 時間副詞　31,32
-ly 副詞　262,263
PRO　107,155,164
pro　113
that 節　152,161,168,175
to 不定詞　95,132,153,161,162,168,175
Vendler の 4 種類　18,22
VP　334,337,339
vP　117,348,351,352

【語彙】

あ　行

赤い　51,269
明らかに　269
飽きる　160,181
値する　9,50,58
温める　8,81,208
暑い　51
熱く　269
厚く　269
甘い　51

飴色に　274
ありがたい　63
ある　9,19,38,50,58,63
歩く　58,59
意地悪い　231,248
忙しい　49,51
痛い　39,51,63
痛がる　196,218
著しく　269
今だけ　64
嫌がる　218

いる 9,38,50,63
入れる 8,82
薄く 269
歌う 8,58
美しく 218,269,275
移す 8,82
うつぶせに 276
上手い 51,63
生まれる 87
うらやましい 63
うるさい 51
うれしい 10
終える 160,181,183
大きい 51,269
置く 8,82,87
惜しむ 196
おそろしく 269
驚いたことに 269
重い 51
面白い 63,217
終わる 160,167,181,183,186,186

か　行

-化 194,196,214
書く 81,87,196,218
欠く 82,89
かける 158,160,167,181
掛ける 8,82
かしこい 44
かすかに 269
固い 51,269
固める 196
かちんかちんに 274
かっこよく 275
悲しい 10,51
可能だ 63
我慢強い 10
嚙む 82,87
痒い 51,63
からからに 274
カラッ 276
がりがりに 274
-がる 194,196,216,217
軽く 269,275

かわいい 63
考える 39,58
聞こえる 39,51,63
汚い 218
きつく 269
器用だ 51
強烈に 269
極端に 269
清める 196
嫌いだ 63
切る 4,160
着る 9,52
臭い 51
ぐでんぐでんに 274
詳しい 51
けたたましく 275
結婚する 58,59
蹴る 8,82,87
元気だ 44
健康だ 10
幸運にも 269
こする 8,87
粉々に 269
細かく 269
殺す 8,81,87
怖い 51,63
壊す 8,82,87
困難だ 63

さ　行

さえ 325,344
さわやかに 269
残念 63,269
叱る 8,82,87
静かに 269,275
静める 196
修理する 82,87
上手だ 63
しらふで 279
知る 43,58,59
慎重に 269
好きだ 51,63
過ぎる 160,181
優れ(てい)る 40,51,58

索引　379

すごく 269
背が高い 10,48
狭める 196
狭い 218
聡明だ 10
損ねる 160,181,186
注ぐ 8,82,87
そっけなく 275
そびえ(てい)る 40,51

た 行

高い 51
高める 196
だけ 325
出す 8,160,181
助ける 208
たたく 5,7,8,82,87
建てる 59,81,87
楽しい 51,63
頼る 82,91
小さく 269,274
中古で 279
付き添う 82,91
作る 82,87
続ける 161,181,183
罪作りな 231
強い 51,269
強める 196
てある 7
丁寧に 269
できる 8,9,39,50,58,63
てもらう 9
到着する 9,58,59
得意だ 63

な 行

ない 63
直す 160,167,186
長い 51,217
懐かしむ 196,217
生で 279
苦手だ 51,63
憎い 51,63
憎む 196

似ている 40,50
願わくば 269
ねたましい 63
眠い 51

は 行

激しく 269,275
始める 161,181,183,184
恥ずかしい 51,63
裸 51,280
裸足で 279
働く 8,58,59
早める 196
低める 196
必要だ 51,63
ひどく 269
等しい 51
冷やす 8,81,87
ひょっとしたら 269
広める 196
貧乏だ 10
深める 196
不気味に 269
二つに 274
ぶっきらぼうに 269
ふっくらと 276
降る 58,59
朗らかに 269
欲しい 51,63
細い 51,269
細める 196
ほのかに 269
誉める 8,82,87

ま 行

曲がる 41
曲げる 87
真っ白に 269
真っ二つに 5
まま(で) 281
-まる 194,196,207,210,213
丸い 51
丸める 196
見える 38,51,63

磨く　81,87
-む　196
難しい　63
無茶苦茶に　275
目ざとい　231
-める　194,196,207,210,213
猛烈に　269,275

　　　　や　行

優しく　269,275
やわらかく　269
有能だ　51
緩める　196
容易だ　63
弱める　196

　　　　わ　行

分かる　39,50,58,59,63
わざと　78,95,115
わずかに　269
忘れる　158,160,167,181

about　160,295,298
absolutely　264
absorbed　123,126
accidentally　106
accordingly　269
accumulated　137
accustomed　124,136
acquainted　124
admit　160,174
advanced　137
affirm　160,174
ahead　295
alive　69,265
all the way　283
allege　69,160,174
allow　161,179
almost　29,264
along　295
also　325,330,334,347
altruistic　66
amaze　123

amused　123
angrily　271
annoyed　123
anxious　160
apart　295
apparently　268
appear　130,160,168
appropriately　268
apt　160
arrogant　55
aside　295
asleep　69
associated　124
assured　124
astonished　123
at　64,93
available　10,50,64,65,66
avoid　161,175
awake　50,64
away　295,300,319
back　295
baked　123
barefoot　279
be　9,49,130
be born　87
be deemed　83
be jailed　83
be reputed　83
be rumored　83
be said　83
be scheduled　83
bearded　50,71
become　105,130
begin　161,184
believe　156,160,172
belong　9,47,49,51,53,82,92
beloved　142
bereaved　123
big　50,64
black　197,299
bloody　50,64
blue-eyed　50,64,71,143
boil　81,87,123,140
booted　72

索引　381

bore 64,123
bound 160,168
brave 55
break 82,83,87,97,298,299
breath-taking 237
briefly 268
brightly 268
bring 294,298,299
burnt 142
busy 43,45,50,64,197
by 106,295
bygone 137
call 295,298
candidly 268
canned 123
careful 43,55,160
careless 64,65
certain 160,168
certainly 264,268
classified 123
clean 195
clear 195
clearly 268
cleverly 268,269,270
clumsily 268,269
college-trained 230
come 294,299
committed 124,136
completely 54,264
concerned 124,126
confidentially 268
congested 123
contain 9,49,53,89
conveniently 268
cool 81,87,195,203,204
crowded 123
cultivated 124
curiously 268
cut 295,298,299
dark 204
dead 50,64
decayed 137
deceased 124,137
deeply 54

definitely 264,268
deliberately 94,106,132
delighted 123
depart 90,137
depend 49,82,141
deserted 124
develop 140
devotedly 126
differ 9,50,53,82,92
disappoint 123
disgusted 123
disinterested 124
divorced 136
do 158,295,299
down 206,293,295,299
dressed 124,136,265
drunk 10,65,105,137,265,278
dry 50,64,204
eager 153,160,162
easy 156
eat 298,318
elapsed 137
elegantly 273
embarrass 123
empty 72,195,204,206
-en 193,195,197
en- 193,196,198
engaged 124
enthusiastically 53
entirely 264
equally 269
escaped 137
established 124
even 195,325,330,339,347
excited 123
existing 138
expect 99,177
expired 124,137,140
faded 137
fallen 124,137,139
fast 204
fat 50,64
feel 50,130,160
flat 204,273

foolish 50,55,64
forbid 124,161
forth 295
fortunately 268
frankly 268
frequently 264
frightened 123
from 93
frozen 124
full 204
furnished 124
get 105,130,299
give 294,298
go 298,299
good 55
hand 83,299
happen 45,160,168
happily 268,277
haunted 124
have 9,47,49,86,89,298
healthy 44
helmeted 72
helpful 55
hidden 124
hit 82,87
hold 53,61,88
homemade 124
honestly 268
hopefully 268
horned 71
hungry 50,64
-ify 193,196,198
ill 69,71
important 50,64
in 295,299
informed 124
intelligent 10,44,47,50,64,65
intentionally 10,94,132,268
interest 50,64,105,268
involved 124
isolated 124
-ize 193,196,197
keen 160
keep 49,53,61,88,161,173

kick 82,83,87,96,299,310,319
kill 81,87
kilted 72
kind 55
knock 298,299,319
know 38,43,49,53,57,89,124,160
lack 82
laugh 91,300,318
leave 90,299
let 96,97,161,298
liable 160
lie 49,53,92,130
like 50,53,57
likely 153,160,162,168
limited 124
limply 268
live 9,49
liveried 72
lock 127
long 50,64,204
look 50,82,91,130,295,298
lost 105,124
loudly 264,268
luckily 268
main 69
make 82,87
manmade 230
married 105,136
mature 197
missing 50,64,65
nail 299
naked 50,64,265
narrow 195,197,204
naturally 268
near 90
nearly 264
necessarily 268
noisy 50,55,64
normally 268
numb 197
oblige 124,161
obvious 168
occupied 124
oddly 268

off   93,295,300,319
on   92,295
on purpose   78,94,132
only   325,330,333,344
ooze   91
open   50,64
order   161,178
out   319
over   295
overwhelmed   123
owe   49,53,61,86,88
paid   124
partly   264
past   295
perfect   197
permit   161,179
perplexed   123
persuade   156,161
pleased   123
polish   81,87
polite   53,55,64
politically   268
possess   89,124
possibly   268
prefer   175,268
prepared   124
present   50,64
probably   264,268
promise   161,178
prove   160,168,172
pull   87,96,97,298,310
put   9,82,87,295,299
puzzled   123
quickly   53,268
quiet   55,195
rain   83,300
raw   50,64,279
ready   69
really   264
red   50,64
reluctantly   53,160,269
remain   49,130,138
remember   160,161
required   124

resemble   9,38,45,50,53,57,82,89
responsible   69
rest   130
retired   137
rightly   268
rise   137,298
roughly   268
rub   82,87,299,318
rude   10,55
rudely   264,270
run   298,299
sad   64
satisfied   123
scared   123
seated   124
secondhand   279
see   50,299
seem   130,155,160,168
seriously   264,269
set   299
settled   124,136
shock   123
shoot   82,83,97
short   204
show   310
sick   50,64,65
silly   55
similarly   269
simply   269
sleep   47,300,318,319
slow   195,197,204,268
smart   50,64
smooth   195,197
smoothly   268
sober   50,64,195,279
softly   268
softspoken   124
sometimes   264
sound   50,130
spectacled   72
stand   92,97,130,160,299
startle   123
steady   195
stop   161,173

straight 204
strangely 268
stupid 55, 264, 268
supposed 160
sure 160
surely 268
surprise 123, 126, 268
surround 49, 53
swollen 137
take 82, 83, 91, 92, 160, 294, 295, 298, 299, 300, 319
talk 82, 91, 300, 319
talkative 50, 64
tall 10, 43, 50, 64, 65
tame 195, 197
tend 160, 168
tense 195
think 160, 299
threaten 123, 161
through 295
throw 96, 298, 310
tightly 268
tired 50, 64, 105, 123
together 295
too 130, 330
total 69
try 160, 161, 175, 298
turn 160, 168, 298, 299
un- 127

unannounced 278
unarrived 124
uncooked 265
under 295
undressed 64
unfortunately 171, 268
uninhabited 124
unlikely 160
unsalted 50, 64
up 206, 295
usually 264
vanished 124, 137
very 129, 130
visibly 53
want 50, 89, 155, 175
warm 81, 195, 295
waste 124, 299
wear 9, 49, 51, 61
well 54, 126, 140, 230, 246
whiskered 71
wide 204
willing 160, 268
wilted 137
wisely 268
withered 138
witty 50, 64
work 299, 300, 319
yellow 195

◆編者・執筆者紹介

[編者]
影山太郎(かげやま・たろう)
関西学院大学名誉教授。主な著書:『日英比較　語彙の構造』(松柏社: 市河賞),『文法と語形成』(ひつじ書房: 金田一京助博士記念賞),『動詞意味論』(くろしお出版),『語形成と概念構造』(共著, 研究社出版),『形態論と意味』(くろしお出版),『ケジメのない日本語』(岩波書店),『日英対照　動詞の意味と構文』(大修館書店)

[執筆者]

影山太郎(かげやま・たろう)	人間文化研究機構
岸本秀樹(きしもと・ひでき)	神戸大学人文学研究科
佐野まさき(さの・まさき)	立命館大学文学部
杉岡洋子(すぎおか・ようこ)	慶応義塾大学
谷脇康子(たにわき・やすこ)	関西学院大学非常勤講師
當野能之(とうの・たかゆき)	大阪大学非常勤講師
中谷健太郎(なかたに・けんたろう)	甲南大学文学部
松井夏津紀(まつい・なつき)	Chulalongkorn University 大学院
眞野美穂(まの・みほ)	関西看護医療大学
由本陽子(ゆもと・ようこ)	大阪大学言語文化研究科

日英対照　形容詞・副詞の意味と構文
(にちえいたいしょう　けいようし・ふくし　いみ　こうぶん)

ⒸTaro Kageyama, 2009　　　　　　　　　NDC 835/xiv, 385p/21cm

初版発行————2009年4月10日

編者————影山太郎(かげやまたろう)
発行者———鈴木一行
発行所———株式会社大修館書店
　　　　　　〒101-8466　東京都千代田区神田錦町3-24
　　　　　　電話　03-3295-6231 販売部／03-3294-2357 編集部
　　　　　　振替　00190-7-40504
　　　　　　[出版情報] http://www.taishukan.co.jp

装丁者———杉原瑞枝
印刷所———藤原印刷
製本所———三水舎

ISBN978-4-469-24541-7 Printed in Japan

Ⓡ本書の全部または一部を無断で複写複製(コピー)することは、著作権法上での例外を除き禁じられています。